A chamada

Leila Guerriero

A chamada

Um retrato

tradução
Silvia Massimini Felix

todavia

Para Diego, que sabe me encontrar mesmo que esteja distante
Para meu pai, que fabrica realidade (inclusive com suas promessas; acima de tudo com suas promessas)
Para Dani Yako, que em abril de 2021 fez a primeira pergunta: "Você leu isto da minha amiga Silvia?"

Quem pode ser tão insensato a ponto de morrer sem ter dado, pelo menos, uma volta em seu cárcere?

Marguerite Yourcenar

(frase postada no Facebook de Silvia Labayru em junho de 2022)

[…] *o sábio não adoece: sofre a enfermidade, não é um enfermo.*

Tao Te Ching

Agradecimentos

À Casa Estudio Cien Años de Soledad e a Juan Villoro, seu diretor de projetos, por me convidarem, em setembro de 2022, para uma residência literária na Cidade do México que me permitiu transcrever parte das entrevistas que realizei para este livro, entre outras (muitas) coisas.

A Matías Rivas. Pela longa risada de todos esses anos. Pelo resgate.

A Maco Somigliana. Ele sabe.

A Facundo Fernández Barrio.

A Gabriel Plaza.

A José Luis Juresa, por *Helgoland*.

Começa com um cântico em latim, em um terraço.

Venta na noite de 27 de novembro de 2022 em Buenos Aires. O terraço fica no topo de um edifício de dois andares que conserva uma firme autoconsciência de sua beleza com a altivez refinada das construções antigas. Chega-se a ele depois de atravessar um longo corredor coberto de painéis de vidro enegrecidos pela fuligem — um detalhe que acrescenta humanidade, um defeito necessário — e subir uma escadaria, uma ascensão virtuosa de mármore branco. Inserido no centro, o terraço parece uma balsa rústica rodeada por ondas de edifícios mais altos. Tudo parece atacado por uma secura harmônica, um ascetismo do design (o que não é estranho, já que duas das pessoas que moram aqui são arquitetas): juncos indianos, trepadeiras, bancos longos, cadeiras de lona dobráveis, uma banqueta com almofadas brancas. A mesa, de madeira não tratada, está sob uma tela de sombreamento que tremula com o que antes era uma brisa e agora é um vento fresco que dissipa o calor ingovernável do fim da primavera austral. Na churrasqueira, cozinha-se morcela, frango, lombo de porco em fogo lento. De vez em quando, um dos donos da casa, o fotógrafo Dani Yako, se aproxima para controlar o cozimento. Ele está, como sempre, vestido de preto: camiseta polo Lacoste, calça jeans. Há alguns anos, tinha um bigode volumoso. Agora usa barba curta, os mesmos óculos de armação grossa. Quando volta à mesa, só precisa ouvir duas ou três palavras para se reinserir na conversa. É normal: ele conhece quase todas as pessoas que estão lá desde 1969, quando tinha treze anos.

— Me disseram que a Royo estava no lançamento do livro — diz Yako.

— Por que você não nos avisou?! — diz Débora.

— Eu não a vi — diz Silvia Luz.

Alba diz, um tanto indiferente:

— Nem eu.

Não dizem nada nem Laura nem Julia, a esposa e a filha de Yako — as arquitetas, que devem ter ouvido falar da Royo em outros jantares como esse —, nem Silvia nem Hugo.

— Bem, me disseram que ela foi, eu não a vi — diz Yako, fingindo uma frustração infantil, dando de ombros.

O lançamento a que refere é o de seu mais recente livro de fotografias, *Exilio*, que reúne imagens de 1976 a 1983, a maioria feita na Espanha, em que se veem quase todas as pessoas que estão no terraço (e outras que não estão aqui). O lançamento foi em uma livraria no bairro de Palermo chamada Libros del Pasaje na quinta-feira, 3 de novembro de 2022, poucas semanas atrás. Royo é a professora de latim do colégio que frequentaram todos eles, que beiram a mesma idade: 65 anos.

— Eu gostaria de tê-la visto — diz Débora.

Então, como se o sobrenome Royo tivesse sido uma chave, alguém — talvez Débora — entoa a frase latina: *"Ut queant laxis/ resonare fibris"*. E Silvia Luz acrescenta: *"Mira gestorum/ famuli tuorum"*. E Silvia: *"Solve polluti/ labii reatum"*. E todos chegam ao fim — *"Sancte Ioannes"* — enquanto batem na superfície da mesa com uma delicadeza civilizada para que as garrafas, os pratos e os copos não acabem no chão, seguindo o ritmo daquele hino que cantavam em anos nos quais nada tinha acontecido, quando tudo estava apenas começando, uma bactéria latente dentro de uma matriz que ia se romper em pedaços.

UT queant laxis
REsonare fibris
MIra gestorum
FAmuli tuorum
SOLve polluti,
LAbii reatum
Sancte Ioannes.

A tradução seria: "Para que possam/ exaltar a plenos pulmões/ as maravilhas de vossos atos/ estes servos teus/ perdoa a falta/ de nossos lábios impuros/ ó são João". É o "Hino a São João Batista", escrito por Paulo, o Diácono, no século VIII. Seus versos começam com as notas musicais: ré, mi, fá, sol. "Ut" é a forma antiga usada para a nota dó.

— "Ut" — grita Débora — é dó!

A primeira vez que a vi foi em uma foto de jornal. Embora estivesse sentada no que parecia ser um tampo de cimento no meio de um jardim exuberante, notava-se que era alta. Seus cabelos loiros, abaixo dos ombros, emolduravam um rosto sofisticado, o tipo de beleza felina que confere a algumas pessoas o aspecto de uma peça delicada e um pouco selvagem. Usava a franja insolente que as meninas de outra época costumavam usar. Este substantivo, *menina*, lhe caía como uma luva. Ela parecia muitos anos mais jovem do que o artigo sugeria: 64. Usava uma roupa azul de mangas compridas, calça jeans justa, sandálias de plataforma com sola de juta. Era esbelta, com uma voluptuosidade natural. Estava lá ostentando a autoconfiança de alguém que se sentou no chão muitas vezes sem perder a imponência. Olhava para cima. A foto refletia um clima ao mesmo tempo fértil e ameaçador, imersa em uma luz aquática que lhe dava o aspecto de um sonho (ela se arrependeu de ter sido fotografada ali, naquele jardim tão identificável, porque algum "desses caras" poderia localizá-la e lhe dar "um susto", fazê-la passar por "maus bocados"). Chamavam a atenção suas mãos grandes, compactas, rudes, uma música muito alta para o resto do conjunto, mais sutil. Não dava para ver os olhos dela, mas são azuis. O título do artigo, assinado por Mariana Carbajal e publicado em 27 de março de 2021 no jornal argentino *Página/12*, dizia: "O sequestro de Silvia Labayrú. A chegada à Esma e o parto em cativeiro". Tinha um erro, que era o acento: seu sobrenome é Labayru, não Labayrú. Mas no dia em que li o artigo — edição impressa, era um domingo — não sabia quem era essa mulher, nem me interessava a ortografia de um texto em que ela começava dizendo:

> No dia 29 de dezembro de 1976, aos vinte anos, grávida de cinco meses, fui levada [...] à Esma [...] ao porão, onde torturavam numa salinha [...], num lugar famoso que chamavam de "A avenida da felicidade". Lá fui interrogada, torturada por um tempo. [...] Eles me mantiveram por catorze dias [ouvindo] dia e noite sem parar os gritos dos companheiros que passavam pelas outras salas de tortura.

A jornalista esclarecia que a lembrança pertencia a "Silvia Labayrú, ex-integrante dos Montoneros, sobrevivente daquele centro de detenção clandestino", a Esma, onde permanecera sequestrada durante um ano e meio.

A Esma é a Escola de Mecânica da Marinha, local de treinamento militar onde, desde o golpe de Estado ocorrido em 24 de março de 1976 na Argentina, funcionou um centro de detenção clandestino, o maior dos quase setecentos que existiram no país. Entre 1976 e 1983, quando a ditadura terminou, cerca de 5 mil pessoas foram sequestradas, torturadas e assassinadas ali pelos chamados grupos de tarefas. Menos de duzentas sobreviveram. O número total de pessoas desaparecidas durante a ditadura é de 30 mil.

Os Montoneros foram um grupo de orientação peronista que surgiu nos anos 1970 e, em meados dessa década, militarizou-se, formando o Exército Montonero, e passou à clandestinidade. Silvia Labayru era militante no grupo e, desde os dezoito anos, integrava o setor de Inteligência da capital, cujo responsável máximo era o escritor argentino Rodolfo Walsh, autor de *Operação Massacre*, abatido na rua por um grupo de tarefas da Esma em 25 de março de 1977, que continua desaparecido.

O artigo do *Página/12* se concentrava no fato de que ela, junto com Mabel Lucrecia Luisa Zanta e María Rosa Paredes, havia sido denunciante no primeiro julgamento por crimes de violência sexual cometidos naquele centro clandestino. A denúncia tinha sido feita em 2014. O julgamento começara em outubro de 2020 e a sentença era esperada para agosto de 2021, cinco meses depois da publicação da reportagem. Embora Labayru tivesse dado seu testemunho sobre o que aconteceu perante o Acnur (Alto Comissariado das Nações Unidas para os Refugiados) em 1979, perante a Conadep (Comissão Nacional sobre o Desaparecimento de Pessoas) em 1984, e em vários julgamentos contra repressores da Esma, e desses testemunhos ser possível deduzir que ela sofrera algum tipo de abuso, nunca tinha dado detalhes, nem ninguém havia perguntado por eles porque, até 2010, a violência sexual fazia parte da categoria "tortura e tormentos", um combo inespecífico que incluía o choque elétrico, o submarino seco, a simulação de fuzilamento, os espancamentos. Foi só nesse ano que o estupro se tornou um delito autônomo: algo que poderia ser julgado per se. Uma década mais tarde, Labayru e as outras duas mulheres — as quais não conhece — testemunharam naquele julgamento. Ela acusava dois membros da Marinha: Alberto Eduardo "Gato" González, como seu estuprador, e Jorge Eduardo "o Tigre" Acosta, à frente do centro clandestino na época, como o instigador dessas violações. Ambos já haviam sido condenados à prisão perpétua por crimes contra a humanidade.

Quando o artigo foi publicado, Silvia Labayru não falava com jornalistas havia quatro décadas — a filha, Vera, e o filho, David, foram orientados a recusar quando telefonavam pedindo para entrevistá-la — e, embora eu não soubesse, ela não estava disposta a abrir exceções além do que havia feito com o *Página/12*. Dois ou três dias depois dessa publicação, o fotógrafo Dani Yako, que conheço há anos, me mandou duas mensagens por WhatsApp. A primeira continha um link para aquele artigo no *Página/12*, que eu já havia lido. A segunda era uma pergunta: "Você leu isto da minha amiga Silvia?".

Em 18 de novembro de 2013, no Julgamento Esma, Causa Unificada, Silvia Labayru declarou:

> As mulheres eram seus despojos de guerra. Nossos corpos eram considerados despojos de guerra. Isso é bastante comum, para não dizer muito comum, na violência sexual. E usar ou considerar as mulheres como parte dos despojos é um clássico em todas as histórias repressivas das guerras [...]. Nisso não foi uma exceção.

Bob Dylan canta: "Quantas vezes um homem pode virar a cabeça/ E fingir não ver o que vê?". Tudo já estava dito. Só era preciso saber — ou querer — escutar.

No terraço, Dani Yako diz em voz baixa, em um ceceio doce que contrasta com o tom assertivo com que fala (embora o conteúdo de suas frases seja sempre o de uma dúvida amável: "Você não gosta de jazz, gosta?"), que no Colégio liam os clássicos em latim, que estudavam seis anos daquela língua, dois de grego, seis de francês.

— E agora não me lembro de nada, mal consigo falar espanhol.

Alguém menciona a frase latina:

— *Ego puto in orto meo*.
Silvia Luz Fernández diz:
— Com o tempo, isso será tudo o que vamos lembrar de latim.

Ela parou de fumar no dia anterior (parou dezenas de vezes) e mastiga chicletes de nicotina o tempo todo. Tem uma gargalhada rouca, cachos curtos, brancos ou platinados, uma dicção precisa em que encaixa frases irônicas com as quais, geralmente, ataca a si mesma. Está sentada ao lado de Dani Yako. Do outro lado, Débora Kantor, com cabelos curtos, um estilo simples que contrasta com o cabelo de Alba Corral, trabalhado em grandes ondas. Seguem-se Laura Marino, esposa de Yako, e Julia, a filha deles, que ouvem muito, falam pouco e permanecem no extremo da mesa como se fossem plantas frescas, algo profundamente silvestre. Depois, Hugo Dvoskin, companheiro de Silvia Labayru, e, ao lado de Hugo Dvoskin, ela. Silvia Labayru. Lalabayru. Silvia. Silvina. E seu codinome: Mora.

Um dia, em dezembro de 2022, correndo pelo campo, lembro-me de que eu, quando criança, tinha uma égua alazã, mansa mas altiva. Seu nome era Mora, Morita. Mando uma mensagem de WhatsApp mencionando o fato. Ela responde de forma seca: "Sim. Morita". A verdade, penso depois, é uma sincronia bastante idiota.

O prédio da Esma ocupa dezessete hectares. Desde 24 de março de 2004, e por decreto do então presidente Néstor Kirchner, deixou de se chamar Escola de Mecânica da Marinha e passou a ser o Espaço Memória e Direitos Humanos. Muitos a chamam de "a ex-Esma". Todas as pessoas entrevistadas para este livro ainda a chamam como na época: "Vamos à Esma", "Nos encontramos na Esma", "Me ligaram da Esma". Funcionam ali, espalhados em diversos edifícios, o Museu Sítio de Memória Esma, o Arquivo Nacional da Memória, a Casa pela Identidade, o Centro Cultural da Memória Haroldo Conti, o Espaço Cultural Nossos Filhos, o Museu Malvinas, a Secretaria de Direitos Humanos da Nação e a Equipe Argentina de Antropologia Forense, entre outras instituições. Fica quase no fim da avenida del Libertador — uma via ampla com edifícios elegantes em que vive parte de certa aristocracia *criolla* tradicional —, a poucos quarteirões da fronteira entre a cidade e a zona norte do conurbano* de Buenos Aires.

Desde 1976, o centro clandestino de detenção ali instalado funcionava no Casino de Oficiales, prédio no local mais próximo da linha que separa a capital do conurbano. Sua função era abrigar oficiais e professores visitantes, e durante a ditadura isso não mudou: o primeiro e o segundo andar continuaram como albergue enquanto no porão se realizava a tortura, os prisioneiros eram obrigados a falsificar documentos e processar informações, e no terceiro andar, conhecido como "Capucha" [Capuz] (os detidos permaneciam a maior parte do tempo encapuzados e algemados), ficavam os cubículos — cabines — onde eram trancafiados os reféns, sobretudo militantes dos Montoneros, mas não só: também foram sequestrados, em menor escala, membros do Exército Revolucionário do Povo (ERP) e de outros grupos de esquerda, e foram torturados e assassinados aposentados, adolescentes, freiras ou pessoas cujos nomes figuravam em uma agenda equivocada. O processo podia ter variações, mas era mais ou menos assim: acontecia o sequestro — na rua, nas casas —, a pessoa raptada era transferida para o porão, era imediatamente torturada para se obter informações (de modo que, por exemplo, se conseguisse capturar quem tivesse um encontro próximo com aquela pessoa). Os sequestrados recebiam um número de 1 a 999. Houve muitos números 1 e muitos 999. O plantel se renovava: todas as

---

* O conurbano de Buenos Aires inclui os 24 municípios que rodeiam a capital argentina, mas sem incluí-la. [N. E.]

quartas-feiras um grupo de pessoas era selecionado, anestesiado com pentotal e jogado no rio da Prata ou no mar de um avião (o dispositivo é conhecido como "voos da morte"). Havia outros métodos: uma bala. Então se fazia um "churrasquinho": o corpo era queimado no parque que fica nos fundos do prédio.

Embora fosse um entre as centenas de centros clandestinos por onde passavam milhares de pessoas, a grande maioria desaparecida, era diferente de qualquer outro.

"Como todos os centros clandestinos de detenção da ditadura", escreve Claudia Feld no livro *Esma*, assinado por ela e Marina Franco, publicado pelo Fondo de Cultura Económica em 2022,

> a Escola de Mecânica da Marinha implementou um sistema de destruição física e psíquica [...]. Para a maioria das pessoas ali sequestradas, esse circuito foi curto e definitivo: sofreram torturas ferozes, foram imobilizadas e isoladas na "Capucha" ou "Capuchita", até pouco depois serem assassinadas nos "voos da morte" ou por outros métodos. No entanto, um grupo minoritário, mas significativo, de sequestrados e sequestradas foi mantido com vida, e seu cativeiro se prolongou durante meses, até anos. Nesse tempo, foram forçados a realizar diversos trabalhos sob ameaça de morte, em um regime que ficou conhecido como "processo de recuperação" [...]. A fase mais ativa desse "processo de recuperação" ocorreu quando o centro clandestino foi liderado por Jorge Acosta, entre o fim de 1976 e os primeiros meses de 1979.

Cada pessoa envolvida nesse processo estava a cargo de um militar responsável, que às vezes era o mesmo que havia realizado a tortura. Caso se considerasse que o processo de recuperação estava dando resultados, o preso começava a realizar algumas saídas. Por exemplo, ele poderia ficar na casa de seus parentes por alguns dias. As mulheres sequestradas eram obrigadas a se vestir "de maneira feminina", como prova de que estavam dispostas a deixar para trás a vida unissex da militância — todas aquelas camisas e calças jeans tão pouco atraentes —, e eram levadas para jantar ou para a boate da moda, a Mau Mau, propriedade de um homem do jet set chamado José Lata Liste.

De qualquer forma, nada era garantia de nada.

Uma pessoa podia entrar em processo de recuperação, ser posta em liberdade e enviada a outro país.

Uma pessoa podia entrar em processo de recuperação, ser forçada a trabalhar em órgãos estatais, como o Ministério das Relações Exteriores ou o Ministério de Bem-Estar Social, e permanecer em liberdade condicional até o início da democracia.

Uma pessoa podia entrar em processo de recuperação e ser executada.

As razões pelas quais o destino era um ou outro são obscuras, e acabam no mesmo beco: não se sabe. A arbitrariedade garante um pavor perfeito: infinito.

O livro de Claudia Feld e Marina Franco registra algumas particularidades desse centro clandestino: localizava-se no coração de Buenos Aires, a poucos metros do campo de futebol do River, em um bairro residencial de muito movimento; estava sob a autoridade direta do almirante Massera, um dos três membros da Junta Militar que havia tomado o poder; manteve-se ativo, ao contrário dos demais, durante toda a ditadura; realizava-se ali uma produção permanente de documentos falsos, relatórios políticos ou comunicados de imprensa que os sequestrados eram obrigados a confeccionar; foi o epicentro de casos que tiveram repercussão internacional, como o sequestro de duas freiras francesas, três mães da Plaza de Mayo e — por engano na operação: procuravam uma pessoa parecida — o assassinato da adolescente sueca Dagmar Hagelin; não havia outro centro clandestino onde o processo de recuperação (concebido por Acosta) tivesse sido implementado; ali nasceram mais de trinta bebês, a maioria dos quais foi separada de suas mães e entregue a repressores que os criaram como seus filhos.

No terceiro andar desse lugar, sobre uma mesa, Silvia Labayru pariu um bebê, um dos poucos que foram entregues à sua família de origem.

"Não entendo por que você está interessada em Silvia Labayru. O que ela tem de tão singular?", diz uma pessoa que me dá informações e recomenda leituras relacionadas ao assunto: "Não sei o que você vê nela".

Há uma pergunta que sempre me fazem: "Por que você escolhe as histórias, com que critério?". Talvez com o pior de todos. Uma obscura e soberba necessidade de complicar a vida e, no fim, vencer. Ou não.

A primeira a chegar à casa de Dani Yako naquela noite foi Silvia Luz Fernández, que pegou o ônibus da linha 12 muito cedo, achando que ia demorar um pouco, mas o veículo fez o percurso muito rápido. Depois chegaram Débora Kantor, Silvia Labayru e Hugo Dvoskin. Os três ficaram por um tempo tocando a campainha sem que ninguém abrisse a porta (Yako esqueceu de lhes dizer para chamarem ao telefone em vez de tocar a campainha, que não se ouve do terraço: boa parte dos que compõem esse grupo parecem unidos por uma tendência a se distrair). Silvia Labayru trazia uma tigela de salada de batata feita em casa. Tinha chegado poucos dias antes do Recife, onde Hugo Dvoskin, seu companheiro, psicanalista, participara de um congresso de lacanianos. Ele vestia uma camiseta polo azul-celeste e tinha o aspecto de sempre: recém-saído do chuveiro, fresco e disposto a escalar um vulcão. Ela usava um vestido azul-escuro, curto e vaporoso, de tecido evanescente. A última a chegar foi Alba Corral. Alba Corral e Silvia Luz Fernández não moram na Argentina, mas em Madri e Paris, respectivamente. Todos os outros, em Buenos Aires. Embora dizer exatamente onde Silvia Labayru mora hoje possa dar um pouco mais de trabalho.

Dani Yako, fotógrafo, argentino, exilado na Espanha desde 1976, voltou à Argentina em 1983.
Silvia Luz Fernández, psiquiatra, argentina, exilada na França desde 1979. Continua por lá.
Alba Corral, empresária, argentina, exilada na Espanha desde 1977. Continua por lá.
Débora Kantor, bacharel em ciências da educação, argentina.
Hugo Dvoskin, psicanalista, argentino.
Silvia Labayru, estudante de medicina, história, psicologia, brevemente de sociologia, argentina, exilada na Espanha desde junho de 1978, atualmente flutuando entre Madri e Buenos Aires. Quando lhe perguntam onde mora, às vezes responde: "No limbo".

Naquela noite, fala-se de tudo. Se é melhor a carne do açougue Don Julio — não vale o preço exorbitante, alguém diz —, a do supermercado Jumbo ou a do supermercado COTO. De fotografia. De vacinas. De um médico que diagnosticou Dani Yako com uma leucemia que ele não tinha. De um angiologista que Débora Kantor consultou por causa de umas varizes e ele lhe disse que, se sua preocupação era estética, seria melhor operar as olheiras. De carteiras de habilitação. De filmes e séries. Ninguém menciona a palavra *sequestro*. Ninguém menciona a palavra *desaparecido*. Ninguém menciona a palavra *exílio*.

Dani, Débora, Alba, Silvia Luz, Hugo e Silvia frequentaram o mesmo colégio secundário, o Nacional Buenos Aires, uma escola pública com um exame de ingresso extremamente exigente para o qual os candidatos se preparam com um ano de antecedência. Saíram dele pessoas que se tornaram presidentes, deputados, senadores, juízes, ganhadores do Prêmio Nobel. Seu prestígio é tamanho que é chamado, simplesmente, de Colégio. Como se não houvesse outro.

Tudo começou ali.

Todo dia 14 de março, havia anos, Silvia Labayru comemorava com o pai, Jorge Labayru, major da Aeronáutica e piloto civil das Aerolíneas Argentinas, o dia da chamada que salvou sua vida. Em 14 de março de 1977, ele pegou o receptor do telefone de sua casa, no 12º andar da avenida del Libertador, de onde se podem ver o hipódromo de Buenos Aires e o litoral uruguaio, e ouviu a voz de um homem que disse: "Estou ligando pra falar da sua filha", e ele respondeu com um grito: "Montoneros filhos da puta! Vocês são moralmente responsáveis pela morte da minha filha! Vou fuzilar todos vocês!". Ou algo assim. Àquela altura, Jorge Labayru acreditava havia três meses que a filha estava morta.

Para que possam/ exaltar a plenos pulmões/ as maravilhas de vossos atos/ estes servos teus/ perdoa a falta/ de nossos lábios impuros/ ó são João.

O hino viajou no tempo, como viajaram todos eles, até hoje.

Quando o jantar no terraço termina, Silvia Labayru e eu saímos e procuramos um táxi para voltar para casa. Nos conhecemos há um ano e seis meses. Moramos perto, então é comum que, quando terminamos o que estamos fazendo, voltemos juntas. A rua está deserta, é domingo, quase não passam carros. Ao longe, vê-se a luz vermelha de um táxi livre. Eu faço sinal. Ela diz: "Não é um semáforo?". Eu digo: "Um semáforo que se move". O táxi se aproxima, para. Hugo já foi embora — começa a clinicar cedo — e lhe deixou o dinheiro para pagar o transporte. Ela não reconheceu as notas — há reais brasileiros misturados com pesos argentinos, um dinheiro que ela ainda não entende; a economia local a confunde e às vezes diz: "Não fale comigo em pesos, fale em euros" — e, como não tinha a carteira à mão, guardou-as no sutiã. Eu entro no carro primeiro, porque saio depois, e a gente dá orientações: vamos para tal e tal lugar, vamos parar em tal primeiro. Ela leva a tigela de salada de batata, já vazia, dentro de uma sacola, no colo. Pergunto-lhe sobre Toitoy, seu cão de nove anos e meio que está quase morrendo em Madri, na casa da sobrinha. "Normalmente, esses cães vivem oito anos, mas o Toitoy ainda estava muito bem. As fotos que me mandam, os olhinhos…", diz, com uma tristeza que quase nunca ouvi dela desde maio de 2021, quando conversamos pela primeira vez na varanda de um apartamento na rua Gurruchaga, onde ela já não mora. Toitoy tem uma insuficiência renal irreversível, ela não consegue se acostumar com a ideia de que não vai mais vê-lo. O táxi para a duas quadras de sua casa, que fica na rua Costa Rica. Nos despedimos até o dia seguinte, quando vamos nos encontrar de novo. O taxista, um jovem com a cara tatuada, arranca de novo e pergunta: "De onde sua amiga é?". Eu respondo: "Ela é argentina, mas mora na Espanha há muitos anos". Não vou explicar a um desconhecido que ela está em Buenos Aires desde 2019, intermitentemente, porque se reencontrou com o homem que foi seu primeiro namorado sério. "Ah, ela estava falando diferente, não reconheci o sotaque. A essa hora todo mundo está bêbado, chapado." Observo que ele não sabe que relação tenho com a mulher que viajava comigo e, mesmo assim, me diz que achava que ela — por sua forma de falar, misturando o "tu" com o "você", ora salientando os cês e os zês como uma espanhola, mas às vezes não — estava bêbada. Respondo-lhe com mais informações do que dei a alguém em todos esses meses: "Ela é argentina, mas teve de se exilar na Espanha nos anos 1970". Ele diz: "Ah, nos anos 1970?". Pausa. "Com certeza o marido era peronista ou estava envolvido em alguma coisa." Sinto uma hostilidade distorcida. Digo: "Por que o marido?". E mesmo sabendo que tenho de me conter, continuo: "Era ela. Era montonera". Me arrependo do início da frase, que parece acusatória: "Era ela". Ele me olha pelo espelho e diz: "Ah. Montonera?". E fica quieto. Então, depois de alguns segundos de silêncio, ele me pergunta se eu moro aqui, se sou casada, se não tenho medo de andar sozinha à noite, de entrar em qualquer táxi. Procuro na bolsa as chaves de casa, empunho-as como meu pai me ensinou: uma delas saindo por entre os dedos, direto no olho em caso de agressão. Digo a mim mesma que sou uma idiota. Jamais conseguiria fazer isso, e, se fizesse, quebraria a mão. Penso nela agora, caminhando para casa, o dinheiro enfiado no sutiã, flutuando rapidamente em seu vestido azul esvoaçante, carregando a tigela de salada de batata. Percebo que disse a palavra *montonera* com altivez, como se quisesse bater no cara com um segredo que possuo. "Como você se chama?", pergunta. Eu o olho pelo espelho. Não respondo. Penso no que ela me disse tantas vezes: quando conta sua história — apenas o esboço: sequestrada por um ano e meio em um centro clandestino, parto em cima de uma mesa —, a pessoa a quem ela conta começa a narrar sua própria experiência de perigo menor: o dia em que, por uma infração, foi parar em uma delegacia; o dia em que, durante uma passeata por aumentos salariais, foi perseguida por alguns quarteirões pelas forças da lei ("Conto minha história e dizem: 'Ah, como deve ter sido difícil, porque aconteceu comigo também, blá-blá-blá', e fico ouvindo sua experiência traumática do dia em que foram perseguidas por um policial com um cassetete"). A necessidade de inventar para si mesmo um pouco de heroísmo para competir. Ou se vangloriar do próprio drama para não ouvir o drama alheio. Que foi grande. Que foi muito.

(O taxista, é claro, me deixa na porta de casa e vai embora.)

— Não quero dar minha opinião sobre a política argentina, porque não entendo a política argentina.

Essa é a primeira coisa que ela diz no dia 4 de maio de 2021, às duas e meia da tarde, na varanda de um apartamento no 15º andar da rua Gurruchaga, no bairro de Palermo. O local é alugado e ela mora lá desde 2019 com Hugo Dvoskin, que tem seu consultório cinco andares acima. Chegou a Buenos Aires no dia 7 de junho daquele ano, atendendo ao convite que ele lhe fez — ficarem oito dias juntos, sem circunstâncias atenuantes, nesta casa —, e não foi mais embora (embora regresse com regularidade à Espanha). Estou lá porque Dani Yako ligou para ela, disse que eu estava interessada em sua história, e ela imediatamente respondeu: "Diga a ela pra me ligar". Combinamos esse encontro apenas para nos conhecermos, mas nessa primeira conversa informal as condições de trabalho se estabelecem. Ela: "Posso ler o que você escrever antes de ser publicado?". Eu: "Não". Ela: "Então posso gravar as conversas que tivermos?". Eu: "Sim".

Ela usa calça justa preta, as mesmas sandálias de plataforma e sola de juta que vi na foto do jornal, um suéter leve, cinza-claro, transpassado na frente, e uma estrela de davi de ouro pendurada em uma corrente curta e fina (que ela nunca vai tirar). Como estamos no meio da pandemia de covid-19, e por ordem do governo só se pode circular até as oito da noite, nos encontramos cedo. Mesmo estando ao ar livre, usamos máscaras. Vamos usá-las por um bom tempo. Ela entrou no programa experimental de um laboratório alemão que aplica a vacina Curevac (que não vai funcionar), mas eu ainda (como a maioria das pessoas no planeta) não estou vacinada. Ao longo de duas horas, ela fará o esboço (adolescência no Colégio, militância nos Montoneros, sequestro, tortura, parto, entrega da filha aos avós, exílio na Espanha, repúdio por parte de outros sobreviventes e organizações de direitos humanos) com o mesmo tom sereno e racional que usará mais tarde, ao longo de um ano e sete meses, quando contar os detalhes. Apenas em duas ocasiões, uma no outono de 2022, durante um encontro na minha casa, e outra no verão daquele ano, em um áudio de WhatsApp, sua voz estará esganiçada: pela angústia, primeiro; pelo luto, depois. A primeira vez que isso acontece é quando ela fala sobre a possibilidade de seu relacionamento com Hugo Dvoskin não dar certo. A segunda, quando anuncia a enfermidade de seu cachorro Toitoy. Esse tom imperturbável — do qual ela está ciente — muitas vezes a fará expressar sua preocupação por parecer muito fria: "Às vezes tenho medo de não poder contar o que aconteceu, pois tenho essa maneira fria de contar". Nunca vai gravar as conversas. Pedirá algumas salvaguardas em relação à privacidade de seus filhos — Vera, David —, de seus netos — Duncan, de nove anos, Ewan, de doze — ou de terceiros, este último em casos de afetos antigos aos quais ela não quer perturbar. Para todo o resto, dirá: "Tudo o que você disser sobre mim não me importa". Talvez porque já tenham dito muitas coisas sobre ela.

E assim começa a história.

Um passado incendiário. Um presente que oscila entre passeios de bicicleta, administração de imóveis na Espanha, viagens — a cidades como Tandil, a lugarejos de Córdoba, à costa argentina, a Boston, Madri, Nova York, a países como Polônia, Brasil, França e Áustria —, jantares com amigos, cafés com amigos, almoços com amigos, visitas à casa de repouso onde o pai vive, acordar bem cedo, o trabalho de gestão de publicidade para revistas de engenharia, o trabalho para a Panoplia — a distribuidora de livros que era do marido, falecido em 2018 — e a ligação com um homem, com esse homem, com Hugo Dvoskin, a quem fez um mal enorme na adolescência, a quem enviou um telegrama pedindo socorro assim que saiu da Esma, a quem escreveu profusas cartas de amor sem nunca receber resposta.

Pergunto-lhe sobre a tortura com muito mais facilidade do que lhe pergunto sobre os estupros, porque perguntar sobre estupro pode ser confundido com morbidez, mas a cena da tortura é sagrada: há puro sofrimento nela.

Várias vezes, ao longo dos meses, e embora eu tenha indagado sobre o assunto, ela me dirá que ninguém, nunca, lhe perguntou sobre a tortura, exceto uma pessoa: Hugo. Um dia lhe digo: "Nem mesmo eu?". Ela diz: "Nem mesmo você". Então entendo: ela quer dizer que ninguém que ela tenha temido ou tema perder, que ninguém que ela considera incondicional, lhe perguntou. Exceto Hugo.

No dia 6 de maio de 2021, às quatro e meia da tarde, ela prepara um café de cápsula no apartamento do 15º andar da rua Gurruchaga. A sala é pequena, com a cozinha unificada ao ambiente e uma porta de vidro que dá para a varanda. A vista da cidade é ampla e exaustiva: um excesso de paisagem. Há uma mesa redonda, cadeiras Thonet, duas poltronas de couro preto — semelhantes às anunciadas como cadeiras de massagem nos canais de venda por telefone, que serão motivo de negociação quando se mudarem para outro lugar, daqui a uns meses: ela as detesta e Hugo as aprecia —, uma televisão, retratos — os dois filhos de Hugo —, uma bicicleta ergométrica. Ela usa um suéter cor da pele, leve, decote em V, a estrela de davi, calça jeans preta. Nunca usa tons berrantes, sempre parece estar vestida com tecidos colhidos da terra ou das árvores. O porte ereto, o corpo musculoso, pura genética porque ela não pratica esportes ou faz ginástica, embora ande muito de bicicleta. Os olhos, de um azul mineral, sustentam o olhar com firmeza (como alguém que quer ter certeza de que é ouvido) e serão, por muitos meses, a única coisa que verei de seu rosto, com breves momentos em que tira a máscara para tomar café e, depois de vários encontros, uma taça de vinho que mal toca. O instante durante o qual seu rosto aparece é, da primeira vez, desconcertante. Traços que escapam sem deixar uma imagem completa. Vejo maçãs do rosto salientes, uma boca larga. Ela ri com uma risadinha, nunca às gargalhadas, com os modos de uma moça recatada, contida, educada dentro do protocolo.

O dia está frio, mas as janelas permanecem abertas devido à recomendação de manter os ambientes arejados. Ela põe seu café na mesa enquanto fala sem parar sobre os preparativos para uma viagem que fará em breve para visitar a filha, Vera, que mora em Aberdeen, na Escócia, onde trabalha como cardiologista em um hospital. Voará de Buenos Aires para Madri e, em Aberdeen, terá de fazer uma quarentena rigorosa de dez dias. Seu monólogo é variado, como se acumular toda a aventura produzisse, de alguma forma, alívio: como se, ao repassá-la, a aventura se tornasse mais leve, qualquer perigo escondido nela fosse desativado. Às vezes, para acentuar a dificuldade — declarações autenticadas, testes PCR, traslados, quarentenas —, ela arregala os olhos e exala uma espécie de exclamação de cansaço com a qual minimiza a importância do assunto. Esses resumos de dificuldades práticas com foco em viagens, advogados, suas casas e instalações na Espanha, vacinas, se repetirão no início de cada reunião (e de muitos áudios de WhatsApp).

Há um gato pequeno que eles adotaram recentemente. No momento se chama Monkey, mas meses depois vai se transformar em Vlado, diminutivo de Vladimir (não vou me acostumar e continuarei a chamá-lo de Monkey). É filhote, brincalhão: sobe na palmeira de interior que há em um canto, nas poltronas pretas, na bicicleta ergométrica, pula de lá para as cadeiras, de lá para as saias, se enrodilha: um macaco.

Hugo Dvoskin aluga este lugar há muito tempo, mas não podem ficar lá além do final do ano (os proprietários precisam do apartamento) e, apesar de sublinhar o incômodo de se mudar — "o consultório do Hugo fica aqui no prédio, no vigésimo andar, então ele pode descer, comer alguma coisa, tirar uma sonequinha" —, a certa altura espera conseguir o que nunca teve: uma casa com seu próprio jardim. Ela tem uma devoção camponesa às plantas e um afeto compassivo pelos animais. Quando contempla os seus, o faz em silêncio, com a cabeça inclinada e uma expressão de ternura, como se quisesse poupá-los de todo o mal. Ela é dona de um apartamento no distrito de Hortaleza, em Madri, de alguns apartamentos e instalações — que aluga — em várias cidades da Espanha, de uma pequena propriedade rural em Toledo e outra em Valsaín, a 74 quilômetros da capital espanhola. Passa o mês de agosto com amigos, com o filho, com amigos do filho em uma casa que aluga há décadas em Vilasindre, distrito de Cangas de Foz, Lugo, Galiza. Em Valsaín — "A paisagem da alma" — e Vilasindre, caminhando no campo ou à beira-mar, plantando árvores ou lendo deitada na grama, alcança um estado que se assemelha à plenitude.

Essa primeira conversa dura duas horas. É curta, comparada a outras de quatro ou cinco que se produzirão mais tarde, funciona como uma revisão geral e já reflete um método: dá nomes precisos, genealogias completas, contexto, assumindo que quem a escuta não sabe nada — correção: não tem por que saber — dos anos 1970, dos grupos de esquerda, dos líderes montoneros, do funcionamento das estruturas clandestinas, do modo de agir dos militares. Ela não faz isso por condescendência. Nessa forma de transmissão, várias coisas se unem: o registro lúcido de que muitos anos se passaram; o fato de ser uma retornada intermitente a um país em que não viveu durante mais de quatro décadas e sabe que há uma ponte temporal interrompida, conversas truncadas que não podem ser retomadas assim, do nada; mas, sobretudo, uma resistência obstinada a que sua história seja cercada de conceitos e termos que muitos dos que passaram por coisas semelhantes usam de maneira natural, uma espécie de manifesto que reivindica um lugar de pertencimento construído por palavras como *cair, engrilar, a Orga* (ser sequestrado, usar algemas, como é designado o Partido Montonero). Ainda não conheço as pessoas envolvidas em sua história, então se refere a elas com expressões informativas: "Meu marido na época, o pai da Vera", ou "a Vera tem outra irmã, por parte de pai, que é uma atriz muito conhecida na Espanha", ou "Tive um relacionamento com um argentino muito mais velho que eu, que me protegeu e me adotou na época do exílio argentino na Espanha, exílio que foi muito hostil", ou "o pai de David". Todos eles logo terão nome: Alberto Lennie, Bárbara Lennie, Osvaldo "o Negro" Natucci, Jesús Miranda.

 Naquele dia, terminamos às sete e quinze da noite. Não se pode ficar na rua depois das oito, por ordem do governo. Quando lhe digo que vou embora, ela não parece cansada.

Está disposta a responder a qualquer pergunta e falar sobre qualquer coisa — "O cara me comprou um diafragma e me fazia usá-lo pra não ter que pôr camisinha" —, mas em algumas zonas o relato é um silogismo feito das mesmas peças que levam às mesmas outras. Séries, agrupamentos temáticos que se repetem em muitos encontros.

 A série "torturas", por exemplo, gira em torno destes eixos: à tortura se resiste falando, seu corpo se arqueia completamente, não consegue ouvir "Si Adelita se fuera con otro" cantada por Nat King Cole porque eles a tocavam para abafar os gritos.

 A série "meus pais", por exemplo, gira em torno destes eixos: meu pai era muito infiel, minha mãe quis se suicidar e meu pai a abandonou, eles foram muito carinhosos, quando saí da Esma cuidaram muito de mim.

 A série "Montoneros", por exemplo, gira em torno destes eixos: por que eu não fui embora, menos mal que não ganhamos, a liderança dos Montoneros não cuidou dos militantes, eu carregava uma arma, mas nunca me ensinaram a usá-la.

 A série "amamentação", por exemplo, gira em torno destes eixos: acabaram com meus mamilos na tortura, quando a Vera nasceu eu tive mastite porque não me deixaram amamentá-la, dezoito anos depois não consegui amamentar o David.

 Quando leio seus depoimentos perante a justiça — articulados, altivos, irônicos, inteligentes, confiantes, focados, construídos com um léxico proveniente de uma vida inteira de leituras que incluem ficção, poesia, psicanálise, ensaios —, comprovo — com ressentimento — que ela me diz a mesma coisa, e da mesma forma, que já disse antes a promotores, advogados e juízes. Quase sempre opto — essa é a palavra — por ver a história idêntica e as reiterações como uma desmemória — são muitas entrevistas, ela não se lembra do que já disse, embora muitas vezes nos vejamos duas ou mais vezes por semana e ela me diga novamente o que já disse no dia anterior — e uma reafirmação. Sua — "quero ter certeza de que você entendeu" — e minha: se ela me conta reiteradamente da mesma maneira, significa que, pelo menos para ela, foi assim. Ao longo daquele um ano e sete meses que bato à sua porta, sei que às vezes vou ouvi-la dizer a mesma coisa. Mas também sei que, no meio daquele aluvião um tanto rígido, em algum momento surge uma espiral genuína, uma coluna de luz, e então ela entra em torrente e me conta sobre o mastim napolitano que poderia tê-la matado, sobre as manhãs em que levava Vera para a escola com a janela abaixada e "Angie" a todo volume no rádio de uma BMW verde-maçã, de seu terror de que tudo isso acabe rápido demais agora que finalmente começou. "Tudo o que peço é tempo. Tempo."

Esta parte talvez possa ser pulada. Ou talvez seja fundamental.
    A norte-americana Elizabeth Strout é autora de *Ay, William*, *Meu nome é Lucy Barton*, *Olive Kitteridge*, *Anything Is Possible*, *February Light*. Nesses livros, a trama é muitas vezes contada pelos próprios personagens: Olive Kitteridge, Lucy Barton, os irmãos Burgess, William, Amy e Isabelle. Strout utiliza um sistema que poderia ser pensado como uma forma de fugir da responsabilidade, embora seja, antes, uma observação que une parte de sua obra: quando um desses personagens faz alusão a algo que aconteceu em seu passado, Strout escreve: "Já contei isso em outro livro".
    Há muitos livros sobre a violência dos grupos armados de esquerda que atuaram na década de 1970 na Argentina, e muitos

sobre a violência estatal que reprimiu essa violência. Livros que repassam os atentados e sequestros de guerrilha, que contam como foi concebido o golpe de 1976, que detalham as atrocidades da repressão militar, a cumplicidade civil, empresarial e midiática.

Neste, um resumo superficial diria: anos 1970, o presidente Juan Domingo Perón morreu em 1º de julho de 1974 e sua esposa, María Estela Martínez de Perón (Isabel), até então vice-presidente, governa o país. Há um grupo parapolicial de extrema direita, a Aliança Anticomunista Argentina — a Triplo A —, que sequestra e mata dezenas de pessoas. Há vários grupos de guerrilha armada, principalmente os Montoneros e o ERP, em plena atividade. Desde 1975, os Montoneros implementam o uso obrigatório de uma cápsula de cianureto para os oficiais superiores, a fim de impedir que eles sejam capturados vivos e, assim, evitar delações durante a tortura. As cápsulas são depois disponibilizadas para todos os membros da organização. São distribuídas em duas modalidades: cianureto em pó e frascos de vidro com cianureto líquido, que são mais eficazes, já que o vidro, quando mordido, machuca a boca e facilita a entrada do veneno no corpo.

Em 24 de março de 1976 se produz o golpe de Estado, instaurando a ditadura militar até 1983. A Junta no poder, nos primeiros anos, é formada pelo general Jorge Rafael Videla (Exército), pelo almirante Emilio Eduardo Massera (Marinha) e pelo brigadeiro Orlando Ramón Agosti (Aeronáutica).

Entre outros acontecimentos: em 18 de junho de 1976, os montoneros instalam uma bomba sob a cama do chefe da Polícia Federal, Cesáreo Ángel Cardozo, e o matam; em 2 de julho de 1976, uma bomba mata 23 pessoas no refeitório da antiga Superintendência de Segurança Federal; em 12 de setembro, um carro-bomba destrói um ônibus policial na cidade de Rosario, matando onze pessoas; em 16 de outubro, outra bomba fere sessenta pessoas no Círculo Militar.

A repressão por parte do Estado é monstruosa: toda a sua maquinaria posta a serviço da aniquilação. Em centenas de centros clandestinos, os militares mantêm reféns e torturam milhares de militantes de esquerda. Matam e fazem desaparecer a maioria. Por volta de dezembro de 1976, a liderança dos Montoneros deixa o país. Há dissidentes entre seus membros, uma reorganização no exterior, uma contraofensiva em 1979: outra história.

O romance *O rei pálido*, do americano David Foster Wallace, começa com um capítulo bastante breve que termina com a frase "Leia isso tudo". Pode ser entendido como uma ordem arrogante ou um apelo modesto: "Leia apenas o que se diz aqui".

Nesse último sentido: este livro é o retrato de uma mulher. Uma tentativa.

Beatriz Brignoles e Jorge Labayru se conheceram no bairro de Palermo. Eram vizinhos: ela morava na Fitz Roy com a El Salvador, e ele morava na El Salvador com a Bonpland, a um quarteirão de distância. Beatriz era chamada de Betty. Há uma foto de 1965 tirada no Texas, onde a família morou por quase dois anos. Betty aparece na janela de um carro, com o rosto emoldurado por uma faixa branca na cabeça e óculos estilo gatinho. Maçãs do rosto salientes, testa lisa e macia, se oferece ao sol como uma obra de arte. É uma beleza imponente, de grande profundidade, de templo grego. Em outra foto de 1966, tirada na cidade de Carlos Paz, em Córdoba, ela é vista no chão com as pernas dobradas ao lado da filha e do marido, que estão em um sofá. A filha parece constrangida, um pouco rígida, coberta por um traje monástico — blusa branca, saia cinza longa —, mas Betty, vestido branco, colar de pérolas com duas voltas, cabelos loiríssimos presos na nuca, a pele lustrosa que a envolve como a vagem de um fruto, é um raio dourado: olha para a filha com uma vitalidade estrondosa, como se lhe estivesse injetando uma substância colossal, ou como se quisesse arrancar algo dela com seus olhos azuis de fera requintada. Há outra foto tirada muitos anos depois em que ela abraça um gato siamês. Seu cabelo está modelado por spray e ela não perdeu nada de sua graça. Embora tenha parado de fumar quando mais velha e ganhado muito peso, naquela juventude e no início da vida adulta ela não era uma mulher: era um acontecimento.

— Minha mãe era belíssima. Quando eu era pequena, era horrível sair com ela na rua, porque naquela época, em Buenos Aires, se você fosse uma garota bonita e passasse pelos canteiros de obras, falavam coisas indecentes: "Eu vou te comeeer". Era pesado. E minha mãe era uma mulher extraordinariamente chamativa.

— Você tinha vergonha?

— Sim — diz com um meio-sorriso, como se tivesse vergonha ainda hoje, agora.

Põe as pernas flexionadas em uma cadeira, abaixa-as, volta a levantá-las. São gestos suaves, não de inquietude ou impaciência. Pode falar por horas sem beber ou comer nada, com uma mão sobre a mesa, a outra enfiada entre as pernas.

— E sua mãe?

— Ela gostava. Era uma mulher muito deslumbrante. Ela e meu pai tiveram uma relação cheia de conflitos. Meu pai era superinfiel.

Jorge Labayru tinha feito carreira como piloto da Força Aérea, mas — diz ela que era por ser ateu, como sua esposa, e lhe exigiam fazer retiros espirituais para ser promovido, coisa a que ele se negava — se dedicou à aviação civil nas Aerolíneas Argentinas (e, pouco antes de se aposentar, nas Philippine Airlines), o que o mantinha longe de Buenos Aires por muito tempo, voando para destinos como Havaí, Madri, Nova York, Los Angeles. Era alto, bem-apessoado, com olhos azul-claros menos imponentes que os da esposa (e que os da filha, uma sofisticada gama de azuis contornados por um anel mais escuro que lembra aqueles acidentes geográficos que ocorrem no meio do Caribe, em que um pedaço do mar se recorta do resto impondo uma água de outra espécie), e enorme sucesso entre as mulheres. Quando era mais velho, fez um transplante de córnea e o cirurgião lhe disse para ficar quieto e pensar em algo divertido. Ele decidiu fazer a conta de todas as mulheres com quem havia dormido. Quando terminou, tinha chegado a duzentas.

— Era um homem que fazia muito sucesso com as mulheres. O leitmotiv da sua vida foram as mulheres.

Essa lubricidade efusiva levou Betty à loucura, e ela começou a exercer manobras de controle e vingança: contratou um detetive para espioná-lo e também começou a acumular amantes.

— O detetive Margallón. Pra mim, ele era como uma pessoa da família. Vinha em casa, ia até a caixa de correio pegar a correspondência. Minha mãe começou a competir com meu pai pra ver quem tinha mais amantes. E eu, no meio de tudo aquilo.

Ela, no meio. Ouvindo as discussões dos adultos e, sobretudo, as confidências da mãe, que narrava suas relações paralelas — como eram esse cara e aquele outro — em detalhes. Betty teve um caso com o pai de um namorado da filha adolescente (namorado é dizer muito). Logo depois o abandonou, porque "aquele homem era demais pra mim". Como dava informações em excesso, Silvia Labayru — que, assim como o namorado, estava perplexa com o fato de ter um sogro/padrasto — preferiu não perguntar o que significava "era demais" para evitar uma descrição de conteúdo sexual.

— Ela era uma mulher muito inteligente, mas estava focada em perseguir meu pai. Me mandava fuçar na carteira dele pra ver se encontrava alguma pista de que tinha estado com outras mulheres. Criou o hábito de comprar várias alianças de casamento, porque quando ficava brava com meu pai atirava o anel no vaso sanitário. Voltavam a se entender, e então ela punha outra aliança. Eles se davam muito bem quando estavam em paz. Faziam um par muito bonito, riam, dançavam, eram muito engraçados e gente boa. E comigo eram muito bons. Mas estavam no seu próprio universo, e minha mãe era muito louca e meu pai, bastante ausente.

Betty havia passado por uma infância e adolescência reprimidas. Seus pais a impediram de estudar medicina (as mulheres tinham de se casar e dar à luz), um revés que ela resolveu prescrevendo remédios a si mesma e ao seu entorno com grande talento. Talvez excessivo: tomava anfetaminas como quem chupa balas e as dava à filha — que na pré-adolescência tinha alguns quilos a mais — para que emagrecesse e ficasse acordada durante os dias de prova.

O nascimento dessa filha foi uma concessão (Jorge Labayru gostaria de ter tido outros) por parte de alguém que detestava crianças. O parto foi tão difícil que ela não quis outro, e a criação acabou sendo terrível. Eles moravam em Ciudad Jardín, El Palomar, nos arredores da capital. Ali não havia avós ou tios que pudessem dar uma mãozinha. Jorge Labayru viajava muito. A bebê era alérgica ao leite materno (produzia-lhe um eczema terrível). Então ali estava Betty, amalucada, criando sozinha uma bebezinha chorona, alérgica ao alimento que fluía de seu corpo. Algum tempo depois, mudaram-se para o edifício Alas, que pertence à Força Aérea, no centro da cidade de Buenos Aires. Não está claro se foi para aquela casa que seu pai levou um pinguim recolhido na Antártida — viveu por um tempo na banheira e foi doado ao zoológico —, mas sim que o leão que planejava trasladar da América Central — àquela altura sua filha já era devota dos animais e, aparentemente, o pai tentava saciá-la com espécies extremas — tinha como destino a casa em que moraram em Carlos Paz, uma cidade de médio porte na província de Córdoba.

— No fim, ele não trouxe. Uma loucura.

A partir de 1964, passaram dois anos em San Antonio, Texas, pois Jorge Labayru havia sido designado para a base militar de

Lackland para servir como chefe de estudos para cadetes que estavam aprendendo inglês e manuseando os primeiros computadores. Essa passagem de uma cidade para outra, de um país para outro, a fez mudar de escola cerca de dez vezes.

— Mudei duas vezes de escola primária aqui em Buenos Aires. Em San Antonio também duas vezes, porque fomos morar num bairro muito complicado. Me punham totalmente de escanteio, faziam bullying. Eu era uma criança muito tímida. Meus pais não percebiam. Me puseram naquela escola, depois em outra. Eu não falava uma palavra de inglês e tinha que me virar. Eles nunca perceberam o estrago que fizeram em mim. Porém, eu não tinha e não tenho um sentimento tipo: "Que filhos da puta". Me prejudicaram muito. Mas também eram boas pessoas. Eram muito carinhosos e muito atenciosos comigo. E quando saí da Esma, eles foram muito protetores e generosos.

Esse costume — dizer algo não tão bom sobre seus pais, um ex-parceiro ou um amigo, e contrabalançá-lo com frases como "Você tem que entender, ela também passou por muita coisa" — se repete. A tentativa de equilíbrio assume formas mais comprometidas: quando a confronto com uma versão diferente da que ela me dera a respeito de um acontecimento grave, ela insiste em sua versão, mas ao mesmo tempo se mostra compreensiva: "É sua versão, está no seu direito".

Quando terminou a permanência em San Antonio, no Texas, e foram morar em Carlos Paz, em 1966, ela ingressou em uma escola onde, mais uma vez, se sentiu "um peixe fora d'água, porque vinha dos Estados Unidos com umas roupas diferentes, e aquela era uma escola pequena". As roupas "diferentes" eram jeans modernos ou macacões que, naquela cidade do interior, pareciam pouco mais que uma fantasia. No ensino médio, a indumentária elaborada no estrangeiro — comprava roupas nas viagens que a família fazia com passagens gratuitas que provinham do pai, que já era piloto das Aerolíneas Argentinas — tornou-se uma de suas armas. Ex-companheiros dela se lembram, até hoje, das roupas que usava.

A vida em Carlos Paz não era ruim. Lia muito — a coleção do *Tesouro da Juventude*, as *Seleções* do *Reader's Digest*, Louisa May Alcott —, ouvia jogos de futebol — é fã do esporte: torcia para o Barça até que um gol glorioso de Zinedine Zidane, no Real Madrid, a converteu —, mantinha em um poço uma coleção de sapos vivos — "Montanhas de sapos, agora que penso nisso me faz tremer toda" — e uma horta. Mas não houve apenas leituras, sapos, o projeto fracassado de criar o leão. Carlos Paz foi o local do acidente.

— Minha mãe, supostamente, ia buscar meu pai, que estava chegando num voo da cidade de Córdoba. E sofreu um acidente na estrada. Ela estava dirigindo. O carro capotou. Meu pai viajava pela mesma estrada de ônibus, de Córdoba a Carlos Paz, e o ônibus parou porque houve um acidente. E viu o carro. E o reconheceu. Quando desceu do ônibus, a polícia lhe disse: "Uma menina morreu". Ele achou que era eu. Mas era minha mãe. Ela não morreu, mas quase. Quebrou um zilhão de ossos, passou um mês na UTI. Depois disso, o relacionamento começou a desandar porque meu pai desconfiou que ela na verdade ia transar com um amigo dele em Córdoba. Estava com aquele cara no carro, e ele morreu no acidente.

Esse não foi o fim do casamento, mas marcou um ponto de virada. Tanto que hoje, aos 92 anos e com problemas de memória, Jorge Labayru fala com insistência do acidente sem o menor registro de que Betty está morta, que se separaram, que não se davam bem.

— Eu adoraria ter um irmão, meu pai gostaria de ter mais filhos, mas minha mãe não quis. Ela fez muitos abortos. E ela me contava, me comunicava que ia abortar.

— Quantos anos você tinha quando isso acontecia?

— Não sei. Uns oito, nove.

Com o passar dos meses, quando formos falar de sua experiência dentro de uma jaula alimentando um cão assassino, a maneira como ela usava a pontaria fina para jogar coquetéis molotov dentro das concessionárias de carros, o destemor com que escalava os monumentos das praças para pendurar neles uma placa que dizia "Viva Perón", vou me perguntar se não há uma conexão entre tudo isso e aquela sobrevivência maiúscula: que sua mãe decidisse não fazer um aborto, que dissesse: "Eu escolho você". Que Betty obedecesse à supremacia do embrião.

Depois do acidente, eles se mudaram para Buenos Aires, para um apartamento na rua Jorge Newbery, em seu cruzamento com a Soldado de la Independencia. A área, conhecida como Las Cañitas, foi um polo gastronômico em expansão durante a década de 1990 e continua a ser um lugar elegante com propriedades de alto padrão. O Hospital Militar fica a poucas quadras de distância e o prédio onde moravam, construído por militares, era habitado por coronéis, tenentes, brigadeiros. O apartamento dava para a parte de trás do prédio e Betty, em um alarde de modernidade, encheu a varanda de grama sintética. Tinha comprado nos Estados Unidos, e em Buenos Aires era uma raridade. Dura e pinicante, fez furor entre os amigos da filha, que nunca tinham visto tal coisa (para dizer a verdade, eles nunca tinham visto uma mãe como Betty, que conseguia fazer com que as adolescentes peregrinassem até ela fascinadas por suas histórias de *drama queen* sem filtro em que havia sexo, amantes e traição; e que os adolescentes exalando testosterona se colassem a ela como uma Mrs. Robinson do Cone Sul).

Nessa época, Betty começou a beber quantidades terríveis de uísque — uma garrafa por dia — e a ingerir comprimidos. A filha chegava da escola apreensiva, sem saber o que ia encontrar.

— Eu abria a porta e dizia: "O que vou encontrar hoje?". Minha mãe bêbada, minha mãe dormindo, minha mãe fumando como louca sentada na copa esperando eu chegar pra me contar sobre o cara com quem ela tinha estado? Uma vez tomou não sei quantos remédios pra dormir, pra se suicidar, e meu pai sabia disso. Ele deixou.

— Como assim, ele deixou?

— Cheguei, ela estava dormindo e não acordava, não acordava. Eu não sabia que era por causa disso, mas ele tinha visto que ela havia tomado os comprimidos. E não fez nada.

Em 2014, as jornalistas argentinas Miriam Lewin e Olga Wornat publicaram o livro *Putas y guerrilleras: Crímenes sexuales en los centros clandestinos de detención* (Planeta). Ali, relatam os casos de mulheres sequestradas em centros clandestinos que foram submetidas a abusos e estupros, deixando claro que não se tratava de acontecimentos excepcionais, mas de um plano sistemático. Na introdução, Lewin — que foi sequestrada e cuja história está incluída — relembra um episódio que aconteceu no programa de televisão *Almorzando con Mirtha Legrand*, para o qual ela havia sido convidada. Foi ao ar em 24 de março de 2004, aniversário do golpe de 1976. Legrand — uma mulher que apresenta o programa há mais de meio século — perguntou-lhe: "É verdade que você saía com o Tigre Acosta?". Lewin ficou sem palavras. Perguntou: "Como assim, 'saía'?". Legrand mal se corrigiu: "Se é verdade que saíam pra jantar, é o que as pessoas dizem".

Nos anos 1990, Miriam Lewin fazia parte de uma equipe de jornalismo investigativo na qual trabalhei por um tempo. Eu sabia que ela havia sido sequestrada durante a ditadura e, não sei por quê, mencionei o fato a um de meus colegas. Ele me disse que era melhor eu não falar sobre isso. "Por quê?", perguntei. Era 1994 ou 1995, estávamos na democracia havia mais de uma década, não havia razão para não falar de certas coisas, ou assim eu pensava. "Todo esse episódio é muito obscuro. Parece que ela fez coisas pra poder sair." Coisas. Senti-me ignorante e desconcertada: havia, em um país que submetera os militares da ditadura a um julgamento civil em 1985 — o Julgamento das Juntas —, no qual se ouviram centenas de sobreviventes contarem as aberrações sofridas nos centros clandestinos, questionamentos sobre o que alguém tinha feito ou deixado de fazer para se manter vivo? A resposta era um enorme, surpreendente e inesperado "sim".

"Por que você escolhe as histórias, com que critério?" Talvez por perguntas de duas décadas atrás que foram deixadas flutuando ao vento.

Na reportagem do *Página/12* publicada em 2021, Silvia Labayru falava de algumas militantes montoneras que haviam denunciado estupros nos centros clandestinos. Dizia que essas denúncias não tinham caído bem porque foram interpretadas como ofensas à honra de seus maridos guerrilheiros. Assegurava que o que a motivara a ser denunciante no julgamento por estupro era

> incentivar outras mulheres que passaram pela mesma coisa a se animarem a denunciar, agora estamos em outro momento político, jurídico e social […]. Porque eu já prestei depoimento muitas vezes e os juízes na sua frente te tratavam como se você fosse a acusada […]. A maioria desses estupros não ocorria "da maneira clássica", com violência física, nem apontavam uma arma pra sua cabeça […]. O fato de que não te torturassem no estupro não apaga o fato de que eram estupros, porque estão te forçando a fazer algo sob sequestro e sob ameaça de morte. Isso não tem outro nome além de estupro, mas era difícil de entender até mesmo para as próprias sequestradas.

A jornalista lhe perguntou sua opinião sobre a luta armada.

> Sou muito crítica da liderança montonera, de como fomos expostos, como não fomos cuidados. […] Tudo o que foi feito

em relação à Memória, à Verdade e à Justiça é fundamental [...] mas isso não me impede de ter uma visão crítica do que foi essa organização e do pouco que essas mortes conseguiram em relação ao custo extraordinário.

"Como foi seu exílio na Espanha?"

Quando cheguei à Espanha havia muita gente que não queria me ouvir, que me condenava. Por termos sobrevivido, devíamos ser traidores. O que tínhamos feito pra sobreviver? [...] fechavam as portas dos bares na minha cara, me impediam de entrar em reuniões de exilados.

Há muitos comentários que respondem a essa nota. Eis alguns deles: "É escandaloso ler como seus próprios companheiros de movimento a julgaram e lhe deram o estigma de 'traidora'" (cocadcv). "É difícil digerir certos comportamentos de alguns dos sequestrados. Lembro-me daqueles que foram assassinados na rua ou sequestrados porque alguém de um carro os reconhecia [...]. Não sei, fica um gosto amargo" (pampasdeazul). "E o que mais poderia ter feito? [...] Aceitar que a matassem? Como é fácil julgar de fora [...]. Não tinha muitas opções. Aqueles que conseguiram se safar e se deram ao luxo de ignorá-la e julgá-la pertencem a esse tipo de imundície" (santaclara). "O instinto de viver com dignidade é uma coisa, mas viver sem dignidade é outra. Muitos companheiros deram a vida e até ingeriram cianureto quando foram assediados. Muitos, a maioria, nunca colaboraram. Uma coisa é ser 'quebrado' pela tortura e outra é colaborar. As companheiras de exílio que a 'rejeitavam' enfrentaram o inimigo e lutaram. Como dizia Che, é melhor morrer de pé que viver de joelhos" (pampasdeazul).

Sua nova escola primária, Granaderos de San Martín, ficava a poucos quarteirões do apartamento da rua Jorge Newbery. Ela estava mais adaptada ao entorno, mas não se saía bem em matemática e seus pais a mandaram fazer aulas particulares. A professora também preparava os alunos para o ingresso no temido Colégio Nacional, e ela dividia o horário com dois meninos que estudavam para aquele exame.

— Um deles era o Martín Caparrós, o Mopi, e o outro, o Diego Bigongiari. O Mopi era um ano mais novo que o Diego e eu, e eles competiam como loucos pra ver quem resolvia primeiro tal equação ou tal problema.

Dez dias antes do exame, a professora lhe perguntou: "Pra qual colégio você vai?".

— Sempre frequentei escolas públicas. E meus pais me disseram que eu podia fazer o ensino médio onde quisesse: escolas particulares, o Washington não sei o quê, o Lincoln não sei o quê. Eu ia conhecê-los e não me encaixava. Então, disse a ela: "Não sei".

A professora sugeriu: "Por que você não tenta prestar o exame do Colégio?".

Ela disse: "Está bem".

O destino estava selado.

O curto-circuito, a alteração, estava prestes a ocorrer.

Ela frequentemente viajava para a Europa, comprava as Levi's da moda e os últimos álbuns dos Rolling Stones nos Estados Unidos. Era filha de um militar, neta de militares, prima de militares. Os generais Cecilio e Bernardino Labayru, primos de seu pai, estavam no Exército; o primo de seu pai, Alberto Manfrino, na Marinha; seu avô e seu tio-avô, Antonio Labayru e Saturnino Labayru, eram suboficiais superiores daquela força. Era sionista — havia grande admiração pela cultura judaica em sua casa, "embora os sionistas fossem meio de direita" — e admirava John Fitzgerald Kennedy. Com essas características, preparou-se para ingressar em uma escola permeada por ideias de esquerda, com organizações estudantis combativas para as quais o império, e todas as suas estrelas, eram o anátema.

Desde 1966, quando se produziu um golpe de Estado — foram muitos — que derrubou o presidente democrático Arturo Illia, até 1970, a Argentina esteve sob o comando de uma ditadura chefiada pelo tenente-general Juan Carlos Onganía. Silvia Labayru ingressou no Colégio Nacional Buenos Aires em 1969.

— Fui prestar o exame de ingresso e fiquei com muito medo. Todo mundo estava superassustado, aquela escola enorme. Por incrível que pareça, passei. E com uma nota muito boa.

Menciona as coisas que lhe dão orgulho — diversas: que o filho David cante como tenor em uma produção de *Carmina Burana*, em 29 de dezembro de 2022, no Auditório Nacional de Madri, mas também que ela obtete a pontuação mais alta em um teste com que um psiquiatra avaliou o estado de "recuperação" de prisioneiros na Esma (sua amiga Lydia Vieyra, que também foi detida e tinha a mesma idade que ela, sendo as sequestradas mais jovens, obteve a pontuação mais baixa por defender teimosamente sua militância montonera; ainda riem disso) — com uma modesta coqueteria que, longe de desmerecer seus méritos, acrescenta: "Que estranho, não sei como aconteceu essa grande coisa".

Em 30 de maio de 1969, mal iniciadas as aulas, os sindicatos da cidade de Córdoba começaram uma greve de 36 horas em protesto contra o regime de Juan Carlos Onganía. Aos operários — brutalmente reprimidos — juntaram-se estudantes de todo o país que reclamavam intervenções do governo de facto nas universidades. Os alunos do Colégio Nacional Buenos Aires, muito politizados, uniram-se à greve. Exceto Silvia Labayru e quatro ou cinco de seus amigos sionistas que insistiram em ir à escola.

— Pra quê! Fiquei numa situação muito delicada, porque a maioria dos outros entrou em greve. Logo depois, fui agarrada por uma amiga da divisão, que ainda é minha amiga. A Irene Scheimberg. Costumávamos ir pra escola juntas no ônibus, e ela começou a falar e falar comigo. Dizia-se xavecar, te convencer. Ela me convenceu e eu me filiei ao Partido Comunista, à FEDE, a Federação da Juventude Comunista. Comecei a me relacionar com a militância e toda aquela vida que era superemocionante. Fico bem feliz por ter tomado a decisão de ir pro Colégio porque...

Monkey salta sobre as cadeiras, sobre os sofás, sobre a bicicleta. A cidade brilha como uma joia infectada sob o sol do outono, desacelerada pela pandemia. Ela fala com um brilho elétrico — talvez pela única vez com entusiasmo — sobre aqueles anos: a militância, os filhos de Woodstock, do Che, do Maio francês, a utopia, o novo homem. Então a porta se abre e Hugo Dvoskin, que desceu de seu consultório, aparece pela primeira vez. Usa uma máscara N95. Não diz nada. Nem boa-tarde, nem oi, nem Sou o Hugo. Cumprimento:

— Oi, como você está? Muito prazer.

— Oi — diz ele.

Hugo vai até a geladeira, pega algo e vai embora.

— Tchau — ela diz.

Ele não responde.

O fundo de tela de Irene Scheimberg está borrado, o que faz com que seus cabelos curtos e grisalhos assumam um aspecto paranormal: às vezes se funde com o borrão, às vezes adquire um ar hiper-realista. Ela é argentina, patologista. Exilou-se em 1976, depois de Carlos Ocampo, que tinha sido seu parceiro e de quem ainda era próxima, ter sido sequestrado pelos militares, torturado e atirado ao rio. O cadáver dele apareceu boiando. Ela foi ao enterro e decidiu que não poderia permanecer no país. Viajou primeiro para a Espanha e depois para Londres, onde vive desde 1986. Aposentou-se há alguns anos. É casada com um inglês há 27 anos. Divide a casa com ele, com o filho Pablo — que estudou relações internacionais — e, desde maio de 2022, com uma refugiada ucraniana de 26 anos que, em seu país agora em guerra com a Rússia, era psicóloga infantil.

— Já disse a ela que, se não encontrar emprego este ano, não se preocupe. Pode ficar aqui. Agora que estou aposentada, faço triagem pra refugiados e também os ensino a tricotar, a fazer crochê. Meu filho e eu estamos militando no Partido Trabalhista, pra ver se conseguimos tirar esse governo de merda.

Fala sob a pátina da autoconfiança, do humor, da incorreção: "Sempre me caso com nativos", diz, para contar como na Espanha se casou com um espanhol e na Inglaterra com um inglês. "Estou com ele porque não quero vender a casa, mas cada um fica num andar diferente. Só tenho que me reunir na hora do almoço." Essa frontalidade ácida é algo que seus amigos — eles a reconhecem como uma inteligência superior — apreciam e da qual padecem. Vem de uma família de esquerda, "muito PC", embora mais tarde, na universidade, tenha sido membro da Juventude Peronista.

— Mas eu nunca quis ser um soldado montonero. A Silvia e eu conversamos muito sobre os anos 1970, somos muito críticas. Acredito que contribuímos em grande parte pra repressão. Mas fazer autocrítica é muito difícil. Você não quer que a direita te use como arma. Mataram 105 amigos e conhecidos meus. Mas estávamos enganados. As intenções eram fantásticas, porém cometemos mais erros que acertos. Os milicos foram piores. Porque eles tinham o Estado e tinham a obrigação de reagir de outra forma. Mas nós não fomos nada santinhos. O que me fez perceber isso foi o ataque ao quartel de Formosa, onde os recrutas morreram.

O ataque ao Regimento de Infantaria de Monte 29, em Formosa, por parte dos Montoneros, ocorreu em 5 de outubro de 1975, durante o governo constitucional de María Estela Martínez de Perón. Doze membros do Exército foram mortos, a maioria deles "recrutas", soldados que estavam cumprindo seu serviço militar obrigatório, e nove integrantes do Exército Montonero.

— Isso foi errado. Não deveria ter sido feito.

Irene conhecia Alba Corral, uma menina imponente, uma vestal cárnica, desde a escola primária. Alba, por sua vez, tornara-se amiga íntima de Silvia Labayru na escola. E foi assim que o trio se formou. Todos os dias, Irene pegava o ônibus 29 que a levava até a praça Italia, de onde seguia de metrô. Como Silvia Labayru morava muito perto, começaram a fazer o trajeto juntas.

— E ali, no transporte, resolvi convencê-la. Foi assim que a Silvia se tornou membro da FEDE, a Federação da Juventude Comunista, à qual nunca me filiei porque tinha minhas dúvidas. Ela havia morado nos Estados Unidos, era pró-ianque, não tinha noção do que poderia ser o imperialismo, mas mudou de ideia muito rápido porque entramos no Colégio em 1969 e em 1970 ela já era ativista.

Irene vestia o uniforme oficial — um *jumper* com pregas, gravata —, com aspecto de nerd, e Alba e Silvia eram as mais bonitas do Colégio. Silvia, segundo Scheimberg, usava uma saia justa, de cor cinza, e por vezes um blazer azul que o pai tinha comprado para ela no El Corte Inglés.

— Era acinturado, o cúmulo da elegância. A Silvia e a Alba faziam muito sucesso, ao contrário de mim. Eu usava óculos, tinha o cabelo enrolado, andava toda bagunçada. E, além do mais, tinha fama de intelectual e isso não é atraente pros meninos.

A pulsão sexual era uma inseminação vigorosa, mas o puritanismo obrigava a manter as aparências: o sexo era permitido se o casal fosse longo e estabelecido, mas as que desejavam levar a vida mais solta eram as "meninas levianas".

— A Silvia sempre foi inteligente e mais astuta quando se tratava de como se comportar com os homens. Nunca mostrou muita fraqueza. Sempre me perguntei de onde ela tirou toda essa força pra sobreviver, não só à Escola de Mecânica da Marinha, mas ao que veio depois. Tudo o que ela fez depois que saiu sempre me causou muita admiração.

— E o que ela fez? — pergunto, mesmo sabendo.

— Enfrentar a rejeição da comunidade, ter que aturar as imbecilidades que escreviam e diziam sobre ela.

— O que diziam? — insisto, embora esteja claro agora que ela entende que só estou lhe pedindo para ser explícita.

— Diziam: "Olha o que ela fez, é cúmplice do desaparecimento das mães da Plaza de Mayo e das freiras". E eu dizia: "Você nunca esteve numa situação como a dela, não pode julgar o que ela fez ou deixou de fazer". Ainda mais tendo uma filha como refém.

Irene já estava em Madri quando Silvia Labayru foi sequestrada. Soube do desaparecimento dela — essa é a palavra — por uma tia, e por muito tempo pensou que estivesse morta. Mais tarde, através de amigos comuns, soube que chegaria à Espanha com uma filha.

— Quando ela reapareceu, em muitos lugares começaram a atacá-la, mas nem a Alba nem eu nunca a atacamos. Pelo contrário, nós a defendíamos. Em 1978, ela veio me ver no hospital onde eu trabalhava em Madri porque tinha sangue na urina, por causa das coisas que lhe tinham sido feitas na Esma. Fiz sua avaliação clínica. Acho que fizeram um exame de contraste. Ela deve se lembrar. Eu briguei com muita gente defendendo a Silvia.

— Você nunca se deixou influenciar pelo que se dizia dela?

— Ah, não. Ela fez o que fez porque tinha que sobreviver. Mas nunca deixou de entender o que estava fazendo, por que fazia aquilo e as repercussões que poderia ter. Era uma vítima. Não tinha liberdade de escolha. E acho que a Silvia aprecia o fato de eu nunca tê-la abandonado. As dúvidas que tive em algum momento foram antes de ela vir pra Espanha: como é possível que a deixem sair? Até que conversamos com ela e nos demos conta de tudo o que ela teve de passar.

Embora sejam amigas próximas, a versão de Irene Scheimberg sobre a recepção que deu a Silvia Labayru na Espanha é inversa à de Silvia Labayru.

A entrevista com Irene Scheimberg é de 20 de julho de 2022, quando mais de um ano havia corrido desde a primeira vez que vi Silvia Labayru, que, ao passar o contato de Scheimberg, disse: "A Irene foi uma das que não quiseram me ver assim que cheguei à Espanha. Depois me pediu perdão, foi uma das poucas pessoas que me pediram desculpas".

O momento de cotejar as versões é incômodo. É como aqueles casos em que um casal discute — "Você me disse isso", "Não, eu não te disse isso, mas você me disse isso" — ou as fofoquinhas de adolescentes: "Fulano disse tal coisa de você". Mas é fácil com ela: nunca reage indignada, mas com desenvoltura.

— A Irene Scheimberg me amava — disse ela quando lhe perguntei sobre o que Scheimberg havia me dito. — Éramos muito amigas. Em Madri, ela descobriu que eu tinha sobrevivido e teve dúvidas. Quando cheguei, ela não quis me ver. Pertencia ao grupo dos que me questionaram, se eu era uma traidora, uma colaboradora. Mas ela me amava muito. Um ou dois anos devem ter se passado e um dia ela me ligou e disse: "Peço desculpas, duvidei de você". Ela foi uma das poucas que se comportaram mal mas relativamente rápido apareceu e disse: "Sinto muito".

— Ela me disse que você foi pro hospital com uma infecção urinária.

— Sim, eu tinha infecções urinárias e renais recorrentes por causa do que tinham feito comigo na Esma e fui vê-la no hospital. Fizeram um exame com contraste e eu fui parar na UTI com choque anafilático. A Irene tomou um baita de um susto.

Um dia depois de nossa conversa, Irene Scheimberg manda uma série de mensagens de WhatsApp: "Eu estava pensando no que a gente falou. Acho que naturalmente a gente tende a ser mais compreensiva com as pessoas que conhecemos e é por isso que nós, amigos da Silvia, não a abandonamos. Também acho que a necessidade de pertencer ao grupo fez com que muitos ex-montos ou ex-Juventude Peronista a condenassem, porque essa era a linha oficial e é mais fácil seguir o grupo que pensar. O Vietcongue esperava que seus militantes suportassem a tortura por 24 horas porque sabia que ninguém, ou muito poucas pessoas, pode suportar mais. Os montoneros esperavam mártires cristãos. Fiquei pensando em qual foi minha reação inicial quando a Silvia apareceu. Foi um choque. E logo encontrei motivos pra apoiá-la. Teria feito o mesmo se não a conhecesse? Hoje provavelmente sim. Aos 22 anos, não sei. A imaturidade faz com que você cometa muitos erros". Aproveito as mensagens para insistir: "Mas você evitou vê-la no início?". Ela: "Não. Nunca evitei vê-la. E quando a vi, se tinha alguma dúvida, ela foi embora voando. E fiquei muito feliz em poder ajudá-la".

Às sete e quinze da noite do dia da primeira entrevista, ela me contou tudo em linhas gerais, mas não avançamos muito e só se podia ficar na rua até as oito horas. A covid-19 se intensificou. Embora não seja mais que meia hora de caminhada entre a casa dela e a minha, preciso ir embora.

— Tenho que ir. Já passam das sete.
— Sim, sim, quero descer também — diz ela, mas não parece disposta a se levantar. — Algo aconteceu com o artigo no *Página/12*, é que a editora me escreveu dizendo que, em três dias, 125 mil pessoas o haviam lido.

Ela faz um gesto que indica incredulidade, mas, sem conhecê-la muito bem, suspeito que seja um comentário em que há uma certa vaidade subjacente.

Despedi-me e combinamos de nos encontrar cinco dias depois. O prédio tem sua própria vigilância, então ela não precisa me acompanhar (embora tenha dito que queria descer, não desceu). A cidade está quieta, amortalhada. Em vez de caminhar, pego um táxi na esquina. Assim, inauguro minha peregrinação a essa mulher.

Quando chego à minha casa, abro o arquivo do computador onde comecei a reunir material e escrevo:

> Parece interessada em afirmar que conhece pessoas "importantes". Menciona, por causa de um comentário que faço sobre o Instituto Cervantes, que tem relações com algumas pessoas de lá (dá nomes, não me lembro), que seu filho David foi colega de escola do filho de Zinedine Zidane, que em dois cliques de amigos no Facebook chegou à infanta Elena e à infanta Cristina, que o filho de Santiago Carrillo é amigo dela e que David é amigo íntimo dos netos de Santiago Carrillo.

O futebol, a cultura, um dirigente comunista. O que a realeza está fazendo ali?

As Disposições sobre a Justiça Penal Revolucionária de 1972 fazem parte dos corpos normativos dos Montoneros. O artigo 3º enumera os delitos de "traição, deserção, delação, confissão, faltas leves reiteradas e descumprimento das penas aplicadas no Julgamento Revolucionário". O artigo 7º define a figura do delator:

> O prisioneiro de guerra que fornecer informações relevantes ao inimigo será sancionado nos seguintes casos: (a) quando prestar tais informações no prazo de 24 horas depois de sua prisão; b) quando fornecer, em qualquer momento da confissão, informações desnecessárias, classificadas como tal, que excedam o interrogatório a que está sujeito.

Silvia Labayru se orgulhava de não ter cometido violação do artigo 7º, alíneas *a* e *b*, nem durante nem depois da tortura.

— Não, Monkey, morder não.

No dia 11 de maio de 2021, nos encontramos às duas horas da tarde. Ela veste o mesmo suéter leve da primeira vez. Monkey mordisca minhas mãos.

— Morder não, Monkey.

— Pode deixar, não tem problema.

As portas que dão para a varanda estão abertas e o ruído de uma máquina estridente vem da rua.

— O Hugo e eu pensamos que devíamos pôr proteção na varanda, porque você nem imagina como ele pula. Quer café?

— Não, água está ótimo.

Prepara um café que deixa esfriar antes de beber (muitos meses depois, quando nos encontramos em bares ou restaurantes, ela vai pedir um café e, à parte, um copo com gelo; seja inverno ou verão, vai despejar o café no copo). Evito, como no primeiro encontro, começar fazendo perguntas relacionadas com o sequestro e indago sobre outras coisas — o que faz (vende publicidade para revistas do setor de engenharia, administra os imóveis que tem alugados em Madri, em Reus); o que faz nos fins de semana (anda de bicicleta com Hugo, vão ao cinema, convidam amigos para jantar) —, mas ela leva a conversa para outro território, para o mesmo. A primeira vez que o fez foi na quarta pergunta, quando, depois de falar de Jesús Miranda, seu parceiro de 1987 até 2018, ano em que ele faleceu, disse: "Com o Jesús foi um encontro difícil. Eu lhe contava toda a minha história sem filtro e ele não entendia nada, achava tudo muito estranho. Ele me dizia: 'Bem, isso de que você esteve num campo de concentração tinha que ser revisto'". Como se a Esma fosse Hollywood. Seguiu-se uma sequência que durou muito tempo: o sequestro, a pílula de cianureto que carregava na bolsa, o parto, o cadáver da cunhada, o sequestro dos sogros. Agora, pouco depois de começar, estamos falando de outra coisa, mas ela muda o rumo e diz que seu responsável dentro da Esma, o oficial Antonio Pernías, a tratava por "dona" e "senhora".

— Me dizia: "Dona, se dependesse de mim, a senhora não estaria aqui". Mas esse mesmo cara foi quem entrou uma noite na cabine de uma das garotas que estavam sequestradas e disse: "Chupa minha pica".

Digo a mim mesma: "Ok, isso é que é ir direto ao ponto".

Muito cedo, ainda no Colégio, abandonou o Partido Comunista porque era "a coisa mais stalinista do mundo", e começou um rápido traslado para o que ela chama de "experiência guerrilheira". Ao mesmo tempo, estudava marxismo às quartas-feiras, das sete às onze da noite, com um professor do Partido Socialista. Fez isso por quatro anos. Não é humilde quando fala da sua formação política: sabe que sabe e é implacável quando se refere à de outros camaradas.

— Muitos deles não se destacavam exatamente por causa da sua formação. Eles não tinham ideia de quem era Marx, o que era a Revolução de Outubro. Nada. Fui me aproximando da experiência guerrilheira, do Che, do grupo secundário do FAL. De lá fui também pra base peronista, a FAP.

As divisões e subdivisões dos ramos políticos daqueles anos são uma selva. A FAL são as Forças Argentinas de Libertação, ou Frente Argentina de Libertação; a FAP são as Forças Armadas Peronistas. Sem entrar em detalhes: têm mais em comum do que apenas duas letras da sigla.

— Era uma esquerda que defendia a violência, as operações armadas. Fazíamos coisas menores. Mas era a defesa da luta armada como forma de fazer política. Percebi que se você queria fazer política de massas, e não estar em pequenos grupos com os quais as classes populares não tinham identificação, você precisava ser peronista. E dentro do peronismo, os Montoneros eram o caminho. Então, com certa relutância, entrei pra Juventude Peronista e comecei a militar no bairro de Colegiales.

Daqui a um ano e meio, durante uma conversa na casa de Dani Yako, ela dirá: "Eu não era peronista nem quando era montonera. Se, quando eu morrer, cobrirem meu caixão com uma bandeira dos Montos, eu ressuscito e mato todo mundo".

Em que momento ocorreu a transformação? De menina tímida, de testemunha sombria das brigas dos pais, de adolescente precoce que admirava as glórias do capitalismo estadunidense, a estudante de Marx, à que jogava coquetéis molotov, à que comprava clorato de potássio para alimentar as "panfleteiras", bombas que, ao explodir, espalhavam folhetos com conteúdo político? "Desde criança, eu era muito sensível", diz ela para explicar a reviravolta. "Quando meus pais e eu íamos comer em algum restaurante no Brasil, e eu via as crianças pedindo comida, chorava desconsolada."

Isso não basta. Não explica nada.

"Às vezes tenho um pensamento um pouco distorcido em relação ao meu pai, que era militar, e acho que, como eu era mulher e não podia me tornar militar, me tornei guerrilheira."

Isso também não.

Quando entrou no Colégio, não se achava bonita (assegurava que era um pouco gorda até que fez uma viagem para a Espanha, viveu um mês de melão e gaspacho e voltou fulgurante). No verão de 1970, ela era loira de olhos azuis, corajosa e combativa. O que mais se podia pedir? Uma casa, talvez. Um lar desmembrado que fosse o núcleo de onde se insuflava mais fogo.

O apartamento da rua Jorge Newbery era o epicentro. Seus colegas de Colégio ficavam para dormir (o chão era forrado de tapetes, o que facilitava o descanso), estudavam, conversavam sobre política. A imagem pode parecer muito *peace and love*, mas as ideias de que falavam não estavam relacionadas ao amor livre ou ao consumo arrebatado de psicotrópicos, e sim à revolução. Betty era encantada com tudo aquilo: preparava comida para eles, tornava-os cúmplices da novela de sua vida. Quando algum dos namorados da filha ficava para dormir (em um quarto onde havia um cartaz de Che Guevara e outro de Alain Delon: "Sempre foi um conservador, mas que homem lindo"), fazia o café da manhã e levava para o casal na cama. Por um lado, a filha se orgulha dessa mãe que vinha do futuro, mas, por outro, parece convencida de que a fronteira que Betty atravessava (contando-lhe intimidades e entrando na sua: quando descobriu que tinha começado a ter relações sexuais — por indiscrição de uma colega do Colégio —, levou-a à farmácia e comprou-lhe um diafragma) era uma fronteira que não devia ser ultrapassada.

— Minha mãe era muito liberal. Muito moderna. Depois, com o tempo, soube que muitos dos meus colegas vinham à minha casa não pra me ver, mas pra vê-la. Mas ela nunca foi clara sobre o limite de que eu era sua filha, não sua amiga.

Betty, tão linda, tão louca, rainha dos magoados.

Os acampamentos da escola eram uma tradição: dirigidos pela FEDE, organizados pelos próprios alunos, eram realizados duas vezes por ano: no mês de janeiro, em pleno verão no Cone Sul, ocorriam nos lagos da Patagônia; no inverno, em lugares como Tandil, Sierra de la Ventana, Córdoba. Os de inverno não eram tão frequentados, mas nos de verão iam cerca de duzentos alunos, do primeiro ao quinto ano, sozinhos, sem adultos, de trem. Um dos vagões era usado para transportar alimentos. Nas fotos que Dani Yako tirou de um acampamento organizado no lago Escondido, por volta de 1973, é possível ver jovens que parecem mais velhos — têm treze, quinze, dezessete, parecem ter 25 — usando gorros de lã, boinas, ponchos, blusas com detalhes rústicos. Tocam violão, lavam o cabelo em um lago, fazem churrasco. Um dos acampamentos a que Silvia Labayru foi aconteceu em uma cidade da província de Buenos Aires, Sierra de la Ventana, durante a Semana Santa ou o inverno de 1970 (ela não se lembra). Lá conheceu Hugo Dvoskin. Ou melhor, foi lá que ele a viu.

— Eu ia ao Colégio à tarde, entrava meio-dia e meia, saía às cinco. Estudava na cama, porque era muito friorenta. Minha mãe me trazia o café da manhã. Aí eu levantava, punha o uniforme. Um *jumper* cinza preguead0, camisa azul-clara, gravata azul, blazer azul e sapatos marrons. Mas as mais avançadinhas usavam gravata de seda, a saia mais curta, o que era um *jumper* passou a ser uma minissaia. Eu era uma delas.

Como aluna, estava indo bem. Só ficou de recuperação duas vezes: a primeira, porque tinha de pegar um voo para Paris — a mãe a esperava lá fora — e entregou a prova sem terminar; a segunda, porque uma amiga lhe jogou um pedaço de papel com a tradução de um texto em latim, a professora viu e disse: "Labayru, quem jogou esse papel pra você?"; ela respondeu: "Não posso dizer"; "Você sabe que vai ficar de recuperação"; "Sim, eu sei".

— Pra mim, o Colégio foi algo extraordinário. Foi um culto à amizade, com a política envolvida. Assim que entrei, comecei a participar dos acampamentos. Certa vez perdemos um, outra vez tivemos uma espécie de tifo. Um ano o trem descarrilou e algumas pessoas morreram, mas não do Colégio.

Seus pais se separaram definitivamente quando Silvia tinha dezesseis anos. Jorge Labayru foi morar a algumas quadras de distância — na avenida del Libertador, 4776, 12º andar, de lá é possível ver o hipódromo de Buenos Aires e a costa uruguaia —, e pouco depois Betty foi morar por um tempo com um namorado, a cem metros do apartamento da rua Jorge Newbery.

— Eu tinha a casa pra mim. Pense nisso. Com serviço doméstico. Todo mundo ia pra lá. E minha mãe vinha de manhã, cuidava do preparo da comida. Quando as coisas começaram a ficar pesadas, levei pra morar lá o Claudio Slemenson e o Alberto Schprejer, que eram muito procurados, muito procurados.

Claudio Slemenson foi um dos fundadores da União dos Estudantes Secundaristas (UES). Militante dos Montoneros, desapareceu em 4 de outubro de 1975, ainda durante o governo democrático de Isabel Martínez de Perón. Alberto Schprejer foi detido em 1976 e permaneceu preso político até 1981.

— Minha mãe não era de esquerda, tampouco de direita. Mas estava lá, correndo risco, e não sei até que ponto ela estava ciente de que havia dois montoneros enfiados num prédio de militares.

Além de preparar a comida, Betty assumiu a responsabilidade de deslocar o carro dos refugiados pelo bairro e estacioná-lo em diferentes lugares para que quem os procurasse não conseguisse localizá-los.

— Meus pais eram muito pacientes, aceitavam que os meninos viessem, que havia livros marxistas, mas não eram dessa natureza. Era como: "Bom, a Silvina é montonera, são as ideias dela". Acho que muitos pais não conseguiam acreditar que o que aconteceu conosco poderia acontecer. E outros se sentiram impotentes pra nos frear. Vamos ver quem pode deter essa fera. Porque éramos ferozes. Cheguei a pedir ao meu pai que me trouxesse, pra organização, peças de reposição de armas dos Estados Unidos nos seus voos. E ele me disse: "Silvina, mas o que você está me pedindo? É o meu trabalho". Estávamos loucos.

— O que você pensava dessa resposta do seu pai?

— Pensava: "Aff, como meu pai é conservador". Sentimos que íamos mudar o mundo. Que nossa vida era superemocionante. Achávamos que o novo homem estava chegando, tudo parecia uma coreografia de filme. Usávamos jeans, cabelos compridos. Queríamos fazer parte dessa mística revolucionária, dos irmãos latino-americanos.

Pela forma como ela fala, fica claro que já não acredita em nada disso.

Hugo Dvoskin a chama de Silvina. Alberto Lennie, seu primeiro marido e pai de Vera, Silvina ou Silvia, com predominância de Silvina. Um grupo de amigos que a conheceu na Espanha a chama de Silvia. Os amigos que a conheceram na Argentina, Silvia ou Silvina, depende do lugar onde a amizade começou, se no Colégio, se na militância.

Meus pais me chamavam de Silvina, como diminutivo de Silvia, como quem diz Silvita. O Alberto me chamava de Silvina porque tem uma irmã chamada Silvia. O Hugo me chama de Silvina porque o nome da mãe dele é Silvia e ele não gosta muito da mãe. Os amigos da Espanha, Silvia. E assim você poderia fazer um mapa e estabelecer de qual ramo as pessoas que me conhecem provêm, só vendo se me chamam de Silvia ou Silvina.

Sua mãe ouvia Louis Armstrong, Charles Aznavour, Leonardo Favio, lia Borges, Cortázar, Manuel Puig. A biblioteca que Silvia Labayru tem agora em sua casa de Madri é a de uma leitora voraz que se move confortavelmente de Albert Camus a Marguerite Yourcenar, de Natalia Ginzburg a Jorge Semprún, de Jean-Paul Sartre a George Steiner e Jonathan Franzen. Nos dois apartamentos onde a entrevisto, há sempre um livro sobre a mesa, com os óculos em cima, como se ela estivesse lendo até minutos antes de me receber. Tem conhecimento das mais variadas coisas: psicanálise, história, artes plásticas, música brasileira (quando acompanhar Hugo ao congresso dos lacanianos no Brasil, contará que uma noite deixou todos "bastante espantados" — aqui, um gesto de falsa modéstia — com seu conhecimento sobre o assunto), futebol: durante uma viagem que fará em janeiro de 2023 a uma estação de esqui na Áustria, ela vai conversar com um grupo de eslavos sobre Ferenc Puskás e Alfredo Di Stefano (tive de pesquisar no Google para descobrir quem eram, embora Di Stefano parecesse familiar para mim).

— Em 1970, você conheceu o Hugo.

— Sim. Ele ia ao Colégio de manhã, um ano na minha frente, eu ia à tarde.

— Vocês começaram a sair no acampamento?

— Não, ele me viu pela primeira vez no acampamento. Na verdade, foi ao mesmo tempo, em discussões políticas. Ele estava na FLS, a Frente de Luta dos Secundaristas, um grupo das FAL, as Forças Armadas de Libertação. Militava lá e era um menino muito combativo nas discussões, com capacidade argumentativa e uma língua muito potente. Foi aí que nos conhecemos. Começamos a namorar e ele foi meu primeiro namorado sério.

— Quanto tempo vocês ficaram juntos?

— Um ano e pouco com interrupções, porque eu o abandonava. A verdade é que eu fiz muitas canalhices com ele.

Em seguida, Hugo entra e, outra vez sem dizer nada, vai até a geladeira. São quatro e meia da tarde. Ela parece um pouco constrangida, então sugiro voltar outro dia. Combinamos de nos encontrar na terça-feira, 18 de maio, às duas horas. Só percebo, um ano e meio depois, enquanto reviso o material reunido, que a data que escolhemos para nos encontrar é altamente significativa.

Sei que Hugo Dvoskin não concorda que eu escreva sobre ela: ela me disse isso. Portanto, embora afirme que estará disposto a falar comigo — "O Hugo vai querer, claro. Ele vai poder dizer que tipo de menina eu era naqueles tempos. O quanto eu podia fazer um cara sofrer. E acho bom que ele faça. Porque essa era eu" —, suspeito que ele não vai aceitar. Mas um dia, em janeiro de 2022, Hugo aceita.

Nesta quinta-feira, 13 de janeiro de 2022, Buenos Aires está imersa em uma onda de calor colossal que já dura dias. Na última terça, a temperatura chegou a 43 graus. Na sexta e no sábado, chegará a 45 e 47,9. Mas hoje, quinta-feira, está fresquinho: apenas 36 e um pouco de brisa. O calor monstruoso que se avizinha é anunciado a toda hora na televisão com o tom catastrófico com que se anuncia o avanço da peste que nos rodeia. Nessa época eu já tomei duas doses de vacinas, mas se mantém a cerimônia do álcool em gel consumido em quantidades exorbitantes, da máscara no transporte público e nos espaços fechados. Caminho até o apartamento na rua Gurruchaga. São quatro e meia da tarde. O ar é uma matéria pastosa, um aglomerado de luz enfermiça, derretida.

Hugo Dvoskin respondeu de imediato ao pedido de um encontro com um áudio breve e afável. Converso com Silvia Labayru há nove meses e, em todo esse tempo, ela viajou sozinha e com ele para vários lugares da Argentina e da Europa; Monkey cresceu; eles ainda estão procurando um apartamento para morar. Agora, ela está em Madri, onde foi passar o feriado do Dia de Reis com o filho ("Pro David, esse feriado é mais importante que qualquer outro"), e nós duas achamos mais prudente que eu me encontrasse com Hugo enquanto ela estivesse ausente (não sei precisar por quê).

Quando chego ao prédio, me anuncio na portaria e eles me deixam entrar. Hugo avisou da minha visita, algo que ela nunca faz. No elevador, vejo que o chão está molhado. Subo até o 15º andar, toco a campainha.

— Oi. Entre.
— Espere, estou secando os pés. Tinha água no elevador.
— Fui eu. Acabei de voltar da piscina.

As janelas estão abertas — embora o ar-condicionado esteja ligado —, mas não usamos máscaras. Ele já tomou várias doses da vacina da Pfizer, porque entrou no programa de voluntariado do laboratório em 2021 ("O Hugo é o homem da Pfizer; ele fala da Pfizer o tempo todo, Pfizer, Pfizer, Pfizer"). Não há uma nuvem à vista, o que, em meio a uma onda de calor dos infernos, é deprimente.

— Sente-se.

Ele é magro, compacto, o rosto com linhas fortes, o cabelo ainda úmido. Tem uma voz grave, áspera, e fala em frases curtas, diminuindo o volume no final, que é praticamente cortada. ("Eu não entendo esse homem de jeito nenhum. Ele murmura!", diz ela um dia, rindo.) Ele não deixa de olhar nos olhos e, diante de algumas perguntas, abaixa a cabeça como se estivesse medindo a distância para investir, mesmo que só esteja escutando melhor. Tem um sorriso inquietante, que desaparece de repente sem deixar rastro. Não há nele nenhuma reticência, nem mesmo uma escolha cuidadosa de palavras. Há, antes, ousadia, uma forma intrépida de explicar a vulnerabilidade: "Ela sempre me deixou, e eu continuei apaixonado por ela. Sempre".

Muito antes desse encontro com Hugo, em 18 de maio de 2021, chego ao apartamento na rua Gurruchaga às duas e quinze da tarde. Ela está esperando, suéter azul de lã fina, calças pretas e sapatilhas envernizadas. Move-se com uma postura desencarnada e frouxa: seu corpo a acompanha aonde quer que vá e, embora nunca use saltos, anda com a elegância de alguém que desliza com calçados altíssimos, mas como se, em vez de ser uma pessoa, fosse um veado. Hoje, como antes e como depois, ela afirma que nunca recebeu treinamento adequado para manusear uma arma enquanto esteve nos Montoneros.

— Eu tinha uma arma, mas ninguém me ensinou como usá-la, como desmontá-la ou como limpá-la. Eu adoro armas, mas não pra atirar. Gosto do objeto. Tenho um sítio na Espanha, a cerca de uma hora de Madri, que fica isolado. Muitas vezes fui sozinha e pensei que seria bom ter uma escopeta de cano duplo serrada. O Jesús, meu marido, me dizia: "Não vou te dar uma porque você pode usar, você é capaz de usar". E eu: "Não, não, é só pra dissuadir". Você está sozinha lá e atirando pro alto, e tem que ser um assassino em série pra continuar. Bem, digo isso meio de brincadeira, mas ninguém nunca quis me dar a escopeta de cano duplo serrada. Uma pena.

— Você caçou alguma vez?

— Não! Não, não, sou totalmente contra isso. Absolutamente. Como vou matar um animal? Por favor. Não. Com todas essas contradições, né? Mas eu não mato animais. Matar um coelho, por favor, me dá um troço.

— Nem quando menina?

— Não! Muito pelo contrário. Meus pais amavam animais e isso seria inimaginável. Eu tinha todos os tipos de bicho. Até um corvo que andava solto pelo apartamento.

E então ela me conta a história do leão, a história do pinguim, a história de seu gato Demonio, e depois falamos de sua viagem à Espanha e à Escócia para visitar Vera — por causa da pandemia, não se veem desde 2020 —, da infância de Vera, do pai de Vera, dos filhos de Vera, do marido de Vera, da profissão de Vera, da adolescência de Vera. De Vera, de Vera, de Vera. E fazemos isso, sem perceber, no dia que aparece como data de nascimento no documento da filha: 18 de maio. É uma data falsa. Uma data que Vera não celebra, e a mãe também não.

— No Colégio, eu militava na Frente de Luta dos Secundaristas, a FLS — conta Hugo Dvoskin. — Todos os grupos de esquerda que tinham alguma ideologia ligada à luta armada convergiam para lá. Eu estava no terceiro ano, a Silvina no segundo. Era 1970. Fomos ao acampamento. De trem. Pra Sierra de la Ventana. Ela estava com um menino, estava saindo com ele. Não sei muito bem, mas ele estava lá. Era chamado de Galaico. Eu a vi e me apaixonei. Gostava muito dela. Gostava muitíssimo dela. Depois comecei a vê-la no Colégio. Ia de manhã, ela à tarde. Nos cruzávamos. Mas eu a via, como diz o tango, com o nariz contra o vidro, de longe.

Menciona datas, meses e anos precisos — em dezembro de 1971 tal coisa, em fevereiro de 1972 tal outra —, com a memória assustadora do que não pôde esquecer. Para ele, tudo parece ter acontecido há um mês.

— Em dezembro de 71, liguei pra ela. Ela estava prestes a viajar. Viajava muito, por causa do pai. E foi uma daquelas conversas em que os dois dizem coisas um pro outro e ninguém toma coragem. Em 1972 houve um acontecimento significativo. Três de nós estávamos fazendo uma atividade política, testando um explosivo. E um deles foi preso. Escapamos. Esse cara ficou preso, então nos tornamos foragidos. E eu fui pra casa da Jorge Newbery, a da Silvina. Fui morar naquela casa. Eu me instalei lá. De qualquer forma, minha relação com ela ainda era que eu a olhava de longe. Acho que não me decidia. Mas naquele ano fomos pra um acampamento em Claromecó, e bem, no final de janeiro daquele ano ela estava comigo. Ficou comigo por um tempo. De janeiro, fevereiro em diante. Teria sido mais fácil ter uma relação light, que era o que ela queria. Pra mim era impossível. Meus pais se conheceram quando tinham quinze anos e ficaram juntos a vida toda. Meu irmão mais velho conheceu a namorada aos quinze anos e meu irmão mais novo aos dezenove, e todos ainda são casados. A família da Silvina era diferente. A Silvina tinha outros códigos. Depois terminamos. Quer dizer, ela terminou. Sempre que nos separávamos, era ela quem terminava. E depois voltava. E eu ficava esperando. Eu sempre esperava. Um dos términos importantes foi em junho de 73. Ela me disse que estava tendo um relacionamento com outro cara. Eu estava na casa dela. E fui embora.

— Assim, sem mais nem menos, você foi embora.

— Claro. O que eu ia fazer? Depois voltei a ficar foragido, com ameaças. Então fui com a Silvina, uma viagem maravilhosa, pro Peru. Foi a época gloriosa da nossa relação. E na volta...

Não importam as datas, os anos. Ele os recorda, mas os mistura, ela não se lembra. Houve um tempo juntos, houve separações intempestivas, houve regressos, houve separações ainda mais intempestivas.

— Quando voltamos dessa viagem, ela me deixou. Eu era muito ciumento. Muito ciumento. Era um chato com isso. Havia situações que não eram boas.

— E você sofria.

— Sempre. Ela me deixou em 74, após a viagem ao Peru, e eu me senti muito mal. Depois voltamos e ela começou a se aproximar dos Montoneros. Eu me aproximei deles pra ficar um pouco com ela. Mas não. Era como se fossem antissemitas, fundamentalistas. Eu estava mentalmente mal, por vários motivos, mas a Silvina era uma questão crucial nisso. A partir daí, houve situações que não foram fáceis de digerir.

— Com ela?

— Sim, sei lá. Uma vez ela quis me apresentar a uma garota. Pra que eu saísse com ela. Estávamos separados. Que ela me apresentasse a uma companheira... Pra mim era impossível. Sempre fui apaixonado por ela. Desde aquela época. Parei de militar, mas ainda continuava com problemas.

Vou me encontrar com Hugo muitas vezes: naquele apartamento, no apartamento para onde vão se mudar daqui a um mês, em dois jantares, durante o churrasco no terraço da casa de Dani Yako. Vou vê-lo chegar de bicicleta, sair de bicicleta, abrir a porta de casa, entrar no escritório, cortar folhas de uma palmeira, arrastar um saco cheio de livros, arrastar um aquecedor, dirigir um carro. Ele sempre parecerá um pouco arisco, reservado. Mas quando fala dela, poderia assinar aqueles versos de

Macedonio Fernández: "*Amor se fue; mientras duró/ de todo hizo placer./ Cuando se fue/ nada dejó que no doliera*".* Ele afirma, destemidamente, corajoso: "Quase morri de amor".

— O último encontro que tivemos foi no dia em que o Perón morreu. Julho de 1974. A gente se viu na fila do Congresso, porque ele estava sendo velado lá, e fomos pra casa dela. Fazia tempo que não nos víamos. E depois nunca mais ouvi falar dela. Mas a Silvina continuava existindo. Sempre. Eu continuava pensando nela.

— Quantos anos você tinha?

— Dezenove. Comecei a estudar química. Abri uma escola de atividade aeróbica com um amigo, mudei para a Faculdade de Psicologia. E houve uma situação que foi muito difícil pra mim, porque em 76 a Silvina enviou aos meus pais o convite de casamento dela. Isso foi devastador. Em 76 eu ainda pensava nela, mesmo sem saber de nada. E ela seguiu com sua vida. E depois, bem, ela caiu, foi sequestrada.

Um dia, em 1977, ele encontrou alguém na cidade litorânea de Villa Gesell, que lhe disse: "Você ficou sabendo o que aconteceu com a Silvia?".

— E então?

— E então, sei lá. A questão é que todos os assuntos relacionados a ela eram inacessíveis pra mim.

Ela. Que conta que, quando transaram pela primeira vez, pensou: "Ah, era isso".

Ela. Que o trocou por um amigo dele.

Ela. Que se exibia com novos namorados que descartava um após o outro.

Ela. Que o deixou, que o deixou, que o deixou.

Que depois implorou sem encontrá-lo.

---

* "Amor se foi; enquanto durou/ transformou tudo em prazer./ Quando se foi/ nada deixou que não doesse", em tradução livre. [N.T.]

***

Alba Corral deve ter nascido bronzeada. No mês de novembro de 2022, ela espera sob o sol assustador das onze da manhã em um café em Buenos Aires e, embora esteja vestida de preto (e cercada de objetos muito pouco aquáticos: um tablet com uma capa impecável, um telefone com uma capa impecável, uma pequena bolsa impecável), parece imersa na atmosfera cheia de oxigênio que reverbera à beira das piscinas. A pele caramelizada, o físico tonificado, o cabelo muito comprido, parece alguém que poderia fazer parte de um esquadrão letal em um filme de Tarantino, capaz de girar três vezes no ar e desmembrar seu oponente com uma katana ou cravar um *shuriken* na testa dele. No entanto, tem aversão a armas. Na semana anterior marcamos um encontro, mas ela confundiu o dia e não apareceu. Mandou mensagens de desculpas e finalmente nos encontramos no dia 4 de novembro. Quando me vê chegar ao café, em uma mesa externa, ela sugere ir para outro lugar, mais sombreado.

— Já tive minha cota de sol.

Ela é mais baixa que Silvia Labayru, seus olhos são de uma cor difícil de definir — talvez cinza, embora fosse estranho —, um pouco inexpressivos, e enquanto a vejo pagar seu café tento imaginar aquelas duas, a loira acobreada e a morena, andando pelos corredores do Colégio, cortando o ar com as coxas que a juventude dá (somado ao que tinham dentro de si: aquelas ideias ardentes). Deve ter sido impressionante.

Atravessamos para o bar do outro lado da rua. Chama-se Tilo,[*] mas é o oposto de um calmante. Os caminhões de mercadorias estacionam a um palmo de distância e o barulho dos motores dificulta a conversa. Alba fuma um cigarro atrás do outro, bebe Coca-Cola Zero e conta a história começando com seu exílio na Espanha — a relação com o marido, Sergio, já falecido,

---

[*] Tília, planta conhecida por seus efeitos calmantes. [N. T.]

que conheceu em Madri, com quem fundou a Macondo, uma joalheria em que deram trabalho a muitos dos amigos que chegaram durante os anos 1970 e que se transformou em uma empresa com várias sucursais —, enquanto uma quantidade verdadeiramente desproporcional e demograficamente relevante de pessoas humildes se aproxima para oferecer lenços de papel, figurinhas, guarda-chuvas, canetas, isqueiros, meias, meias-calças, espanadores, cadernos, doces, pastilhas, chicletes, no que poderia ser uma nota de rodapé que desse conta de qual é o estado das coisas em um país onde 42% da população é pobre quatro décadas depois de Alba, e pessoas como Alba, ter acreditado que tudo poderia mudar.

Militava "um pouco de lado", embora às vezes use os verbos que se referem aos montoneros no plural — "estávamos" —, e apesar de ter sido a última pessoa a ver Silvia Labayru no dia em que ela foi sequestrada, nem sequer havia pensado em ir embora quando, um mês depois, Jorge Labayru a viu atravessando a rua, parou o carro, obrigou-a a entrar e gritou: "Você está louca?! O que está fazendo aqui?! Você tem que ir embora imediatamente!". Então ela foi.

— Eu militava no peronismo de base. Tinha aversão a armas. Por isso escolhi a proletarização, ir trabalhar numa fábrica de jaquetas. Era absurdo, porque aquelas pessoas já estavam organizadas, eu não tinha que ir ensinar nada a elas, mas eu sentia que tinha que ir. Eu era amiga da Silvia, via o que a liderança dos Montoneros determinava e achava uma coisa fora de lugar. Parecia que estávamos prestes a tomar o poder, e eles estavam cem por cento despreocupados com seus militantes. O que não tinha meios? Que se fodesse. Se não pudesse sair do país e o matassem? Problema dele. Esse era o valor humano dessas organizações, que nunca chegaram a nada. Saí do país um mês depois que a Silvia caiu, com mais ódio dos montoneros que dos militares.

Sua mãe era rígida, não suportava ver o apartamento cheio de adolescentes, então Alba passava muito tempo na casa de amigos, especialmente na de Silvia Labayru, onde Betty também estava.

— Fiquei muito amiga da mãe da Silvia. Ela me contava todos os dramas da sua vida. Era como uma novela. Mas a Silvia tinha pavor daquelas entradas da mãe, não suportava, era uma coisa brutal. Às vezes ela parecia gostar, mas dizia coisas como: "A gente não fala isso pra ela, ela não precisa saber de tal e tal, olha como ela se mete nisso". Queria impor limites. É algo que ela mantém até hoje. Tem épocas em que ela te chama e outras em que desaparece, e eu acho que isso vem da mãe, de estabelecer limites de uma forma abrupta. Ela simplesmente corta relações.

Quando Alba me diz isso, lembro que em fevereiro de 2022 eu estava em Cartagena. Silvia Labayru não respondia a nenhuma mensagem minha fazia dias. Fiquei ansiosa — será que tinha se arrependido depois de quase um ano de trabalho? —, até que ela mandou um áudio que começava com uma voz despreocupada: "Ooooi, querida".

— Era muito tímida. Como se fosse difícil pra ela lidar com a própria beleza. Eu conhecia todos os namorados dela, mas com o Hugo ela teve uma relação mais interessante, porque ele era mais interessante. Os outros eram namorados mais superficiais. O Hugo tinha uma natureza diferente. Eu gostava muito dele. Parecia muito inteligente, muito compreensivo. Era narcisista que só. Tinha gente que não o suportava. Mas podia compreender as coisas. Gostava muito de aparecer, mas era uma pessoa interessante. Quando ela terminou, ele ficou desconsolado. Era desesperador. Ele não entendia a ruptura, não entrava na cabeça dele. E acho que a Silvia não percebia que tipo de pessoa ele era, a diferença entre o Hugo e os outros. Ele ficou muito baqueado. Era um dejeto humano. Além disso, a superficialidade com que a Silvia fez as coisas. Não houve briga, nada. Foi: "Tchau, estou ficando com outra pessoa". Ela não percebe as coisas que provoca. Então usa, manipula. E aprendeu isso com a mãe. Não porque a mãe fosse assim, mas porque não havia códigos. O código da lealdade, a Betty não tinha. A Silvia era assim: apareceu esse cara, gostei dele, vou ficar com ele. Era o tipo de coisa que distanciava um pouco a gente. Depois dos anos 1980, dei um basta e ficamos nove anos sem falar.

— O que aconteceu?
— Deixe a Silvia te contar.

Mamãe era muito moderna, mamãe odiava crianças, mamãe era lindíssima, mamãe tomava uísque com comprimidos, mamãe enlouquecia com as infidelidades do papai, mamãe pôs um detetive atrás dele, mamãe me obrigava a fuçar na carteira do papai para ver se eu conseguia encontrar pistas de que ele tinha estado com outras mulheres, mamãe me levou para comprar meu primeiro diafragma, mamãe me dizia você não vai passar pelo que eu passei, você vai ter toda a liberdade do mundo, e eu a escutava e o que ficava na minha cabeça era a ideia de que "amar alguém é algo muito perigoso, então é melhor não se apaixonar, é melhor ter o domínio. É melhor, antes que façam algo com você, que você faça a eles".

Na sexta-feira, 28 de maio de 2021, nos vemos por Zoom. Ela partirá em breve para Madri e, de lá, para Aberdeen. Não vou à casa dela para evitar um contágio pelo vírus que poderia estragar sua viagem.

— Estou com um pé aqui, outro ali, papéis, bagunças, histórias. Comprei a passagem errada pra Aberdeen, pra nove e não dez dias, que é quanto tempo dura a quarentena, e se eles me pegarem talvez eu acabe na cadeia. Imagine, sair da Esma e acabar presa por causa de uma quarentena. Agora, parece que há novos casos da cepa indiana no Reino Unido, de qualquer maneira. E há os trotskistas do confinamento que acham que nada garante nada. Então vamos permanecer assim até o dia em que formos pegos pela morte? No fim, é o que a música diz, que viver é a coisa mais perigosa que a vida tem. Há riscos mínimos que você tem que assumir. Ei, aquele artigo que essa mulher escreveu, aquele que te mencionava, qual é o nome dela?

— Alexandra Kohan?

— Sim. É muito forte que essa mulher se diga feminista e se chame Alexandra Kohan, usando o sobrenome do marido em vez de usar o próprio sobrenome.

Alexandra Kohan é uma psicanalista argentina, colunista do *Diario.ar*, autora dos livros *Y sin embargo, el amor* e *Un cuerpo al fin*. É casada com o escritor Martín Kohan, autor de ensaios, contos e romances como *Duas vezes junho*, *Ciências morais*, *Fora de lugar*. Ambos têm o mesmo sobrenome, cada um por sua conta. Digo isso a ela.

— O sobrenome dela é Kohan. Assim como o dele.

— Ah, não.

— Sim. São Kohan. Os dois. Cada um por seu lado.

— Eu acho, sei lá, que é feio você ser feminista e usar o sobrenome do marido.

— Não, mas ela é Kohan e ele também. Eles são Kohan separadamente.

— E são parentes?

— Não.

— Isso é muito forte.

Pouco depois, em outro encontro, ela se diz escandalizada com o fato de "essa mulher, se dizendo feminista, usar o sobrenome do marido". Etc. E em outra: "Você acha que, sendo feminista, essa mulher...?". Menciona essa contradição inexistente várias vezes, como se tivesse acabado de descobri-la, e eu sempre explico: não, são dois Kohan, cada um por seu lado. É um pouco estranho: o preconceito inabalável em alguém a quem o preconceito causou estragos, interrompeu uma vocação, obscureceu a vida. Um dia, comenta que "pessoas muito confiáveis" que eram amigas dela lhe disseram que eu era uma jornalista que, se necessário, fazia o entrevistado parecer "um idiota". O comentário parece — é — agressivo. Peço-lhe um exemplo (levei-lhe todos os livros que escrevi: ela tem onde procurar). Ela responde que não é algo que já leu, mas que "pessoas muito confiáveis" amigas suas lhe disseram. Etc.

— Leila, adoro seus cachos. Nós também temos cabelo cacheado. Você é de Buenos Aires?

Vera Lennie, filha de Silvia Labayru, está com 44 anos nesta quarta-feira, 23 de junho de 2021, quando falo com ela. Em 28 de abril de 2022 completará 45 anos, mas a data de nascimento que figura em sua documentação é diferente: 18 de maio. Seu local de nascimento também não coincide com a realidade: o endereço oficial é o do apartamento de seu avô, Jorge Labayru, avenida del Libertador, 4776, 12º andar, embora ela tenha nascido a cerca de trinta quarteirões de distância, nessa mesma avenida, na Escola de Mecânica da Marinha. Suponho que, com esse "nós" — "nós também temos cabelos cacheados" —, Vera se refira a ela e aos filhos, embora eu ainda não tenha visto fotos das crianças. Ela é cardiologista, trabalha das nove às cinco em um hospital, admira profundamente o sistema público de saúde da Escócia e tem aversão a trabalhar em consultórios particulares, onde os pacientes chegam com doenças que não implicam desafios. O trabalho dela é a maquinaria pesada, o suprassumo: cuidar de assuntos do coração. Quando um paciente ameaça mencionar outros problemas, ela aplica um estilo retumbante: "Minha especialidade não é esta, o assoalho pélvico você tem que consultar em outro lugar".

Está na casa de Aberdeen, em seu estúdio, rodeada de estantes com coleções das editoras Hiperión, Pre-Textos, Acantilado.

Muita poesia, livros de sua infância, da adolescência, volumes antigos do avô de Ian Frazer, seu companheiro, um escocês que conheceu quando ele trabalhava como enfermeiro em um hospital psiquiátrico em Inverness.

— O Ian então mudou de emprego, começou a remasterizar música. Agora ele faz um pouco de trabalho freelance e me ajuda muito em casa, porque é muito difícil trabalhar em tempo integral e equilibrar a questão familiar. E eu lhe agradeço por isso. Temos dois meninos, Duncan e Ewan. Não sei se minha mãe contou, mas meu filho mais velho, o Ewan, é surdo e tem implante coclear. Isso criou a necessidade de estar presente na educação dele, e eu não poderia ter feito isso sozinha, Leila.

Silvia Labayru me contou sobre o neto. A surdez é consequência de uma meningite que teve quando bebê. Ela se referiu à situação apenas duas vezes, ambas de forma inclemente: "O fato de o Ewan ser surdo… Não existe uma cota universal de desgraças, de sofrimento acumulado? Já preenchemos essa cota. Temos a cota completa. Por favor, basta. Basta". E depois: "Isso foi particularmente intolerável pra mim. A Vera é a luz dos meus olhos. Pensei que, com o que havia acontecido, tínhamos toda a cota de dor preenchida pra que algo mais acontecesse na vida dela. Mas não, olhe só".

Atrás de Vera se vê uma cama. Falta um dia para a mãe chegar da Argentina e ela preparou seu quarto ali.

— Não a vejo desde que a pandemia começou. Ontem, quando estávamos preenchendo os formulários de entrada na Escócia, um dos itens dizia: "Se você não contar a verdade sobre onde estava antes de chegar aqui, vamos colocá-lo na cadeia". Eu falei: "Imagine se você acabar sendo presa por isso, com tudo o que já te aconteceu".

Ela era loira ao nascer e, embora não conserve essa cor — seu cabelo é muito escuro —, ainda mantém os cachos, que são longos, embora não estejam visíveis porque seu cabelo está preso.

Tem uma mandíbula forte e atraente. Meses depois, quando a vejo em Madri, reparo que a pele branca, quase transparente, que se percebe na tela é de fato branca, quase transparente. Ela fala com um sotaque espanhol não muito forte, misturando o "tu" e o "vós", usando com fluidez expressões argentinas. Quando criança, passou muitos verões europeus — invernos austrais — na casa dos avós, na cidade de Buenos Aires, com primos, tios e tias que a adoravam.

— Nunca me senti muito espanhola, mas também não me sinto argentina, e quando vou à Argentina dizem: "Ah, você é galega". Não. Finalmente, é aquela coisa que o Jorge Drexler fala, sabe? Minha casa é na fronteira.

— Sua mãe chega amanhã.

— Sim, vai chegar e me dizer como tenho que cortar o cabelo. Isso ela sempre faz. Sua mãe também deve ter suas manias.

— Sim, claro.

— O que ela te diz?

— Ela já morreu, mas me falava umas boas também.

— Acho que é coisa de mãe. E das mães argentinas. Sinto que ela quer controlar minha vida. Um dos primeiros empregos que tive foi num hospital no sul de Madri e ela, tão vermelha, me diz: "E você não pode ir pro norte? Porque o sul é muito feio". Vallecas, um daqueles bairros operários. E ela disse: "Não, mas é feio".

Quando sua mãe me pergunta algo — "Você cozinha?" —, ouve a resposta de forma lateral e remete a pergunta para si mesma — começa a falar sobre o que cozinha —, como se a mesma coisa que aponta nos outros — que não ouvem — às vezes acontecesse com ela, espelhado. Vera, por outro lado, pergunta com curiosidade inesgotável.

— De onde você é, Leila?

— De Junín.

— Estava escutando seu sotaque, que não é tão forte quanto o portenho. E há quanto tempo você mora em Buenos Aires?

— Desde os dezessete anos.
— E o que você estudou?
E por aí vai.

Em junho de 2021, Silvia Labayru está em Madri, se preparando para voar para Aberdeen. Envia algumas mensagens de WhatsApp que são a versão escrita dos resumos apressados que faz no início de nossas conversas: "Oi, querida. Já estou em Madri. Os voos da Ryanair foram cancelados, comprei outra passagem da Iberia, ir, voltar. Bom, bom, bom [...]. O encontro com o David e meus amigos foi estupendo. Uma voragem de trabalho, assinaturas, papéis, cartórios, mas a gente se exercita na adrenalina. É um tremendo rali. É o preço, entre outras coisas, que você tem que pagar pelo amor e pelas escolhas que faz, então nada de reclamar [...]. Na quarta-feira, ao meio-dia, tenho de apanhar um avião pra Alicante e acordar às cinco pra pegar o voo até Aberdeen, onde não sei se vão me deixar entrar. Um grande plano. E se eu não viajar, minha filha me come viva. É um turbilhão de datas. Na terça-feira tenho que fazer um PCR, testar os anticorpos. Uma correria. É tudo assim. Beijinho".

A mensagem seguinte, enviada da Escócia, parece um telegrama: "Por aqui tudo bem [...]. Numa casa e arredores incríveis. Vivem nessa bela casa numa floresta de quinhentos anos. É a propriedade de um nobre, nosso vizinho, que vive num castelo. Na enorme propriedade há cerca de dez casas que ele aluga. A da Vera é uma delas. Era a antiga *coach house*. Lugar impressionante, mas eles estão mais sozinhos que nunca [...] A Vera trabalha muito. E aí ela chega em casa e continua trabalhando. Aqui não tem empregada nem nada. Ainda bem que vim. Eles precisavam muito. Não param de falar!! [...] A sentença do julgamento sairá em agosto. Acabei de receber uma ligação do Ministério Público. Viajo (se o destino quiser) no dia 12 de julho pra Buenos Aires. Estão cancelando muitos voos, então vamos ver o que acontece. Estou realmente ansiosa pra estar aí, embora tenha muitas coisas pra resolver em Madri. Feliz por estar vacinada, tentando obter o passaporte sanitário europeu. Já conversou com mais alguém? Se precisar de alguma coisa, me avise. Beijinho".

Ela regressa da Europa em meados de julho e eu peço que conversemos para que me conte como foi tudo. Ainda não nos conhecemos muito bem e, embora meu pedido pudesse ser um incômodo, ela concorda imediatamente. Deve ficar isolada por uma semana — regras do governo impostas para conter a pandemia —, por isso falamos por telefone. Ela parece feliz e ao mesmo tempo ansiosa.

— Foi uma loucura. Trabalhos, reuniões, cartórios, papelada, lidar com outro trabalho publicitário, apartamentos alugados que precisam de grandes reformas, conflitos com a comunidade de proprietários, um carro abandonado na porta da minha casa que tem que ser levado pro ferro-velho. Um jipe maravilhoso, antigo, mas ótimo. A caixa de câmbio quebrou e é mais cara que o carro. E muitas questões colaterais, que é o preço de ter escolhido estar aqui, em Buenos Aires. Mas espero que, daqui a um ano, minha vida esteja mais simples e organizada.

Daqui a um ano, sua vida não estará nem mais simples nem mais organizada, e aquela "loucura em que estou metida" já não será uma loucura, mas simplesmente a forma como vive. Resta a dúvida, porque o passado é acessível até certo ponto e porque há opiniões diferentes sobre o assunto, de saber se essa aceleração sempre esteve ali ou se é algo desses anos. Uma ex-colega dela no Colégio diz que ela pede ajuda para tudo e mais um pouco, que o filho David cuida de muitas coisas das quais o marido, Jesús, cuidava. Dois amigos, espanhóis, dizem que antes ela não se movimentava tanto, que parecia mais tranquila. Ela menciona muitas vezes sua necessidade de parar ("Todo mundo aqui se mexe o tempo todo. Acho que é um pouco maníaco. Não param nunca, caralho. Ninguém pode ficar quieto em casa, olhando pras plantas, lendo um livro, passando um sábado sem ter que fazer todo tipo de planos? Não sei o que pensam, que se pararem vão morrer, ou algo assim"), mas não só se movimenta incessantemente, como fala do movimento constante de Hugo como uma virtude (ou, pelo menos, como algo engraçado): "O Hugo nunca para. Ele faz faxina, dobra e guarda suas roupas e as minhas, atende os pacientes e faz parte da Associação Psicanalítica Brasileira, estuda português, estuda italiano, cuida dos filhos e dos irmãos. É *multitask*".

— Meu cachorro, o Toitoy, fica lá na Espanha. Cinquenta e cinco quilos. Minha sobrinha cuida dele, ela tem uma cachorra da mesma raça e eles ficaram famosos no bairro. São lindos. O Jesús me deu de presente e custou uma fortuna. Param a gente na rua pra ver. É um bernese. Chamava-se Toy, porque esse era o nome que vinha no pedigree, mas parece que dizer "toy" no mundo dos cachorros é designar o cão em miniatura. E as pessoas diziam: "É piada, né? Toy?". Porque é gigante. Como cresceu muito, a gente o chama de Toitoy. E eu vou ter que trazer a gata. Morchella. É outro capricho meu. Sempre fui apaixonada por essa raça de gato, maine coon. É a gata mais linda que já tive. Tão bonita quanto tonta. Não interage muito. Tem dezoito anos e ainda está nos trinques. É imortal, assim como meu pai. Agora, além disso, também tenho que me mudar deste apartamento. Nunca na vida pude morar numa casa com jardim e esse é o meu sonho. Essa lacuna nunca foi preenchida. Quando vejo aqueles apartamentos com terraços por aqui, fico babando. Um dia vou me matar enquanto ando de bicicleta porque não consigo parar de olhar pras casas. Terça-feira vamos pra Mar del Plata. Não gosto nem um pouco. Falei pro Hugo que achava Mar del Plata muito feia e dá pra ver que ele não me ouviu. É um pesadelo, cidade enorme, quarenta fileiras de barracas na praia. É como os campos de refugiados bósnios, só falta a Cruz Vermelha.

Sua força vem do mesmo lugar de onde tudo mais veio: de sua natureza rebelde, de sua tremenda falta de decoro.

Em meados de julho de 2021, sou convidada a participar pelo Zoom do grupo de cinema que Hugo Dvoskin conduz há tempos. A tela mostra cerca de vinte pessoas. Eles analisam *Nomadland*, o filme dirigido por Chloé Zhao e estrelado por Frances McDormand. É a história de uma mulher que dirige pelas estradas dos Estados Unidos em uma caminhonete depois da morte do marido. Hugo guia a conversa. Parece haver uma maioria de psicanalistas, pelo menos se considerarmos o léxico que eles usam. Nem todos concordam com seus comentários, mas ele insiste, argumenta fortemente.

— Ela e o marido não tiveram filhos. As pessoas que têm filhos acreditam erroneamente que estão protegendo seus filhos. E a primeira coisa que alguém que tem filhos precisa fazer é ser honesto: os filhos é que te protegem. Te protegem do risco de não estar amarrado. Pessoas com filhos têm uma existência fácil, quase não pensam em suicídio durante anos. Dizem a si mesmas: "Não vou fazer isso com meus filhos". Não estou dizendo que ninguém faz. Mas estão amarrados à vida. Fortemente ancorados. Quando eu tenho um filho, faço falta. O que me faz falta é fazer falta. É o que dá sentido à existência. Tenho filhos, não tenho dúvidas sobre o sentido da existência.

Silvia Labayru e Vera estão conectadas ao Zoom, ambas sem câmera. Para ela, o nascimento de Vera significou ser deixada à intempérie, abrir todas as portas da morte.

Monkey cresceu um pouco. Manca. Digo isso a ela:
— O gato está mancando.
— É mesmo? Vamos ver…

Ela se relaciona com os animais à moda antiga: não fica preocupada de maneira obsessiva. Em poucos meses, quando eles se mudarem para um apartamento com jardim, Monkey escalará os muros, passará para as casas vizinhas. Isso, que aterrorizaria qualquer dono de um gato de apartamento — ele vai se perder, será atacado por cães —, para ela parece natural. Um dia ela conta que Vlado (ex-Monkey) caçou outro passarinho (já são dois): "Ontem o Vlado caçou um passarinho, matou-o e estava determinado a comê-lo, que horror! Tirei-o da sua boca e ele ficou procurando a tarde toda. Que nojenta essa demonstração de animalidade, com tudo que se faz para humanizá-los. O bicho é um caçador nato. Mas aí ele vem se encostar em mim e ronrona como louco, liga o modo bebê. Eu tinha outro gato (Demonio), preto e lindo, que eu peguei na rua, e ele conviveu com a Morchella por muitos anos, eram a dama e o vagabundo. Nunca tive um gato assim. Ele era muito inteligente e bonito, além de carinhoso". Demonio foi um gato inesperado. Ela viu uma menina na calçada com um gato nos braços e foi acariciá-lo. A menina disse que estava grávida e não podia ficar com ele. Acabara de sair de um veterinário, onde fora aconselhada a sacrificá-lo. "Você não quer?", perguntou. Ela ficou com ele por anos e o enterrou em sua chácara de Toledo. Sua página no Facebook está repleta de fotos de animais (corujas, elefantes, pinguins, baleias, camelos, gatos, focas), embora sejam superadas pelas de instalações artísticas, quadros, fotografias, citações curtas de escritores, filósofos, ensaístas (Camus, Asimov, Philip Roth, Doris Lessing, Marguerite Yourcenar, Carl Jung) e frases espirituosas: "O cão pode ser o melhor amigo do homem. Mas o gato jamais vai dizer à polícia onde está a maconha".

Permanecemos pouco tempo no apartamento: Hugo precisa da sala e nos empresta seu consultório para que possamos conversar.

— Subo quando faltar vinte e dois — diz ele, aparecendo de algum lugar, entregando-lhe um monte de chaves e desaparecendo nos quartos.

Subimos cinco andares. Saímos do elevador. Dobramos por um corredor. Ela tenta abrir a porta, mas a chave não encaixa. Retraçamos nossos passos. Descemos para o 15º andar. Ela toca a campainha (não tem chaves para voltar a entrar). Hugo abre.

— A chave...

— Deixa eu ver... Eu te dei a que não é.

Procura, encontra, dá-lhe outro molho de chaves.

Retraçamos nossos passos. Subimos ao vigésimo andar. Dobramos pelo corredor. A chave abre.

Surpresa: do consultório é possível ver o rio.

Ela muitas vezes menciona seu receio de parecer fria, já que narra as partes mais violentas de sua história como uma linha de montagem ajustada, uma tela na qual projeta imagens nítidas, mas distantes. "Outro dia fiquei pensando no tom em que se fala sobre essas coisas. A desafetivização. Até se pode relatar, mas o que é muito difícil é relatar o afeto ligado às memórias. Estando sozinha, me propus a evocar as sensações, as emoções. E é um túnel. Não consigo. A solidão, o medo, a incerteza. Foi um ano e meio. Mas foi toda uma vida." Outra variante é: "Há pudor em se emocionar na frente do outro. Medo de que, se essa comporta se abrir, você nunca consiga parar de chorar. Portanto, há sempre um mecanismo de autocontrole, e isso tem a ver com a Esma: ali quem saía do controle estava morto. Você tem que estar ouvindo seus amigos sendo torturados e os gritos e alaridos, e não deixar um fio de cabelo sair do lugar".

Esse dispositivo não parece ser filho da frieza, mas da anestesia: só assim pode se aproximar de uma artéria que, de outra forma, nem sequer seria capaz de tocar. Por trás dessa forma pré-digerida, repassada, insensível, está ela. Na frente, o conteúdo, narrado com coragem: os mamilos, o cianureto, o choque elétrico, a mercadoria.

Senta-se atrás da escrivaninha e eu, em uma poltrona que, suponho, é usada por Hugo, o que acho descabido, dadas as suas reticências em relação a mim. A poltrona fica de frente para um sofá de costas para o rio: o lugar do paciente. Na estante vejo livros de Shakespeare, mas, se consigo observar os espaços do apartamento no 15º andar com total liberdade, e até tirar fotos para registro, qualquer olhar excessivo para esse espaço parece uma profanação. Há estranhas vestes de entretela penduradas em um cabideiro.

— São protetores anticovid. O Hugo voltou ao atendimento presencial. Eles se protegem com isso.

Imagino os pacientes com essas capas, larvas flutuantes cheias de problemas, fantasmas traumatizados, mas tenho um pouco de inveja: ainda vejo meu analista pelo Zoom.

— O Hugo foi meu primeiro amor importante. A descoberta do sexo de verdade. Não era meu primeiro contato com um cara, mas é quando você pensa: "Ah, então isso é que é um orgasmo?". Tínhamos dezesseis, dezessete. Antes disso, eu tinha tido encontros com caras, mas não sabia de nada. Era uma coisa, como se diz, feita nas coxas. Menino em cima de menina, pim, pim, pim, beijinho tchau tchau. Eu falava: "Tanta confusão por causa disso? Que fiasco". E foi aí que o Dvoskin chegou. Foi aí que entendi que não era tão fiasco. Mas era um relacionamento sério e eu não estava pronta pra isso. Era uma menina muito volúvel emocionalmente. Eu me envolvia em relacionamentos com caras que, no fundo, não me interessavam nada.

— Por que você o deixou, ou por que terminaram?

— Bem... porque...

O relato inalterável com que fala da militância e do cativeiro se desarticula, se torna desmembrado, hesitante, uma frase procura a outra sem encontrar pontos de apoio.

— Você me faz uma pergunta que cinquenta anos depois ainda está presente. Eu era uma garota muito rebelde. E acho que o... o... minha relação com o Hugo era muito intensa. O Hugo é uma pessoa muito intensa. Já era assim aos dezessete anos, era... muito ciumento e... eu gostava muito dele, mas... era... demais pra mim. E eu fugia. Gostava daquilo, agora sim, agora não. Tive vários namorados dos quais não gostei muito. E machuquei muito esse homem com caras que não me interessavam nada. Ele me conta que quando voltamos do Peru eu fui viajar com meu pai, aparentemente pro Japão, e que quando voltei lhe disse: "Tchau". Quando o escuto, digo a mim mesma que deve ter sido assim, mas não me lembro. Por que eu fazia isso? Sei que o Hugo era outra coisa. Não era um cara com quem eu estava tendo um caso, era um relacionamento mais sério. Eu o fiz sofrer e ele ficou arrasado. Eu não percebia o estrago que estava fazendo com ele. Enfim. Um desastre. Uma menina um pouco inconstante no amor, sem... sem ideias claras ou sem... Do jeito que minha família era, eu não tinha um modelo muito... muito sólido no qual construir meu... eh... meu próprio tecido amoroso. Eu o fiz sofrer muito, muito mesmo. E por muitos anos. Essa ideia de que eu era a menina da vida dele e que o abandonara. Ele não conseguiu me tirar da cabeça durante muito tempo.

— E você, conseguiu?

— Não totalmente, mas com ele aconteceu de uma forma muito mais sofrida. Logo depois, voltei a sair com um aqui, outro ali. Mas fico maravilhada que, aos 65 anos, esteja acontecendo comigo o que está acontecendo. Que isso pode acabar, pode. Mas é uma experiência tão nova, tão intensa. Descobrir o amor da sua vida na casa dos sessenta...

— O Hugo é o amor da sua vida? — pergunto, um pouco atônita pelo uso do lugar-comum, um recurso que ela não utiliza muito.

— Sim. Sem dúvida. Uma relação dessas dimensões eu nunca tinha tido antes. Mesmo que tenhamos passado mais da metade de nossas vidas separados, eu olho pra ele e... Estamos mais velhos, mas o vejo rir, grisalho, com rugas, e digo: "É ele, o mesmo olhar". Não é que não tenhamos dificuldades, porque houve coisas complicadas entre nós. Mas é uma qualidade impressionante de relacionamento. E depois o sexo, que é algo incrível. Que nunca tinha acontecido comigo antes. Já estive com muitos caras, mas esse relacionamento sai completamente do padrão. Pra mim e pra ele.

Nas conversas começa a se manifestar, antes ou depois, a coroação de Hugo: nunca aconteceu, nunca mais vai acontecer. Tem seu outro lado, triste: a possibilidade de acabar.

Um homem. Que parece arrogante. Psicanalista. Lacaniano. Com ele aconteceu isto:

— Minha relação com a Silvina foi muito breve. Estive com ela de janeiro de 73 até 20 de junho de 73. Quantos meses são? Quatro meses e meio. E aí a gente ficou separado em setembro e outubro daquele ano, até março de 74, porque em março ela fez uma viagem e quando voltou me disse: "Vamos terminar". Mais cinco meses. No total, somam nove meses. Eu, por conta desses nove meses, fui apaixonado por ela de 1970 a 1985. Quinze anos. Então, quando contava minha história com ela, sempre a tornava maior no tempo. Como que pra justificar. Do contrário, era: "Tonto, você ficou com a mina por três meses e está apaixonado? Você é um idiota, não enche o saco". Três meses. Não é nada. Nove meses. Não é nada. O tempo de estar com ela. Então eu contava que era de antes, desde 71, e que tínhamos ficado juntos dois, três anos. Se não, é: "Eu a vi um dia. Estou apaixonado faz dez anos". O cara é completamente maluco. Não tem pé nem cabeça. Sei lá.

O ritmo violento com que as frases se chocam contra o ponto-final produz um efeito descarnado, áspero, muito triste e soberbamente poético.

Um dia, Betty, a inflamável, conheceu Pancho. Panchito. Francisco María Figueroa de la Vega. Coronel reformado do Exército. Filho da alta sociedade de Salta. Divorciado. Antiperonista. Ex-exilado no Uruguai e no México. Diplomata. Cônsul em Paris e no Haiti. Vinte anos mais velho que ela, sereno, elegante. Com ele encontrou certa calma. Pancho estava ciente de que a filha de sua mulher era montonera, mas a protegeu mesmo quando um delegado amigo o alertou de que ela estava conspirando para assassiná-lo (era mentira). "Não tenho ideia do que você está falando, e não sei onde a Silvia está neste momento", disse ele, mesmo sabendo exatamente onde ela estava. Jorge Labayru se dava muito bem com ele — saíam para jantar e viajavam juntos — e rogava: "Espero que o Panchito fique entre nós por muitos anos". Panchito morreu em 2006. Betty, em 2007. Em 2014, Silvia Labayru vendeu o apartamento na rua Jorge Newbery para Paula Mahler, também ex-estudante do Colégio. Mahler fez uma reforma, desmontou a *boiserie* de um quarto e encontrou, embaixo, um coração com a seguinte frase: "Panchito, não temos um centavo, mas eu te amo". A letra era de Betty.

Em 1973, duas coisas importantes aconteceram: ela se formou no Colégio e foi detida pela primeira vez. Junto com dois colegas militantes, detonaram uma bomba panfleteira, que não explodiu. Correram para entrar em um ônibus e foram parados por um policial à paisana. Ela passou algumas horas em uma delegacia (como era menor de idade, não podiam prendê-la) e não foi grave (embora ameaçassem jogar o líquido corrosivo que detonava a panfleteira em seus olhos). Começou então a estudar medicina na Universidade de Buenos Aires. De onde veio essa vocação em uma menina que tinha sensibilidade para a leitura e não para o sangue e as doenças?

— Os médicos eram necessários pra revolução.

Ela militava na Juventude Peronista, em uma unidade básica, uma sede de bairro localizada em Colegiales, não muito longe de sua casa. Entre suas tarefas estava distribuir exemplares de *Evita Montonera*, a revista dos Montoneros, entre os vizinhos.

— Os vizinhos olhavam pra nós ressabiados: aquelas pessoas não queriam mudar nada, estávamos trazendo algo que não tinham pedido. Em 1974, as coisas começaram a piorar. O Perón tinha proibido as unidades básicas da Juventude Peronista. Fui pra unidade básica de Colegiales, entrei com minhas chaves e eles me pegaram, a polícia me prendeu. Passei dez dias na Coordenação Federal.

A Superintendência de Coordenação Federal, um setor da polícia, era o centro da repressão na cidade, e essa foi uma detenção formal.

— Eu tinha dezoito aninhos.

"Com vinte aninhos", "com dezoito aninhos": para se referir à idade que tinha na época, ela usa o diminutivo, como se o morfema fornecesse as doses de inexperiência e inépcia necessárias para entender o quadro completo. Certa vez, perguntei-lhe como imaginava um mundo melhor naqueles tempos de ilusão: "Quando pensava em utopia, pensava num kibutz".

— Me mantiveram num porão. À noite me levavam e me mostravam o aparelho de choque, diziam: "Você sabe o que é isso?". Eu tinha sido sequestrada com uma minissaia supercurta, e era uma sensação de que os caras estavam me olhando... Ao mesmo tempo, sabiam que eu era filha de um militar. Eu achava que isso me protegia. Meus pais não sabiam onde eu estava. Contrataram um advogado, que me procurou, e me transferiram pro presídio de Devoto. Passei três meses e pouco naquela prisão, e meu pai moveu céus e terra pra me tirar de lá.

Jorge Labayru fez contatos, prometeu que a tiraria do país e jurou por tudo que era mais sagrado que a filha não voltaria a militar. Ele a enviou para um lugar que conhecia bem — San Antonio,

Texas —, onde estavam os De la Garza, uma família com quem eles haviam feito amizade durante sua primeira estadia (os De la Garza continuam leais aos seus afetos: sete membros dessa família viajaram a Boston em 2022 para assistir à cerimônia de graduação de David, que se formou na escola de música de Berklee, e já tinham feito algo muito generoso por ela em 1978).

— A ideia era que eu ficasse morando lá.

Mas ela era o que era: queria derrubar um sistema injusto, portava uma arma, conhecia estratégias de rastreamento e contrarrastreamento, instintivamente procurava o ponto de fuga em um bar para escapar depressa caso a polícia entrasse. Como remeter uma danada dessas a uma existência pacífica?

— Fiquei em San Antonio por três meses, enchendo o saco do meu pai desaforadamente. Tanto falei e falei que, no fim, voltei pra Buenos Aires. E, assim que cheguei, já estava militando de novo.

Além disso, havia fortes motivos para voltar: na Argentina, havia um namorado à sua espera: Alberto Lennie.

"A relação com o Alberto estava marcada desde o início."

"Essa relação sempre esteve marcada."

"Era uma relação marcada, sem futuro."

Em Buenos Aires, não pôde continuar estudando medicina porque uma lei proibia pessoas com antecedentes criminais de se matricularem em universidades públicas. Começou história na Universidade de El Salvador, mas não frequentou muito e voltou à militância de forma estridente: ingressou no serviço de inteligência dos Montoneros. Enquanto isso, um homem inevitavelmente pensava nela e ela não pensava nele.

— Depois do Hugo, eu fiquei com um aqui, outro ali. Até que conheci o pai da Vera, o Alberto Lennie. E então logo me envolvi com ele. Ele também era montonero. O Hugo não era e não seria montonero. E eu estava muito metida na onda militante. Os namorados importavam pra mim porque eram namorados, mas sobretudo por causa da família. A minha era muito pequena. Minha mãe só tinha um irmão que não tinha filhos, meu pai era filho único. Eu era a única menina. Então gostava das famílias onde havia irmãs, irmãos, muita gente.

Havia muita gente na família de Alberto Lennie: a irmã mais velha (Cristina), a irmã do meio (Silvia), a irmã mais nova (Sandra), seus pais (Berta e Santiago), sua avó (Granny), e tudo o que se ramificava dali. Cunhados, sobrinhos, tios, primos. Como dizem: uma baita família.

Estamos falando nisso quando Hugo abre a porta do escritório na hora prometida — 22 para alguma coisa —, então passamos para o apartamento no 15º andar, onde continuamos a conversar por mais um tempo.

Ao anoitecer, quando vou embora, Hugo desce comigo porque vai ao armazém do outro lado da rua. No elevador, pergunto-lhe se ainda está estudando italiano (sei que estuda porque ela me falou sobre isso, e menciono-o mesmo que seja arriscado: a troca de informações não vai fazer com que confie mais em mim).

— Sim, pra obter o passaporte da União Europeia eles fazem um exame.

— Deve ser simples.

— Você sabe italiano? — ele pergunta, olhando para o teto.

— Não. Quis dizer que o exame deve ser simples.

— Sim.

Já na rua: tchau, tchau.

"Alberto, Vera e Silvia indo para Ronda, Marbella, 1978", diz a legenda da foto reproduzida em *Exilio*, o livro de Dani Yako. Silvia Labayru usa roupas de verão: calça jeans Oxford, tamancos de madeira, camiseta preta de manga curta, faixa andina na testa, à maneira indígena, cabelos loiros abundantes, o rosto sério de um puma jovem. Ao lado dela, Alberto Lennie, seu marido. O rosto é fino, anguloso, olhos enormes, bigode, cabelos lisos e escuros. Vera está de pé entre os joelhos dele. Deve ter um ano e meio. Usa shorts, botas, um suéter que o pai estica para cobri-la melhor. É loira, cacheada. Tem uma flor na mão. Olha para a flor e seus pais olham para ela. Atrás deles se vê um Renault 4, a porta do lado do passageiro aberta. Nenhum deles sorri. Em outra das fotos aparece Alberto Lennie de perfil, com o rosto meio coberto por um balão. O olho profundo e manso olha para a câmera. A legenda diz: "Alberto no aniversário do Dani, 1980. Madri". Na época, fazia dois anos que Silvia Labayru não era sua esposa.

Silvia Labayru e Alberto Lennie se conheceram em 1974, na unidade básica do peronismo em que ele militava, durante uma reunião de todas as unidades básicas da capital. O lugar ficava na rua Vera, no cruzamento com a Fitz Roy. Vera tem o nome dessa rua e de Vera Pávlovna Liébedeva (1881-1968), médica russa "conhecida por sua atividade política e seus esforços bem-sucedidos para reduzir a mortalidade infantil no país". Fonte: Wikipedia. "O engraçado", diz Silvia Labayru, "é que eu tinha lido sobre essa mulher, e então a Vera escolheu a medicina. Um nome curto, sonoro e com bom significado. Vera [em latim: 'verdadeira']. A revolucionária, a verdadeira."

O nome completo de Vera é Vera Cristina. Vera foi uma mensagem desde o dia em que nasceu: saiu da Esma com uma carta escondida na fralda e, pouco depois, quando teve um documento de identidade, seu nome do meio e a data de nascimento — falsos — se transformaram em um código secreto que deu a notícia de uma morte.

Coisas que Hugo Dvoskin diz, talvez em momentos de dor ou paixão, ou ambos: "A Vera devia ter sido minha".

Um sistema de escolhas — não foi um colégio qualquer, foi o Nacional Buenos Aires; não foi Hugo, foi Alberto — que se revelou como um mecanismo de ativação de navalhas que machucaram todos eles.

O que Vera lembra de suas viagens à Argentina quando criança não tem nada a ver com a tragédia: passeios com os avós, encontros com os primos, as primas e as tias, uma cidade simpática, uma família enorme.

— Minha avó Betty era um tipo genial. Eu tinha dez anos e ela me contava sobre as infidelidades do meu avô, que aproveitava bem a vida. Mas ela era muito carinhosa e engraçada. Seu marido, Pancho, também era uma figura. A gente saía pra comer num restaurante, eles olhavam pra dentro e diziam: "Não, vamos embora porque está cheio de velhos". E eram todos mais jovens que eles. A primeira vez que voltamos pra Argentina eu não me lembro, era muito pequena. Mas me lembro de ter ido depois de 1983 com meu pai e me encontrar com aquela família que eram os Lennie. Apareceram primos, tios. Eu tinha uma relação muito forte com meus avós, porque, como você sabe, fiquei com eles no primeiro ano de vida. Lembro-me de coisas daquela casa em City Bell. Brigas entre os mais velhos. Lembro-me do meu pai e das irmãs dele brigando. Suponho que se tratava de questões que tinham a ver com o que havia acontecido naquela família. Isso, como você sabe, os atingiu com muita força. Você conhece a história dos Lennie, Leila?

Daquela casa em City Bell, a cerca de cinquenta quilômetros de Buenos Aires, nada resta além de duas árvores, um pinheiro e uma aroeira. Mas a lembrança do que aconteceu ali permanece. A irrupção militar de janeiro de 1977 às cinco da manhã, os lençóis cortados para amarrar seus pulsos, os saques (levaram a televisão, um carro), o traslado de Santiago, Berta e sua filha Sandra, então com dezessete anos, para a Esma, onde a torturaram obrigando os pais a ouvi-la gritar. Silvia Labayru, que já havia sido sequestrada, estava com eles. "Os velhos choravam e eu estava sentada com eles, a poucos metros da salinha de tortura, no porão. Eu segurava as mãos deles, o que mais poderia fazer?"

Os Lennie. Santiago e Berta, casa de família localizada na rua Defensa, 868, 2º D, bairro de San Telmo, Buenos Aires. Pais de Cristina, Silvia, Alberto (sete anos mais novo que Cristina, quatro anos mais novo que Silvia) e Sandra (quatro anos mais nova que Alberto). Donos de uma casa em City Bell, a cerca de cinquenta quilômetros de Buenos Aires. Alberto foi apelidado de Boy porque era o primeiro homem de uma família cujo destino parecia ser produzir mulheres.

Alberto Lennie é muito parecido com a imagem mostrada em suas fotos da juventude, só que, em vez de bigode, tem um cavanhaque e seu cabelo, abundante e liso, antes escuro, agora está grisalho. De resto, na tela do Zoom se vê o mesmo rosto magro, os mesmos olhos expressivos, a mesma covinha na bochecha quando ele sorri.

— Não me queixo, Leilita querida. Tenho muito cabelo.

É pleno inverno em Madri. Ele está vestindo um suéter vermelho e o quarto em que se encontra é despojado: uma mesa, papéis. Gira um pouco a câmera para mostrar o espaço: um móvel contra uma parede lateral. Não muito mais. É ultrassonografista. Trabalha no hospital particular San Francisco de Asís e também tem consultório próprio, mas agora está em casa.

Silvia Labayru sempre me trata por "tu", com poucas exceções, e, se passa muito tempo fora da Argentina — não necessariamente na Espanha —, volta com seu sotaque espanhol mais pronunciado. Alberto Lennie não mostra nenhum traço de sotaque que não seja o argentino, me trata por "você" e, ao contrário dela, que é recatada e quase sempre recorre aos insultos tradicionais apenas para fazer uma piada, com a qual as arestas agressivas do insulto são anuladas, ele xinga muito e com prazer, usando palavras rio-platenses — *quilombo, despelote, boludo** —, mescladas com expressões puramente espanholas: *con dos cojones, que le den por culo, me creía la polla*.** Tem um instinto teatral para calibrar a temperatura do relato e insuflar comicidade, desconcerto, raiva, nostalgia. Às vezes, ao se deparar com uma pergunta, fica em silêncio por alguns segundos — como se avaliasse a possibilidade de fazer uma confissão — e depois ataca a resposta decidido, fazendo explodir o relato, incendiando-o ou deixando-o morrer.

Ao longo de três entrevistas, contará o sequestro de sua mulher, a certeza de que sua mulher estava morta, o sequestro dos pais, a tortura da irmã mais nova, o reaparecimento dos pais, o reaparecimento da irmã mais nova, o reaparecimento da mulher, o aparecimento da filha, a pílula de cianureto inundando o sangue de sua irmã mais velha, sua mudança de identidade, seu esconderijo, seu regresso a uma militância reforçada, o exílio.

— Foi uma puta loucura, Leilita querida. Uma puta loucura.

Ele me chama de "Leilita" e, toda vez que se despede, "meu bem". Como se só um excesso de afeto pudesse demonstrar afeto.

Santiago Lennie ocupava uma posição muito alta em um frigorífico alemão. Berta, sua esposa, trabalhou por um tempo na loja de meias e roupas íntimas que sua sogra — Granny — tinha no saguão do terminal ferroviário de Constitución, um dos mais populosos da cidade. Às sextas-feiras, quando saía do colégio, Alberto Lennie ia àquele estabelecimento e ficava no caixa,

---

* Confusão, bagunça, imbecil. [N.T.]   ** Com determinação, que se foda, me achava o máximo. Todas as expressões, no original, são vulgares e utilizam palavras de baixo calão. [N.T.]

comendo alfajores Havanna — marca que na época só estava disponível em Mar del Plata ou no terminal da Constitución, e que agora é o 7-Eleven dos alfajores: pode-se encontrá-los em todos os lugares —, enquanto imaginava, espreitando entre as cortinas do provador feminino, as formas que se agitavam ali dentro. Acredita, um pouco de brincadeira, que isso marcou sua vocação como ultrassonografista: tentar ver o que está do outro lado. Mais tarde venderam a loja e a mãe dedicou-se ao mesmo ofício de uma de suas irmãs, Matilde, Tilde, a tia Tilde: transporte escolar. Cristina e Silvia Lennie, irmãs mais velhas de Alberto, logo se tornaram militantes. Cristina, mais peronista. Silvia, mais de esquerda. Ambas foram presas quando ele tinha doze, treze, catorze anos. Alberto conserva, com muita clareza, lembranças de seus pais queimando livros, discos, revistas das irmãs que poderiam envolvê-los.

— Eu pensava: "Como são babacas, o que estão fazendo com a mamãe e o papai, olha a confusão em que elas nos meteram".

Quando ele tinha quinze anos, por causa do trabalho do pai, se mudaram para Lima. Sua irmã Cristina estava presa e, antes de viajar, eles foram até o presídio para se despedir.

— Foi foda, Leila. Foda demais.

Não ficaram muito tempo no Peru. Devido a uma mudança nas regras de importação e exportação de carne, que afetou o trabalho do pai, eles voltaram a Buenos Aires e, em uma escola pública sem muito destaque, Alberto Lennie começou a militar no peronismo. Em 1972, ingressou na Faculdade de Medicina. Em 1974, se deparou com a tormenta — ela — na unidade básica da rua Vera.

— A Silvina tinha dezoito anos. Era linda. Uma porra-louca divina. Aqueles cabelos acobreados. Aqueles olhos. Era divina. Muito atraente. E muito inteligente, ainda é. E eu me apaixonei cegamente. Foi uma relação de muito amor. Quando a via de minissaia, ficava todo vermelho. E, ainda por cima, eu me achava o fodão porque era militante revolucionário. Então foi uma mistura infernal.

Ele ri e olha para o teto, como se a estivesse vendo: o contorno imaginário daquela menina com sardas, seus cabelos grossos da cor do outono ardente, calada, inteligente, toda uma figura que, quando a conheceu, estava formada na violência, podia citar Marx e era, além disso, uma convertida, uma rebelde da sua casta, alguém que lutava contra o dragão de dentro de suas próprias entranhas.

— E acabamos nos envolvendo. Mas, nesse momento, ela é presa na Coordenação Federal. Aí conheço o pai dela, Jorge. Um puta safado. Não me dava muito bem com ele. Ele me culpava pelo fato da filha ser montonera. Sua relação com a Silvina era muito conflituosa. Muito simbiótica, muito edipiana. A condição pra que a deixassem livre era que ela saísse do país, mas primeiro pedimos ao pai que nos cobrisse pra que pudéssemos ir pro litoral por uns dias, pra Miramar. Porque a Silvina estava indo pros Estados Unidos. Ia ser uma despedida. Foi quando dissemos: "Você está indo embora, vou te esperar". Quando ela voltou, decidimos começar a namorar. A militância dela tornou-se mais secreta, ela entrou na inteligência dos Montoneros, e a minha permaneceu na frente das massas. Mas nenhum dos dois pensou em abandoná-la. Na realidade, a proposta era aprofundar a ação da militância. Acreditávamos que tínhamos o mundo na palma das mãos e que poderíamos mudá-lo de forma caprichosa.

Foram morar em um apartamento da rua Cabello com a Lafinur, uma área refinada. Ela estava em um nível mais alto na organização e, portanto, era responsável, por exemplo, por decidir sobre o plano de fuga no caso de uma ação de busca e apreensão. Segundo ela, "o Alberto não gostava do fato de eu ter um nível mais alto. Eu também não gostava, mas porque percebia que, se a polícia viesse, iam nos fuzilar, não havia saída. Ele discutia sobre coisas das quais nem fazia ideia. Era o cara bonito, muito machinho, e a política estava grudada nele com Superbonder".

— Comecei a estudar todo o peronismo como um condenado e fiquei bitolado, Leilita. Um puta de um bitolado. Agora, quando vejo um bitolado, saio correndo, porque são pessoas muito perigosas. Mas eu acreditava na luta revolucionária. Acreditava na luta armada. Na verdade, achava que poderíamos vencê-los. Tinha total convicção. E sinto muito, muito por ter me comprometido com a violência. Mas nunca pensei, e não penso agora, que isso fosse um delírio juvenil, ou algum tipo de pirraça. Eu acreditava que se podia construir uma sociedade mais igualitária e justa. Errei na escolha. Mas não o fiz porque era um idiota útil, ou porque era estúpido, ou porque estava desnorteado. Acreditava nisso. Assumo a responsabilidade por cada uma das barbaridades, sofrimentos e horrores infligidos pelos montoneros, e eu como membro da organização. Participei de inúmeras atividades que geraram violência e terror. Era você quem roubava os carros, quem fazia a mistura pros explosivos, que fez um levantamento de dados de um homem que era torturador e finalmente o mataram? O que quer que você faça, eu me sinto responsável por isso. Mas não foi a mesma coisa dos dois lados. Éramos um bando de jovens dedicados a uma causa idealizada contra um aparato militar que tomou conta do Estado e executou um plano sistemático de sequestro, tortura e assassinato. Dito isso, estou ciente de ter participado de uma situação que levou a Argentina a um lugar de grande horror. Acreditando que estávamos fazendo o contrário, fomos muito operantes nos setores mais fascistas, reacionários e violentos. Mas não foi uma loucura juvenil. A morte da minha irmã não me dá nenhuma chance de pensar nisso.

No relato da época anterior ao sequestro — 1974, 1975, 1976 —, não há nada além de militância. O casal Labayru-Lennie era um combo montonero puro e simples. Não há bares, não há cinemas, não há livros, não há filmes. Ou, se houve, não se lembram deles.

Silvia Labayru adotou um nome de guerra. Mora. Era loira, quase gringa, usava um poncho preto. O codinome era um contraste, soava bem.

— Entre, entre. Vou pegar a chave e vamos ao escritório do Hugo, que foi se vacinar. Aqui hoje é dia de faxina e no consultório vamos ficar mais à vontade.

Pega um monte de chaves e repetimos o percurso: elevador, vigésimo andar, corredor, porta. Mas a chave não serve. Tenta com delicadeza. Sempre manipula as coisas como se tivesse medo de quebrá-las (embora seus movimentos sejam o oposto da falta de jeito).

— Não abre. O que eu faço? Ligo pra ele, né?

Ele atende imediatamente. Diz a ela que há outro conjunto de chaves no carro. Vamos até a garagem. Procuramos as chaves. Voltamos ao vigésimo andar. Entramos. Eu trouxe medialunas. Apoio o pacote na mesa de Hugo (assim que o pacote toca na tampa de madeira, sinto que estou cometendo um sacrilégio).

Quando ela fala sobre sua responsabilidade por ter engravidado enquanto fazia parte de um grupo guerrilheiro, o que se percebe é uma indignação que se volta contra si mesma (um pouco menos contra Alberto Lennie), mas quando evoca sua militância, as coisas que fez, as coisas que os outros fizeram, essa indignação se transforma em raiva e não deixa nada de pé. Nunca diz "isso era bom, isso foi bom". Nada é poupado: nem o trabalho nos cortiços humildes e nas fábricas, nem a cumplicidade com os companheiros, nem as discussões políticas, nem a ilusão de acreditar em algo mais justo: nada.

— Eu pedia o carro pro meu pai e entregava pra minha cunhada, Cristina Lennie, a oficial montonera, irmã do Alberto, pra que eles pudessem fazer operações com o carro legal do meu pai. Sequestros, assassi...

Ela se interrompe.

— Você sabia que operações eles faziam?

— Não, mas eu sabia que o carro não era pra passear. Essa ideia de que o que estávamos fazendo era tão valioso e tão justificável que valia tudo. Pôr familiares e amigos em risco, pedir pras pessoas que te acolhessem em casa. Era uma loucura. Supunha-se que estávamos fazendo a revolução. Que estávamos mudando o mundo.

Meses depois, Marta Álvarez, militante dos Montoneros e sequestrada na Esma, contará que seu marido, Adolfo Kilmann, militante como ela, herdou o apartamento de seus pais, vendeu o imóvel e deu o dinheiro para a organização: "Estávamos dispostos a dar a vida. Como não dar um apartamento?".

— Nos Montoneros, me fizeram um julgamento político por querer abortar, aos dezoito anos. Fui rebaixada, era aspirante a oficial e fui rebaixada a miliciano. Fiz um aborto de qualquer jeito, claro. Mas era um desvio pequeno-burguês, você tinha que ter filhos pra revolução.

— Era do Alberto?

— Sim.

— Como souberam do aborto?

— Porque eu contei. Tudo tinha que ser discutido dentro da organização. E aí o chefe, o Carlos Fassano, o último namorado da Cristina Lennie, um cara militarista que depois mataram, que adorava armas, me rebaixou. Se você fosse um montonero e eles descobrissem que você estava prestes a deixar a Argentina, eles marcavam um encontro e o matavam antes de você chegar ao aeroporto de Ezeiza. O Carlos Fassano era um dos executores. Ele me disse na ceia de Natal de 1976 que naquela semana tinha matado um menino que estava prestes a partir. Ele contava como quem vai pro campo e mata uma lebre. E eu dizia: "O que é isso?". Mas mesmo assim estava lá. O que queríamos, qual era a ideia, se chegássemos ao poder o que iríamos fazer? Essas críticas não são bem recebidas. Não são bem recebidas pelos ex-montoneros, não são bem recebidas pelas organizações de direitos humanos, não são bem recebidas pelos parentes dos desaparecidos. A organização não protegeu seus militantes. Nosso sacrifício não serviu para nada. Ou sim: serviu bem à ditadura para se perpetuar no poder, para aniquilar o aparato produtivo da Argentina, para arrasar um movimento sindical muito forte. Não melhorou a condição da classe trabalhadora, não melhorou a educação nem a redistribuição da riqueza. Mas dizer à mãe ou ao irmão de um desaparecido: "Olhe, a organização em que seu filho militava o atirou aos leões, e além disso seu filho morreu pra que nada mudasse, pelo contrário, as coisas pioraram depois, porque demos a eles a desculpa pra fazer o que quisessem...". Quem quer ouvir isso? Pelo menos você quer ter a ideia de que ele morreu por algo e é um herói. Outro dia li no Facebook o relato de uma sobrevivente e setenta pessoas lhe escreveram: "Até a vitória, companheira, continuaremos na luta, eles nos destroçaram mas não nos aniquilaram, nossos ideais permanecem como estão". Como assim não nos destruíram, não nos derrotaram? Se o que aconteceu não foi uma derrota total, me diga então o que foi.

As críticas aos grupos armados daqueles anos são patrimônio da direita, que exige que, assim como os militares foram e estão sendo julgados por crimes contra a humanidade, aqueles que fizeram parte desses grupos sejam julgados, equiparando assim o terrorismo de Estado às ações das guerrilhas. Silvia Labayru, e muitos outros que não endossam essa posição, mas têm um discurso crítico em relação às organizações a que pertenceram, ocupam uma articulação marginalizada, um espaço que pode ser confundido com o do inimigo. No caso dela: nada a que não esteja acostumada.

Cristina Lennie, irmã mais velha de Alberto Lennie, nasceu em 12 de julho de 1946. Em 18 de maio de 1977, quando morreu, tinha

31 anos. No Arquivo Nacional da Memória há uma série de fotos relacionadas a ela, tiradas por Inés Ulanovksy: uma imagem de sua irmã, Silvia Lennie, e de seus pais, Berta e Santiago Lennie, segurando uma foto dela. Há também uma frase escrita à mão: "Cris, estamos te procurando, não te encontramos, estamos aqui. Mamãe e papai". A frase é datada de outubro de 2001, 24 anos depois do dia em que Silvia Labayru, grávida de cinco meses, foi torturada e questionada insistentemente sobre o paradeiro do marido, Alberto Lennie, e de Cristina Lennie, sua cunhada montonera.

"Você conhece a história dos Lennie, Leila?"

Então cá estamos, no consultório de Hugo, o rio à janela, a pandemia por todo lado, ela vociferando contra os montoneros, mas também rindo de como os filhos a provocam quando a veem tão apaixonada — "Devem pensar: 'Lá está a mamãe, falando com o namorado e fazendo piadas de sexo'" — ou quando ela envia "áudios de velha de oito minutos"; abrindo os olhos comicamente quando diz que Hugo "faz coisas muito estranhas durante a noite: levanta-se, trabalha, lê, volta a dormir, acorda, faz contas"; contando como o escritor argentino Rodolfo Fogwill fez uma declaração de amor a ela em uma festa diante de sessenta pessoas enquanto ela se perguntava: "E esse cara, quem é?"; garantindo que nunca teve pesadelos com a Esma; lembrando que por volta dos 35 anos começou a acordar encharcada de suor "a ponto de ter que trocar os lençóis duas vezes por noite e não tinha nada a ver com menopausa, pois era muito jovem e além disso na menopausa não teve ondas de calor"; que tinha um sonho recorrente quando criança em que "eu estava em uma das escolas que frequentei e havia uma escada muito grande e escura, eu rolava por ela e, quando estava prestes a me estatelar no chão, havia uma imagem de favos de mel, sem abelhas, eu nunca entendi o que isso significa"; dizendo que parece que agora todas as amigas de sua idade caem, se batem, quebram os dentes e os dedos, que aos cinquenta "você é fantástica mas aos sessenta algo acontece, você percebe isso na sua pele, no seu cabelo, você fica mole aqui, perde a estabilidade"; comendo medialunas; falando sobre qualquer coisa até que eu pergunto:

— Em que consistia seu trabalho na inteligência?

— Bem — diz ela, imperturbável —, consistia em reunir e organizar as informações que recebíamos dos militantes e milicianos sobre onde viviam policiais, gente do Exército, oficiais da Marinha. A ideia era ter um banco de dados dos repressores contra os quais se podia fazer uma ação militar. Havia aquele trabalho administrativo, de compilação, e havia o trabalho de seguir certos militares.

Um organograma e tanto. Prolixo, asséptico.

Aproveitando suas conexões, seguiu o tenente-general Leopoldo Fortunato Galtieri, que esteve no poder entre dezembro de 1981 e junho de 1982 (foi ele quem declarou a guerra das Malvinas contra a Inglaterra em abril daquele ano), indo atrás dele até mesmo dentro do Hindu Club, um dos mais importantes clubes de rúgbi do país.

— Eu conseguia entrar sem dificuldade, tinha carteirinha militar. Ia assistir aos jogos de rúgbi aos quais o Galtieri ia, peguei a placa do carro. Mas, embora não tenha dito isso na organização, eu sabia que não poderia bancar o fato de ter uma morte nas costas. Eu não ia conseguir fazer isso. Mas estava lá. Num lugar que era muito comprometedor dependendo do que você ia fazer. Não me sinto responsável por nada em particular, mas não me sinto alheia ou eximida da responsabilidade de ter pertencido a uma organização que matou muita gente. Eles sabiam que meu pai voava e que era militar. Então queriam usá-lo. Usar a mim. Isso me fazia marcar pontos: o que posso oferecer? O que eles queriam era que eu plantasse uma bomba no Círculo da Aeronáutica. Eu poderia entrar no Círculo, poderia organizar um jantar pra que o namorado da Cristina Lennie andasse por lá, que fizesse um levantamento.

Ela faz uma pausa. Vejo dentro dela como se fosse transparente: a tentação, imediatamente reprimida, de me fazer depositária de tudo o que guarda ali e que permanece vivo.

— E esse jantar foi feito. E foi aí que tive uma espécie de insight de que eu não ia fazer aquilo.

Isso vem acontecendo há pouco tempo: o uso de palavras como *insight* — uma revelação, dar-se conta — ou de expressões como *esse é um espaço muito significativo*, provenientes da psicanálise.

— Esse atentado foi levado adiante?

— Ah, não. Também não permiti que fossem mais vezes.

Em uma organização que em 1976 submetera a um julgamento revolucionário "in absentia" o líder montonero Roberto Quieto, sequestrado em 1975 e ainda desaparecido, condenando-o à "degradação e morte", já que "falar sob tortura" — era o que se supunha que ele tinha feito — "é uma manifestação de grave egoísmo e desprezo pelo povo", era possível a uma menina de dezoito anos se rebelar e dizer: "Não, senhor, esse atentado eu não vou fazer"?

— Olha, tudo aconteceu tão rápido. Devo ter estado no serviço no máximo um ano. Naquela época, acho que nenhum dos ataques que estávamos armando foi cometido. Não me lembro de como foi. Parece muito feio, mas havia um orgulho narcisista no fato de eu estar trabalhando no serviço de inteligência aos dezoito, dezenove aninhos. Eu era muito boa fazendo inteligência e adorava. Era um lugar onde você podia usar sua inteligência. Mas, por outro lado, estávamos vendo como assassinávamos pessoas. Minha autojustificativa é que mexi os pauzinhos pra nunca participar de um atentado. O máximo em que me envolvi foi no roubo de um carro. Uma menina e eu ficamos na esquina, vigiando, e dois caras foram roubar um carro no meio do quarteirão. Nesse momento, um policial saiu de uma casa e os matou. Mas havia uma divisão muito louca entre o trabalho que eu estava fazendo e qual era o propósito desse trabalho. Eu estava fazendo um trabalho de inteligência. Pra quê? Não quero nem explicitar. Eu não era executora. Estava louquíssima, mas não louca o suficiente pra não saber que, se eu matasse alguém, minha vida mudaria pra sempre. Mas estava destinada a isso. Isso me envergonha profundamente, mesmo que eu fosse muito boa no trabalho. Parece-me ser o resultado de um estado mental próximo da alienação.

O outro aspecto de seu trabalho consistia em se encontrar com militantes montoneros que estavam empregados em dependências castrenses ou que prestavam serviço militar e que, de dentro da Matrix, vazavam informações.

— O que era uma loucura. Eu encontrava esses caras num bar, eles vestidos de soldados, e me davam toda informação que conseguiam obter. Ainda passo pelos bares onde me encontrava com eles e digo: "Minha nossa, como...".

Foi a organização quem propôs: um casal legalmente casado tinha mais cobertura de segurança que um em concubinato. Em 16 de janeiro de 1976, Silvia Labayru e Alberto Lennie se casaram. A festa foi na casa de City Bell. Ele — que fizera aniversário no dia anterior — usava o único terno que tinha, azul com listras cinza, e ela usava um vestido que ele lembra como azul e ela, laranja.

Os pais de Hugo Dvoskin receberam um convite para o casamento (que ela enviou), mas não foram.

Havia 180 pessoas na festa (segundo Alberto; ela não se lembra) e quarenta mesas foram montadas no jardim, com disc jockey, uma orquestra. Acabaram às seis horas da manhã na piscina, de roupa íntima. Os convidados eram variados: civis, militares — um deles, vizinho de Betty, levou-a até City Bell de carro; na volta, Betty vomitou em cima dele — e uma dúzia de militantes montoneros.

No dia seguinte, eles foram em lua de mel para uma cidade do litoral, Claromecó, em um *motorhome* (segundo Alberto; segundo ela, em um trailer pequeno). Escolheram Claromecó por um motivo curioso, embora fosse correto dizer que ela escolheu Claromecó por um motivo curioso: ela havia ido com Hugo "pra um daqueles acampamentos onde aprendíamos a rastejar entre as dunas pra quando fôssemos fazer um pouso em Sierra Maestra, ha, ha, ha, um delírio".

Ficaram sozinhos por dois ou três dias, depois chegaram Santiago e Berta, os pais dele. Foi a salvação. Os dois estavam prestes a se matar: discutiam por tudo. Eles se perguntavam por que haviam feito aquilo, por que tinham se "unido em matrimônio".

Dois meses depois, em 24 de março daquele ano, ocorreu o golpe de Estado e teve início a ditadura militar.

Para que o jovem casal tivesse renda, Jorge Labayru alugou para eles um espaço na esquina da avenida Federico Lacroze com a 3 de Febrero, onde montaram uma papelaria: La Mala Nota. Segundo Silvia, seu pai sabia que ela estava na Juventude Peronista, embora não soubesse até onde ia seu compromisso com os montoneros, e muito menos que fazia parte do serviço de inteligência. De acordo com Alberto Lennie, ela começou a usar o local como "infraestrutura" (um depósito e local para a troca de materiais da organização), e tudo foi por água abaixo quando um dia, no qual nem ele nem ela estavam lá e Jorge Labayru ficou atendendo, um cara chegou com um pacote, Jorge Labayru abriu e encontrou "uma resma de panfletos de ações dos montos, e percebeu que não se tratava apenas da Juventude Peronista, mas de outra coisa". Segundo Silvia Labayru, a mulher que administrava o hotel em cima da papelaria ligou para seu pai para avisar que havia "coisas" no terraço, o pai foi e o que estava no terraço eram "armas e materiais", mas ela também não se lembra exatamente "como o La Mala Nota foi pro brejo".

Eles foram forçados a deixar a papelaria e o apartamento da rua Cabello com a Lafinur. Como não podiam alugar outro no nome deles — a militância era clandestina, mas não tinham documentos com identidades falsas —, Betty alugou um na avenida Canning — hoje Scalabrini Ortiz —, segundo Silvia Labayru no cruzamento com a Juncal, segundo Alberto Lennie no cruzamento com a Arenales. Lá eles tinham um esconderijo embutido, para guardar armas, disfarçado de mesa.

— Tinha um mecanismo giratório, que se abria, e dava pra guardar armas e outras coisas — diz ela. — Nos mudamos muito felizes. Um belo dia saímos correndo, eu tinha uma reunião e deixei o esconderijo aberto. Minha mãe, que me ligava doze vezes por dia, ligou, ligou. Como eu não atendi, ela foi até o apartamento. Tinha as chaves e entrou. Viu aquilo aberto, com armas, ficou muito assustada. E que ideia ela teve?

O fato de sua mãe saber onde eles moravam, que tivesse seu número de telefone e uma cópia da chave, era um ultraje a todas as regras de segurança aprendidas e imaginadas. Mas o que Betty fez imediatamente depois se encaixa nas categorias de traição, delação, entrega, deslealdade, perfídia e disparate. Os danos colaterais poderiam ter sido aterradores (de qualquer forma, embora de outras maneiras, foram).

— Ela e o Pancho, o marido dela, tinham um amigo que era delegado. Minha mãe foi vê-lo e disse: "Estou com um problema, minha filha Silvina é militante montonera, alugou um apartamento e eu encontrei tal coisa". O cara olhou pra ela: "Betty, o que você está me dizendo? O que você está me pedindo? Que ponha um espião no encalço da sua filha pra que ela o mate?". E minha mãe vem e me conta isso. Foi a sorte. Nesse mesmo dia saímos, fomos embora daquela casa. Ela me atirou aos leões.

Inconscientemente, mas me atirou aos leões. Estava me entregando. No começo fiquei com muita raiva. Passei meses sem vê-la. Mas, olha, quando eu caí na Esma senti tanta culpa, me corroía tanto por dentro o mal que eu estava fazendo aos meus pais, que essa recordação fica perdoada ou diluída.

Como se Betty tivesse sido um acelerador de partículas, sair daquela casa os deixou muito mais próximos de tudo que ia acontecer.

De repente, a campainha toca. Nos sobressaltamos. Ela me olha, desnorteada.

— Será que é o Hugo?

Ela vai até a porta. Abre. Fala com alguém. Volta, furtiva.

— É um paciente — diz ela em um sussurro assustado. — O que devo fazer? Vamos pro outro andar, vamos levar as medialunas.

Ao fecharmos o pacote (fico obcecada procurando migalhas espalhadas), ela digita o número de Hugo e deixa um recado: "Hugo, um paciente seu acabou de bater. Na porta". A frase não é engraçada, mas o acréscimo de "Na porta", a hesitação, a pausa mínima durante a qual ela pensou que seria melhor esclarecer no que o paciente batera, nos faz rir. Saímos correndo, passamos pelo homem como se ele fosse o dono de uma casa que estávamos invadindo, e nos deparamos com Hugo que vem pelo corredor. Eu o cumprimento, ele não me cumprimenta. Ela não diz nada. Escapulimos como se tivéssemos acabado de fazer algo terrível. Ela chama o elevador. Arregala os olhos, divertida, e diz:

— Que aventura, hein?

Naqueles anos, o serviço de telefonia era prestado por uma empresa estatal, a Entel. Conseguir a instalação de uma linha poderia levar anos, e alguns proprietários as alugavam para receber e passar mensagens. O sistema de comunicação entre os militantes montoneros consistia em ligar para esses números de telefone e deixar mensagens codificadas avisando de um compromisso: "Mensagem pra fulano de tal: o sr. Sánchez está esperando por você amanhã na esquina de Pueyrredón com a Santa Fe, a tal hora". Não foi difícil para a ditadura intervir nessas linhas e começar a caçar.

Em algum momento de julho de 1976, Silvia Labayru engravidou.

Assim que entro no apartamento do 15º andar, sinto que se impõe uma mudança. É um cenário repetido, precisamos de movimento. Embora eu tente imaginar outros lugares — um bar, um restaurante, uma praça —, não há muitos onde eu possa perguntar as coisas que começo a perguntar a ela (no fim, vou perguntar barbaridades em um bar qualquer porque ela demonstrará, repetidas vezes, que minhas precauções são desnecessárias — ela aguenta — e porque, por outro lado, se vou machucá-la, não importa onde lhe faça isso).

— Sente-se. Que coisa isso do paciente, hein?
— Impressionante.
— Um café?
— Não, obrigada.

Na série *The Old Man*, John Lithgow, que interpreta Harold Harper, do alto comando da CIA, diz a um subordinado: "Quando eu estava no seu lugar, às vezes fazia perguntas para obter uma resposta, às vezes fazia perguntas para ver que tipo de reação eu obteria, e às vezes fazia perguntas e via como as bolas de bilhar quicavam, de repente alguma delas me levava a algo interessante". Eu faço isso. Com uma mulher que foi sequestrada, torturada, estuprada: eu faço isso.

Ela faz café. Monkey dorme em uma cadeira. A varanda agora está protegida por painéis de acrílico de altura mediana para que o gato não despenque. A sala canta a melodia pacífica do sol quente e da limpeza. Não dou tempo para que ela se sente.

— Você e o Alberto queriam ter um filho ou aconteceu de maneira inesperada?

Ela sorri e olha para mim enquanto traz o café à mesa. Faz-se um silêncio como o barulho inexistente deixado no ar por uma pedrinha depois de afundar na água. Passa um dedo sobre a borda da mesa. Suspira.

— Que pergunta você está me fazendo, Leila! Que pergunta você está me fazendo! É uma pergunta delicada.

Ela sorri e nega com a cabeça. Tenho certeza de que não vai responder. Anil, índigo? De que combinações químicas é feita a cor desses olhos, quantas macerações genéticas tiveram de iniciar e reiniciar seu processo até atingirem aquele brilho, aqueles fotorreceptores extraordinários? Cristalinos. Tão secretos.

— Eu tinha feito aquele aborto que te contei um ano antes. Estavam na nossa cola, e havia essa mística de que tínhamos que ter filhos porque podiam nos matar e precisávamos ter uma família revolucionária e todas essas baboseiras. E era tudo urgente. Tudo tinha que ser feito agora, porque a gente não sabia se ia viver. A questão é que engravidei de novo. É verdade que não me cuidava. Ou seja, havia uma certa intenção de ter um filho. E já havíamos conversado e o Alberto achava ótimo. Mas quando engravidei comecei a duvidar e... decidi tê-la. Mas eu não tinha ideia do que era ter um filho. Grávida de cinco meses, com uma arma na calça e uma pílula de cianureto na bolsa. O que é isso?

Isso era ela.

Quando estou saindo, Hugo ainda não chegou. Antes de ir embora, pergunto o que ela vai fazer no resto da tarde.

— Posso passar muito tempo lendo. Ou acariciando o gato.

— Foi um momento complicado — diz Alberto Lennie, e faz um silêncio um tanto dramático que sugere que ele se pergunta se falar é prudente. — Difícil. Porque a Silvina não queria ter filhos naquele momento. Eu sim. Já tínhamos feito um aborto, e esta era a segunda gravidez. Mas era apenas com uma percepção um tanto distorcida da realidade que se podia entrar na paternidade em tal situação. Estivemos alternando durante meses, sim, não, temos, não temos. Decidimos interromper a gravidez, e o que eu tinha dito a ela era que iria acompanhá-la, mas que depois disso cada um seguia com sua vida. E então a Silvina decidiu que queria ter. Eu queria começar uma família. A Silvina queria muito menos. Ela estava muito menos interessada em formar um casal monogâmico. E tínhamos brigas por causa disso.

Ele olha para os lados, talvez procurando lembranças, talvez alguma explicação.

— Eu não deveria ter me apaixonado pela Silvia. O problema é que me apaixonei. E não só compliquei minha vida, como compliquei a dela, coitadinha. Eu não deveria ter me apaixonado, porque a Silvia não tinha interesse em se apaixonar. Era uma mulher com seus dezenove, vinte anos, sedutora, inteligente. Uma militante muito convicta. Ela não precisava que nenhum idiota lhe dissesse que era o amor da sua vida. Naquele momento, nem o parceiro, nem o compromisso afetivo, nem a fidelidade eram prioridade pra ela. E isso pra gente provocava uma puta confusão.

Silvia Labayru disse pela primeira vez em 21 de maio de 2021: "Eu falei com a Vera, eu lhe disse: 'Os milicos me torturaram, me sequestraram, mataram sua tia, me mantiveram lá durante um ano e meio, você nasceu em cima de uma mesa. Tudo isso é culpa dos milicos. Mas a responsabilidade de você nascer na Esma é minha e do seu pai'. Se você quer ter um filho, você terá que fornecer a ele condições de vida que são as que são. Se você não pode obtê-las, porque está na revolução, dedique--se à revolução e não tenha filhos. Por isso que eu sempre falei pra Vera: 'Nesse sentido, você tem o que imputar a nós, porque somos responsáveis pelo fato de você ter nascido lá e de sua vida ter sido o que foi'". A segunda vez, um dia em julho de 2021: "Já disse muitas vezes à Vera: 'O fato de você ter nascido onde nasceu é responsabilidade minha e do seu pai. Isso não tira um pingo de responsabilidade, por todo o resto, dos milicos repressivos filhos da puta. Mas eu sou responsável pelo fato de você ter nascido lá'". E depois em loop, duas, três, dez vezes: "Sempre disse à Vera que, para além do fato de os responsáveis e culpados pela minha tortura, pelo meu rapto, pela morte da sua família serem os militares, em relação ao fato de ela ter nascido onde nasceu há uma responsabilidade pessoal, minha e do pai dela, porque poderíamos perfeitamente ter decidido que, se íamos ter um filho, tínhamos que nos proteger. Porque um bebê não tem por que nascer num campo de concentração, e sabíamos que isso poderia acontecer. E a Vera diz isso, e acho bom que ela diga: 'Pensaram muito na revolução, mas pensaram muito pouco em mim'. O que não tira nenhuma culpa ou responsabilidade dos sequestradores. Mas a decisão de continuar militando numa altura em que todos íamos ser apanhados, em que não havia a menor possibilidade de ter sucesso em nada, era nossa".

Minha culpa, minha culpa. Minha máxima culpa.

O bar se chama Mirando al Sur, está localizado na rua Delgado, 1208, no bairro de Colegiales. Em uma das mesas da calçada está Guillermo Daniel Cabrera, o Pelu, ex-companheiro de militância da unidade básica de onde foi levada presa para a Coordenação Federal. A bermuda que ele usa revela panturrilhas musculosas, de corredor ou montanhista. Ele é completamente calvo, embora quando jovem tivesse cabelos ruivos cacheados. Ela, sentada em frente, tenta recordar onde ficava a unidade básica.

— Era entre a Martinez e a Delgado, não?
— Sim, é isso mesmo — diz Pelu.
— Mas não lembro o nome da rua.

— Se fizermos ao contrário, você vai se lembrar melhor. Vá dizendo o nome delas: Teodoro García, Palpa, Céspedes, Gregoria Pérez.

— Então era a Zabala.

— Zabala.

— Um lugar muito pequeno.

Já se passou quase um ano desde que a conheço e a vi assim outras vezes, discreta, sem promover a conversa, seguindo o fio proposto pelos outros, mas nunca a vi resvalar desta maneira na memória, agora transformada em um cofre de memórias borradas, inexistentes ou invertidas. Pelu conta que o pai era inspetor aposentado da Polícia Federal.

— Mas ele era peronista, não era? — ela diz.

— Não. Sempre foi antiperonista. Mas não era tonto.

— Meu pai era um tremendo antiperonista, um soldado, e em 1974 votou no Perón. E hoje, aos noventa e dois anos, me diz: "Bem, temos que admitir que o Perón não era nada ruim. Comparado a tudo o que veio depois, ele era um grande homem".

— Quer dizer que a afirmação de que somos todos peronistas, só que alguns de nós ainda não perceberam, é verdadeira — diz Pelu.

Ela evita, em algumas situações, expor suas ideias críticas à organização, não porque se ressinta do confronto, mas porque tenta não ofender pessoas com quem compartilhou um passado difícil e pelas quais sente afeto.

— Talvez eu descubra depois que estiver morta — é tudo o que diz, e depois ri, recatada.

É uma marca registrada: um comentário sem conteúdo particularmente engraçado celebrado com um sorrisinho decoroso de outra época. Essa candura produz um contraponto excêntrico à história que a une às duas pessoas que estão aqui, Pelu e Mauricio Rapuano, Mauro, que chegou um pouco mais tarde com uma roupa curiosa: meias até a metade da panturrilha e shorts curtíssimos. Pelu e Mauro eram vizinhos e militavam na mesma unidade básica à qual, um dia, em 1974, ela chegou.

— É uma mulher muito bonita — diz Pelu. — E digamos que, no setor masculino, gerou uma espécie de...

— Precisava ver a cara das outras companheiras — diz Mauro. — Inveja absoluta.

A maldição da beleza pela qual ela pagou tão caro (e talvez ainda pague: é a primeira coisa que muitos mencionam: ela era linda, lindíssima; eu mesma me empenho em descrever sua aparência física; sua amiga Lydia Vieyra insiste: "A Silvia foi obrigada a pagar caro porque era linda; sempre lhe digo que ser loira e de olhos azuis funcionou contra ela").

— Fizemos uma operação com ela — diz Pelu. — Se é que se pode falar assim. Tínhamos que cortar com um molotov a avenida Las Heras, bem em frente ao Jardim Botânico. Estávamos no ônibus, como se não nos conhecêssemos. Descemos. Ela precisava jogar o molotov pra fazer os carros que desciam a avenida pararem, e eu tinha que jogar uma corda, passá-la por cima de um cabo, erguê-la e amarrá-la na árvore com um bonequinho de pano que dizia "Almirante Rojas".

O almirante Isaac Rojas foi um militar argentino, vice-presidente de facto entre 1955 e 1958, que liderou um golpe de Estado — foram tantos — em 1955 contra Juan Domingo Perón. Ela abre os olhos espantada.

— Conseguimos?

— Conseguimos. Mas não houve nenhuma confusão, pois, apesar de tudo ter sido incendiado, os carros passavam mesmo assim.

— Mas eu joguei o molotov e ele pegou fogo?

— Sim.

— Você não se lembra disso? — pergunto.

— Não. Lembro-me de jogar muitos coquetéis molotov e incendiar concessionárias de carros. Eu era muito boa nisso. E que precisei subir, numa praça, num monumento muito alto, com um homem a cavalo, que eu imagino que seria San Martín. Ele era muito alto e eu tive que pendurar uma placa enorme no pescoço dele que dizia, sei lá, "Viva Perón". E demorei um pouco pra subir porque o cavalo estava escorregando.

Mauro provoca, diz que tudo aquilo era uma idiotice, assim como dar ordem para jogar um molotov na avenida Las Heras bem em frente aos portões do Jardim Botânico.

— Você não tem como escapar nem pra trás nem pra frente, só pra um lado ou pro outro. Quem foi o idiota que planejou essa operação? O momento era dramático, mas depois a gente cagava de rir. O Pelu e eu usávamos o estojo do baixo pra carregar as armas longas. Em dois dias, toda a vizinhança sabia que levávamos armas no estojo. Mas as pessoas nos conheciam, não falavam nada.

— Quanto tempo você ficou na unidade básica? — pergunto.

Ela olha para os outros, procurando uma resposta.

— Deve ter sido um ano?

— Sim, mais ou menos — diz Mauro. — Depois você andava pelo bairro, porque nos encontramos, você me deu uma caneta e eu te emprestei um agasalho porque estava começando a esfriar. Você se lembra?

Ela nega com a cabeça.

— Foi a última vez que nos vimos. Ainda tenho a caneta. Nos encontramos na rua, tinha esfriado e eu falei: "Vamos pra casa, vou te emprestar um agasalho".

— Ah. Subimos umas escadas, né? — ela diz, estreitando os olhos.

— Sim. Fomos até o quarto que eu tinha lá em cima. Eu te dei a blusa e você pegou a caneta e disse: "Aqui, eu vou deixar pra você, quando eu te devolver o pulôver, você me dá a caneta". Foi a última vez que nos vimos. Ah, não, eu te vi de novo mais tarde. Você estava grávida, te vi na banca de jornal, na Federico Lacroze.

— Você me viu passar? — ela pergunta, como se estivesse montando um quebra-cabeça assombroso.
— Não, não. Conversamos.
— Não me lembro.

Pelu tenta situá-los no tempo usando um sistema questionável de marcos:

— A gente pode se situar se pensarmos que em março de 76 o Julio já tinha caído, o Negro caiu em julho de 76, em janeiro de 77 o Rubén caiu...

— Ah, então — diz Mauro, e faz as contas: se fulano desapareceu tal mês, nos vimos tal outro.

— Não, não me lembro — diz ela, e fica claro que aqueles acontecimentos, inesquecíveis para Mauro, se dissolveram nela sob a luz ácida do que aconteceu depois.

— Sou eternamente grato a ela — diz Mauro. — Eu não era mais militante, então quando ela caiu, se tivesse que entregar uma informação, poderia ter me entregado. Eu era alguém que não tinha relevância pra organização, dava na mesma que ela me entregasse. E não o fez. Eu me senti numa dívida eterna. Uma pessoa abria a boca e te arruinava pra sempre. Meu único desejo era poder dizer a ela: "Te agradeço por me manter vivo". Se por outro lado ela fez isso ou aquilo, quem sou eu pra julgar.

Penso em algo que ela mencionou muitas vezes: que as pessoas que dizem "quem sou eu pra julgar" a tiram do sério, pois a frase em si implica um julgamento. Mas eu a observo e ela está sorrindo docemente.

Pelu cumpria o serviço militar obrigatório em março de 1976, o mês do golpe de Estado. Apresentava-se todos os dias no quartel e dormia em casa. Certa manhã, acordou cercado de homens com balaclavas. Foi levado para o Atlético, um centro clandestino onde passou quinze dias. Ele não diz, mas ela já me disse: foi muito torturado. Soltaram-no e ele foi para Barcelona. Viveu lá por 46 anos. Saiu do país sem saber o destino de Silvia Labayru porque nem sabia seu nome verdadeiro, apenas seu nome de militância: Mora. O tempo passou. Em 1984, estava andando pelas Ramblas quando viu um anúncio: RELATÓRIO SABATO: NUNCA MAIS. O *Nunca mais* é um livro, publicado em 1984, que reúne o relatório da Comissão Nacional sobre o Desaparecimento de Pessoas (Conadep), formada pelo presidente Raúl Alfonsín com o objetivo de investigar os crimes da ditadura militar e presidida pelo escritor Ernesto Sabato. Pelu comprou o livro. A partir das descrições de outros sobreviventes, ele identificou o centro clandestino onde havia estado. Seus pais, em Buenos Aires, também o haviam lido. Quando falaram ao telefone, a mãe lhe disse: "Pobre Mora. A Mora é Adriana Landaburu". Adriana Landaburu é uma militante sequestrada em 7 de junho de 1976. Ela esteve na Esma, foi assassinada. Seu pai era o brigadeiro Jorge Horacio Landaburu, que ocupara cargos em governos militares anteriores.

— O pai de Adriana Landaburu era militar. E sabíamos que o pai da Silvia tinha algo a ver com o Exército ou com a Marinha. E minha mãe, convicta, me disse: "Pobre Mora, é a Adriana Landaburu e figura neste livro entre os desaparecidos". Como eu não sabia o nome verdadeiro da Silvia, pensei que ela estivesse desaparecida, que minha velha tinha razão. Muitos anos depois vim pra Buenos Aires. Me encontrei com o Mauro, estávamos conversando sobre alguns companheiros desaparecidos e eu lhe digo: "E também a Mora, coitada". E ele diz: "Não, a Mora vive em Madri".

Ela os ouve em silêncio, respeitosa, embora eu imagine que o que eles dizem não seja tão emocionante para ela. Se Pelu e Mauro guardam essas coisas como verdadeiros marcos biográficos, ela, às vezes, nem se lembra deles. Mas aprendeu a dissimular tudo, até a indiferença.

— E eu falei: "Não, Mauro, Mora é a Adriana Landaburu". E Mauro me diz: "Não. Mora é a Silvia Labayru".

Procuraram uma lista telefônica de Madri, ligaram para ela. Silvia atendeu.

— E eu reconheci a voz dela — diz Pelu. — Perguntei: "A sra. Silvia Labayru?".

Ela disse: "Sim, sou eu". E Pelu: "Mora, é o Pelu. Não sei se você se lembra de mim". E ela disse: "Sim, eu me lembro". Naquela época, como agora, Pelu não conseguiu continuar falando porque começou a chorar.

— Esse telefonema teve um impacto tremendo em mim — diz ela, como se tivesse acordado de um feitiço.

Então se lembra, se lembrava.

— Estava com o Jesús, meu marido, que era muito contra as histórias passadas. O passado repisado. E ele me perguntava: "Quem é, quem são eles?". "São uns amigos do Colégio", eu disse. Fiquei muito emocionada.

A noite cai e Pelu precisa ir embora. Ele está em Buenos Aires porque se apaixonou por uma mulher que mora na Argentina.

— Você vive como eu, no limbo — diz ela.

Caminhamos até uma avenida. Mauro comenta que colocaram seis azulejos na porta de sua escola primária com os nomes dos colegas desaparecidos, como homenagem e uma forma de lembrar.

— Fico muito impressionada com esses azulejos — diz ela. — Toda vez que os vejo, ou quando vejo murais com a lista dos desaparecidos, digo: "Vamos ver, onde estou?". Aí é que me dou conta.

Em muitas ocasiões, em vez de dizer "quando desapareci", ela diz "quando eu morri".

Em setembro de 1976, seis meses depois do golpe, Silvia Labayru e Alberto Lennie haviam deixado o apartamento que Betty alugara para eles e não tinham para onde ir.

— Ficamos no olho da rua — diz Alberto Lennie. — A Silvia estava grávida. Era de noite. Tínhamos que decidir se íamos pra um motel ou se perguntávamos a alguém se podia nos hospedar em algum lugar.

Eles entraram em contato com um companheiro, Pablo Mainer, o Pecos. Ele lhes disse que podiam ir para a sua casa: rua Corro, 105, em Villa Luro. Eles foram. Passaram uma noite lá e então decidiram se esconder com os Lennie, em City Bell. Dois dias depois, Alberto Lennie viu uma foto na primeira página do jornal *La Razón*: uma janela explodida, atrás de um cartaz. Mostrou-lhe: "Esse cartaz não te parece familiar?". Era o do quarto da casa dos Mainer onde tinham dormido. O que aconteceu lá é conhecido como o "Massacre da rua Corro". Os militares assassinaram quatro militantes montoneros. Victoria Walsh, filha de Rodolfo Walsh, estava lá e atirou em si mesma no terraço. Cinco membros da família Mainer foram sequestrados.

Passaram a morar em hotéis, em pensões. Ela, zelosa de sua privacidade ("Nunca consegui fazer xixi com a porta do banheiro aberta, não durmo sem tomar banho e escovar os dentes. Essas coisas que a gente considera fundamentais"), estremecia naqueles lugares onde compartilhavam banheiro e cozinha com pessoas humildes que, por outro lado, eram os destinatários de sua luta. "Era aí que aflorava a 'mocinha bem de vida'. Eu passava momentos horríveis. Aquelas cozinhas, aqueles banheiros coletivos, aqueles colchões. Afff."

Começou a pensar em sair.

Alberto Lennie diz que ele também.

Tomei nota das coisas que fizemos antes de começarmos cada entrevista, o que fizemos ao terminar, das roupas que ela estava usando, como estava o clima, das mudanças na decoração, do crescimento do gato. Tomei notas disso na quinta-feira, 6 de maio, na terça-feira, 11 de maio, na terça-feira, 18 de maio, na sexta-feira, 21 de maio, na sexta-feira, 28 de maio, na terça-feira, 27 de julho, na quinta-feira, 29 de julho, na terça-feira,

3 de agosto, no sábado, 16 de outubro, na quinta-feira, 21 de outubro, na segunda-feira, 25 de outubro, na segunda-feira, 1º de novembro, todos eles dias de 2021. Na quarta-feira, 9 de fevereiro, na quarta-feira, 16 de fevereiro, na quarta-feira, 23 de fevereiro, na quinta-feira, 24 de fevereiro, na quarta-feira, 2 de março, na quinta-feira, 3 de março, na quarta-feira, 9 de março, na sexta-feira, 25 de março, na terça-feira, 12 de abril, na quinta-feira, 16 de junho, na quinta-feira, 14 de julho, na quarta-feira, 20 de julho, na terça-feira, 26 de julho, na quinta-feira, 29 de setembro, na quinta-feira, 1º de dezembro, todos eles dias de 2022. Entre outras datas. "Está com um suéter marrom de gola alta, calça marrom, é primavera, mas está frio." "Monkey está mancando." "Dia esplêndido. Suéter cinza cruzado na frente." "Blusa branca de linho, roupa larga de jeans, sem máscara durante horas pela primeira vez." "Nunca usa salto alto. Camisa de linho, xadrez branco e azul-claro." "Encontro com Lydia. 36 graus." "Come duas medialunas, toma dois cafés. Está chovendo. Suéter cinza. Está com frio. Está frio."

 As anotações são um mapa da passagem do tempo. Outono, inverno, primavera, verão, outono de novo, inverno de novo, primavera de novo. Faz calor ou bastante frio, a roupa muda, a pandemia sofre mutações. No entanto, o que fazemos é sempre muito parecido: eu chego, ela fala sobre certos temas — algo que ela viu na Netflix ou no cinema, de um livro, de vacinas, viagens, geralmente todas essas coisas juntas —, em algum momento eu ligo o gravador, faço perguntas, ela responde, marcamos uma data para o próximo encontro, nos despedimos. Há algo de estranho nessa invariabilidade: ela me conta, sentada em uma cadeira, sobre um mundo de altíssima velocidade. Relata, vestida com tecidos refinados, o ano e meio em que se vestiu com roupas de mulheres mortas.

— Entre, entre.

É de manhã. Ela abre a porta vestida com uma camisa xadrez, diversas tonalidades de azul e azul-celeste, tênis: é como se fosse feita de alguma substância colhida no campo, um produto da lavoura, e abrisse a porta não de um apartamento, mas de uma cabana na floresta.

— Sente-se, por favor. Um café?

Abrir um túnel para o passado não é um problema: ela se lembra bem dele, pois o expôs em depoimentos perante os tribunais, e décadas de psicanálise fazem com que encontre maneiras de abordá-lo sem que ele se torne um precipitado incontrolável de padecimentos cruéis. No entanto, durante os quarenta anos em que viveu na Espanha, suas viagens à Argentina implicavam visitas de uma ou duas semanas, durante as quais permanecia em um ambiente limitado: seus pais, algum amigo. As oportunidades para conversar com frequência com companheiros de militância, ou de ser chamada a participar deste ou daquele evento na Esma, eram esporádicas. Agora isso mudou radicalmente e aquele tempo distante se entrelaça quase todo dia com o presente (ela garante que sem grandes impactos, além de um certo esgotamento do assunto). Toda semana ela também conhece outras mulheres que foram sequestradas, pedem que ela participe de alguma atividade na Esma, pedem que reveja este ou aquele andar do prédio para identificar onde tal barbárie se realizava. Ela aceita e, embora repita que está farta, é possível que ser parte relevante da equação, depois de tantos anos de rejeição, seja difícil de recusar.

— Agora fui convidada pra um evento na Esma que é realizado com os sobreviventes que testemunharam — diz ela, com as pernas flexionadas sobre a cadeira. — Isso não para. Quando penso que estava prestes a sair dos Montoneros, a quinze dias de sair...

O telefone toca. Ela nunca atende enquanto conversamos, mas a chamam do programa de vacinação Curevac.

— Sim. Boa tarde. Pode falar. Ah, sim, eu estava esperando por ela. Que dia seria isso? Esta quinta-feira. Duas e vinte. Eu também queria dizer que me enviaram um e-mail dizendo que duas vezes por semana eu tenho que fazer um relatório pra comentar as variações do meu estado de saúde. E acontece que eu abro a página e ela não me permite seguir em frente. O que eu quero dizer é que eu não tenho problema, mas não tenho como fazer isso. Não sei se vocês podem me ajudar.

Ela fala como se redigisse uma carta: prezado sr. diretor do programa Curevac, venho por este meio informá-lo de que estou viva.

— Ah, perfeito. Tudo bem, até quinta-feira.

Ela me olha e pergunta:

— O que eu estava dizendo?

— Que você estava pensando em deixar os Montoneros.

— Ah, sim. Um dia, em dezembro de 1976, eu estava na chácara de City Bell com o Alberto e a minha cunhada, a Cristina. E ela disse: "Cheguei à conclusão de que eles vão matar todos nós". Eu, que estava grávida de cinco meses, disse a ela: "Então, o que a gente faz, Cris?". E ela me disse: "Temos que ficar e morrer pelos nossos companheiros".

Ela arregala os olhos, faz um gesto com a boca como se dissesse: "Olha só isso".

— Foi quando comecei a pensar em sair. Quando fui sequestrada, eu estava a quinze, vinte dias de sair. Conversei sobre isso com meus pais, com meus sogros. Disse-lhes que queria sair da organização, e que seu filho e a Cristina não queriam.

— O Alberto não estava pensando em sair?

— Não. A irmã teve muita influência sobre ele. Meu pai poderia me levar pro outro lado da fronteira, e certamente a opção teria sido ir pra San Antonio, Texas.

Teria sido, mas não foi.

— Eu era muito crente, Leilita — diz Alberto Lennie. — A militância começava a se transformar no seu mundo, e na explicação do mundo, e isso era muito poderoso. Com a dor que vem de perder Deus, porque você tinha todas as respostas e se encontra nu. Esse momento chegou para mim em setembro, outubro e novembro de 76. Não sei dizer o número de amigos, conhecidos e colegas que desapareceram. Foi aí que a Silvia e eu começamos a pensar em ir embora. Até conversamos com o Jorge, o pai dela. Ele tinha um amigo que podia nos levar com um aviãozinho. Muitas vezes me arrependi de não ter feito isso. A única coisa que eu disse pra Silvina é que eu não queria fugir, desertar. Isso significava criar uma situação de traição e covardia com a qual eu não saberia lidar. Eu queria tentar fazer isso organicamente, não como uma fuga, mas não tivemos tempo.

— A Silvia estava de acordo com isso?

— Sim, mas nem tanto. Acho que isso pesou muito pra nós mais tarde, quando ela deixou a Esma. "Eu caí porque a gente não saiu, você se salvou e foi embora." Isso nos meteu num puta de um inferno que deu muito trabalho pra desarmar. Muito. Muito.

De qualquer forma, não ficou desarmado.

Em seu livro *Helgoland*, Carlo Rovelli, físico teórico italiano, escreve:

> não há um relato unívoco dos fatos [...]. Os fatos relativos a um observador não são fatos relativos ao outro. A relatividade da realidade resplandece aqui totalmente. As propriedades de um objeto são tais apenas em relação a outro objeto. Portanto, as propriedades de *dois* objetos são propriedades somente em relação a um *terceiro*. Dizer que dois objetos estão correlacionados significa enunciar algo que se refere a um *terceiro* objeto: a correlação se manifesta quando os

dois objetos correlacionados interagem *ambos* com esse terceiro objeto.

Rovelli não está falando de jornalismo, mas de física quântica. Apesar de ele mesmo alertar provocativamente que "a delicada complexidade da relação emocional entre nós e o universo tem tanto a ver com as ondas Ψ da teoria quântica quanto uma cantata de Bach com o carburador do meu carro", arrasto sua teoria para o meu território. Nem sempre, mas às vezes, com circunstâncias tais como dia, hora e local suprimidos, e detalhes como descrição de roupas, gestos e decoração eliminados, através de peças desprovidas que colidem uma contra a outra para que uma nova peça invisível surja dessa colisão, acontecerá isto: dois objetos correlacionados (nem sempre os mesmos) vão interagir com o terceiro objeto. Que, quase sempre para pior, serei eu.

Vamos lá.

Ao longo de certo tempo — dias, semanas, meses — vamos reconstruindo as coisas que aconteceram, e as coisas que tiveram de acontecer para que essas coisas acontecessem, e as coisas que deixaram de acontecer porque essas coisas aconteceram. Quando termino, quando vou embora, me pergunto como ela fica quando o barulho da conversa termina. Sempre me respondo a mesma coisa: "Ela está com o gato, o Hugo vai chegar logo". Toda vez que volto a encontrá-la, ela não parece desolada, mas cheia de determinação: "Vou fazer isso, e vou fazer com você". Jamais lhe pergunto por quê.

Depois, a tragédia.

Alfredo Daniel Salgado, desaparecimento forçado, 29 de abril de 1976.

Gloria Martha Rita Oliveri, desaparecimento forçado, 6 de maio de 1976.

Michelangelo Rousseaux, desaparecimento forçado, 12 de maio de 1976.

Juan Gregorio Salcedo, desaparecimento forçado, 12 de junho de 1976.

Raquel del Carmen Rubino, desaparecimento forçado, 23 de junho de 1976.

Sonia Mabel Rossi, desaparecimento forçado, 22 de junho de 1976.

Haydée Mercedes Orellana, desaparecimento forçado, 20 de setembro de 1976.

Alberto Marcelo Oro, desaparecimento forçado, 30 de outubro de 1976.

Não paravam de cair.

Entre as pessoas que forneciam informações a Silvia Labayru havia duas irmãs, María Magdalena Beretta e Graciela Alicia Beretta. Com pais idosos, de família humilde, trabalhavam em uma instituição militar de onde tiravam os dados que passavam a ela. Em dezembro de 1976, os desaparecidos chegavam aos milhares. Silvia Labayru havia dito às irmãs Beretta que, por segurança, elas tinham que sair do trabalho, sair de casa: o que se chamava "levantar-se". As irmãs disseram-lhe que não podiam: não tinham recursos, os pais dependiam delas, se deixassem o emprego não conseguiriam sustentá-los.

Na tarde de 29 de dezembro de 1976, Silvia Labayru tinha um encontro com María Beretta.

Em 28 de dezembro de 1976, um dia antes desse encontro, as irmãs Beretta foram sequestradas.

Pisa, 25 de maio de 1977:

> Recebi a notícia de que alguém muito importante pra mim havia desaparecido na Argentina. Na verdade, ela está desaparecida há quase seis meses. Meus amigos talvez soubessem que seria um golpe muito duro pra mim, e esperaram até agora pra me contar. Talvez ainda seja possível fazer algo pela Silvia, e eu escrevi um poema e uma nota: há trinta esbirros de Videla dando um giro pela Itália. É importante que saibam que a Silvia não está esquecida. Se a Silvia estiver viva, ela pode ser útil. Se ela está morta, é uma memória, um testemunho.

Esse texto saiu em 25 de maio de 1977 em uma publicação italiana. O poema a que alude intitula-se "Canção para Silvia" e diz: "Era lindo te amar e depois/ pensar em ti às vezes ao longe/ a esta hora os pássaros já estarão/ muito altos/ muito altos e puros/ e tu/ onde quer que estejas/ com as tuas asas/ voas para nós". Ele é assinado por Diego Bigongiari, jornalista e escritor argentino que morava na Itália na época e havia sido seu companheiro no Colégio.

Em 29 de dezembro de 1976, Silvia Labayru usava um vestido branco com listras vermelhas e azuis: roupa de grávida. Estava em um carro com dois amigos e companheiros do Colégio: Andrés Rubinstein, que dirigia, e Alba Corral. Desceram juntas na avenida Las Heras e pegaram um ônibus. Silvia Labayru atrasou-se meia hora para o encontro com María Beretta. Disse a Alba: "Não sei por que estou indo. A menina não vai estar lá e, além disso, a única coisa que eu tenho pra dizer a ela é que se levante do trabalho, e ela já me disse que não pode". Alba respondeu: "Você está meia hora atrasada. Por que você vai?". "Bem, não sei, vou ver se ela está lá. Vou descer nesse ponto."

Ela desceu. E lá estavam eles.

Na esquina da Azcuénaga com a Juncal.

O sequestro não teve singularidades: ela foi sequestrada, como todo mundo, de forma selvagem.

Ela estava com a pílula de cianureto e a pistola na bolsa, mas eles a agarraram por trás para que ela não pudesse engolir. Engolir. Teria feito isso? Grávida de cinco meses.

Alba não chegou a vê-la: o ônibus já estava longe. Ela gritou seu próprio nome (todos gritavam: gritar seu nome, um número de telefone, berrar: "Estou sendo sequestrada!") enquanto era arrastada. Foi jogada no banco de trás de um carro. Não lhe cobriram os olhos.

— Eu estava no banco de trás, observando pra onde estava indo. Eles baixaram minha cabeça assim que estávamos entrando na Escola de Mecânica da Marinha. Como fui vendo o caminho todo, pensei: "Não vou sair daqui". Era um belo dia no fim de dezembro. Estávamos indo pela avenida del Libertador, passamos pelo Museu de Belas-Artes. Havia árvores e flores, e lembro-me de olhar pela janela e me despedir do mundo.

Uma hora depois do encontro com María Beretta, Silvia Labayru tinha um encontro com Alberto Lennie em um bar. Era um encontro de segurança antes de ir para a pensão: se algum dos dois não aparecesse, os alarmes disparavam. Ela não chegou.

— Quando alguém não comparecia a um encontro, era preciso sair e voltar meia hora depois — diz Alberto Lennie. — Você não podia ficar porque eles quase certamente viriam procurá-lo. Quando ela não apareceu, pensei: "Ela deve estar com problemas, está com dor de barriga por aí".

Fez o que era indicado: saiu, pegou um ônibus, desceu, pegou o mesmo ônibus novamente no sentido contrário, entrou no bar. Mesmo resultado: ela não estava lá.

— Foi quando eu falei: "Que merda, puta que me pariu, não brinca que sequestraram a Silvina".

Ficou vagando até as nove da noite. Àquela hora, ele foi para o único lugar aonde não deveria ir: a pensão.

— Que era um lugar onde a Silvina poderia ter me entregado. Fiquei acordado a noite toda. Era o terror, o terror. Era um mantra: "Não pode ser, não pode ser, não pode ser".

Se tinha sido uma loucura ir à pensão, de manhã fez algo muito pior.

Como todos os sequestrados, Silvia Labayru entrou na Esma pela porta que leva ao porão. Alguns degraus descem até o local onde ficavam as salas de tortura. Não se lembra se foi levada para o compartimento número 13 ou para o número 14, mas lembra que já tinham lhe colocado um capuz e que ali, muito digna, sentada na maca de metal em que iam torturá-la, disse: "Sou parente de um militar e quero falar com um militar".

— Eu achava que eram policiais. Eles começaram a rir porque eram todos militares, e eu ali plantada, dizendo mais ou menos: "Quero falar de militar para militar". Foi quando eu soube que eles eram oficiais da Marinha, que eu estava na Escola de Mecânica da Marinha.

Despiram-na. Ela afirma que estava com o número do telefone de Cristina Lennie no sutiã e que o engoliu. Épico, mas inverossímil? Pode ser. O que importa?

— Tínhamos combinado com a Silvia que, se um de nós caísse, o endereço que a gente ia dar na tortura, se nos perguntassem onde morávamos, era o da minha tia Tilde, irmã da minha mãe, que fazia o transporte escolar. Íamos dizer que morávamos lá, na Uriburu, 1554.

"Éramos tão filhos da puta", disse Silvia Labayru na primeira entrevista, "que até tínhamos deixado uma sacola com roupas na casa da tia Tilde, pra fingir que morávamos lá. Um cenário armado."

Pela manhã, depois de passar a noite em claro, Alberto Lennie pensou que talvez sua mulher houvesse tido um problema com a gravidez e tinha procurado ajuda na casa da tia Tilde. Contra todo o bom senso, contra todo o treinamento, contra a evidência proporcionada pelo irrefreável sequestro de seus companheiros, ele saiu da pensão e foi para a casa da tia Tilde. Para o olho do furacão.

— Sabe quem te torturou?
— Sim. Sei perfeitamente. Eram dois. Um que se chamava Francis William Whamond, o Duque, que naquela época me parecia muito velho, mas devia ter uns cinquenta anos. Esse foi o cara que me deu choque elétrico, a máquina. O que me bateu. Um cara muito nojento. E depois havia outro que entrava e saía. Esse não me dava choques, mas me interrogava mal. Esse foi meu estuprador. Alberto González. O Gato.
— Sabe quanto tempo durou?
— A tortura pura e simples, eu acho, durou pouco mais de uma hora. Interrompiam um pouco porque queriam a mercadoria.
— A mercadoria?
— O bebê.

Pergunto-lhe com mais facilidade sobre a tortura que sobre a violação. Porque a cena da tortura é sagrada: nela só há sofrimento.

Ela foi interrogada a respeito unicamente de duas pessoas: Cristina e Alberto Lennie. Onde estão, onde estão? Fazendo cálculos às cegas, deixou passar a hora do encontro no bar e confessou-a quando pensou que Alberto já não estaria lá. Os militares foram procurá-lo e, de fato, ele não estava lá. Voltaram, torturaram-na um pouco mais. Em seguida, disse o que haviam combinado: "A gente mora na Uriburu, 1554, na casa da tia Tilde".
— Eu já tinha conseguido aguentar por muito tempo e disse a mim mesma: "À noite, quando eu não aparecer na pensão,

tudo vai ficar claríssimo, o Alberto vai perceber que eu fui sequestrada e vai fugir". Então confessei o que havíamos combinado: "Moro na casa da tia Tilde". Mas o que esse homem poderia ter pensado em desespero? Às seis horas da manhã saiu da pensão e pra onde foi?

Para a casa da tia Tilde, ela diz um dia com um sorriso um pouco trágico.

— Vou pra casa da tia Tilde — diz Alberto Lennie. — Subo pela escada de serviço, chego lá em cima, toco a campainha, a moça que trabalhava na casa da minha tia abre a porta e diz: "Olha, Alberto, o que aconteceu". Levanto a cabeça e vejo a porta da sala com um buraco desse tamanho. A fechadura tinha sido arrancada. Às quatro e meia da manhã vieram me procurar. Cheguei às sete e trinta. Tinham ido embora às seis horas. Olha como a gente fica à beira da loucura, porque eu pensava: "Não pode ser que ela tenha sido sequestrada com cinco meses de gravidez, não pode ser". E fui procurá-la no lugar onde combinamos que tínhamos que revelar. Quando vi o buraco, desci correndo as escadas. E eles estavam lá embaixo, na calçada. Me perseguiram até a Arenales. Corri, entrei em um ônibus. Escapei por pouco.

Foi ao banco onde Guillermo, namorado de sua irmã mais nova, Sandra, trabalhava, e lhe disse: "Pegue o telefone, diga à família que a Silvina foi sequestrada, que fiquem atentos porque vão cair em cima deles".

— E a partir daí... A partir daí o inferno, Leila.

Ele pensou que a esposa estivesse morta e o fruto de seu ventre também.

Mas morta ela não estava.

Isso acontece muito depois, quando se passou quase um ano desde que a vi pela primeira vez. Então, já conversamos várias vezes sobre tortura, nunca com muitos detalhes. Por exemplo: "É uma contração geral do corpo, não é que o lugar onde estão torturando doa. É uma sensação dos seus órgãos estourando. Eles não me deram choque na vagina. Os pontos úmidos doem mais, mas queriam que o bebê nascesse, a mercadoria era de interesse deles. Sim, aplicaram nos meus mamilos, os destruíram, meus mamilos nunca funcionaram bem. A reação que tenho com a eletricidade é insuportável. E com os colchões amarelos de espuma de borracha. Depois da tortura, me levaram para um quartinho onde havia um colchão assim, todo ensanguentado, encardido. E ouvir Nat King Cole cantar 'Si Adelita se fuera con otro' em espanhol me deixa louca. Eles punham o tempo todo pra encobrir os gritos".

Marcamos em um bar na Medrano com a Honduras, perto do apartamento onde ela mora com Hugo desde fevereiro de 2022, na rua Costa Rica. Faz frio, está chovendo, e as portas do bar estão abertas, ainda por causa da pandemia. Avaliamos a situação: entrevista longa, vento gelado. Vamos ao bar do outro lado da rua, onde vemos uma mesa escondida. Um homem embala um bebê em um carrinho. Uma mulher sai da cozinha e o amamenta. Os banheiros são anunciados para MENINOS NÃO BINÁRIOS e MENINAS NÃO BINÁRIAS. Acima do vaso sanitário de um deles há uma placa que diz: NÃO JOGUE O PAPEL HIGIÊNICO NO VASO SANITÁRIO PORQUE ELE ENTOPE. Naquele bar, eu lhe pergunto barbaridades.

— Li num dos depoimentos que, durante a tortura, você apanhou muito.

É o lugar menos adequado para perguntar algo assim. Um lugar público, o homem, o bebê, a mulher que amamenta, mas: a) ela me disse tantas vezes que ninguém lhe pergunta sobre a tortura, então essa insistência deve ser lida como um estímulo para lhe perguntar; b) a música está em volume alto e ninguém pode nos ouvir; c) nós duas vamos viajar em breve e eu quero avançar.

— Sim, eles me batem nas pernas, me batem nas costas com a mão. E então eles tiram minha roupa e me colocam no beliche de metal. Abrem minhas pernas, põem as algemas em mim e começam a brincar com a máquina de choque nos lugares menos próximos à vagina. Com exceção da barriga e da vagina, fizeram percursos completos. Os peitos, as gengivas, as unhas das mãos, as unhas dos pés. Continuavam batendo também. Faziam isso de maneira intercalada. Param, batem, param, batem. E como a reação do corpo é muito brutal, eles paravam um pouco e voltavam, e faziam perguntas.

— Quanto tempo durou?

— E... Calculo um total de uma hora. Calculo porque tinha um encontro com o Alberto uma hora depois de ter sido sequestrada, e estava com esse tempo na cabeça. Que eu tinha que aguentar e deixar esse tempo passar.

— O que lhe diziam?

— O que eles dizem é: "É melhor você falar porque isso não se sustenta, se você falar vai entrar em um processo de recuperação, você tem que dar a informação, onde está o Alberto Lennie, onde está a Cristina Lennie?". Onde está, onde está, dê um endereço pra gente. E no final, depois de uma hora, uma hora e pouco, dei o endereço. Claro, eu não disse que o horário do encontro tinha passado. E eles foram pro bar e o Alberto não estava mais lá.

— Te xingavam?

— Sim. Me chamavam de traidora, você enrolou a gente, montonera de merda, você não vai sair daqui. Eles te apalpavam, batiam na sua cara, batiam de novo nas pernas, te davam mais um bocadinho de choque. Havia lugares especialmente dolorosos. O nariz, as gengivas. Os mamilos. E então, com o tempo, fiquei com a ideia de que certas partes do corpo, como os mamilos, não funcionavam bem por causa disso. Inclusive durante muito tempo alguns caras me disseram que eu não tinha sensibilidade mamilar, que não era algo que eu gostasse que me... Eram como vestígios.

— Você se lembra se gritava?

— Pelo que me lembro, não gritava muito. Ou seja, gritava mas não vociferava. O que eu lembro é que era muito difícil pra mim recuperar o fôlego depois que eles paravam com os choques. A dor é tão grande que você fica em um estado próximo da inconsciência. E a sensação de que eu ia abortar lá mesmo. Eu tinha a ideia de que ia morrer lá, que a gente ia morrer lá. E os caras entravam e saíam. Eles me deixavam três, cinco minutos e voltavam. Traziam gente. Uma companheira que era minha chefe de inteligência foi trazida pra me dizer que delatasse, que não havia solução, que iam matar todos nós, e a tiravam de lá. Eu não entendia muito bem o que estava acontecendo, não sabia se essa era a tônica geral. Em determinado momento, a porta se abriu e uma mulher entrou. Me disseram: "Olha quem está aqui". E eu disse: "Não a conheço". Era verdade, eu não tinha ideia. E era a Norma Arrostito.

Norma Arrostito era uma das principais líderes dos Montoneros, que ainda está desaparecida. Embora os militares tivessem anunciado sua morte durante um confronto em 2 de dezembro de 1976, ela permaneceu sequestrada e muitas vezes foi levada a salas de tortura para produzir um efeito de alto impacto sobre os prisioneiros.

— Você conversou sobre isso com o Hugo com tantos detalhes?

— Uma noite. Ele não me perguntou com tantos detalhes. Ninguém pergunta.

— Nem eu.

— Nem você. Mas digamos que é curioso como nos custa tanto falar sobre isso. Em parte porque não houve a escuta no momento certo e agora há um descompasso. E em parte porque é algo tão… Porque é uma coisa vergonhosa, sabe?

Olha para um lado, para o outro. Controla a distância que nos separa do homem com o bebê. Sussurra:

— Quando te torturam, você baba, sai sangue, é um pedaço de carne dolorida, faz xixi. Te dizem: "Você está se cagando, sua filha da puta". Você faz cocô. É uma situação humilhante. A gente tem que manter um certo afastamento do relato pra poder contá-lo. Porque, quando eu evoco o sentimento, continua sendo insuportável. Pode te parecer superfrívolo, mas a gente resiste à tortura falando. A tortura apenas, sem uma palavra..., a possibilidade de suportá-la por muito tempo é muito pequena. Você aguenta se eles pararem pra conversar, pra dizer: "Você conheceu fulano, onde ele está, que nome de guerra ele tem, onde milita?". Aí vai se armando como uma trama, você diz: "Não conheço este, mas conheci este", e monta uma trama com pessoas que, por exemplo, já tinham saído da Argentina e estavam a salvo.

— Alguém te preparou pra usar esse método?

— Ah, não. Foi na marra, completamente. É motivo de orgulho pra mim dizer: "Não entreguei ninguém", mas também tenho perfeita consciência de que não entreguei ninguém porque não fui torturada o suficiente.

Foi-lhe atribuído o número 765. Ela foi levada para um dos quartos ao lado da sala de tortura. O mobiliário era composto por um catre, um colchão de espuma salpicado de sangue, um bastão de choque elétrico.

— Deixaram-me lá catorze dias, algemada, ouvindo os gritos dos torturados nos quartos ao lado. Acho que os caras tinham interesse na mercadoria e diziam: "Não vamos fazer essa daí abortar, vamos ver como podemos foder com ela". Eu ficava lá sem saber se eles iam vir me buscar de novo. Porque eu não conhecia o mecanismo. Em geral, eles te torturavam quando você chegava, pra obter informações rapidamente, e depois não te torturavam mais com o bastão de choque. Mas eu não sabia.

— Você estava muito machucada?

— Sim, sim. Tinha feridas nas unhas, as gengivas inchadas, remelas nos olhos, marcas nas costas. O que eu não lembro é se levavam o balde pras minhas necessidades naquele quarto.

Punham a música em volume máximo, pra encobrir os gritos. Tem músicas que eu fico louca se escuto. O pior para mim é Nat King Cole cantando "Si Adelita se fuera con otro". Tocavam sem parar.

A dor em seu corpo importava menos para ela do que não saber, toda vez que a porta se abria, qual era a próxima estação do matadouro: mais tortura, a morte?

— O sentimento mais forte é o de solidão e desamparo. E que você ia morrer à toa. Eu me dizia: "Silvia, mas que idiota. Como pode ter sido tão idiota? Se você sabia, você sabia. Por que você não foi embora antes, por que não se escondeu, como é possível que você vá morrer aos vinte anos, grávida?". Não tinha consolo. Eu nem tinha a mística do "vou morrer pela pátria, vou morrer pela revolução, vou morrer pra salvar não sei quem". O soldado Ryan, sei lá. Eu não tinha nada, apenas um sentimento de culpa em relação aos meus pais. Coitados dos meus pais, pensava, o que eles vão fazer agora?

— Sabe quem delatou seu nome e seu encontro?

— Sei perfeitamente quem foi a pessoa que me entregou, eu a vi dentro da Esma. Ela pegou nas minhas mãos, pediu desculpas, e eu a desculpei, coitadinha, porque a pobre menina não tinha culpa de ter feito o que fez. Porque eu tinha dado a ordem pra ela deixar o emprego, mas ela não podia, nem ela nem a irmã, elas não tinham dinheiro nem como conseguir documentos. E quando as pobres meninas me disseram: "Mora, não podemos", o que eu ia dizer a elas? Não podia oferecer-lhes nada. E no dia seguinte foram apanhadas.

Ela não diz, mas é como se dissesse: eram, claro, as irmãs Beretta, ambas desaparecidas.

Quando terminamos de conversar, o bebê dorme, o homem toma mate. Ela, a um metro de distância dos dois, contou sua carnificina por três horas, comendo duas medialunas e bebendo dois cafés sentada em uma mesa de madeira verde-água.

— Hoje me senti mais dispersa que nunca — diz. — Vamos?
Lá fora, o dia segue desagradável. A rua Honduras, larga, com árvores imponentes, é um corredor de pavimento úmido em que se refletem as luzes sombrias dos carros. Eu a acompanho até sua nova casa, onde houve vários transtornos: a água da chuva vazou para um dos cômodos, a caldeira quebrou. Ela prometeu estar lá cedo para encontrar as pessoas encarregadas de consertar a bagunça, mas chegamos tarde, justo quando Hugo sai carregando um aquecedor.
— Os eletricistas estão aqui, te mandei uma mensagem — diz, e vai embora.
Ela olha para mim, séria. Sussurra:
— Ficou puto.

Depois de passar catorze dias em um quarto no porão, ao lado da sala de tortura, ela foi levada até o terceiro andar, para o setor chamado Capucha. As janelas estavam vedadas. A luz artificial ficava acesa a qualquer hora. Urinavam e defecavam em um balde. De tempos em tempos, os prisioneiros eram levados para os banheiros, onde não havia portas. Tomavam banho sob o olhar dos guardas e, no caso das mulheres, sob suas passadas de mão. Ela comia pão, às vezes um "bife naval" ("Tudo ali tinha nome naval: *bife naval*, *aspirina naval*, *uísque naval*"). Vestiam-se com roupas do armazém, local onde os militares acumulavam tudo o que era roubado das casas invadidas, então ela passou a usar, ainda sem saber, roupas de mulheres mortas.

Às quinze para as dez da manhã chega uma mensagem dela perguntando se havíamos combinado às dez e meia ou às doze e meia. Eu digo que às dez e meia. Ela não responde. Mando mensagem para ela avisando que estou indo para a sua casa porque, do contrário, não vou chegar a tempo. Ela não responde. Eu ligo para ela. Ela não responde. Finalmente, quando estou a caminho, ela manda uma mensagem dizendo que tem tempo até às 12h45 (mas vamos conversar por muito mais tempo). Ela nunca confunde horários, exceto uma vez, quando chega à minha casa uma hora mais cedo. No entanto, uma breve recapitulação: ao longo do inverno austral de 2021 ela perdeu duas vezes os dois celulares (um argentino, outro espanhol; em uma ocasião uma garota os encontrou e eles foram buscá-los no outro extremo da cidade; na outra, Hugo os encontrou em um bar); uma vez ela deixou os óculos no assento do táxi que pegamos (eu os encontrei e os devolvi a ela); um dia, em maio de 2022, ela não conseguiu embarcar em um voo para os Estados Unidos por não revisar as condições migratórias para cidadãos europeus — ela tem cidadania espanhola, nunca usa sua documentação argentina — e por não concluir o processo ESTA, que deve ser feito por quem não precisa de visto. Em dezembro de 2022, ela deixou seu telefone argentino no hotel de Montevidéu onde passou a noite com Hugo antes de pegar um voo para Madri. Muitas vezes, na Espanha, quando volta das compras, descarrega as sacolas no estacionamento, deixa-as ao lado da caminhonete, se distrai com qualquer coisa, esquece-as e vai embora. É comum que não encontre as chaves do carro. Por duas vezes, esteve perto de incendiar seu apartamento em Madri. Uma, quando seu filho David era bebê: colocou as mamadeiras em um recipiente com água, acendeu o fogão, saiu de casa com a criança, as mamadeiras derreteram e os vizinhos, alertados pela fumaça preta, apagaram o fogo entrando pela janela. Outra, enquanto almoçava com Jesús e alguns amigos em um restaurante. Abriu o cardápio, leu a palavra *couve-flor* e gritou: "Não! A couve-flor!". Duas horas antes tinha colocado uma couve-flor para ferver e não havia desligado. Jesús telefonou para uma vizinha que disse: "Não se preocupe, os bombeiros já vieram".

"Ela é muito desleixada", diz a filha, Vera. "Eu os chamo de 'momentos psicóticos'. Ela esquece as coisas ou não sabe como encontrá-las. As chaves do carro são um clássico. Eu fico nervosa. Meu irmão não. Um dia ela me disse: 'Perdi minha bolsa, esqueci no banco'. Eu disse: 'Quanto tempo você levou pra descobrir isso?' 'Sete horas', ela me disse. O cérebro dela faz muito barulho."

Quando falamos desses deslizes, ela diz que sempre foi assim. "Desde pequena. Também não vamos culpar a Esma por tudo." Hugo, surpreendentemente, tem aspectos semelhantes.

Nesta manhã, o sol entra com tudo pela janela da sala, e essa irradiação de luz indiferente a banha quando ela abre a porta e a envolve em uma aura tranquila, um pouco flutuante. Ela veste uma camiseta azul-petróleo e, por cima, a camisa xadrez, calça jeans, tênis. Monkey passeia entre suas pernas.

— Entre, entre. Venha, vamos pra este quarto.

Hoje é diferente: vamos para o quarto de hóspedes, com máscaras e a janela convenientemente aberta. Seu computador está em uma pequena mesa ao lado de sua cama, que ocupa grande parte do espaço. Ela me mostra um livro que ganhou, *Diario de una princesa montonera*, de Mariana Eva Pérez. Muitas pessoas de seu entorno recomendam ou lhe dão livros como esse sobre a violência dos anos 1970. Pergunto-me se fazem isso porque notam que ela está muito interessada no assunto (comigo insiste que está farta, embora desvie a conversa para esse tema mesmo quando estamos falando de outra coisa), e também se eu seria capaz de dar um livro sobre um campo de concentração para alguém que saiu de um campo de concentração.

— Olhe o que diz aqui — diz, divertida, e lê em voz alta uma frase de Martín Kohan impressa na contracapa. — "Um dia vamos rir de alguma piada sobre a conta de luz da Esma. Nesse dia, nossa memória terá passado para outro nível, para outra frequência, para outra etapa da verdade." Gostei muito disso de passar para outro cenário onde se pode ter humor ácido e rir da conta de luz da Esma.

Ela se senta na cama com as pernas recolhidas, uma atitude que poderia ser a de uma adolescente que se encontra com uma amiga antes de ir a um show.

— Isso era algo que acontecia lá dentro, acredite se quiser. Ríamos de nós mesmas. Que, estando naquela situação, gostaríamos de ter uma lâmina de depilar. A Cuqui Carazo, Mercedes Carazo, que é a chefe montonera que me salvou, dizia que quando a estavam despindo para torturá-la, ela pensava: "Ai, meu Deus, não estou depilada".

Eu olho para ela. Vejo isto: alguém que nunca fez outra coisa a não ser viajar, jantar com amigos, deitar-se ao sol, viver sob o céu azul iridescente de Madri, ler Marguerite Yourcenar, Javier Marías, Salvador Pániker, George Steiner, Doris Lessing, Rafael Chirbes, Octavio Paz, Albert Camus, Jorge Semprún, José Saramago.

— Eu sempre digo pra Cuqui e pra quem quiser me ouvir: devo metade da minha vida a ela. A Cuqui estava num beliche em frente ao meu. E quando começaram a levá-la pro porão, pra fazer trabalho escravo junto com outras pessoas, ela disse que ia tentar me pôr pra trabalhar com ela. Você sabe quem é Mercedes Carazo, a Cuqui?

— A Lucy.

— Sim, a Lucy. A grande chefe montonera.

Então, ao longo de certo tempo vamos reconstruindo as coisas que aconteceram, e as coisas que tiveram de acontecer para que essas coisas acontecessem, e as coisas que deixaram de acontecer porque essas coisas aconteceram. Quando termino, quando vou embora, me pergunto como ela fica quando o barulho da conversa termina. Sempre me respondo a mesma coisa: "Ela está com o gato, o Hugo vai chegar logo". Toda vez que volto a encontrá-la, ela não parece desolada, mas cheia de determinação: "Vou fazer isso, e vou fazer com você". Jamais lhe pergunto por quê.

Cuqui Carazo usa os cabelos lisos muito escuros. Tem quase oitenta anos. Ela se aproxima demais da tela porque o microfone de seu computador funciona mal, e como está rodeada de livros — livros na mesa, livros no móvel atrás dela, livros em ambos os lados do teclado —, a posição curvada que ela adota parece o resultado de um achatamento iminente. Está em Pueblo Nuevo, Lima, onde vive desde a década de 1980. É gestora de pesquisa, desenvolvimento e inovação do Programa de Melhoria da Educação Superior e Técnica do Governo do Peru.

— Meu esporte favorito é falar. Eu conto, você me interrompe.

Em 2021, esteve em Madri durante alguns dias, mas não conseguiu se encontrar com Silvia Labayru, cuja passagem naquela cidade costuma ser a de um visitante que tenta resolver em quinze dias o que não conseguiu resolver em meses: questões de trabalho, problemas com inquilinos, trâmites bancários.

— Sinto que não falamos com tanta frequência agora. Mas tenho a sensação de que ela está refazendo sua história, recompondo um relacionamento, e talvez ela não queira que eu lhe faça alguma pergunta. Não estou ressentida. Mas sinto falta dela. Às vezes não consigo explicar por que ela nunca encontra nem quinze minutos pra gente conversar. Ou pra me mandar um WhatsApp com uma besteira qualquer. Embora ela tenha me dito tantas vezes que a pessoa com quem está é o homem da vida dela que talvez não queira me dizer de novo — ela diz e ri um pouco, vingando-se com deboche por tanta distância.

Ela afasta com cuidado uma neta pequena que vem brincar com seus cabelos, estranhamente escuros. A imagem viva de uma avó paciente.

Silvia Labayru permanecia em seu beliche. O futuro imediato era um corredor para lugar nenhum. Ela supunha que os militares estavam interessados em sua gravidez, mas não podia dar como certo. Imaginava, além disso, que, mesmo que chegasse viva ao parto, iam matá-la depois. Entre os prisioneiros estava uma mulher de 34 anos que discutia, aos gritos, sobre política com os oficiais e com o Tigre Acosta, o homem que estava no comando do centro clandestino. A primeira vez que essa mulher viu Silvia Labayru foi em janeiro de 1977. Perguntou-lhe quem era, o que fazia. Ela disse "serviço de inteligência", "montoneros", "gravidez de cinco meses". A mulher de 34 anos tinha recebido ordens dos oficiais da Marinha para escrever uma história das FAR, as Forças Armadas Revolucionárias, um grupo que se unificara com os Montoneros em 1973 e ao qual ela havia pertencido originalmente. Disse que, para isso, precisava consultar a documentação. Deram-lhe acesso ao local onde estavam guardados os documentos apreendidos dos militantes. Ali havia também jornais estrangeiros. A mulher falava italiano, inglês, podia ler em francês, mas mentiu: "Que péssima imagem estamos tendo no estrangeiro. Todos esses artigos teriam que ser lidos e traduzidos. Não posso fazer isso, mas há pessoas aqui que podem ler em inglês e francês e podem traduzi-los para vocês". Ela, a menina grávida, quase uma adolescente, dissera-lhe que sabia falar as duas línguas. Tinha aprendido inglês na América do Norte. Francês, no Colégio. A mulher de 34 anos era Cuqui Carazo.

Mercedes Inés Carazo, Cuqui, vulgo Lucy, formada em física. Seu trabalho de graduação versava sobre a circulação oceânica profunda. Ela mantinha um relacionamento com Marcelo Kurlat, vulgo Ramón, vulgo Monra, também militante dos Montoneros, com quem tinha uma filha, Mariana. Seu posto era o de oficial superior, a montonera de mais alta patente da guerrilha latino-americana. Uma peça de ouro. Ela foi sequestrada em 21 de outubro de 1976, sozinha, sem filha ou marido. Foi torturada pelo mesmo homem que torturaria Silvia Labayru dois meses depois, Francis William Whamond, o Duque. Durante a maior parte de novembro, ela foi mantida trancada em um quarto contíguo à sala de tortura. Em dezembro de 1976, uma operação militar comandada por Antonio Pernías cercou seu marido e outros militantes. A filha do casal, Mariana Kurlat, que tinha dez anos e estava com ele, foi retirada de casa por um acordo feito pelo pai. O responsável por retirá-la foi Antonio Pernías durante um intervalo de tiroteio, que foi retomado assim que a menina estava segura. Kurlat foi ferido e depois morto. Mariana viu tudo, foi levada para a Esma durante algum tempo e depois entregue aos avós maternos.

— O diálogo dos militares comigo era estranho, distinto — diz Cuqui Carazo. — Eles eram tão milicos que reconheciam as patentes, e eu tinha uma patente. Eu não podia fazer nada pela minha filha. Só sabia que estava com meus pais. E a Silvina era a mais filha possível de todas as pessoas que estavam lá. Era maravilhoso ter uma relação de confiança, porque você não confiava nem nos seus companheiros detidos, muitos deles tinham te delatado ou estavam abrindo o bico, entregando pessoas. Você tinha que estar atento com todo mundo. Mas, diante da fragilidade de uma menina de vinte anos que estava prestes a parir, a sensação de estar na defensiva desaparecia e a única coisa que se sentia era a necessidade de afagá-la. Eu tinha alguém para cuidar. E depois ela vai me agradecer por isso, mas eu agradeço a ela, infinitamente. Era uma razão para estar viva.

No apartamento da Jorge Newbery, Betty, mãe de Silvia Labayru, fazia coisas de pessoa enlouquecida. Toda vez que via um de seus vizinhos militares no prédio, vociferava: "Seus assassinos, filhos da puta, vocês mataram minha filha!". Pancho entendeu que tudo ia acabar mal e a levou para morar em Pocitos, um bairro de Montevidéu, no Uruguai. Antes de ir, Betty entregou todos os pertences — roupas, livros, mochila de acampamento — da garota que ela dava como certo que nunca mais veria.

Cuqui Carazo conseguiu levá-la para o porão, onde os sequestrados eram obrigados a processar informações e elaborar documentos falsos. Lá, Silvia Labayru começou a traduzir do francês e do inglês enquanto escutava os gritos provenientes da sala de tortura, localizada a poucos metros de distância. Tinha de fingir que não se importava. O processo de recuperação contemplava coisas assim: não se comover com a tortura ou morte dos companheiros. Qualquer demonstração de inquietude poderia ser um sinal de que o distorcido gene montonero ainda estava vivo. Às vezes, oficiais vinham visitar as instalações. Um deles foi o primo em primeiro grau de seu pai, Alberto Manfrino. Ela esbarrou com ele no porão. Ele não disse nada. Ela também não. "A gente não sabia o que era melhor ou pior, se dizer, não dizer." (Era um primo de quem seu pai gostava muito e, anos mais tarde, ela participou de várias reuniões familiares nas quais Manfrino estava presente e se vangloriava de ter feito esforços para tirá-la da Esma.) Se quase todo mundo que estava trabalhando no porão tinha permissão para falar com parentes, ela não tinha. Acosta nem olhava para ela. Um dia ele passou por ela e disse: "No teu pai a gente vai dar um pau".

— Meu pai supostamente era um traidor, um militar que sabia que eu era montonera e não tinha me denunciado. Então eu estava certa de que, quando a Vera nascesse, eles iam me matar.

Em janeiro de 1977, os militares ainda queriam saber onde Cristina Lennie estava. Para descobrir, eles não pouparam esforços.

"Processo número 13/84, Caso número 490, Zucarinno de Lennie, Nilva Berta: Ficou provado que em 16 de janeiro de 1977, nas primeiras horas da manhã, Nilva Berta Zucarinno de Lennie foi privada de liberdade em sua casa na localidade de City Bell, em Buenos Aires, juntamente com seu cônjuge e filha, por pessoal da Escola de Mecânica da Marinha [...]. Para os fins desta última declaração, considera-se o que foi afirmado por Silvia Labayrú de Lennie, em declaração feita por meio de uma exortação diplomática [...]. Essa testemunha relatou seu encontro dentro da Escola de Mecânica da Marinha com seus parentes que também foram mantidos em cativeiro lá, coincidindo quanto às motivações para o sequestro, ou seja, descobrir o paradeiro de María Cristina Lennie [...]. Não ficou provado que, por ocasião de seu cativeiro, ela foi submetida a qualquer mecanismo de tortura, mesmo que fique claro em seus depoimentos que sua filha foi submetida a tortura na frente dela e de seu cônjuge, e os de Silvia Labayrú de Lennie, que disse que esteve junto a seus sogros sentados e encapuzados ouvindo os gritos que Sandra Lennie dava enquanto era objeto de tortura com o propósito de obter informações sobre María Cristina Lennie."

Em 17 de janeiro de 1977, Silvia Labayru vislumbrou, sob a venda com que a cegavam, um vestido que conhecia, um terno que também conhecia. Eram Berta e Santiago Lennie, seus sogros. Ela pensou: "Não pode ser, não pode ser, o que estão fazendo aqui?". Ela pediu a um dos guardas que, na próxima fila para ir ao banheiro, ele a deixasse ficar perto de "uma senhora". O guarda concordou. Ela se postou atrás de Berta Lennie, as duas encapuzadas. Sussurrou: "Oi, é a Silvina", pegou sua mão e a colocou sobre a barriga. Berta Lennie ficou tonta. Os militares a tinham sequestrado no dia anterior junto com o marido, Santiago, e Sandra, sua filha de dezessete anos, na casa de City Bell.

Quando o desaparecimento de sua esposa grávida foi seguido pelo desaparecimento de quase toda a sua família, Alberto Lennie se transformou em outra pessoa: em alguém que só existia no submundo. À camada anterior de clandestinidade que implicava militar nos Montoneros, ele acrescentou outras, cada vez mais opacas. Mudou de nome, de profissão (começou a trabalhar como operário na fábrica de torneiras FV, um disfarce necessário), foi morar em uma casa dos montoneros com outros militantes e, certo de que sua esposa, seus pais e sua irmã de dezessete anos estavam mortos, não se fazia perguntas. Já não pensava "não pode ser", mas "vou matar todos eles".

— Pouco antes de a Silvina ser sequestrada, eu tinha que participar de uma operação militar. Gente armada, claro. Tinha um papel muito ativo nessa operação. Precisávamos executar alguém. E eu dormi. Cheguei dez minutos atrasado pro compromisso. Quando alguém não chegava, supunha-se que a pessoa fora sequestrada e a operação tinha de ser suspensa. E fizeram isso. O que me produziu uma situação muito complicada. Os montos me fizeram um julgamento revolucionário porque era como uma deserção em combate. O julgamento ocorreu depois do sequestro da Silvina. Àquela altura, meu velho, minha velha e minha irmã mais nova já estavam todos desaparecidos. Então eu disse a eles: "Olhem, que vocês possam matar e eu não possa... Tudo bem. Mas militantes melhores que eu? Nem fodendo. Não quero sair, não posso sair. Se toda a minha família perdeu, eu não tenho saída: ou vocês me apagam, me matam, ou os militares me apagam". Não me mataram, permitiram que eu continuasse participando e eu fiz isso, em operações militares e não militares, mas pedi que não me mandassem executar ninguém. Eu não tinha nenhum problema em trocar tiros com os canas, ser morto ou matar. Outra coisa era ir matar alguém assim, executado. Por que estou dizendo isso? Porque eu trabalhava dez horas por dia na fábrica da FV, fazia levantamentos, rastreamentos, ia buscar armas, vivia num arsenal. Não havia nada a pensar, nada a discutir. Eu tinha me transformado nisso. Pensava: "Vou matar todos eles". E isso não mudou até que meu pai me disse: "A Silvia está viva e grávida".

Os militares levaram Sandra Lennie, de dezessete anos, para a sala de tortura. Obrigaram seus pais, Berta e Santiago, e Silvia

Labayru, sua cunhada, a ficarem do lado de fora. Nenhum dos três conseguia ver, mas ouviam os gritos. "Os pobres velhos choravam e eu segurava as mãos deles. O que mais eu poderia fazer? O que eu poderia fazer?"

Santiago e Berta Lennie permaneceram na Esma durante um mês. Em 9 de fevereiro de 1977, eles foram libertados pela pressão exercida pelo frigorífico alemão no qual Santiago Lennie trabalhava. Sandra, a filha, ficou. Como garantia de que seus pais não falariam e como moeda de troca: se em trinta dias não conseguissem que Cristina Lennie se entregasse, iriam matar Sandra.

— Tínhamos um código com o velho — diz Alberto Lennie. — Publicávamos um anúncio na seção imobiliária do jornal *La Nación*. Havia dois ou três lugares marcados para nos encontrarmos. Escrevíamos: "Vendo imóvel na Rivadavia na esquina tal e tal, ligar para marcar uma visita às 17h, Santiago". Isso significava que às 17h do dia seguinte era preciso se encontrar em tal lugar. Meu pai saiu da Esma e publicou o anúncio. A Cristina e eu descobrimos que ele estava vivo pelo anúncio.

O anúncio indicava um encontro na confeitaria Las Violetas, no bairro de Almagro. E podia ser uma armadilha.

— Pensei nisso. Mas se o papai tivesse me entregado… bom, tudo bem, sem problemas. Era o papai. Então a Cristina e eu fomos para esse encontro. Mas fizemos rastreamento e contrarrastreamento, porque o problema era que papai estivesse sendo seguido. Foi sozinho. Ele nos disse que mamãe estava bem e que a Sandra tinha sido levada, que não íamos vê-la porque ela tinha ido para a província de Entre Ríos com o namorado. Não sabíamos, mas tinham dado trinta dias pra ele entregar minha irmã Cristina em troca da Sandra. E o meu velho tinha posto em marcha todo o artefato político, ideológico e econômico que tinha à sua volta pra tirar a Sandra da Esma antes de trinta dias, e não se ver confrontado com o dilema de ter que entregar a outra filha. Se meu velho me dissesse que estava fazendo isso pra tirar a Sandra, e eu dissesse a alguém, e essa pessoa caísse e abrisse o bico, era possível que a matassem.

Para sustentar esse macabro dominó de peças que poderiam arrastar outras, Santiago Lennie não disse ao filho, ou a Jorge Labayru, que Silvia estava viva e que a gravidez estava indo adiante.

Protegida por Cuqui Carazo e pouco depois também por Martín Gras, um líder montonero de alto escalão que havia sido sequestrado em janeiro de 1977 (ambos, juntamente com outros detidos, como Juan Gasparini, se aproveitando das ambições presidenciais do almirante Massera, começariam a pôr em marcha um plano para dissuadir os oficiais da Marinha de que a saída era política, não repressiva, para dessa forma reduzir os sequestros e as mortes), Silvia Labayru iniciou uma estratégia e desenvolveu um personagem verossímil. Criada entre dois adultos que se atacavam, com uma mãe que lhe contava sobre seus abortos, ela era uma menina experimentada e pouco ingênua. O papel que ela construiu tinha alguma verdade e muita invenção: a garota inocente que se juntara aos Montoneros em parte por romantismo e em parte por causa do trauma causado pelo divórcio de seus pais (e tudo isso era mentira), e a menina descendente de linhagem militar, educada, feminina, viajada, culta (e tudo isso era verdade).

— Não há mentira melhor que uma meia-verdade. Eu disse a mim mesma: "O que posso vender?". A ideia de uma menina loira, de olhos azuis, de uma família militar que viajara muito pela Europa, cujos pais haviam se divorciado e então ela estava muito solitária e se deixara levar pelo clima do Colégio, onde todos eram militantes e olhe onde ela foi parar, coitadinha. Lorotas. Mas deu certo. Com o tempo, cheguei a fazer piadas. Quando passavam alguns chefes, eu dizia: "Se eu sair daqui, não vão me pegar nem pra luta contra o câncer". Isso causou sensação.

Amparada por seu personagem ingênuo, ela perguntava a seu responsável, Antonio Pernías, o que eles iam fazer com Sandra Lennie: "O que eles vão fazer, eles não podem esquecer essa garota". Havia outro oficial, loiro, de olhos azuis, jogador de rúgbi, famoso pela qualidade de seu *tackle*: agarrava os reféns por trás e, assim, os impedia de engolir o cianureto. A namorada desse oficial, Patricia Nicotra, era filha de um companheiro da Força Aérea do pai de Silvia Labayru. Um dos amigos desse oficial, Gustavo Palazuelos, era irmão de Luki Palazuelos, a melhor amiga de infância de Silvia Labayru. O oficial tinha 25 anos e se chamava Alfredo Astiz. Conhecido como o Loiro, conhecido como Gustavo Niño, conhecido como o homem cuja infiltração em um grupo de parentes de desaparecidos acabou com a vida de, entre outras pessoas, três mães da Plaza de Mayo e duas freiras francesas. Esse oficial começou a se aproximar dela.

— Eu não vivi a situação de assédio que a Silvia viveu, mas percebi que existia — diz Cuqui Carazo. — Comigo eles não mexiam porque eu tinha a patente que me protegia. Mas me dava conta de que existia e era um tema do qual não se falava. Os companheiros homens o vetavam. A Silvia sentia-se especialmente solitária. A relação com o Loiro, com o Astiz, era muito conhecida, muito manipulada. Não se falava sobre o que ela passava com o González. Isso foi falado muito mais tarde. Mas a questão do Loiro me parece que era diferente. Ele tinha uma relação de adoração com a Silvina. Dentro da sua quadratura mental, era menos perigoso que os outros. Acho que o González era mais tortuoso nesse sentido.

Seja pelos contatos que Santiago Lennie fez, pelos pedidos de Silvia Labayru ali da Esma, por uma conjunção dessas coisas ou por arbitrariedade — o pavor infinito é garantido —, Sandra Lennie saiu da Esma em 3 de março de 1977. Santiago Lennie reencontrou o filho, disse-lhe que Sandra estava bem e que a mulher estava viva e ainda grávida.

Ninguém disse nada a Jorge Labayru.

— Eu fiquei tipo: "O que está acontecendo? Estavam todos mortos e agora estão todos vivos?" — diz Alberto Lennie.

Quando ele cita a si mesmo naquela época, suas falas soam como as de um jovem cheio de luz e dor, ferido e bronzeado, açoitado pelo desejo de uma mulher e pelos ventos da história.

— A primeira coisa que eu disse ao meu velho foi: "Se ela está viva, é uma traidora, eu não quero saber de nada". Um prisioneiro não permanece vivo nas mãos do inimigo se não entregou o suficiente. Voltei pra casa onde estava escondido e disse pro Daniel, que era meu responsável: "Meu velho saiu, minha velha saiu, minha irmã mais nova saiu, a Mora está viva e ainda grávida. O risco de ser morto é excessivamente alto e vou deixar minha filha órfã. Uma cagada. Mas, além disso, perdi a convicção. Não acho que vamos ganhar, acho que vão fazer merda com a gente. Quero ir embora". E, típico de uma situação dessa natureza, me dão ordem pra ir plantar uma bomba, um explosivo. Depois disso, eu poderia sair. Eu falei: "Vou fazer, não vou desertar, mas que vocês saibam que eu acho uma cagada". Percorri meia cidade com a bomba, cheguei ao local, perguntei ao porteiro: "Fulano mora no segundo andar?". "Não, ele se mudou há três semanas." "Tudo bem, obrigado." Voltei pra casa do Daniel com minha bombinha. E eu disse: "Essa foi a última coisa, pegue a sacola, pegue a arma. Nunca mais". E ele me disse: "Mas como você trouxe a bomba, por que não deixou lá?". E eu lhe disse: "Isto era pra fulano de tal, que é um filho da puta porque fazia parte da rede de informantes da Ford, até aí tudo bem. Mas deixar pro vizinho? Você está louco?". Ele me disse: "É um bairro de burgueses de merda". E eu disse: "Você é um idiota. Minha tia mora a um quarteirão e meio de distância, já me escondi ali". Bem, discussão. Até que eu falei para ele: "Olha, eu não sou confiável, eu não tenho convicção, se acontecer alguma coisa comigo eu não vou delatar ninguém, mas também não vou fazer mais nada". E lá fui eu. Marquei um encontro com o papai. Nos encontramos e eu lhe disse: "Me perdoe a besteira que eu disse da última vez, que a Silvina é uma traidora. Vou sair do país".

Três ou quatro dias depois, partiu para Montevidéu. Em seguida, foi para São Paulo, Brasil, cidade em que sua irmã Silvia e seu companheiro, um homem chamado Carlos Bruno, já estavam. Ao cruzar a fronteira entre os dois países, ele jogou fora a pílula de cianureto.

Pergunto se ele tem fotos, cartas. Tem. Um monte. Vai pegá-las para me mostrar na semana que vem, quando a gente voltar a conversar.

— Tchau, Leilita, tchau, amor, nos vemos.

Depois de um tempo, ele manda um recado: "Querida Leila, depois da nossa longa e intensa conversa fiquei comovido, tremendo. Só tive esse tipo de diálogo com pouquíssimas pessoas, íntimas e queridas por mim". Isso significa que muitos de seus amigos e colegas não têm a menor ideia do que aconteceu. Do que aconteceu com ele.

A chamada aconteceu em 14 de março de 1977, quando a gravidez havia completado oito meses.

Um guarda disse a Silvia Labayru: "O Tigre Acosta quer vê-la". Eles a levaram para o escritório de Acosta, que a esperava atrás de uma mesa na qual havia um telefone. "Agora vamos falar com seu pai", disse. "Vou falar primeiro e depois você. Não pode dizer onde você está." Ele discou um número. Esperou. Jorge Labayru, do outro lado, pegou o receptor e disse: "Alô". Acosta perguntou: "Sr. Labayru?". Jorge Labayru disse: "Sim". E Acosta: "Quero falar da sua filha".

Ao longo de três meses, Jorge Labayru tinha imaginado que a filha estava morta, tal como o filho ou a filha que carregava no ventre, e tinha certeza de que essa morte era consequência de sua militância nos Montoneros. Achava que eram eles que estavam ligando para dar um recado, para pedir alguma coisa. Sentia um ódio ciclópico pela organização e, quando ouviu a voz do homem, gritou como um animal: "Vocês, montoneros filhos da puta, são os responsáveis morais pela morte da minha filha! Podem vir que eu vou acabar com vocês, montoneros de merda! Sou anticomunista, antiperonista e antimontonero, filhos da puta, filhos da puta!".

Acosta desligou. Silvia Labayru pensou: "É o fim". O oficial olhou para ela, desnorteado.

— Pensei: "Que merda. O que meu pai disse pra fazer esse cara desligar?". Foram alguns instantes, mas eu disse: "Acabou". O cara tinha ficado pálido.

"Então seu pai é um dos nossos?", perguntou Acosta. Ela não entendeu, mas, mesmo que tivesse entendido, não teria dito nada: qualquer gesto, qualquer reação poderia fulminá-la. "Seu pai acabou de me dizer que é anticomunista, antimontonero, antiperonista. Então ele é um dos nossos?" Ela permaneceu calada. "Agora vou ligar de novo", disse Acosta. "Você vai falar, sem dizer onde está. Vai lhe dizer que, quando o bebê nascer, vamos entregá-lo a ele." Ele discou o número novamente e entregou o telefone a ela. Mais uma vez, Jorge Labayru atendeu. Antes que ele pudesse dizer qualquer coisa, ela disse: "Oi, papai".

Depois de três meses nos quais havia estado morta: "Oi, papai".

— Eu mal conseguia falar. Tinha um fiozinho de voz. Não me saía.

"Filha, filha, como você está, como você está?", perguntou Jorge Labayru. "Papai, estou bem, estou bem. Daqui a alguns dias meu filho vai nascer e nós vamos entregá-lo pra você. Papai, você não pode falar sobre isso com ninguém, você não pode dizer que eu te liguei." "Não, não, não. O que eu tenho que fazer?" "Eles vão te ligar quando o bebê nascer para combinar tudo." Jorge Labayru disse: "Está bem, filha, está bem". E ela: "Bem, pai, um beijo pra você". E desligou.

— Como soube exatamente que palavras devia dizer pra me ajudar, pra me ajudar a viver?

O que ele deve ter sentido, do outro lado? "Um beijo pra você" também podia ser o beijo do final. A última voz.

Desde aquela chamada de 1977, todo dia 14 de março Jorge Labayru ligava para a filha e, se estivesse em Madri, eles jantavam juntos. Era uma celebração sublime, o dia da ressurreição. Talvez não só dela, mas dos dois.

A primeira coisa que fez quando descobriu que a filha estava viva e ainda grávida foi contar a Santiago e Berta Lennie, seus consogros. Mas seus consogros, claro, já sabiam.

Ênfase na palavra *mas*.

Enquanto escrevo isso, no início de 2023, percebo algo que não tinha notado.

Sandra Lennie foi libertada em 3 de março de 1977. Jorge Labayru só soube em 14 de março de 1977, pela chamada de Acosta, que sua filha estava viva.

Entre uma coisa e outra há uma janela de onze dias.

Isso significa que, durante quase duas semanas, os Lennie, mesmo quando o objetivo da libertação de Sandra já tinha sido cumprido e, portanto, nada os impedia de contar a Jorge Labayru, ocultaram — não sei qual é o verbo adequado — a informação de que sua filha estava viva e, além disso, grávida.

Por quê?

Quando me dou conta disso, Silvia Labayru está viajando com Hugo Dvoskin por Espanha, França e Áustria, com Vera e o neto Duncan nos Pireneus, depois com David e a namorada, Claudia, na Áustria. Embora eu tenha lhe enviado algumas perguntas durante o mês de janeiro — uma ou duas datas que me faltavam e esclarecimentos sobre uma circunstância confusa relacionada com a entrega de sua filha — isso é importante demais. Não quero lhe perguntar algo assim no meio de suas férias. Mas no dia 1º de fevereiro de 2023, quando faltam poucos dias para ela voltar e essa informação começa a se tornar muito relevante, mando uma mensagem (a desculpa jornalística dá impunidade até para coisas assim) perguntando se ela sabe por que os Lennie não disseram nada para seu pai durante esses onze dias. Ela responde de Madri. Escuto-a tensa e cansada. Tudo está correndo muito bem, diz, mas desta vez Madri a pegou de jeito (o desenraizamento, o fato de que David, já formado em Berklee, esteja morando lá). O excesso de movimento a desgasta, mal pode esperar "para chegar em casa", onde a *casa* é Buenos Aires, e isso é uma novidade porque, até agora, nunca tinha chamado "casa" a lugar nenhum: dizia "minha casa em Madri" e "minha casa em Buenos Aires". Depois de me contar sobre a azáfama das últimas semanas — cartórios, reuniões de trabalho, uma viagem a Sigüenza para pernoitar em um castelo que faz parte da rede de pousadas da Espanha, um presente de Dia de Reis de David —, me diz: "A outra coisa, que baita pergunta". O que se segue é surpreendente. Seu tom mistura um certo espanto — que poderia ser produzido por uma descoberta desagradável —, a ressonância de uma raiva não cicatrizada — que poderia ser produzida por velhas perguntas recuperando sua velocidade — e uma surpresa muito genuína e franca: "A verdade é que eu tinha esquecido as datas. O que eu tinha na cabeça era que os Lennie estiveram o tempo todo, desde o momento em que saíram até a Sandra sair, sem dizer ao meu pai que sabiam que eu estava viva, o que sempre foi como um espinho cravado no meu coração. Aquelas coisas que não são compreendidas, ou que são compreendidas a partir da lógica do medo. E esse vazio que você… humm… você detectou…".

Que eu detectei? Ela não tinha notado? Ou sim, e esperava que eu não detectasse?

"... desde o momento em que a Sandra foi libertada até 14 de março, quando meu pai tomou café da manhã com aquela chamada dizendo que eu estava viva... Por que não contaram pra ele? Minha resposta é: não sei. Com franqueza, não sei. Eu quero dizer... quero dar a mesma resposta: certamente por medo, medo de serem sequestrados de novo, sabe-se lá o quê. Qual era o problema, não sei. A resposta mais simples e de alguma forma mais... não sei, mais simples, digamos assim, é que eles ainda tinham medo. Não sei quanto tempo eles iam ficar sem contar pro meu pai. Assim foram as coisas. Difíceis e às vezes incompreensíveis, e às vezes apenas compreensíveis a partir da lógica do medo. Há um vazio aí que... pelo menos eu não posso te responder. Te mando um beijinho, uma amiga está vindo se despedir". Antes do fim da gravação, o tom muda, se enche de entusiasmo, ouço-a cumprimentar alguém dizendo: "Blan...!". Blanca? Não faço ideia.

Embora os anos tenham passado e as duas famílias tenham feito muito para conseguir alguma harmonia, aquele ruído de fundo — os Lennie não avisaram os Labayru de que Silvia estava viva — nunca foi completamente apagado.

No dia do parto, Silvia Labayru assistia a um filme que estava passando na Esma (parece grotesco e é: os oficiais escolhiam certos prisioneiros e viam filmes com eles), sentada ao lado de Alfredo Astiz.

— E de repente eu disse: "Fiz xixi. Aconteceu alguma coisa comigo".

Não era xixi e sim líquido amniótico, mas ela não tinha ideia do processo.

— Eu não sabia o que era romper a bolsa. Tinha uma consulta pro dia 5 de abril, essa data já havia passado fazia muito tempo, eu nunca tinha visto um médico desde que havia sido sequestrada. Eles perceberam que eu estava em trabalho de parto. Mandaram o enfermeiro descer e me levaram para a mesma salinha onde me deram choques elétricos. Depois me levaram pra cima, pra um quarto ao lado dos banheiros. Lá estava a Cuqui, mas ela também não tinha a menor ideia.

Tinha pedido que Cuqui Carazo, uma mulher chamada Norma Susana Burgos — então sua companheira de cela, viúva do dirigente montonero Carlos Caride — e Antonio Pernías, seu responsável, estivessem presentes no parto.

— Pensei que, se ele estivesse lá e algo acontecesse comigo, seria mais factível me levar pra um hospital. Me enfiaram num quartinho, me puseram em cima da mesa, e foi ali mesmo. Que eu pari.

Era 28 de abril de 1977.

Oi, minha morte, poderia ter dito.

E empurrou.

O parto foi assistido pelo chefe de ginecologia do Hospital Naval, Jorge Luis Magnacco, que acompanhou muitos nascimentos de crianças na Esma, que, em sua maioria, não foram entregues às famílias de origem (está detido com uma condenação de quinze anos). Alguém lhe dissera que a parturiente era filha do general Labayru. Não era. No entanto, o equívoco foi suficiente para que o médico tivesse, segundo ela, um "comportamento correto" (ela usa a mesma expressão para se referir ao comportamento de Pernías durante o parto: *teve um comportamento correto*). Mas o bebê não descia, e Magnacco anunciou que usaria fórceps.

— Ouvi a palavra "fórceps" e empurrei. Era como se eu tivesse sido possuída por uma missão.

A missão era Vera. Nasceu sem fórceps. Pesava quatro quilos e setecentos gramas.

Deixaram-nas ali, naquela sala. No dia seguinte, um buquê de rosas foi levado para a nova mãe.

Os guardas faziam piadas ternas: que iam fazer um capuzinho branco para cobrir a cabeça dela quando a soltassem, umas algemas minúsculas. Vera foi o segundo bebê nascido na Esma. O primeiro, Federico, filho de Marta Álvarez, havia nascido em março (a rigor, tinha nascido em um hospital porque o parto foi complicado) e ainda lá estava, com a mãe. Vera, por outro lado, não ia permanecer muito tempo, por isso não permitiram que ela amamentasse. Seus seios começaram a transbordar de leite e a doer.

— Eu não sabia nada sobre maternidade. Disseram-me que não poderia amamentar. Mas não ocorreu a ninguém que o leite tivesse que ser bombeado, e ele jorrava de mim. Tive uma mastite brutal. A dor era uma coisa terrível. E me deu uma infecção. Foi um desastre. Quando o David nasceu, eu estava obcecada em poder amamentá-lo, mas acontece que meus seios foram devastados pela tortura, pela mastite, ficaram infeccionados de novo e eu não consegui. Tantos anos depois, eu disse: "Olha o que eles fizeram comigo, olha o que eles fizeram comigo".

Vera ficou na Esma por uma semana, talvez um pouco mais. Como a sala de parto ficava ao lado dos banheiros, quando a fila de sequestrados se dirigia para lá, escutava-se o barulho metálico das algemas.

— E a Vera estremecia. Eu, em vez de querer ficar com ela, dizia: "Quando vão tirá-la daqui?". Eu não tinha desejado estabelecer um vínculo emocional com a gravidez porque a ameaça estava rondando: ia ser dada pra minha família ou ia ser roubada? E depois disso vinha a parte em que me matavam. Eu dizia a mim mesma: "Vão me matar, mas talvez ela viva". A ideia era que ela saísse. Depois, havia uma... É difícil pra mim dizer... desafetivização. Eu não queria me apegar a ela.

É assim que se diz: eu não queria amá-la.

***

— Desde o momento em que a Vera nasceu, comecei a dizer que, assim como minha filha Mariana tinha sido dada aos avós, a Vera tinha que ser entregue aos avós — conta Cuqui Carazo. — O objetivo era tirá-la de lá. Lembro que fui eu que entreguei a bebê. Foi numa rua. Acho que era perto de onde eles moravam, o Hospital Militar. Desci com a menina e a entreguei pra mãe da Silvia, que me olhava com ódio, com cara de "quem é esse bicho?". Ela pegou a bebê e se afastou de mim o mais rápido possível.

— A Silvia não foi entregá-la?

— Não. A Silvia não ia conseguir se conter, ia fazer um escândalo no meio da rua. Em vez disso, eu entreguei a menina de uma maneira muito disciplinada. Nem sei se falei: "O nome dela é Vera". O que eu queria era que a mulher saísse rapidamente com a Vera e que todos nós fôssemos embora de uma vez. A sensação era: "Não sabemos o que vai acontecer conosco, mas a menina está a salvo".

— Você a entregou com um moisés, algumas roupas?

— Moisés não. Acho que com um saco plástico onde havia algumas coisas.

Ouço-a falar sem fôlego, com uma certeza espantosa. Às vezes vai além, mas nunca é diferente. E o que Silvia Labayru diz sobre a entrega de Vera não coincide com o que diz Cuqui Carazo.

Jorge Labayru não avisou Betty de imediato que Silvia estava viva. Ele acreditava que a ex-mulher era capaz de fazer um escândalo e isso poderia afetar o destino da filha. Quando finalmente lhe contaram, Betty ficou furiosa com a falta de informação, mas ela foi a pessoa escolhida pelos militares para receber Vera.

A série está desbotada. Embora fosse mais correto dizer que as cinco fotos que se conservam do momento imediatamente anterior à entrega de Vera, tiradas dentro da Esma (e que Silvia Labayru mantém em um álbum de família que ela tem em Madri), têm aquela cor alaranjada de foto antiga. Em duas delas, só se vê a bebê enrolada em uma manta branca de ponto vazado. Atrás, uma escrivaninha e uma máquina de escrever. A burocracia estúpida desse mobiliário produz um efeito inverso: parece um arranhão mal contido de um ataque iminente. Em outra, se vê apenas a cabeça de Cuqui Carazo em uma tomada zenital, os longos cabelos pretos, Vera em seu regaço. As restantes são fotos de Silvia Labayru segurando a filha, contemplando-a. Em uma delas, está de perfil, o cabelo acobreado abundante, um sorriso indecifrável. Em segundo plano se vê uma mesa, uma gaveta com cadeado, pastas e papéis, um porta-lápis, um frasco de algo que parece esmalte acrílico. Na última, ela está sentada em uma poltrona de couro, vestindo um macacão cinza abotoado na frente, um suéter ou uma camiseta escura de manga comprida, com os cabelos de abundância selvagem caindo sobre o rosto. Atrás dela há um quadro-negro em que se lê, em letras borradas, OPM, Operação Político-Militar. Tinha sido escrito por Cuqui Carazo e Martín Gras, e fazia parte das estratégias que eles desenvolviam para desviar os militares para um projeto político. Silvia Labayru enviou a foto para Alberto Lennie, que, ao ver essa inscrição, lhe disse: "Mas aí você está fazendo inteligência para os milicos". As suspeitas estavam semeadas. Não foi preciso muito para fazê-las brotar.

As instruções para a entrega eram estas: Betty deveria estar na porta da igreja paroquial da Imaculada Conceição, no bairro de Belgrano, conhecida como La Redonda por causa de seu formato circular. Um carro ia parar, ela devia entrar, iam entregar a bebê, ela devia descer, pegar um táxi, ir embora.

Antes de o dia chegar, Silvia Labayru foi levada a uma loja de roupas infantis — ela diz que se chamava Les Bebes, que era a melhor loja de roupas para bebês de Buenos Aires, que ficava no bairro de Belgrano — para comprar enxoval: moisés, roupas, mantinhas. No dia 5 ou 6 de maio — ou 7 ou 8 de maio: não sabe —, entrou em um carro com o moisés, o enxoval e a filha. No banco do passageiro estava Cuqui Carazo. O veículo ia custodiado por outros dois.

— Uma operação de três carros para levar esta perigosa terrorista com um bebê de uma semana.

Chegaram à igreja paroquial, onde Betty já estava, e obedientemente entrou no carro. Era a primeira vez que Betty via a filha desde o sequestro (ela a vira grávida apenas uma vez). Olhou para os dedos dela, para o seu rosto. Conferia se estava inteira.

— Olhava pra Cuqui desconfiada porque achava que ela era uma policial. A Cuqui não falava. Minha mãe não falava.

Na fralda de Vera, Silvia Labayru escondera uma carta. Estava endereçada a Alberto Lennie, e ela a escrevera de tal forma que, se interceptada pelos oficiais, o dano não seria grande.

— Eu fazia sinais pra minha mãe de que a carta estava na fralda. Era uma carta pensada para o caso de os oficiais a encontrarem. Neutra o suficiente para que não significasse minha sentença de morte. Dizia que eu estava bem, que me tratavam bem, mas que, se eu não chegasse a voltar, que contassem pra Vera tal e tal coisa, que ela os amara muito. Era uma carta de despedida também. Foi muito mal interpretada depois. A Vera a apresentou num julgamento, o Alberto falou dessa carta, enfim.

O carro percorreu alguns quarteirões. Fizeram um movimento para Betty descer. Ela pegou o moisés, pegou a bebê, parou um táxi e foi para a casa de Aurelia, tia-avó de Silvia Labayru, onde a esperavam Jorge Labayru e Berta e Santiago Lennie, os avós paternos que criariam Vera (Betty era desequilibrada — e não gostava de bebês — e Jorge Labayru viajava o tempo todo).

— Achei que era a última vez que veria minha mãe e minha filha. Sem poder chorar. Porque, se você chorasse, significava que a recuperação não estava funcionando. Você tinha que estar contentíssima, grata, superfeliz. Que ótimo que estão levando minha filha, que bom que eu não vou conseguir criar meu bebê, como eles são bons de entregar a bebê com enxoval! Então eu fiquei só olhando com a sensação de: "Pense, melhor, missão cumprida. Você conseguiu fazer isso".

Viu partir sem uma lágrima aquela filha que também era seu salvo-conduto, a garantia de que continuaria viva.

— O fato de estar grávida me salvou de ser jogada no rio na semana seguinte ao sequestro. Nesse sentido, devo minha vida a ela, não é? Ao mesmo tempo, seu nascimento significava minha sentença de morte. Uma coisa meio estranha. Estar desejando que aquela criança nasça e seja libertada, que pelo menos uma parte de você fique em liberdade, sabendo que o resto de você vai ser jogado de um avião.

— Como se lembra do seu regresso à Esma nesse dia?
— Muito confuso.

Quando lhe digo que Cuqui Carazo afirma ter sido ela quem entregou a bebê, Silvia me diz sem hesitar: "Isso sim me surpreende muito. Olha, não importa. Não tenho a menor dúvida de que eu estava lá. É uma pena que minha mãe não esteja aqui, que poderia confirmar".

O segundo encontro com Alberto Lennie é às cinco e meia, horário da Espanha, de uma quinta-feira. Ele acaba de voltar de um almoço com amigos — é seu dia de folga — e lá está ele, logo depois, desenterrando coisas que estavam enterradas havia quatro décadas.

— Olhe — diz, levantando uma sacola do El Corte Inglés. — Depois da nossa conversa, passei mal. Fiquei 48 horas imprestável. Que merda! O problema em que me meti. No sábado à tarde, fui até o depósito.

Agita o saco, pega uma pasta.

— Cartas. Da Silvina, minhas, fotos, e eu quase não consegui dormir no sábado à noite, minha querida. Quanta mobilização e história. Então eu tenho um monte de coisas que, se você quiser, posso te mostrar. Também me dei conta de que o narcisismo de cada um é muito traiçoeiro, e esta é a história da Silvina. E percebi que te conto histórias que não têm nada a ver.

Agora mesmo, ele diz, vai me mostrar um pouco do que encontrou, mas qualquer coisa de que eu precisar eu posso pedir para ele escanear e enviar para mim. Fala baixo, em um tom mais grave que o do primeiro encontro, que era quase cintilante. Ele vasculha na sacola, tira fotos, coloca perto da câmera para que eu possa vê-las.

— Isto é Pocitos — diz, mostrando uma imagem de Berta, a mãe, sentada e fumando, e ele agachado sobre uma bebê, Vera. — Minha mãe ainda fumava. Se não me engano, está fumando Parliament. E aqui estamos com a Vera, Veruchi, no Brasil, dezembro de 77. Ah, olha... que... não acredito... Este é o telegrama de 28 de abril em que meu velho... Não, a mamãe mandou pra mim...

Respira fundo. Lê:

— "Mediante exames médicos estimam nascimento 5 de maio. Ponto. Muito emocionada com seu cassete que devolvemos. Amanhã com mais detalhes. Amor. Mamãe." Isso foi dia 28 de abril de 1977. No dia seguinte, 29 de abril, o papai me enviou um telegrama dizendo: "Parabéns, Boy, você é o pai orgulhoso de uma garotinha robusta. Ponto. Mãe e filha muito bem. Ponto. Cassete despachado hoje em posta-restante. Amor". No dia 2 de maio, telegrama do papai: "Silvina falou com Jorge. Ponto. Vera Lennie, peso três quilos e oitocentos. Parto absolutamente normal. As duas muito bem. Ponto. Devolvo urgente cassete gravado lado dois para Silvina. Aproveitaremos fazê-lo chegar quando recebermos Vera. Ponto. Aparentemente dentro de poucos dias. Amor. Papai". Em 10 de maio, doze dias depois: "Loira linda de olhos azul-claros pesando quatro quilos e trezentos. Vera em casa. Segue carta".

A encarregada de ligar para a família de Silvia Labayru para avisar que Vera havia nascido era sua companheira de cela, Norma Susana Burgos, que também esteve no parto. Mas "mediante exames médicos"? Ela afirma que não houve nenhum exame, que ninguém a atendeu nos quatro meses transcorridos entre o momento em que foi sequestrada até dar à luz.

As quartas-feiras eram os dias dos traslados. Os prisioneiros acreditavam que esta palavra — *traslado* — significava um benefício: que eles eram levados para o sul, talvez para uma prisão legal, para um lugar melhor. Ela pedia insistentemente a Alfredo Astiz que a trasladasse: "Eu quero o traslado, por favor, me traslade". Até que um dia Astiz a interrompeu na hora: "Chega. Não diga mais essa palavra. Enquanto eu estiver aqui, não vou deixar que te trasladem". Ela compartilhou essa informação com Martín Gras, que tinha suspeitas de que os traslados não eram um passeio no campo, e que lhe perguntou se ela se atrevia a indagar Astiz e tirar da mentira a verdade: dizer-lhe que tinha ouvido que eram outra coisa. Ela assumiu o risco, que era enorme, e disse: "Sim, eu pergunto". Ela perguntou. Astiz, ouvindo-a, ficou agitado: "Quem te disse isso?". Por fim, reconheceu que os únicos sequestrados vivos eram os que estavam ali. Os demais, executados.

Depoimento de Martín Tomás Gras no caso Esma. 18 de agosto de 2010. Convocatória: 9h30. Hora de início: 10h51. Duração do depoimento (sem cortes): cinco horas.

Então eles ficavam na porta da Capucha e pronunciavam os números em voz alta [...], não dava tempo nem de pegar a camisa, [...] não dava tempo de pegar os sapatos, era uma coisa muito violenta. Eram imediatamente levados [...] havia uma espécie de contradição básica entre a enorme violência do traslado e o suposto benefício da medida [...]. Naquela época, estava detida e sequestrada uma menina muito jovem, Labayrú, Silvina Labayrú, que tinha sido sequestrada grávida, [...]. Realmente era um espetáculo muito assombroso [...]. Estávamos todos estirados no chão, na Capucha, e no meio da Capucha estava uma cama de latão que havia sido trazida de uma casa invadida. Naquela enorme cama de latão com dossel estava uma jovem ruiva de dezoito anos, muito bonita, com os olhos vendados e grávida. Uma imagem realmente fellinesca [...]. Nesses momentos, Alfredo Astiz percorria a Capucha como oficial de plantão e ficava muito tempo conversando com Silvina Labayrú. Silvina Labayrú tinha um efeito muito especial para nós, tanto para os detidos quanto para os repressores. [...] no meio daquele mundo de loucuras [...] ver essa gravidez se desenrolar era uma coisa que de alguma forma eu acho que mexia com todo mundo [...] aquele filho que estava se desenvolvendo da Silvina era, de alguma forma muito peculiar, como um filho de todos [...]. Um dia tive que ir ao banheiro com a Silvina [...]. Perguntei-lhe se ela se animava em dizer ao Loiro que sabia que eram mentiras, que os traslados eram execuções encobertas e que ninguém voltava vivo. Ela disse que sim, que ia perguntar [...]. Passaram-se vários dias até voltarmos a ficar juntos. Quando chegou nossa vez, ela veio até mim e disse: "Você tem razão; ele ficou furioso. Ele disse: Quem é o filho da puta que te disse isso? Sim, de fato, os únicos que estão vivos são os que estão aqui, então vou fazer todo o possível para que eles não te transfiram".

A alusão à cama de latão com dossel sempre a enfurece: parece o símbolo de um privilégio espúrio. Ela conta que o que aconteceu foi que um guarda a viu dormindo no chão com uma gravidez avançada, teve pena dela, tirou uma cama de latão do depósito e a instalou no quarto para deixá-la mais confortável: "Mas que dossel o quê, nem meio dossel".

Quando formos à Esma, não vou conseguir conceber como é que uma cama — ou mesmo um colchão — cabia naquele espaço.

Os dias do outono ficaram para trás, o inverno está chegando. Viajamos. Ela foi para a Espanha. Eu, para os Estados Unidos, para o México. Às vezes, como agora, se passa mais de um mês sem que possamos nos ver. Quando voltamos de nossas viagens, repetimos a coreografia: chego ao prédio da rua Gurruchaga, me anuncio na portaria, avisam a ela que cheguei, ela autoriza minha entrada, eu subo.

— Como seu cabelo está lindo — digo.

Caiu muito em 2018, depois da morte de Jesús. Agora está tomando zinco, aminoácidos, está crescendo. Ela tem que fazer exames médicos — há alguns anos descobriram um nódulo na tireoide, nada grave — e me pede referências: um clínico geral, um ginecologista. Eu passo contatos que depois ela perde, me pede outra vez. Agora estamos as duas vacinadas. As janelas estão abertas, mas nem tanto. Continuamos com as máscaras. Trocamos notícias do mundo: a fila da imigração no aeroporto de Miami completamente vazia, o teste PCR no México que se assemelha a uma "sessão de tortura por cotonete" (a frase é minha; só depois de dizê-la percebo que é um despropósito; ela dá risada), as viagens de doze ou catorze horas a 10 mil metros do chão com a máscara como uma focinheira, o serviço de bordo dizimado e a pandemia como desculpa para baixar custos, a incongruência das diferentes medidas em cada país, os certificados digitais, as declarações juramentadas.

— Será que algum dia isso tudo vai acabar?

Não vai acabar, mas vamos acabar esquecendo.

Embora os relatos sejam extensos, cheios de minúcias e questionamentos, ela não parece exausta ou disposta a estabelecer um limite. Ela nunca me diz "eu tenho que ir", e quando me diz de antemão que tem um compromisso depois, então devemos terminar a tal hora, esses compromissos geralmente se dissolvem no decorrer do encontro: "Não, ele avisou faz um tempo que não vai vir" ou "Pensei melhor e não vou para tal lugar". Um dia, digo-lhe que gostaria de acompanhá-la na visita ao pai na casa de repouso. Ela nunca diz não, mas nisso é reticente.

— Isso é mais difícil. Até porque ele não vai te conhecer, ele não vai saber quem você é. Em todo caso, se em algum momento você quiser passar e vê-lo, ver a situação ou dizer um oi, não há problema. Mas o que ele quer é estar comigo. Mesmo quando sua atual esposa, Alicia, está lá, ele não quer que eu disperse minha atenção com nada além dele.

Digo-lhe que o que quer que seja, estará bom. Quero ver esse homem, fazer um ato de contemplação. Sem ele, sem o que ele disse naquela chamada telefônica, ela não estaria aqui. Ou estaria? Ou foi sua astúcia? Ou foi a beleza dela? Ou foi sua família de militares? Ou terá sido porque, simplesmente, eles tiveram vontade? A arbitrariedade garante o pavor perfeito: infinito.

— Quando penso em todos os militares da minha família e na minha história, não sei como chamar, perseguição, acompanhamento — diz, enquanto se senta e revê os generais, brigadeiros, coronéis, entre os quais primos, tios, avós, alguns cujo retrato estivera nas paredes da Escola de Mecânica da Marinha: os Jansen, Labayru, Manfrino em todos os lugares. — E pra piorar, minha mãe vai e se casa com o Pancho, que era coronel de cavalaria, e o pai do Jesús, meu marido, era major-general do Exército espanhol, advogado, e durante o governo do Felipe González foi diretor-geral de compras do Exército.

— Rodeada.
— Sim.

Ela ri com cinismo da situação — o destilado de uma linhagem militar perfeita que esteve a ponto de ser destruído por sua própria raça —, mas dentro da Esma essa ascendência pode ter funcionado em duas direções: como facilitadora de certos privilégios e como geradora de suspeitas entre seus companheiros de cativeiro. Três vezes ela me disse algo que pode ser resumido da seguinte forma: "Minha história é a história de uma desadequação. Desde pequena, sou sapo de outro poço. No Colégio, onde todos eram de esquerda, eu era uma menina sionista e admiradora de Kennedy, filha de militar, de um ambiente de direita. Logo depois, me filiei ao Partido Comunista, mas ainda era uma menina com sobrenome militar. Nos Montoneros era uma mosca branca porque vinha de uma família profundamente antiperonista e de uma militância marxista. Na Esma eu era uma esquisita, uma pessoa de muito baixo escalão nos Montoneros, que tinha um status muito singular lá dentro. Em cada um desses espaços fui além. Eu, a mais corajosa, a que planta mais panfleteiras, a que joga mais coquetéis molotov, a que obtém mais informações no serviço de inteligência".

— O Antonio Pernías, meu responsável, era filho de um membro da Força Aérea que, por sua vez, havia sido professor do meu pai na escola de aviação. O Pernías conhecia bem a família Labayru. Era filho de uma mulher de extrema direita, defensora do bispo Lefebvre. Quando o Lefebvre veio pra Argentina, o Pernías me fez ir à cúria pra traduzi-lo do francês. O bispo contava que tinha vindo apoiar as Forças Armadas na luta antissubversiva e que estava indo ao Chile pra dar suas bênçãos a Pinochet e ao Exército chileno nesta campanha de extermínio do marxismo internacional. Bem, eu tive que beijar seu anel. E esse homem, o Pernías, costumava me levar a reuniões sociais com senhoras de alta linhagem, com xícaras de chá de porcelana, umas velhas convencidas que se sentavam em roda comendo docinhos. Ele não dizia que eu era uma sequestrada, e eles comentavam a evolução da luta antiterrorista e os sucessos da política do regime. Depois de um tempo, íamos embora. Então me diga: pra quê, Leila, pra quê?

Em maio de 1977, pouco depois da entrega de Vera, ela soube que os oficiais da Marinha iriam sequestrar sua cunhada, Cristina Lennie, durante um encontro no bairro de Abasto. Então pediu a esse homem, Antonio Pernías, que permitisse que ela avisasse seus sogros para que, por sua vez, eles pudessem avisar Cristina. Dito assim, parece loucura: uma mulher sequestrada em processo de recuperação (alguém cujas quedas não deveriam interessar a eles) implorando para impedir o sequestro de uma oficial montonera.

— Todos são repressores, todos são torturadores, todos são assassinos. Mas tinha gente que te tratava melhor e te ajudava mais. Duas pessoas me trataram melhor e me ajudaram mais.

— Quem?

— O Pernías e o Astiz. Sob as asas do Pernías, eu me sentia um pouquinho protegida. Parece ridículo, era uma fantasia de proteção. Mas havia uma sensação de que essas pessoas iam te fazer menos mal e que poderiam impedir que outros te machucassem.

Ela garante que Pernías, farto de sua insistência, lhe deu acesso a um telefone: "Aqui, fale com quem quiser, não me incomode mais. Que digam à sua cunhada pra não ir ao encontro. Mas, se ela for, nós vamos pegá-la".

— Liguei pros meus sogros e disse-lhes: "Amanhã a tal hora vai haver um encontro em tal lugar, se a Cristina for vão pegá-la, por favor entrem em contato com ela". Eles me disseram: "Silvina, não sabemos onde ela está". Pobres coitados. Eles a procuraram por horas e não conseguiram achá-la.

Ao falar sobre os Lennie, desliza frases como "pobres coitados", que moderam e até revertem qualquer impressão de que ela possa guardar rancor deles. Em um áudio de WhatsApp bem posterior a esse encontro, falando sobre aqueles onze dias durante os quais os Lennie sabiam que ela estava viva e não falaram nada para seu pai, ela diz: "Tenho conversado muito com a Vera sobre o quanto eu cuidei daquela família, e a sensação é de que eles não fizeram o mesmo comigo. Com a Vera sim. Eles a amavam muito e tudo mais, mas não comigo. Acho que eles não têm consciência do que eu fiz por eles, o que arrisquei por eles, pedindo o que eu não tinha pedido para mim. Mas é uma família que sofreu muito, e cada um faz o que pode. Eu dizia a Vera: 'No fundo, faço isso por mim, faço por mim'. Naquela época, naqueles porões, também estava de alguma forma fazendo aquilo por mim. Esses dez, onze dias em que não foram capazes de dizer a um pai desesperado que sua filha estava viva permanecem sendo um enigma absoluto".

Quando a operação para sequestrar Cristina Lennie se aproximava e era inevitável, ela pediu que Alfredo Astiz fosse até lá.

— Ele era famoso por atacar pelas costas pra evitar que tomassem a pílula de cianureto, e não tinha o gatilho tão fácil quanto os outros. E pedi que levassem uma ambulância.

— Por que você queria que ela chegasse viva à Esma? — pergunto a ela: a morte parece menos horripilante que a tortura e o cativeiro sem fim.

Seu raciocínio posterior demonstra várias coisas: que ela havia compreendido, dentro da arbitrariedade que reinava naquele lugar, a lógica dos oficiais; que se sentia capaz de desenvolver estratégias para lidar com essa lógica; que confiava em que houvesse um depois: era uma jovem que insistia em viver e queria que os seus, mesmo naquelas circunstâncias, vivessem.

— Porque ela era uma menina linda, loira, elegante, oficial montonera, filha de boa família. Com todas essas características, teria sobrevivido. E eles tinham uma certa culpa com os pais, porque o pai era empresário de uma multinacional alemã, a dona Berta era muito fina, eles eram de direita.

Em 18 de maio de 1977, Cristina Lennie foi ao seu encontro no bairro de Abasto. Ela viu os integrantes do grupo de tarefas e, assim que Astiz correu em seu encalço, ela mordeu a pílula de cianureto líquido que levava na boca.

— O cianureto líquido era rápido. Você morria assim que mordia, porque a própria ferida causada pela cápsula fazia com que o cianureto entrasse no seu sangue. Ela chegou morta à Esma. Pedi pra ver o corpo. E eles me deixaram. Mas eu não pedi apenas pra vê-la.

Pediu outra coisa.

E ela me conta sobre isso.

Antes de eu ir embora, ela me pede para recomendar uma série. Está sozinha — Hugo vai voltar de uma viagem no dia seguinte —, eles não têm nenhuma televisão a cabo, apenas plataformas de streaming, mas ela garante que, mesmo que assistisse aos programas locais, não entenderia nada: não sabe quem são esses atores e atrizes e esses apresentadores, nem por que essa ou aquela notícia é relevante. Depois de ter se disposto a desistir da vida por coisas que aconteciam na Argentina, agora é um país que ela entende apenas em traços gerais.

Ela abre a porta, Monkey sai e dispara pelo corredor. Hugo começou a levá-lo na coleira, mas o gato resiste. Prefere andar em liberdade.

Então, ao longo de certo tempo vamos reconstruindo as coisas que aconteceram, e as coisas que tiveram de acontecer para que essas coisas acontecessem, e as coisas que deixaram de acontecer porque essas coisas aconteceram. Quando termino, quando vou embora, me pergunto como ela fica quando o barulho da conversa termina. Sempre me respondo a mesma coisa: "Ela está com o gato, o Hugo vai chegar logo". Toda vez que volto a encontrá-la, ela não parece desolada, mas cheia de determinação: "Vou fazer isso, e vou fazer com você". Jamais lhe pergunto por quê.

Ela viu o cadáver de sua cunhada Cristina na mesma sala onde havia sido torturada. Despediu-se em seu nome, em nome do irmão, Alberto, das irmãs, Silvia e Sandra, e dos pais, Berta e Santiago.

— Mas também pedi ao Acosta que entregassem o corpo. Ou seja, pedi que o cadáver de uma mulher desaparecida fosse entregue à família. O Acosta me disse: "Há uma possibilidade, que é deixarmos o corpo num prédio em construção, digamos que ela morreu num confronto, e você diz aos teus sogros pra irem buscar o cadáver". Eu disse: "Tudo bem". Liguei pro meu pai: "Pai, vai acontecer isso". E meu pai disse: "De jeito nenhum". "Por quê?" "Porque a Cristina está morta, a Vera está viva e temos que cuidar da vida." Meu pai achava que ir resgatar o cadáver da filha ia ser psiquicamente devastador para os meus sogros, e a Vera ia acabar com duas pessoas transtornadas. Acho que foi um erro do meu pai. Não sei como qualificá-lo. Mas ele pensou na Vera, que se lhes dessem o corpo da filha morta acabariam enlouquecendo. Meus pensamentos eram outros. Ter um filho desaparecido não é o mesmo que ter um filho enterrado.

— Você falou com seu pai sobre isso quando já estava fora da Esma?

— Não, nunca falei nada pra ele. Porque eu poderia muito bem ter dito: "Eu não me importo com o que você diz, papai. Isso vai ser feito".

— Seus sogros descobriram que essa possibilidade existia e foi descartada?

— Não, nunca. Meu pai fez o que achou melhor. E também é preciso dizer que os Lennie me viram dentro da Esma e quando saíram não disseram ao meu pai que eu estava viva. Eles quiseram cuidar da Sandra, meu pai quis cuidar da Vera.

— Você conversou sobre isso com o Alberto?

— Acho que não. Não sei. É um assunto delicado. Não sei se o Alberto sabe.

Nos Arquivos da Memória há um obituário de Silvia Lennie: "Desde que minha irmã desapareceu, sua ausência abrange tudo e me acompanha. Ela foi sequestrada, tomou uma cápsula de cianureto pra não ser pega com vida, e habita o rio desde então".

Em 2010 escrevi uma crônica sobre a Equipe Argentina de Antropologia Forense, um grupo formado em 1984 para buscar os restos mortais dos desaparecidos durante a ditadura. Falei, entre outros, com Maco Somigliana, advogado e parte da Equipe desde sua fundação. Descrevendo como procuraram pistas para os restos mortais enterrados em fossas não identificadas, ele disse:

> A base, a primeira pedra que nos permitiu puxar essas buscas, foi a percepção de que o Estado ainda estava registrando os delitos que cometia. Ao mesmo tempo que realizava uma campanha de repressão clandestina, continuava registrando. São como rodas. Uma roda pequena e uma roda maior: o Estado registrando o nascimento, o casamento e a morte de cidadãos de forma padronizada. Não estamos interessados em casamento. Mas em nascimento sim, e especialmente na morte. O Estado estava fazendo duas coisas diferentes. A repressão era clandestina, mas deixava um registro burocrático. Você pode saber o que acontece na primeira roda pelo que acontece na segunda. É um reflexo. Como em qualquer reflexo, você se acostuma a olhar melhor. A entender.

Ela não tinha ideia de rodas grandes ou pequenas nem de reflexos de qualquer tipo, mas era astuta. Disse a si mesma: "É preciso deixar um registro". Era preciso obter um documento de identidade legal para a filha.

— Essas coisas eram uma forma de deixar uma marca. Quanto mais marcada, melhor.

Os militares comandavam o aparato estatal, mas mesmo assim não era fácil registrar no cartório um bebê nascido em um centro clandestino com pai ausente. A solução foi tortuosa, e foi ideia dela: confeccionar um documento falso, dentro da Esma, com os dados de Alberto Lennie e a foto de um oficial da Marinha que se fizesse passar por ele. O designado foi Alfredo Astiz. Havia outro obstáculo: os recém-nascidos tinham de ser registrados dentro de um prazo específico, e muito tempo havia transcorrido desde o nascimento de Vera. Eles não podiam escrever a data real. Ela não hesitou: "Diga que foi 18 de maio". A data da morte de Cristina Lennie. Ela também indicou que deveria ser registrada como Vera Cristina. Foi assim que, em 26 de maio de 1977, Alfredo Astiz, com uma certidão de nascimento em que figurava o endereço de Jorge Labayru, com um documento falso que continha os dados de Alberto Lennie, foi ao cartório e, apresentando-se como seu pai, deu status legal a Vera. Tempos depois, o documento foi entregue à família Lennie.

— Estava mandando uma mensagem pra minha sogra: Vera Cristina, dia 18 de maio. Estava dizendo que a Cristina estava morta, e que a mataram em 18 de maio. E minha sogra, quando viu o documento, entendeu.

— A Vera conhece essa história?
— Sim, claro.

Vera. O corpo da mensagem.

— Sabe, Leila? — diz Vera. — Quando eu era mais jovem, acho que houve momentos em que pensei que eles foram uns inconsequentes. A gravidez, querer ter um filho naquela loucura. Achei que eles tinham me exposto, que não tinham pensado claramente por que queriam ter um filho naquele momento. Agora vejo de uma maneira diferente. Não tenho vontade de criticá-los ou culpá-los. Não sinto mais rancor ou raiva. Durante uma parte da minha adolescência eu fui muito crítica da minha mãe.

Mais que do meu pai. Mas não penso mais assim. Sempre soube que nasci num lugar estranho, desde pequena. Que tinha nascido na prisão. Todo mundo na Argentina sabia. Meus primos, meus avós, meus tios. Mas na Espanha era algo que eu precisava esconder. Que eu tinha nascido na prisão, que meu aniversário oficial não é meu aniversário verdadeiro. Ainda acontece comigo, esqueço.

— Em que dia você comemora seu aniversário, o dia do seu nascimento real ou o dia que está no seu documento?

— O dia em que nasci. Em 28 de abril.

A ordem, dada diretamente pelo Tigre Acosta, era que Vera fosse batizada. Ela pensou: "Mais registros". Certidão de nascimento, documento de identidade, certidão de batismo. Rastros, evidências. Vera recebeu o sacramento junto com a filha de Mercedes Carazo, Mariana Kurlat, que já tinha onze anos. A cerimônia foi celebrada por Eugenio Acosta, primo em primeiro grau do Tigre Acosta, um padre que costumava ir à Esma e que Silvia Labayru viu várias vezes. Eles os deixavam em um escritório e ele mostrava a ela recortes de imprensa com notícias de guerrilheiros abatidos. Ela nunca soube o que se esperava dela naquelas instâncias, mas, por precaução, ela não falava muito, ou dizia uma frase ambígua: "Que barbaridade". No batismo, Eugenio Acosta disse que esperava que as meninas seguissem a fé cristã e não saíssem tão más quanto suas mães.

Poucos dias depois da entrega de Vera, Acosta a chamou de novo ao escritório: "Você está muito gorda, tem que emagrecer". Ela conta que ganhou trinta quilos (embora nas fotos dela com Vera dentro da Esma, logo depois do parto, ela não pareça estar acima do peso).

— Ele disse: "Você ainda não mostrou que está recuperada, porque ainda não meteu os dedos".

"Meter os dedos" era se sujar, entregar alguém à tortura ou ao interrogatório, marcar: apontar algum militante na rua para que fosse sequestrado. Incumprimento das alíneas *a* e *b* do artigo 7º das Disposições sobre a Justiça Penal Revolucionária dos Montoneros, de 1972.

— "Você tem que demonstrar que não nos odeia, que está se recuperando", ele me disse. "Você vai ter que emagrecer e ter um relacionamento com um oficial. Não será um relacionamento que afete a moral cristã do seu casamento. Se você sair, vai ter sua família, sua filha. Mas, enquanto isso, a maneira de demonstrar que você não nos odeia é ter um relacionamento com um dos oficiais." Não respondi. Ele disse: "Não me ofereço porque você é muito jovem".

Acosta a tratava de um modo bastante formal, mas o resultado é o mesmo.

Dois meses após o parto, ela foi informada de que poderia ver a filha. Eles a levariam para uma chácara nos subúrbios para que pudesse estar com ela. Foi acompanhada de um militar de sobrenome Berrone, apelidado de Alemão. Primeiro, passaram para buscar Vera no apartamento na avenida del Libertador (os avós tiveram que entregar a bebê e deixá-la ir para um lugar incerto junto com um militar e uma sequestrada, sem certeza de que ela voltaria). A caminho da chácara, Berrone começou a passar a mão nela. Já na chácara, enquanto ela preparava uma mamadeira, foi para cima dela.

— Eu o empurrei. Então, imagine. Esse foi o primeiro encontro com meu bebê. Como eu poderia estar calma? Mas percebi o que eles iam fazer. Que iam me estuprar e que eu tinha de me deixar estuprar.

Em vários julgamentos, ela testemunhou que "repeliu" Berrone para evitar o estupro. Hugo a fez ver que, se o homem não a estuprou, foi porque não quis. Não só ao falar disso, mas sempre que fala sobre isso, ela entra em uma espiral ascendente e diz que Hugo lhe apontou que "se uma montonera sequestrada pode repelir a patadas um estuprador, significa que não havia ordem pra estuprar, e esses caras não eram muito ferozes, porque com dois chutes eles recuavam, e com isso desmontam o plano sistemático, e como não há um plano sistemático, desmontam que o delito seja de lesa-humanidade, portanto não é de lesa-humanidade, não é plano sistemático, portanto as violações são atos individuais, imputáveis apenas ao acusado, e por isso Acosta, que dava a ordem, não é responsável por nada".

Ela passou pouco tempo naquela chácara lidando com um bebê que mal conhecia. Vera foi depois devolvida aos avós e ela, levada de volta à Esma. "Nessas viagens, eu ia contemplando o mundo pela janela. As pessoas, as árvores, a rua. Era como estar no limbo: você está morta e ninguém sabe que você está morta."

Alguns dias depois, de madrugada, um guarda lhe ordenou: "Você vai descer".

Ele a levou até Alberto González, o mesmo homem que a interrogara durante a tortura.

— E ele me levou para um hotel-alojamento.

Caso de estupro, 2021. Fatos comprovados:

> Aproximadamente em junho de 1977, alojada e sequestrada na Escola de Mecânica da Marinha, entrou na [...] microcela [...] o sr. González e disse-lhe para se vestir, que ela ia sair [...]. Ele desceu com ela, a enfiou em um carro e a levou para um hotel que ficava na região de Belgrano, era perto da Esma [...]. Ele a levou para o quarto, a despiu, a estuprou. Ela sabia que naquele momento não tinha nenhuma possibilidade de resistir. O pavor que tinha era da absoluta convicção de que qualquer oposição às suas ordens e aos seus caprichos seria paga com sua morte, ou com represálias contra sua família, seus sogros ou contra sua própria bebê [...]. Quando ele terminou, depois

de exigir que ela cumprisse os caprichos sexuais do dia, ordenou que se vestisse e a tirou do quarto, a colocou no carro e a levou de volta para a Esma, pôs as algemas nela e os dois subiram de volta à cela onde ela dormia.

— Eu me esquivei do problema até onde pude, mas depois disse: "Bem, as coisas são assim". González me disse: "Vista-se. Você vai sair", e me levou pra um hotel. Sem escapatória. Eu sabia que tinha que ter uma atitude... receptiva. Porque essa era a ideia. Enfim, foi um alívio pra mim que ele não fosse um cara violento, que não me fizesse fazer coisas que escapassem do que eu conhecia sexualmente.

Ao falar sobre os estupros, ela usa frases de baixa temperatura com uma serenidade circunspecta que lembra cenas de filmes de guerra em que dois generais com botas lustradas e uniformes passados se encontram em um vagão de trem para negociar, com modos de embaixadores, quantos prisioneiros entregarão em troca de alguns metros de território enquanto tudo ao redor é lama, vísceras e trincheira.

— Você sabia quando ia acontecer ou era imprevisível?

— Acho que tinha mais a ver com o tempo livre que ele tinha. Se naquela noite tinha caído gente ou não, se tinham que fazer uma operação, se a casa do meu pai estava disponível. Ele me disse pra pedir as chaves ao meu pai. Como voava muito, a casa passava um tempo vazia. E quando ele sabia que meu pai não estava lá... A questão geralmente acontecia do lado de fora. Só uma vez me levou pro quarto que ele tinha no Casino de Oficiales.

— Ele te dizia coisas humilhantes?

— Não, não. Era como uma relação muda. Dentro do que foi um estupro óbvio, o cara não tinha nenhuma perversão como, sei lá, me sodomizar ou me amarrar ou me bater, ou me obrigar a urinar nele, ou formas especialmente violentas de sexo. Ele veio, começou a me tocar, eu estava muito quieta. Não houve aquela sensação de "ele está me destroçando, ele vai me destroçar". No começo eu estava muito assustada, porque não sabia como a coisa ia se desenrolar nem quanto tempo ia durar. Mas percebi que ele queria me usar como se eu fosse um brinquedo sexual. Me tratava como se tivesse me pegado na rua. Tentando fazer o que gostava, claro, mas não era essa situação de te agarrar pelos cabelos e dizer: "Me chupa". O que foi de certa forma uma sorte, porque lá dentro tinha cada cara que, se tivesse me estuprado... Eram nojentos no trato, repugnantes. O formato não foi, pelo menos no meu caso, de violação da norma, como aconteceu com outras, que foram acorrentadas, que foram estupradas por um depois do outro. Não aparentava se tratar de um estupro. E, além disso, não podia ser porque eu tinha que aceitar isso. Eu não ia morder o pau dele. Se eu tivesse me apresentado assim, não sei o que teria acontecido. Isso também interferiu no fato de que alguém ousasse dizer: "Sim, foi um estupro, assim como se eu tivesse sido agarrada por cinco". Há muitos escrúpulos com relação a isso, com o fato de que o estupro necessariamente tem que ser violento, com um sentimento de repulsa, e que não pode haver nenhuma forma de prazer. E você diz: "Olha, mesmo que você tenha tido prazer, mesmo que você tenha tido 48 orgasmos, foi um estupro, de qualquer forma". Mas daí a sentir afeto, carinho, não. Nunca senti nenhum afeto pelo González. Ele era um bicho ruim. Além de estuprador, uma pessoa em quem eu não conseguia encontrar nada que refletisse humanidade. Se ele pudesse ter me matado, teria me matado. Ele tinha uma desconfiança muito maior de mim do que o Pernías ou o Astiz. Ele não confiava nem um pouco em mim, e eu não confiava nele.

González não usava camisinha. Comprou-lhe um diafragma para evitar uma gravidez.

Quase no início de nossas conversas, ela me enviou um texto da socióloga argentina Inés Hercovich, que, depois de entrevistar cem mulheres estupradas, fez uma abordagem disruptiva da palavra *consentimento* com a qual concorda:

> Atendendo à experiência vivida como me foi contada pelas entrevistadas, entendi que as mulheres estupradas consentem, mas não um encontro sexual, e sim um coito ou algo equivalente. Ou seja, tendo a morte como pano de fundo no cenário de um sequestro, elas não consentem a danos ainda piores. Embora seja a relação genital o que normalmente entendemos como "sexo", muitas mulheres concordam que permitir ser penetrada é a atitude que menos as envolve e as deixa mais distantes da cena sexual "normal". Portanto, entregar a vagina, longe de provar a aquiescência, atesta a mais profunda negativa, a mais forte resistência. Isso é difícil de entender para aqueles que só concebem o estupro como um ato puramente sexual ou violento. Entregar a vagina ou alguma outra parte do corpo é o preço de sobreviver e de fazê-lo com o menor dano possível. A morte rondando a cena, o isolamento que desampara, rompe os significados das ações e os códigos usuais para entender que já não servem mais. Sob ameaça de morte, consentir é resistir.

Ela queria citar o texto no julgamento, mas Hugo a convenceu de que não era o lugar certo, que falar sobre o "conceito de consentimento", naquele contexto, era loucura. Um tiro no pé.

Começaram a permitir que ela, de vez em quando, fosse ao apartamento do pai. Nesses dias, conversava um pouco com ele — jamais lhe contou sobre as torturas ou os estupros — e dormia muito. "Então, quando eu tinha que voltar pra Esma, eu via as pessoas lá fora, andando, conversando, e dizia a mim mesma: 'Olha a vida, olha como é a vida'. E sentia uma tristeza, uma sensação de que aquilo poderia não terminar nunca."

Quando a levavam para a casa do pai, ela podia sair e fazer compras? Sim. Alguém a reconheceu? Sim, e quando isso aconteceu ela fez gestos indicando: "Não se aproxime de mim, não olhe pra mim". Certa vez, os oficiais a levaram para jantar em um restaurante. Um colega do Colégio, Gabriel Kaplan, estava lá e foi em sua direção gritando "Silvia!". Ela se levantou, o abraçou e sussurrou: "Você só me conhece do Colégio, disfarça, vai embora". Kaplan empalideceu. Quando ela voltou para a mesa, eles lhe perguntaram: "Quem é esse?". Ela respondeu: "Alguém do Colégio, eu mal o conheço". Kaplan deixou o país dias depois.

Às vezes, quando seu pai estava voando, o tenente de fragata González a levava para aquele apartamento e a estuprava. Às vezes, ele não fazia isso sozinho.

Caso de estupro, 2021. Fatos comprovados:

Não se lembrava se na terceira ou quarta vez a tirou da Esma da mesma forma e lhe disse que ia levá-la para a sua casa, onde exigiu que ela tivesse relações sexuais com ele e a esposa. Ele disse que a esposa sabia qual era sua condição e ela tinha de dizer que era uma prisioneira que estava sendo muito bem tratada, que estava passando pelo que chamavam de processo de recuperação [...]. Ele a levou de carro até sua casa, que ficava na rua Marcelo T. de Alvear, 1960 [...]. Quando ela entrou, a senhora a cumprimentou normalmente [...]. A mulher era alta, de cabelos escuros, curtos, lisos, magra, de olhos castanhos, e sua filha, chamada María Virginia, dormia no berço de seu quarto. Depois de conversar com a esposa por um tempo, ela lhe disse que se chamava Amalia Bouilly. Levaram-na para o quarto, despiram-na e pediram-lhe para fazer sexo com eles [...], a menina dormindo no quarto ao lado. [...] ele a penetrou, ela lhe pedia coisas, pedia que a beijasse, que a tocasse, que fizesse sexo oral nela, chupava os seios dela que estavam muito machucados pela tortura [...]. Em seguida, exigiram que ela dormisse com eles na cama de casal e durante a noite, no momento em que a esposa estava dormindo, ele a penetrou novamente. De manhã [...] ela se vestiu e ele a levou de lá no carro e exigiu que ela não contasse a ninguém para onde ele a levara [...] esses estupros conjuntos [...] aconteceram mais vezes, umas cinco ou seis [...]. Uma das vezes em que o pai estava em voo [...]. González foi lá com a esposa e a estupraram os dois, na casa do pai dela.

Não há maneira — eu não a encontro — de lhe pedir detalhes sobre isso.

— Sr. González, o senhor está me escutando?
— Perfeitamente, doutor.
— Sr. González, o senhor, através de seu advogado, afirmou que quer dar uma declaração. Vou lhe recordar seus direitos. Quando presta depoimento no inquérito, não o faz sob juramento de dizer a verdade. O senhor também pode responder perguntas ou não. Quer responder perguntas?
— Eh, sim, sim. Do dr. Fanego.

O sr. González é Alberto González, acusado de estupro. O dr. Fanego é Guillermo Jesús Fanego, seu advogado de defesa. Com esse diálogo, começa o interrogatório de 25 de novembro de 2020 no julgamento por estupro.

— Vá em frente, estou escutando.
— Muito bem. [...] Quero ressaltar, para que não restem dúvidas, que repudio e rejeito as relações sexuais não consensuais. Além do mais, e isso já está no nível íntimo, se a mulher não sente prazer consensual, ou não o manifesta, eu não desfruto da relação. Acho tremendamente frustrante.

É por isso que nunca tive relações com prostitutas ou mulheres drogadas ou alcoólatras. Bem, não havia drogadas na minha época. Quando se ouve Labayru, devo admitir que suas palavras causam impacto. Mas Labayru mentiu e nos manipulou toda vez que testemunhou. Sua manipulação é muito sutil. Só é detectada por quem está, por assim dizer, no olho do furacão. Ela faz um culto de supervitimização e acomoda a realidade à sua hipótese.

González diz que foi ela quem "trabalhou" para que seus sogros e cunhada fossem parar na Esma, e que traumatizou a filha ao batizá-la com o nome de uma mulher morta.

— Ela quer que acreditemos que o capitão Acosta, em pleno puerpério dela, com o sangue fresco de Cristina Lennie, porque tinha acabado de tomar a pílula de cianureto, e a filha que tinha apenas oito dias [...], a chamou para dizer que ela tinha que se deixar estuprar pelos oficiais. Olhe, o que quer que eu diga, você tem que interná-lo porque o capitão Acosta está louco. Isso é impensável. Porque o Acosta, podendo escolher qualquer outra mulher, não teve melhor ideia do que realizar esse encontro de chantagem sexual com ninguém menos que a filha de um oficial da Aeronáutica, prima do tenente do Exército Fernando Labayru, sobrinha-neta do general Labayru e enteada do coronel Figueroa, companheiro de sua mãe na época, para propor que tinha de ter relações sexuais com os oficiais da Esma porque não tinha entregado nada, quando trouxe os sogros, participou do assunto da cunhada. Isso é inacreditável. É uma fantasia. Ou seja, o capitão Acosta, segundo Labayru, age como um cafetão em benefício de terceiros, podendo criar um conflito que lhe custe a própria cabeça [...]. O dano profundo que Labayru me fez com suas mentiras é irreparável. Estou atravessando os últimos anos da minha vida. Se tem uma coisa que eu quero é ser mais sábio do que eu era quando tinha vinte anos. É por isso que não quero perder esta oportunidade de pedir perdão àqueles que podem ter se ofendido com meu comportamento, porque não estava no meu espírito, e não está no meu espírito hoje, guardar nenhum tipo de rancor. E aqueles que mentiram contra mim, quero que saibam que não guardo rancor contra eles. Apesar de todos os danos que me causaram. É tudo o que tenho neste momento, senhor presidente, para dizer.

Fanego, seu advogado, pergunta se ele se lembra de alguma carta que tenha sido incorporada ao caso. González procura na memória — ou finge procurar — e de repente se lembra — ou finge se lembrar. "Ah, sim, a famosa carta [...] ela diz que escreveu e enfiou na fralda da bebê, dirigida ao marido [...]. Por exemplo, ela diz ao marido que está bem, que está segura, que há pessoas que cuidam dela. Essa carta é datada de 9 de maio de 1977. Mas quando você ouve as declarações dela [...] ela diz que passou quatro meses de terror, que nenhum ginecologista veio vê-la. Uma mentira e tanto."

— Depois da segunda ou quarta vez, ele me disse que ia me levar pra casa dele pra fazer sexo com ele e a esposa. Ele me levou aberta, ou seja, vendo o endereço onde morava, e fomos recebidos pela sua linda esposa. Ele me levou com a Vera, porque achava que a Vera e a filha deles iam dormir enquanto me obrigavam a fazer sexo com o casalzinho. É preciso ir muito longe, mesmo na lógica repressiva, pra usar uma sequestrada pra satisfazer as fantasias sexuais do casamento. Uma noite, abriram uma gaveta embaixo da cama cheia de objetos sexuais. Uma caixa deste tamanho. Com todo tipo de coisa que eu nem sabia pra que serviam. Foi aí que me deu mais medo. Fiquei mais assustada, olhe só. Embora houvesse uma mulher presente, pensei que poderia levar a outra coisa.

— Algo mais invasivo.
— Sim, sim.
— E não foi.
— Não foi, mas pra mim era. A situação era muito humilhante. Entre as mulheres sempre parece uma coisa suave. E não. Tem coisas de que você não gosta e ponto-final. Além disso, eu tinha muito medo. Porque, como ele não me levava tapada, eu sabia pra onde estava indo. E esse estupro da esposa dele eu não me atrevia a contar. Não só isso, mas eu tinha dificuldade de entender que ela também era uma estupradora. Além disso, naquela época, a denúncia de estupro estava sujeita a dupla condenação. No mundo militante, o fato de as mulheres sequestradas denunciarem os estupros era prejudicial à moral revolucionária, à imagem dos Montoneros. A Sara Solarz de Osatinsky, esposa de um dos principais militantes montoneros, o Marcos Osatinsky, que estava na Esma, que tinham matado seu marido e seus dois filhos, um cara lá de dentro a estuprou por meses e ela declarou em um dos julgamentos. Eles queriam comê-la porque tinha manchado o nome do Osatinsky. Então, esses ex-companheirinhos que militam tanto por direitos humanos preferem que as violações fiquem impunes antes que essa questão escabrosa venha à tona. Eles mesmos não as entendem como estupro. E nós mesmas não tínhamos tanta certeza de que o que aconteceu tinha sido estupro. As coisas começavam a cruzar-se: até que ponto não me prostituí? Mas lá dentro você não decide nada. Num campo de concentração não há consentimento possível. Eles dizem: "Sim, você foi estuprada, foi forçada, mas, ei, talvez você tenha gostado". E se eu gostei, o quê? É menos estupro? Não. É a mesma coisa. Além disso, naquele lugar era preciso se certificar de que o medo, a rejeição, não fosse notada. Era tudo: "Que sorte, obrigado por me estuprar, isso vai fazer bem pra minha recuperação".

No processo contra González, Fanego, seu advogado de defesa, começa sua argumentação citando Hebe de Bonafini, cofundadora e presidente das Mães da Plaza de Mayo:

> Não sou eu que digo isso, mas a sra. Hebe de Bonafini: "Se estão vivos, é porque delataram seus companheiros" [...]. Se você olhar todas as declarações de Labayrú, é uma grande manipulação ao longo dos anos [...]. A frase "a ameaça estava dentro de mim" [...], as evidências provam exatamente o contrário. Sua família de origem, seus sogros, nenhum deles tinha nenhum problema que pudesse forçá-la ou fazê-la sentir que tinha que recorrer àquela prática sexual. Também ficou implícito que ela era uma criança, como se tivesse sido ingênua, uma garotinha que não sabia nada da vida. Aos 21 anos, Labayrú já era uma mulher treinada na luta terrorista, então a idade não significava nada. Agora ela vem a este julgamento para tentar apresentar isso como argumento de uma ingenuidade absoluta, mas ela não tinha nenhuma, como quando voluntariamente foi com Alfredo Astiz se infiltrar entre os parentes que estavam reunidos dentro da Santa Cruz, sem ter feito nada para chamar a atenção deles, pelo contrário, ela estava totalmente convencida de que era a coisa certa a fazer [...]. Ao mesmo tempo, em julho de 1976, foi promovida dentro dos Montoneros de miliciana a aspirante a oficial e, nesse mesmo ano, participou na colocação de um explosivo no salão de chá da confeitaria Santa María, feito do qual saiu ilesa [...]. Olhem que garotinha ingênua. Vemos que Labayrú [...] não resistiu nem González usou nenhuma força para exercer seu poder [...]. Por outro lado, o estupro deixa marcas indeléveis na pessoa [...]. Essa mulher ficou sem sequelas incapacitantes do estupro [...]. Ela manipulou todo mundo, desde o momento em que diz ser criança e ter plantado uma bomba um ano antes. Uma mulherzinha

que está acabando de sair para a vida não é promovida a oficial dentro da hierarquia dos Montoneros [...]. Por que ela não escapou [...], por que ela não foi, (quando esteve) no Brasil, para a Cruz Vermelha Internacional? [...] Lembremos que ela foi autorizada a ir e se estabelecer na Espanha, onde recebeu a visita de González e Acosta, eles foram comer como grandes amigos. Por que não os denunciou na Espanha? Uma mulher treinada na luta, que planta bombas, que é oficial montonera, que vai se infiltrar e mentir para os próprios companheiros de militância, não podemos pensar que tinha um trauma tão grande que a impedia de denunciar os dois imputados neste caso [...]. É isso que nos leva a pedir a absolvição do meu assistido por inexistência de delito [...]. Mesmo que, bem, eles fossem jovens e gostassem um do outro. O que isso tem a ver com abuso sexual ou crime de lesa-humanidade?

Ela não quis ler toda a alegação de Fanego. Quando lhe pergunto sobre aquela bomba na confeitaria Santa María, ela diz, perplexa: "O quê, a confeitaria o quê?".

Para quem fez todas as coisas que fez no fim de semana — andar de bicicleta com Hugo até o norte do conurbano (muitos quilômetros), almoçar em um restaurante à beira do rio, ir ao teatro (ver uma peça que ela não achou grande coisa; além disso, não gosta de teatro), organizar um churrasco com os amigos, planejar uma próxima viagem, participar do grupo de cinema de Hugo, assistir a um jogo de futebol do Real Madrid, não necessariamente nessa ordem —, ela parece descansada.
— Meus pais eram muito assim, aproveitavam muito.
Na sala do apartamento há duas bicicletas, supostamente as usadas neste plano de ócio que parece, antes, um plano de exaustão frenética, mas a energia sobre-humana de Hugo — que é

quem propõe boa parte dos passeios: ele é um nativo e ela ainda é uma recém-chegada — parece que lhe cai bem.
— Você corre, né?
— Sim.
— O Hugo passou por umas cinco cirurgias no joelho, foi atropelado por uma moto, rompeu o ligamento cruzado, depois tropeçou no próprio chinelo sobre o mesmo joelho, então os joelhos estão um pouco avariados e ele não pode correr. Mas andar de bicicleta sim. Ele é muito agitado e está sempre pensando no que vamos fazer. Você me deixa agora na rua Galicia, nesta casa de Vilasindre, e pronto. O sonho da minha vida é ficar naquele jardim, deitada na grama pra sentir o cheiro da terra, com um livro, uma cervejinha, música, e que me deixem em paz. Acho que é impossível eu ficar entediada. Há tantas coisas ainda que me interessam, que eu quero ler, escrever. Filmes pra assistir, amigos pra conversar. Acho que tem a ver com os meus velhos. Quando estavam bem, riam muito, e no meio de toda aquela escuridão era uma casa alegre. Eles dançavam tango, eram muito amigos dos seus amigos. Mas também tem a ver com o fato de ter prometido a mim mesma que, se conseguisse sair dali, a única homenagem que poderia prestar a quem não tivesse tanta sorte era ter uma vida boa.

Dias atrás, encontrou-se com algumas mulheres que estiveram detidas na Esma, com quem não só não tinha nenhuma relação dentro do centro clandestino, como despertavam sua desconfiança ou a aterrorizavam diretamente: Marta Álvarez e Graciela García Romero.

— Com a Marta, no campo, eu tinha algum contato, mas com muita distância. Há alguns anos, ela veio a Madri, para testemunhar em um julgamento, e me ligou perguntando se podia ficar lá em casa. E eu disse: "Por que não?". Ela também tinha tido um filho lá, e me contou sobre algumas coisas a respeito das quais eu nunca havia pensado. Eu tinha muito medo delas. Dela e especialmente da Graciela García Romero. Elas tinham sido montoneras como eu, e eu sentia que o Acosta eu podia enrolar, mas elas não.

Dentro da Esma havia uma forte divisão: o staff, onde estavam, entre outros, Cuqui Carazo, Martín Gras, Juan Gasparini — e a própria Silvia Labayru, embora em uma posição secundária, de menor relevância —, e o ministaff. Este último era um grupo de prisioneiros que Acosta chamava de "força própria". Estabeleceu-se a ideia de que eles colaboravam ativamente com os militares e exerciam vigilância interna (para delatar enganos, tentativas de fuga etc.). Se em torno dos sobreviventes dos centros clandestinos havia — e ainda há — uma pergunta que denota suspeita — "O que você fez para que não te matassem?" —, os membros do ministaff foram — são? — repudiados até mesmo por seus ex-companheiros de cativeiro.

— O ministaff era um grupo de seis pessoas que haviam sido sequestradas entre junho e outubro de 1976, uma época espantosa. Essas pessoas haviam sido obrigadas a passar muita informação, a sair para delatar. Tínhamos pavor deles porque achávamos que eram realmente montoneros vira-casacas, pânico de que eles percebessem que estávamos fingindo e nos delatassem. E nessas conversas com a Marta, com a Graciela, a gente percebeu que essa separação entre staff e ministaff foi uma invenção muito boa do Acosta para criar inimizade, desconfiança. Sempre digo à Graciela que tinha mais medo dela que do Tigre Acosta, porque nós duas tínhamos saído da mesma fábrica. Ela olhava para mim e no íntimo eu tremia. Dizia: "Essa daí está percebendo que estamos mentindo". Era como se eu fosse transparente. Como se ela fosse me descobrir, como se estivesse me vendo nua.

— Quando vocês retomaram o contato?

— Vi a Graciela muitos anos depois que me encontrei com a Marta, mas através da Marta começamos a nos aproximar. Não faz muito tempo.

Foi há apenas três ou quatro anos.

— A verdade é que tenho medo de estar manifestando algo pra você que não corresponde à maioria das pessoas. Dependendo de quem fale nessa história, o relato pode até ser diametralmente oposto.

— Não é isso que sempre acontece?

Ela sorri, calada.

Depois vou embora.

"Massera pretendia corroer a autoridade do presidente de facto Jorge Rafael Videla, e se transformar em um líder político com aspirações presidenciais assim que a ditadura terminasse", diz o livro *Esma*, de Marina Franco e Claudia Feld. Essa pretensão, diz Cuqui Carazo, levou-os a supor que o curso do massacre poderia ser desviado para um caminho político.

— Não era uma questão de sermos montoneros ou não. Pensamos: "Essa gente quer ser governo, então vamos ajudá-las a apresentar uma proposta de governo. Vamos ajudar Massera a acreditar que ele é o mais inteligente dos três comandantes e tentar salvar a vida dos nossos companheiros". Tratava-se de que ninguém mais tinha que morrer e, na medida do possível, de que não caíssem ali dentro. E, se caíssem, era preciso tentar manter a fila às quartas-feiras o mais curta possível. Essa era nossa estratégia. E nós acreditávamos que o ministaff não tinha essa posição, que o ministaff tinha sua própria estratégia que achávamos terrível. Achávamos que eram todos uns comprados.

— Como militante, lembro-me desses anos com nostalgia. Foram as amizades mais fortes que já tive na vida. A maioria das pessoas com quem lutei tinha uma utopia, todos nós estávamos querendo isso. E supúnhamos que íamos ganhar. Talvez você não estivesse lá, porque eles iam te matar, mas o projeto estaria.

***

A confeitaria La San Martín, na avenida Santa Fe, é um daqueles lugares cheios de bronze e plantas de interior de baixa qualidade com as quais alguns bares tentaram se modernizar no século XX. Marta Álvarez ainda tem um longo caminho a percorrer até sua casa, na periferia, e acaba de terminar sua jornada do dia no Ministério do Trabalho, mas não está preocupada: aproveita para ler no ônibus. É uma mulher de voz áspera com uma completa carência de atitude defensiva, embora o repúdio que recebeu ao ser libertada do cativeiro não tenha desaparecido por décadas (e talvez ainda não tenha desaparecido).

— Compartilho muitas das críticas da Silvia aos Montoneros. Primeiro, não ter parado, não ter saído da militarização absurda em que estávamos. E depois, que a organização não cobria os militantes. As lideranças se cuidaram, foram para a Europa e não só deixaram os militantes sozinhos, mas também as pessoas do bairro ou das favelas que não tinham nenhuma possibilidade de escapar. E é aí que os deixamos. Bom, eu falo "os deixamos", assumo a responsabilidade.

Delegada do jornal *La Razón* até que os Montoneros ordenaram que ela saísse, foi sequestrada em junho de 1976 junto com Adolfo Kilmann, seu companheiro, no dia em que completava 23 anos, quando ia contar à mãe que estava grávida.

— Quando nos levaram, eu disse: "Finalmente". Foi o que senti quando caí. Finalmente. Porque todo dia você ia a um encontro e não sabia o que poderia acontecer. Eles diziam: "Fulano caiu, sicrano caiu".

Os dois foram transferidos para a Esma e fizeram o percurso habitual, que começou na sala de tortura.

— Mal dava pra ver minha gravidez e, quando estavam me torturando, o Adolfo gritou pra eles pararem, que eu estava grávida. Eles pararam de me torturar e me amarraram a uma das colunas no porão por três dias. Então me levaram para a Capucha, e lá alguém veio até mim e disse: "Me dê seu braço, vou tirar sangue pra verificar se você está grávida".

Adolfo Kilmann continua desaparecido, mas Marta Álvarez chegou a prometer a ele que tiraria o filho de lá. Federico nasceu no dia 1º de março de 1977 em um hospital porque o parto foi complicado. Ela não expulsou a placenta e, de volta à Esma, quase morreu de uma infecção.

— Acho que eles ficaram apavorados no hospital. Lá dentro eu parindo e, lá fora, um cara com um FAL. Devem ter dito: "Levem ela embora, já acabou". Mas depois quase morri.

O bebê permaneceu no centro clandestino até o dia 16 de outubro. Nesse dia, foi entregue à mãe de Marta Álvarez, para cuja casa começaram a deixá-la ir aleatoriamente. Acosta lhe dizia, chamando-a por seu nome de guerra: "Peti, Peti, não acredito em você, vamos conversar".

— E esse "vamos conversar" a gente não sabia o que era. Isso me dividia ao meio. Ele não acreditava em mim, e estava certo em não acreditar. Supostamente, estávamos todos recuperados.

Ela conta que descobriu que o ministaff existia, e que fazia parte dele, quando um guarda entrou na cabine onde ela estava com Alfredo Buzzalino, Ana Dvatman, Graciela García Romero, Marisa Murgier, Coca Bazán e Inés Cobo, e ordenou: "O Tigre quer que o ministaff desça".

— Todos nos olhamos. Era a primeira vez que eu ouvia isso. Perguntei: "Que diabos é o ministaff?". Foi brilhante da parte do Acosta, porque ele nos apresentava como força própria. "Vocês são o ministaff, meus assessores." Dizia: "O ministaff e eu estávamos vendo…". E é mentira, não estávamos vendo nada, mas ele dizia isso pra manter a divisão e o medo. E ninguém confiava em nós. Mas eu não confiava em ninguém, nem mesmo nas pessoas do ministaff.

Ela foi forçada a fazer vários trabalhos — no Ministério das Relações Exteriores, em uma produtora (Multivisión, depois chamada Chroma) que produzia propaganda pró-argentina e onde Silvia Labayru também foi forçada a trabalhar —, os quais só pôde abandonar quando a democracia começou. E aí, quando ela achou que tudo tinha acabado, descobriu que não.

— Quando saímos da Esma, foi um horror. O lema das organizações de direitos humanos era "Eles os levaram vivos, nós os queremos vivos", mas muitos de nós saímos vivos e não nos quiseram. Na Secretaria de Direitos Humanos, eram abertamente hostis. Diziam: "Mas você é do ministaff". E eu dizia: "Eu posso fazer uma declaração, contar quais pessoas vi lá dentro". "Vocês são do ministaff, é complicado falar com vocês." Quem me salvou da loucura foi o Maco Somigliana, da Equipe Argentina de Antropologia Forense. Eu fui lá e disse: "Tudo o que quero dizer é quais pessoas eu vi lá dentro, não quero mais nada". E ele me disse: "Eu não julgo". O Maco foi quem abriu as portas. Um dia eu estava com ele, nos escritórios da Equipe, e ele ligou pra Lita Boitano, a presidenta da Parentes de Desaparecidos e Detidos. Ele disse: "Estou aqui com a Marta Álvarez, que pode dizer algo sobre as pessoas que viu". E a Lita respondeu: "Eu não falo com gente do ministaff". Não podíamos ir às Mães da Plaza de Mayo. Como disse Hebe de Bonafini: "Se eles vierem, nós vamos jogá-los escada abaixo".

As sequelas do repúdio foram muitas, e isso não afetou apenas a ela: Federico só conheceu a tia em 1995, quando tinha dezessete anos.

— Alguém da Secretaria de Direitos Humanos disse à minha cunhada que Federico não era filho de Adolfo, mas de um oficial da Marinha. Então ela não queria conhecê-lo. Hoje todos nós temos uma boa relação, mas não no início. Eu tinha horror à rejeição. A pergunta era: "Por que você foi salva?". Isso te desmonta. Porque você diz: "Como vou saber?". "Você foi salva por algum motivo", te dizem.

Em 2003, o juiz espanhol Baltasar Garzón abriu um processo contra o repressor Adolfo Scilingo, que havia confessado em 1997 sua participação nos voos de quarta-feira. O advogado argentino Carlos Slepoy, exilado na Espanha, que auxiliou vítimas de várias ditaduras latino-americanas (sua ação legal contra Augusto Pinochet, junto com Garzón, permitiu que o ditador chileno fosse preso durante uma viagem ao Reino Unido), foi um dos autores da ação. Várias pessoas foram convocadas a depor, incluindo Marta Álvarez, cujo depoimento foi fundamental para condenar Scilingo. Slepoy foi buscá-la no aeroporto de Barajas.

— Comigo ele foi um bom sujeito. Me disse: "Olha, vou ser franco, há outros sobreviventes e esta noite vamos nos encontrar na minha casa, mas não vou te convidar porque você não é bem-vinda. Perguntei se você podia vir e me disseram que não". Eu disse a ele: "Não se preocupe, eu vou para a Silvia".

Silvia era Silvia Labayru. Nessa época não tinha nenhuma relação com Marta Álvarez, mas, apesar da sombra do ministaff, recebeu-a.

— Na Esma, tínhamos partilhado alguns momentos, mas sempre achei que ela era muito inteligente. Alguém que vai além do binário: os mocinhos e os bandidos. Nós, os do suposto ministaff, éramos os traidores. E acho que isso continua. Na verdade, ninguém vem dizer: "O que aconteceu?". Silvia, sim. Ela pergunta: "O que acontecia lá?". Lá dentro, dava pra ver que ela não era como os outros. Não era um soldado. Mas era bonita, de boa família, e não era tão bem aceita no grupo. Eles a aceitavam por causa da Cuqui, não porque confiavam nela. A beleza e a classe social trabalhavam contra ela. Desde aquela minha viagem a Madri, começamos a nos comunicar com mais frequência.

Então, há alguns anos, Marta Álvarez, Silvia Labayru, Cuqui Carazo, Graciela García Romero, Lydia Vieyra e algumas outras se encontraram em um evento que aconteceu na Esma.

— Nessas coisas que são feitas na Esma, às vezes sinto que somos usadas. Quando precisam de você, te ligam e te mostram: "Olha, esses são os ex-desaparecidos". A certa altura, senti que era a mesma coisa que faziam na Esma com os almirantes. Os almirantes vinham visitar e eles nos mostravam. Te perguntavam: "Filha de pais separados?". "Não." "Judia?" "Não." Eles te ligam quando precisam reunir pessoas e há outros momentos em que você não participa, quando são coisas mais exclusivas.

Depois desse ato, elas foram até a casa de Graciela García Romero para fazer o que nunca tinham feito: conversar. Desde então, formou-se uma confraria de linhagens mistas: staff, ministaff, acusadas de colaboracionismo, acusadas de traição, prisioneiras irrepreensíveis. De vez em quando elas se encontram, conversam, perguntam coisas uma à outra.

— Quando a Silvia foi colocada no negócio das freiras, porque foi enfiada lá, me deu muita pena, muita tristeza. Porque a Silvia sofria por estar ali. Dava para ver nos olhos dela. A Silvia fez o que pôde. Era óbvio pra mim. Diziam: "Bem, ela foi à reunião das mães e das freiras, poderia ter recusado". Ninguém podia recusar. A certa altura compartilhamos alguma atividade, ela falava inglês e francês, e os oficiais fizeram não sei o que com alguns jornalistas que vieram de fora, e fomos juntas atender esses jornalistas e depois compartilhei várias saídas com ela, mas o Astiz estava sempre junto.

— O Astiz metia medo?

Marta Álvarez ri às gargalhadas:

— Ele é um imbecil!

Ela tosse, engasga como se eu tivesse perguntado algo hilário.

— Ele é muito, muito estúpido. O Astiz vinha com uma revista de quadrinhos para crianças, não lembro se era *Pica-Pau* ou *Condorito*, com um pirulito, uma garrafinha de Coca-Cola. Isso era o Astiz.

— Mas ele foi muito hábil em se infiltrar, era um agente operacional.

— Sim, mas não lhe peça uma elaboração.

— A Silvia é muito inteligente.

Graciela García Romero tem cabelos curtos e olhos vivos. Estamos conversando em um café faz um tempo e de repente ela recorda que estacionou o carro sem introduzir o cartão que permite deixá-lo lá — é um momento estranho da conversa para se lembrar disso: ela está me dizendo que Tigre Acosta levava seus próprios lençóis para o apartamento onde ele a estuprava —, então ela se levanta, vai introduzir o cartão, volta. É membro do conselho de administração da Fundação María Elena Walsh, uma grande poeta, cantora e escritora argentina associada sobretudo à literatura infantil, mas sua juventude foi muito diferente das exigências que este trabalho implica hoje. Ela era oficial montonera e a história de seu sequestro é uma sequência angustiante: era 15 de outubro de 1976, tinha 25 anos, foi capturada na avenida Corrientes, levaram a bolsa onde carregava a pílula de cianureto, ela fugiu, pegaram-na de novo, ela se agarrou aos carros, bateu a cabeça contra uma janela, uma policial se aproximou para perguntar o que estava acontecendo, ela gritou: "Estão me sequestrando!", a policial pegou a arma, os militares disseram: "Forças conjuntas", a policial guardou a arma, foi embora, os militares enfiaram Graciela García Romero em um carro, colocaram algemas nela, vendaram-na, ela tirou as algemas — tem mãos pequenas —, tirou a venda, levantou a trava do carro, se jogou na rua, correu pela avenida 9 de Julio, eles a seguiram, a alcançaram, ela se agarrou a uma mulher, gritou: "Faça alguma coisa, estou sendo sequestrada!", e a imobilizaram, arrastada para o carro. Não pôde fazer mais nada e acabou na Esma.

— A Silvia Labayru me disse que tinha mais medo de você que do Acosta ou da González.

— A Silvia falou isso?

— Sim.

Aliás, disse isso várias vezes: "Falei pra Graciela que ela me dava mais medo que o Tigre Acosta". Mas Graciela García Romero está chorando.

— Parte o coração da gente ouvir isso. Parte o coração.
Ela foi sequestrada em uma sexta-feira. No sábado ou domingo, deixaram-na ir ao banheiro do porão. Quando se olhou no espelho, como agora, começou a chorar.
— Porque eu tinha falhado como militante, porque tinha delatado um encontro. Vocês, a sociedade, não têm noção de quais são as variações do medo: medo, terror, pavor. São coisas muito diferentes que, graças a Deus, não acontecem hoje. É outra dimensão lá dentro. Você está apavorada e tudo o que faz é pensar como um animal. A certa altura nos levam para uma cabine onde começamos a ficar Marisa Murgier, Ana Dvatman, Coca Bazán e Inés Cobo. Bem, mais tarde aprendi que aquela cabine tinha um significado para eles, porque todas nós que estávamos lá nos tornamos vítimas de abuso por um e por outro.

Tal como Marta Álvarez, garante que os últimos que souberam da existência do ministaff foram os membros do ministaff.
— Em determinado momento, um guarda se aproximou e disse: "O ministaff tem que descer". Olhamos umas para as outras e dissemos: "O que é ministaff?". Claro, havia pessoas no ministaff que deveriam ser temidas. Não importa quem. Um oficial chegava e dizia: "Vamos dar um passeio, quem quer vir?". "Dar um passeio" era que te levavam para delatar. E então alguém levantava a mão. E depois voltava e dizia: "Trouxemos fulano". Mas tínhamos uma situação que era mais um rótulo que uma realidade. Eu era como o símbolo da traição, da colaboração. Muitos se sentiram muito bem em supor que havia um grupo que resumia tudo de pior. Isso é tranquilizador. Fomos salvos pelo Maco Somigliana, da equipe de forenses. Quando saímos, ele fez um rol dos desgraçados. Ele via os desgraçados das quartas-feiras a cada quinze dias. A Marta ia, eu ia. Para reconstruir. Fazer a lista. Ele foi o único de uma organização de direitos humanos que ouviu nossa história. A atitude, tanto das Avós da Plaza de Mayo como das Mães..., ninguém nos queria. De repente, o

Maco dizia: "Ontem veio...", alguma companheira. E sentíamos que essa companheira poderia ter vindo quando nosso grupo se reunia, porque ela era da Esma, era de se esperar, mas eles se encontravam à parte. Outro sequestrado, Juan Gasparini, me chamava de Namoradinha do Acosta.

O apelido a acompanhou por muito tempo. Talvez ainda a acompanhe. Um dia, em dezembro de 1977, Tigre Acosta ligou para ela e anunciou: "Amanhã vou te pegar". Ela sabia o que isso implicava.

— O que eu poderia fazer? Eu não disse nada. E naquela noite fiquei indisposta, comecei a menstruar. Era a única coisa que eu podia fazer. Eles me descem, me levam para um apartamento na rua Olleros com a Libertador. Ele com uma maleta de couro na qual carregava os lençóis. Quando chegamos, não havia luz. E ele disse: "Opa, não tem luz, é tal andar". E eu disse com uma voz assim, abafada: "Estou menstruada". E ele disse: "Isso é o de menos". Ele me levou lá duas ou três vezes. Chamavam-lhe Guadalcanal, pela batalha de Guadalcanal. Aí começaram a me levar para outro apartamento na Equador com a Santa Fe. Quem me levava era o mais velho, seu assistente. Ele me deixava lá, trancava a porta e ia embora. E eu ficava lá durante todo o fim de semana. Em algum momento o Acosta vinha. Eu havia tido uma militância importante. Não vínhamos de militâncias menores. A mensagem do estupro estava destinada a nós. Queriam nos destruir, não era um recado para os nossos companheiros. Eles não conseguiam entender nossa cabeça e precisavam dobrá-la. E, como dizem outras companheiras, também ficavam muito surpresos por haver uma mulher com aquela cabeça.

Foi obrigada a trabalhar no Ministério das Relações Exteriores, no Ministério da Previdência Social, em regime de liberdade condicional. Quando a democracia chegou, ela deixou o ministério, mas mesmo assim Acosta apareceu em sua casa duas vezes.

— Na segunda vez, ele me disse: "Cuidado com as mulheres, cuidado se forem duas". E eu estava saindo com duas mulheres. Significa que eles ouviam minhas conversas.

— Você já tinha visto a Silvia dentro da Esma?

— Sim. Pouco. Dava pra perceber que ela estava elaborando. Você a via armada. Não estava especulando ou exagerando. Não. Dava pra vê-la plantada. E o Astiz estava caído por ela. Fazia o que ela dizia. Tenho uma imagem do Astiz dando mamadeira à Vera, não sei, são flashes. Era fascinado, subserviente. Não necessitava muito, porque era um ser estranho. Como operacional, era um cara com muita energia, mas eu passei dias inteiros em uma fazenda com ele, e dizia: "Vá me buscar isso", e ele me trazia.

Depois de muitos anos sem se encontrar com quase nenhuma das pessoas com quem tinha compartilhado esse passado, exceto Marta Álvarez, uma noite foi jantar com Marta, Marisa Murgier e uma presença inesperada: Cuqui Carazo.

— E a Cuqui disse no jantar: "Eu tinha medo de você". Então nós duas fomos para o centro da cidade e a Cuqui me perguntou: "Mas você é gay?". "A vida toda", lhe disse, "você acha que fui a única prisioneira gay estuprada?" A Cuqui é brilhante. Foi ela quem percebeu, depois de anos, toda a divisão que o Acosta fez ali entre staff, ministaff. E aos poucos fomos nos aproximando. Com a Silvia, a primeira vez que nos encontramos foi num bar. Eu a vi de longe. Talvez porque ela tivesse medo de mim. Mas começamos a nos ver mais depois de algo que foi feito na Esma, e todas vieram para a minha casa. E ouvindo a Silvia... ninguém podia acreditar que ela tinha passado por algo assim. Mas quando a vejo, sinto que ela tem uma tristeza muito grande. A última vez que nos reunimos, ela estava sentadinha no chão. Você a vê, você vê que ela se arruma, você a vê bem-vestida, mas eu disse à Marta: ela tem uma tristeza profunda.

Anos atrás, Graciela García Romero abriu um processo por estupro contra Acosta. Foi antes de esse ato ser registrado como crime autônomo, então o processo está suspenso por questões técnicas.

— Não tenho vergonha de dizer que fui vítima de abuso. Por que as companheiras têm vergonha de dizer que sofreram abuso? Por causa da natureza do abuso, que é sexual? Não sei. Fui estigmatizada pela mancha do que foi o Acosta. Quando saí, as pessoas começaram a falar que eu era amante do Acosta. Eu me tranquei na minha casa. Só via a Marta Álvarez. Não via ninguém. Quando saímos, foi uma calamidade. Acho que a rejeição já começa pelos julgamentos, pelo julgamento de 1985. Ninguém nos convocou para depor. Sentíamo-nos culpadas. E por quê? Não sei. Tenho medo deles. Dos companheiros. Nunca delatei ninguém. Revelei um encontro, mas todo mundo revelou. Caso contrário, não teria caído tanta gente. Quando te levavam pra jantar, quando te comiam, você era uma pessoa desintegrada, não era mais o quadro militante. Quando saímos de lá, tivemos que nos recompor, éramos um pedaço de nada. Eles faziam o que queriam conosco.

Em 16 de janeiro de 1998, o jornal argentino *La Nación* reproduziu a entrevista, publicada originalmente na revista *Tres Puntos*, que a jornalista Gabriela Cerruti havia feito com o capitão de fragata aposentado Alfredo Astiz. Intitulava-se "O assassino está entre nós". Astiz, de 43 anos, não estava preso — agora cumpre pena de prisão perpétua por crimes contra a humanidade — e morava no Hotel Naval, na avenida Córdoba, 622. Cinco dias antes da entrevista, Carlos Menem, então presidente, tinha proposto que se construísse na Esma um monumento à reconciliação. Astiz descrevia seu trabalho da seguinte forma: "Eles me diziam: vá buscar fulano, eu ia e o trazia. Vivo ou morto, eu o deixava na Esma e ia para a próxima operação [...]. Já se disse de tudo sobre a Esma [...]. O que você quer que eu te diga? Que eram as Carmelitas Descalças, presidido por Madre

Teresa? Não, não era. Era o lugar para aprisionar o inimigo, mas o que eles não querem contar, e é por isso que a maioria dos sobreviventes da Esma não fala, é que a maioria deles colaborou, e nós até tínhamos afeto uns pelos outros".

A jornalista disse: "Você os sequestrava e torturava". E Astiz: "Nunca torturei. Não dependia de mim. Eu teria torturado se tivesse sido ordenado? Sim, é claro. Eu digo que a Marinha me ensinou a destruir [...]. Sei plantar minas e bombas, sei me infiltrar, sei desarmar uma organização, sei matar. Sei fazer tudo isso bem. Sempre falo: eu sou bruto, mas só tive um ato de lucidez na minha vida, que foi entrar pra Marinha [...]. Sou o homem tecnicamente mais bem preparado neste país pra matar um político ou um jornalista. Mas eu não quero. Eu aposto nesse sistema. Embora não me convenha, o caos me convém, eu sei como me mover melhor no caos. Mas eu acredito na democracia [...]. Não sou perfeito, posso ter errado em uma coisa menor, mas nas grandes eu não me arrependo de nada [...]. E tem uma coisa que aprendi com minha mãe e é o único conselho que posso dar: cuidado com traidores. Quem traiu uma vez, trai sempre". A jornalista lhe perguntou: "Você é quem diz isso? Você, que traiu as Mães da Plaza de Mayo e as entregou para que desaparecessem?". "Eu não as traí, porque não era uma delas. O que eu fiz foi me infiltrar, e é isso que elas não me perdoam [...]. As Forças Armadas têm 500 mil homens preparados tecnicamente pra matar. Sou o melhor de todos."

— Eles seguem a vida, mas querem que a mamãe esteja com eles no Natal, então é "Mami, mami, mami".

O Natal está longe, mas talvez o planejamento de longo prazo seja a única maneira de levar uma vida entre dois países. Ontem ela e Hugo ficaram até de madrugada pesquisando preços de passagens para o fim do ano. Durante os poucos dias em que não nos vimos, visitou o pai, esteve com amigos, mas acima de tudo dedicou-se a elaborar um plano que poderia ser intitulado "Vamos ter paz no feriado": David quer que ela esteja na Espanha para o Dia de Reis, ela quer passar alguma das festas com Hugo, David não quer passá-las na Argentina porque sua namorada, Claudia, estará na Europa e eles não se veem há muito tempo.

Hoje, como sempre, ela usa um perfume floral que não consigo identificar e que a envolve como uma espécie de pétala, embora eu só perceba quando, como há pouco, nos cumprimentamos com um beijo. No resto do tempo, o perfume recua, uma onda delicada que fica com ela.

— Quando são eles que vão embora, simplesmente vão. Como a Vera, que foi pra Escócia, ou o David, que foi pra Berklee. Mas eles reclamam.

Ela não diz essas coisas com pesar, e sim feliz de que seus filhos a queiram por perto. Refere-se a si mesma como "a típica mãe italiana", dando a entender que é protetora, preocupada, até mandona, mas apenas uma vez, com Vera, a vi no papel de mãe, então é difícil saber se tudo o que ela pensa de si mesma corresponde à realidade.

— De qualquer forma, a própria Vera me disse: "Mãe, tenha em mente que fomos nós que fomos embora, você tem que fazer sua própria vida". Ela me diz isso, mas quando chega o aniversário das crianças é "mãe, mãe, mãe". Enquanto a pandemia não existia, eu via as crianças o máximo que podia, o que acontece é que agora eles moram cada vez mais longe, e a pandemia, e a quarentena, e eu fiz quatro testes PCR de 150 libras cada um...

Quando fala dos filhos, é sempre no superlativo: Vera era um sol, uma menina muito boa, a luz dos meus olhos, é uma excelente médica; David era o garoto mais feliz do mundo, ele teve a melhor educação, as viagens mais maravilhosas, agora ele estuda na Berklee, tem notas altíssimas.

— O David nasceu quando a Vera tinha dezoito anos. Chorava muito e a Vera já estava cursando medicina. Um dia ela disse:

"Vou morar na casa do papai porque não aguento mais esse barulho, e além disso estou com ciúmes". Assim. Direto. E foi morar por um tempo na casa do pai. Ela terminou o curso e foi fazer um estágio num hospital em Inverness, onde conheceu o Ian, seu marido. Quando foi morar na Escócia, foi muito difícil. Estar com ela é uma festa. Ela tem um humor ótimo, as conversas com o David e com ela em casa, nós três tomando café da manhã... Eles se dão muito bem. Brincam um com o outro, se amam muito. A Vera tem muita personalidade, gosta muito de mandar, mas também tem um lado muito terno e muito frágil. Me diz: "Mãe, você nunca vai parar com a intenção de organizar minha vida?". Eu digo que não, que faz parte do pacote, do papel de mãe. "Eu tento e você dá um *delete*."

— Tem coisas que ela não aguenta em você?

— Posso identificar algumas coisas práticas, por exemplo, meus problemas com a tecnologia e a bagunça. E depois, não sei, ela talvez quisesse que eu tivesse um papel mais próximo como avó. Mas isso não é fácil, morando onde eles moram, com a pandemia.

Betty lhe falara sobre abortos, sobre sexo, sobre amantes: ela a tratava mais como cúmplice do que como filha. Então, o que quer que ela tenha feito com Vera e David, teve que inventar: não tinha ideia de como criar. Essa frieza que ela teme que permeie sua história quando fala da Esma se transforma em uma preocupação calorosa e protetora quando o que está em jogo é, por exemplo, a saúde de seus amigos (ela telefona para eles, visita-os, acompanha-os a clínicas e hospitais) e até a minha. No final de 2022 vou ter um problema na perna, consequência de correr demais, e ao longo dos meses, até meados de 2023, ela me perguntará: "Como está sua perna? Você não me diz nada. O que o médico lhe disse?"; "E sua patinha? Diga-me, por favor. Você ainda está correndo, não deveria parar?"; "Esse pezinho ainda está aguentando?". É difícil rastrear a origem desse traço, que poderia ser pensado como maternal de uma maneira clássica, já que sua experiência mais próxima com uma figura materna durou apenas alguns meses — de janeiro de 1977 a setembro desse ano — e teve lugar na Esma.

— A Cuqui era minha mãe. Eu me senti protegida pela Cuqui na Esma de uma forma que não me sentia protegida pela minha mãe fora da Esma. E quando a Cuqui foi para o Centro Piloto París, a sensação foi: "Perdi minha mãe".

O Centro Piloto París era um espaço criado pelos militares na capital francesa para difundir ideias favoráveis sobre o governo da ditadura e diminuir a "campanha internacional" contra a Argentina. Em setembro de 1977, Cuqui foi enviada ao Centro para trabalhar, junto com sua filha Mariana e outra prisioneira, Marisa Murgier. Ela tentou levar também Silvia Labayru, mas não teve sucesso.

— Felizmente. Porque as pessoas no exílio mais tarde consideraram que ter estado no Centro Piloto París era mais ou menos ser gente da Marinha, colaboracionista total. E foi o que aconteceu com a Cuqui. Mas quando a levaram para Paris, senti que estava sozinha, órfã, e de novo comecei a pensar no que ia acontecer comigo. Ela não era uma mãe de me fazer as vontades, mas tudo o que fez pela Vera, por cuidar de mim politicamente... Antes de 14 de março, no telefonema pro meu pai, quando eu estava com a gravidez muito adiantada e tinha que tomar uma decisão, a Cuqui escrevia pequenos bilhetes para o Acosta: "Temos que falar sobre a situação da Mora", e o cara não dizia nada. Ela olhava para mim e levantava as sobrancelhas como se dissesse: "Estou fazendo tudo que posso, mas acho que não está dando certo". Foram tempos de enorme angústia. Nunca vou agradecer o suficiente por confiar em mim e me envolver quando eu era tão jovem. Era um cubículo muito pequeno no porão, e eu estava lá traduzindo, vivia com ela e com o Martín Gras permanentemente. A presença da Cuqui criava uma espécie de fantasia familiar. Ela era a mãe, o Martín

Gras, o pai, e eu, a filha, a menina. Era bem explícito. O Martín costumava me chamar de Menina, Menininha.

Quando ela fala dessa família extravagante — e fala muitas vezes —, sinto que naquele lugar, que era tenebroso em si, também se filtrava algo da ordem do insano, do demente, do perturbado.

— Era uma espécie de jogo, de metáfora familiar. Quando a Cuqui foi levada pro Centro Piloto París, essa situação se rompeu e eu fiquei lá com o Juan Gasparini e o Martín Gras.

— Que era como uma espécie de pai.

— Sim, bem, um pai um pouco... como se diria... incestuoso. Quando a Cuqui foi embora, ele me disse que estava meio apaixonado por mim. Eu lhe disse que era impossível. Primeiro, porque era impossível. Entre outras coisas, porque os militares proibiam. Em segundo lugar, achei uma barbaridade, porque a esposa e o filho dele tinham ido vê-lo, e eu os levei pra casa do meu pai enquanto me ocupei de passear com a criança de três anos pra que o casal pudesse ter intimidade.

— A relação com ele continuou?

— Sim, mas pra qualquer homem é uma ferida narcísica dizer não, e especialmente pra quem é um chefe montonero. Ele não é o tipo de pessoa que gosta que lhe digam não. Também é preciso mencionar que, pros homens, estar sequestrados ali com montoneras jovens não deve ter sido fácil. Você não deixa de estar vivo nesses lugares.

Quando chego em casa, abro a pasta onde reúno material sobre ela e anoto um lembrete: "Buscar Satisfyer". Algum tempo depois encontro a conversa em que ela me falou sobre isso: "Na Esma nos masturbávamos mesmo com algemas. Descobre-se cada técnica. A Lydia e eu falamos: 'Olha se a gente tivesse tido um Satisfyer lá dentro'". Agora, entre elas, chamam o Satisfyer de Spotify para que ninguém saiba do que estão falando. É um estimulador de clitóris que esteve ou está entre os produtos mais vendidos na Amazon.

— Quando me mandaram pro Centro Piloto París, eu tinha uma relação muito especial com o Antonio Pernías, mas ainda não era uma relação de casal — diz Cuqui Carazo. — Sentia que ele me protegia. E que essa coisa da Vera era algo que tínhamos feito juntos, uma coisa boa, porque as crianças eram inocentes. Ele tinha toda uma história, sua parceira tinha abortado sem seu consentimento, e essa havia sido a causa do rompimento. O tema das crianças o afetava profundamente. Em 1978, o Antonio Pernías veio morar em Paris, e foi aí que começou a acontecer uma relação, minha com ele. Isso tem muito a ver com o amor que ele tinha pela minha filha e ela por ele. Pode-se dizer que sim, acabou sendo um estupro, porque não teria acontecido em situações normais, não teria acontecido se eu não estivesse lá. Mas acho que, na solidão absoluta da Europa, o Antonio e eu tínhamos muitas coisas em comum. Chegou-se a falar que ele poderia vir morar em Lima e deixar as Forças Armadas. Mas isso nunca aconteceu. Depois, houve um distanciamento. Antes da Guerra das Malvinas, em 1982, eu já estava em Lima e disse a ele: "É isso. Vim pro Peru pra reconstruir minha vida em todos os sentidos. Não posso mais manter um relacionamento com você". Na minha relação com Antonio, a sobrevivência não era o que estava em jogo. A solidão provavelmente sim.

Cuqui Carazo, que abordou o assunto de Pernías antes que eu o mencionasse, sempre se refere ao que aconteceu como "um relacionamento". Sua história foi abordada pela literatura de ficção, de não ficção e pela imprensa, geralmente como um protótipo das ações de uma traidora. Em dezembro de 2022, durante um almoço entre colegas, um deles, que sabia que eu estava escrevendo sobre uma pessoa detida na Esma (não porque eu tivesse lhe contado), insistiu para que eu lesse *Recuerdo de la muerte*, livro publicado em 1996 pelo jornalista Miguel Bonasso, do qual falava com admiração. Eu já tinha lido, mas preferi não comentar. O livro não foi bem recebido por todos os sobreviventes. Através da história de Jaime Dri, um sequestrado que escapou da Esma em julho de 1978, conta o que acontecia dentro do centro clandestino, mas alguns dos que passaram por ali afirmam que faz um divisor de águas entre heróis e traidores que é injusto para eles: um resumo grosseiro poderia dizer que sentem que, segundo o livro, aqueles que morreram sem dizer nada seriam heróis; os outros, traidores (inclusive Cuqui Carazo).

O assunto do traidor e do herói é árduo, mas parece ser assim apenas para os sobreviventes: não ocupa espaço nas discussões públicas argentinas, como muitos outros aspectos relacionados à ditadura.

Ana Longoni, especializada nas interseções entre arte e política na América Latina, abordou o assunto em seu livro *Traiciones* (Norma, 2007), no qual analisa três obras que giram em torno da figura do traidor, entre elas o romance *El fin de la historia*, da escritora argentina Liliana Heker, publicado em 1996, e o livro de Miguel Bonasso. O romance de Liliana Heker narra o que aconteceu entre Cuqui Carazo e Antonio Pernías, embora os nomes estejam alterados. Há duas amigas, Leonora, a revolucionária, e Diana, que narra a vida de Leonora, a militância, o sequestro, a tortura e, por fim, a liberdade obtida através da delação de companheiros e como consequência do vínculo amoroso que estabelece com um de seus torturadores. Heker teve acesso ao relato em primeira mão porque ela e Carazo eram amigas, e Carazo lhe contou tudo para desabafar. Longoni escreve:

> As histórias dos sobreviventes dificultam — em certos círculos militantes — a construção do mito incólume do desaparecido como mártir e herói, contra o qual parece não haver espaço para nenhuma crítica às formas e práticas da militância armada dos anos 1970 sem questionar a dimensão do

sacrifício dos ausentes [...]. Tanto o desaparecido entendido como mártir inocente quanto o desaparecido assimilado sem restrição ao lugar do herói não podem — como desaparecidos — fugir do lugar em que foram colocados, nem podem testemunhar. O sobrevivente, por outro lado, aparece nesse esquema como um herói caído; nessa lógica binária, ele se torna a contraparte do herói: um traidor, e essa posição obscurece sua condição de vítima.

Em seu livro *Poder y desaparición*, Pilar Calveiro, cientista política, ex-detida da Esma e exilada no México, escreve:

> O sujeito que escapa é, antes de ser um herói, um suspeito. Foi contaminado pelo contato com o Outro e sua sobrevivência é desconcertante. Seu relato do campo [...] é sempre fantástico, inverossímil; suspeita-se de sua veracidade e, portanto, de sua relação e seus possíveis vínculos com o Outro [...]. Além disso, é ameaçador, pois conhece a realidade do campo, mas também a magnitude da derrota que os dirigentes tentam esconder. Nos meios militantes, promove-se então sua desautorização, argumenta-se que sua perspectiva foi distorcida pela influência de seus captores, e isso automaticamente o transforma em um não herói [...]. O jogo de simular colaboração, realizado por alguns sobreviventes, foi, sem dúvida, um jogo perigoso [...]. A repetição interminável de uma mentira pode transformá-la em verdade. Muitos dos prisioneiros estabeleceram relações de proximidade com alguns dos oficiais. Na maioria dos casos, essas relações não alteravam a percepção do prisioneiro de que o outro era seu captor. No entanto, criaram-se laços afetivos ambíguos e certas lealdades. Em casos excepcionais, existiram até relações amorosas entre uns e outros [...]. Cada indivíduo parece ter um limite de [...] capacidade

de processamento de suas próprias rupturas, além do qual atinge uma zona de "não retorno".

No trabalho intitulado "De la Esma a Francia: hacia uma reconstrucción histórica del Centro Piloto París", o historiador e jornalista Facundo Fernández Barrio escreve:

> Sua relação com Pernías rendeu a Carazo os epítetos de "traidora" ou "colaboradora" por certos autores que abordaram sua história em um registro literário e de uma posição de total alienação em relação à experiência de cativeiro no CCD. No entanto, não conhecemos um único sobrevivente da Esma, um único ex-colega militante, que tenha acusado Carazo de alguma vez ter posto em risco a segurança de outros militantes. Por outro lado, seus testemunhos judiciais ao longo de vários anos forneceram informações valiosas para a recolha de provas judiciais contra os perpetradores do grupo de tarefas da Esma, incluindo Pernías.

O capitão de fragata Antonio Pernías foi condenado em 2011 à prisão perpétua por crimes contra a humanidade, privação ilegítima de liberdade, tortura, roubo e homicídio cometidos na Esma.

— Eu não era ciumenta, mas repare que com esse homem, Hugo, algo despertou em mim. Aqui na Argentina tudo é muito diferente dos espanhóis, e depois há manadas de mulheres, uma coisa incrível. Às vezes eu ouço: "Ah, oi, Hugo, como você está, oh, bem, sim, que interessante esse teu negócio, por que não falamos sobre isso, por que não nos encontramos pra um café, ah, que maravilha, quantas coisas você me faz pensar". Às vezes dou risada. Mas é tremendo. Está todo mundo com a isca no anzol. É brutal. Você não percebe?

— Acho que não.

Esta tarde, enquanto conversamos, ela verifica seus telefones porque quer me mostrar fotos do jardim de sua casa em Madri, coberto por uma nevasca. Não é um jardim próprio, mas partilhado com o resto do condomínio. Enquanto ela pesquisa, digo-lhe que vi um vídeo de Vera falando em inglês sobre questões técnicas relacionadas ao seu trabalho.

— Ela fala muito bem.

— Mas ela não tem boa pronúncia. Olha, esse era o cara quando me interrogou, uma cara de militar claríssima. E olhe para o rosto dele um ano depois.

Pego o telefone e vejo duas fotos de Alberto González, seu estuprador, a primeira com bigode, a segunda raspada.

— Como você conseguiu essas fotos?

— Peguei na Esma.

— Você as roubou.

— Sim.

Ela estende a mão e eu entrego o telefone de volta. Passa os dedos pela tela, encontra o que procura, me mostra.

— Olhe como era o jardim da minha casa com a nevasca. Quinto andar.

A mistura das fotos de González com as do jardim nevado reflete a essência dessa conversa e de muitas outras: aquela oscilação entre o monstruoso e o trivial que foi sua vida por muito tempo, só que naqueles anos o trivial (tomar chá na casa de damas elegantes com um repressor, passear por um parque com a filha acompanhada de um oficial operacional) escondia um submundo deformado que não existe mais — agora a trivialidade da vida cotidiana é simplesmente a trivialidade da vida cotidiana —, e que ninguém podia ou queria ver. Demorou décadas para que ela desativasse esse mecanismo treinado para persistir no destemor, nem sempre foi bem-sucedida, e até hoje persiste em algumas reações e comportamentos seus (comportamentos que, quando questionada sobre algum fato, são muito convenientes, pois — embora eu seja sempre cuidadosa — posso consultá-la sobre qualquer coisa, e em qualquer circunstância, sem que ela mova um fio de cabelo).

 Hoje passamos muito tempo falando sobre coisas banais — vitaminas para o cabelo; de coisas que parecem banais, mas são tétricas — "Uma vez, vários meses depois, um grupo de meninas foi levado ao cabeleireiro. Perguntaram-me onde se podia ir e eu disse ao cabeleireiro que costumava ir, que era um salão muito caro, e levaram-nos todas a um salão de cabeleireiro que fica na Rodríguez Peña, aquela praça tão bonita, cinco ou seis de nós, algo completamente rocambolesco"; do ciúme que lhe chega como novidade; do que significou ficar viúva em 2018 e na Espanha.

 — Marguerite Yourcenar, num livrinho que adoro, *Peregrina e estrangeira*, tem um texto incrível sobre a Espanha e os espanhóis e fala com certa ternura do peso das coisas, diz que as coisas são como são e isso é o que existe. E é isso. Ponto-final. Na Espanha, depois da morte do Jesús, muitas pessoas me disseram: "Bem, por sorte você tem o cachorrinho".

 — O Toitoy?

 — Sim. Algumas pessoas te dizem: "Mas você já não trepou o bastante? Sossegue o facho. Na sua idade? Fique tranquila, menina". É como a América profunda, mas em uma versão espanhola. Imagine tentar explicar a essas pessoas o que se passava na Esma, falar das viagens pra ver o Alberto.

Depois, ao longo de certo tempo vamos reconstruindo as coisas que aconteceram, e as coisas que tiveram de acontecer para que essas coisas acontecessem, e as coisas que deixaram de acontecer porque essas coisas aconteceram. Quando termino, quando vou embora, me pergunto como ela fica quando o barulho da conversa termina. Sempre me respondo a mesma coisa: "Ela está com o gato, o Hugo vai chegar logo". Toda vez que volto a encontrá-la, ela não parece desolada, mas cheia de determinação: "Vou fazer isso, e vou fazer com você". Jamais lhe pergunto por quê.

Foram três viagens para ver Alberto: uma a Montevidéu, Uruguai, em setembro de 1977, dois dias; outra para São Paulo, Brasil, em dezembro de 1977, dez a doze dias; e outra para Laredo, México, em março ou início de abril de 1978, seis dias. Tudo ocorreu enquanto ela permanecia sequestrada.

— Uma proposta estranha, digamos. Dizer a alguém que foi montonero: "Sua esposa, que está sequestrada na Esma, quer se encontrar com você no Uruguai, vão levá-la pra que vocês tenham um fim de semana em família", no mínimo era estranho. Quando cheguei à Espanha, contava isso sem filtro. Que me deixaram ir pra casa do meu pai, que me deixaram me encontrar com o Alberto no Uruguai e no Brasil, que nos levavam pra jantar nos lugares mais elegantes de Buenos Aires e depois voltávamos, punham as algemas e o capuz em nós... Mais de um se perguntaria se não havia sido coisa da minha imaginação.

Para muitos, o que ela contava soava como uma fábula, e o que ela havia sido forçada a fazer era "o que ela tinha feito".

Alberto Lennie conta que conheceu Vera em setembro de 1977, em Montevidéu. Silvia Labayru sustenta que não foi assim, que Berta e Santiago Lennie viajaram para São Paulo antes de setembro de 1977, para que ele conhecesse a filha. Seja como for, há várias fotos de um encontro dos Lennie em São Paulo, com enquadramento delicado e luz suave. Em três delas, as pessoas fotografadas parecem estar paradas em um momento de extrema quietude. Elas não olham para a câmera, o que acentua a sensação de espontaneidade. Em uma delas, Berta Lennie está sentada no chão e Alberto Lennie, de cócoras, se debruça sobre Vera, que dorme em um tatame. A luz do dia entra por uma janela e inunda o chão de madeira, fazendo com que toda a cena tenha algo de manjedoura pacífica. Em outra, Alberto Lennie está no chão, com as pernas estendidas, e Vera deitada sobre suas coxas. Sua mão esquerda repousa suavemente sobre o joelho dela, roçando-a com a ponta dos dedos como se tocasse a superfície de um lago. Em outra, Berta Lennie está sentada na cama, com os quadris envoltos em uma manta cor-de-rosa, erguendo Vera sobre a cabeça, imersa em uma atmosfera de mansidão.

Em setembro de 1977, os oficiais enviaram Silvia Labayru a Montevidéu para se encontrar com Alberto Lennie. Alberto González foi com ela e, antes que ela se encontrasse com o marido, a estuprou.

— Acho que entre nós havia muita dor, e muita ruptura, e muitas mentiras encobertas — diz Alberto Lennie, e passa a mão pelo nariz, pela barba. — A Silvina não me disse que esteve com o cadáver da minha irmã. Eu me encontrei com a Silvina em 17 de setembro de 1977, em Montevidéu. Quatro meses depois do desaparecimento da minha irmã Cristina. Se ela tivesse me dito, naquele momento, que tinha visto o cadáver da Cristina na Esma, não tinha como eu digerir essa informação. E acho que a Silvina sabia disso e por isso não me contou.

— Pra te poupar?

— Não. Pra poupar a si mesma. Porque como me explicaria que, sequestrada na Esma, tinha sido autorizada a ver o cadáver da minha irmã? Complicado. Que privilégio tinha pra ver o corpo de uma desaparecida?

Verdade seja dita, também não havia como entender muito bem que uma sequestrada fosse autorizada a ir para Montevidéu ou, antes disso, que entregasse a filha à família de origem ou, depois, que fosse autorizada a dormir na casa do pai: não havia como entender porque ainda não havia depoimentos de sobreviventes ou um conjunto de histórias que relatassem o que acontecia lá dentro. Assim, diante daquele muro impenetrável do presente puro, cada um depositava sua confiança ou sua incondicionalidade equilibrando-se sobre um aparelho psíquico corroído pelo medo, pela ignorância e pela especulação.

Ao reconstruir o encontro de Montevidéu, Alberto Lennie vai da tragédia ao vaudeville e ri como se estivesse narrando uma comédia de erros (em parte foi, se tirarmos a trama funesta que os levou àquela situação, e se omitirmos o grau de temeridade que supunha ser um ex-militante montonero que ia se encontrar com a esposa e um oficial da Esma em plena vigência do Plano Condor, um acordo entre países da América do Sul — Argentina e Uruguai incluídos — para a detenção e desaparecimento de pessoas como, justamente, Alberto Lennie).

— Uma puta loucura, Leilita. Eu precisava alugar um carro e não conseguia fazer isso com meus documentos. Então um vagabundo de Montevidéu, um ladrão qualquer, me alugou um carro, sei lá, de 1952. Você não sabe o que foi. Eu estava no carro, dando a volta em uma praça onde tínhamos que nos encontrar.

Em outra parte da cidade, seu amigo e companheiro de militância Andrés Rubinstein, que na época vivia exilado no Brasil, tinha a missão de encontrar Silvia Labayru e levá-la de táxi até onde Alberto Lennie os esperava.

— Fizemos contrarrastreamento. Pensei que ia encontrar a Silvina, que vinha acompanhada por um milico da Esma. O Andrés estava num táxi e ia buscá-la. Enquanto isso, eu estou dando a volta na praça e o carro faz um trac, e para. Eu saio, levanto o capô, olho o que está quebrado, puxo o capô, empurro o carrinho até a calçada, fecho. E vejo o táxi vindo do outro lado da praça. O Andrés no banco da frente e a Silvina atrás. O táxi para, eu abro a porta, me jogo atrás, agarro a Silvina, nos abraçamos, nos beijamos, não conseguíamos acreditar. E o Andrés olha pro taxista e diz: "Não se preocupe, está tudo bem". Saímos do táxi e o Andrés me diz: "Imbecil, eu tinha falado pro cara que a Silvina era minha esposa, que eu a estava seguindo porque ela estava me traindo, e você entra e começa a beijá-la! Tá louco?".

O relato de Silvia Labayru sobre o mesmo encontro replica com precisão a passagem Andrés Rubinstein-gritos-táxi, mas nela não há riso, e sim uma nota amarga.

— Vou pra esquina do encontro. O Alberto não vem, não vem. E, de repente, um táxi para, a porta se abre e o Andrés Rubinstein aparece lá dentro, gritando comigo: "Entra, sua filha da puta!". Não entendi nada. Mas era o Andrés Rubinstein, meu amigo. Eu entrei e ele começou: "Sua filha da puta, por que você está fazendo isso comigo, você acha certo me pôr um par de chifres?". Eu disse a mim mesma: "O que está acontecendo aqui?". O táxi avança e em determinado momento para e o Alberto entra. Quando saímos, eles me explicaram que era tudo uma espécie de show feito pra que o taxista não suspeitasse do que se tratava. Mas o que quero dizer é que o Alberto desconfiou do encontro, que poderia ter sido uma emboscada, e mandou o Andrés Rubinstein. E o Andrés foi. E arriscou a vida por mim. Depois houve uma reunião com o Alberto e o González, porque o González queria conhecê-lo e dar-lhe instruções sobre o que tinha de fazer. O Andrés Rubinstein também participou da reunião. Imagine só. Um oficial da Marinha. Dois montoneros. Mas o Alberto era meu marido. O Andrés não precisava estar lá.

Andrés Rubinstein, sentado em uma mesa na calçada de um bar na rua Arenales, com motocicletas, ônibus e carros passando a centímetros de onde está comendo sem muito entusiasmo um wrap de frango, diz que não se lembra do ocorrido.

— Não vou poder te ajudar muito porque não tenho lembrança.

Parece exagero, mas é verdade: ele não se lembra de quase nada. Não se lembra se Silvia Labayru estava em algum dos dois acampamentos do Colégio aos quais ele foi — Quillén, Sierra de la Ventana — nem como descobriu que ela havia sido sequestrada — ele e Alba Corral foram as duas últimas pessoas a vê-la minutos antes de ser presa — ou se quando ela acompanhou Alberto Lennie ao Uruguai ele já estava naquele país ou se ele veio do Brasil. Custei a entender o que ele faz, mas acho que é um *leader appraiser*, alguém que avalia e certifica processos de TI sob padrões internacionais de qualidade. Isso o mantém viajando por boa parte do ano, especialmente para a China. Ele se sentou em meio ao barulho do trânsito porque dentro do bar uma mulher estava falando pelo Zoom sem fones de ouvido e isso o irritou. Como se fosse carma, no meio da conversa, ao rugido geral dessa rua estreita se soma o de um homem que, de uma mesa contígua, grita ao telefone. Rubinstein olha-o pelo canto do olho e, falando bem alto, diz:

— Como eu amo as pessoas que falam ao telefone como se não tivessem um telefone.

O homem finge que nem escuta.

Ele militava na mesma unidade básica da Juventude Peronista, situada na rua Vera, da qual Alberto Lennie era militante. Foi natural que, quando se realizou aquele encontro das unidades básicas, ele, que conhecia os dois (Alberto era seu responsável), dissesse: "Alberto, essa é a Silvia; Silvia, deixa eu te apresentar o Alberto".

— Mas eu não os apresentei pra formarem um casal. Além disso, não era necessário apresentar a Silvia a um cara. A Silvia e a Alba eram muito bonitas, muito desejadas.

Ele a conhecia desde o primeiro ano do Colégio. Passavam muito tempo juntos no apartamento da Jorge Newbery, nos fins de semana na casa de campo dos pais dele.

— Fui pro Brasil em março de 1977. Não me lembro de muitas coisas. Só flashes. Não me lembro como soube que a Silvia tinha caído, ou como soube que ela estava viva, ou como organizamos a viagem pro Uruguai. Alugamos um carro, um carro de 48, uma coisa ridícula. E ele quebrou. Tenho umas lembranças esparsas, acho que o empurramos. Outra imagem que recordo é de estar com o González fumando e esperando, enquanto a Silvia e o Boy se encontraram pela primeira vez. Mas não me lembro dos detalhes.

— Por que você foi pro Uruguai com o Alberto?
— Pra lhe dar apoio e suporte. Do ponto de vista logístico e do ponto de vista emocional.

Pergunto-lhe sobre a história do táxi — ele fingindo ser o marido ciumento, os gritos, o taxista desnorteado —, e ele diz: "Pode ser. Não me lembro".

— E você não se lembra de nada sobre a conversa com o González?
— Não tenho a menor ideia. Ele foi muito amável, muito cordial.

Ele lembra que teve discussões com pessoas que diziam: "A Silvia colaborou".

— Sim, isso, e então? Você tem que estar naquele lugar. Não tive dúvida de que sim, ela colaborou, mas não delatou. Tem gente em quem você confia e pronto. Teve gente que saiu e também tinha colaborado, mas não era um cargo tão alto. O problema da Silvia é que ela era uma mina muito bonita, muito chamativa, e que esteve na igreja da Santa Cruz com o assunto das Mães da Plaza de Mayo, que era o pior dos pecados. Conversei muito com ela sobre a síndrome de Estocolmo. Essa integração, entre aspas, com seus captores e torturadores, os projetos malucos que foram realizados naquela Escola. Tenho uma lembrança dela me contando sobre as coisas que chegavam a confabular. Ela disse algo como: "Vamos todos pra uma ilha, longe de tudo, longe da militância". Isso é o que eu quero dizer com síndrome de Estocolmo, não que fosse fazer parte da repressão.
— Mas a fábula era ir com...?

— Sim, sim, as pessoas que estavam sequestradas com seus sequestradores.
— Todos juntos.
— Sim, sim.

Sempre que ouço "síndrome de Estocolmo" (definição rasa: "Fenômeno em que a vítima desenvolve um vínculo positivo com seu captor, como resposta ao trauma do cativeiro"), digo a mim mesma: "Problema". Na primeira conversa que tive ao telefone com Silvia Labayru, antes de nos encontrarmos, mencionei isso e ela reagiu com desprezo acerca dessa ideia aplicada ao que estava acontecendo na Esma. Voltou a isso mais tarde, em várias ocasiões: "Acho que é uma porcaria suprema isso da síndrome de Estocolmo. Uma pessoa não se identifica com o inimigo. Adota momentaneamente comportamentos de que necessita para sobreviver. E em alguns momentos há uma certa aderência, mas, passada a situação, identificação, tornar-se outra pessoa? Do que estamos falando?". Perguntei a ela em que consistia essa "aderência". Ela disse: "Bem, no fato de que alguns repressores se comportam de forma mais humana que outros, e por mais que você saiba quem ele é e assim por diante, te produz uma sensação de alívio diante do terror que você tem, uma sensação de proteção e, portanto, de gratidão, uma certa empatia ou simpatia, chame como quiser. Mas, depois desse momento, ninguém se equivocava, todos sabiam quem era quem".

Alberto Lennie continua procurando, lê, folheia papéis antigos.
— O encontro de Montevidéu foi tão mágico quanto desconcertante. Seis meses antes, eu estivera em Buenos Aires armando operações com os montoneros. E seis meses depois me encontrava com a Silvina e depois ia tomar café da manhã com um filho da puta da Esma. Tomei café da manhã com o Gato e a Silvina, e falei pro Gato: "Tchê, quais são suas ideias, quanto tempo isso

vai durar, por que estou aqui?". E ele me disse: "Pra nós, você é um elemento de tranquilidade pra Silvina. Desde que você não se envolva em confusão, a Silvina está segura. Os custos da guerra são muito difíceis, sua filha é a garantia de que você não vai complicar a vida da Silvina, e seus pais e sua irmã mais nova são a garantia de que você não vai fazer nada estúpido contando a história pra alguém a quem você não tem que contar".

Na história de Lennie, Andrés Rubinstein não está nesse café da manhã: há uma mesa para quatro pessoas em que estão ele, González e Silvia Labayru, ninguém mais.

— Pensei: "Porra, se eu tivesse um .38 eu ia dar um tiro na tua testa, seu filho da puta". Acho que ficamos lá uns vinte minutos. As cartas da Silvina depois dos encontros são brutalmente desoladoras. Esta é uma carta que ela me envia em 25 de setembro de 1977, da Esma, uma semana depois do encontro. Veja: "Boy querido, que desespero não podermos conversar antes de você ir embora. Amor, sinto que essa sua partida é como uma nova despedida. Sinto que você está tão longe e preciso tanto de você. Você não sabe o que nosso encontro significou pra mim. Meu sentimento de angústia agora é maior que nunca, porque como eu poderia não me sentir vazia se eu tive você nos meus braços e te toquei e te amei e fomos um só? Como me conformar...?". Desculpa... "Como posso me resignar a tudo isso se... se eu tive você? Estou tão mal que não consigo me expressar e estou com febre de 39 graus há dois dias, por isso não me deixaram me levantar pra falar. Estou totalmente grogue. Também faz dois dias que não como e sinto que levei a surra do século. De mim, amor, é pouco o que eu posso lhe dizer. Desde que nos separamos, no domingo ao meio-dia, nesse mesmo dia viajamos pra Punta del Este." Isso com o Gato, com o González, ok? "Nos encontramos com algumas pessoas que estavam num chalé impressionante na estrada. Ficamos lá até o meio-dia de segunda-feira, e as 24 horas restantes, como meu chefe havia planejado, foram dedicadas ao meu 'recondicionamento giroscópico', ou seja, me distrair e não voltar com muita tristeza ou depressão. Foi meio inútil, porque estava chovendo tanto que não conseguimos sair do hotel. E minha depressão estava se agravando. Houve crises de choro." E diz: "Voltar ao 'trabalho'", põe entre aspas, "aguentar tudo isso, nunca baixar a guarda, sorrir, ser feliz, e o trabalho exaustivo, e 'meus companheirinhos'", ela põe entre aspas, "que me invejam ainda mais e tentam sistematicamente me atacar em tudo o que podem. Eles me odeiam, e não suportam que algo bom tenha acontecido com a pessoa do lado, especialmente se a pessoa do lado for eu. Juro, Boy, não estou exagerando, os únicos que me ajudam a suportar essa situação são meus chefes". Esta é a síndrome de Estocolmo. Ela falava como se aqueles em quem confiava fossem os oficiais da Marinha, e aqueles contra quem estava lutando fossem os companheiros de cativeiro. E isso era algo que os oficiais obviamente cultivavam e desenvolviam. Essas cartas são um exemplo claro do horror, da perplexidade, do lugar infernal em que estávamos imersos. Mas a Silvia nunca afirmou que essas pessoas eram boas. Nunca.

Ele para. Tosse.

— Desculpe. Ela diz: "Eu lhes conto coisas e eles não cagam pra mim. Eu choro e eles me oferecem o ombro em vez de me acusar. Muitas vezes tentam me contrabandear pra me deixar ir dormir em casa, o que eu faço, de duas a quatro vezes por semana. Você vai achar ridículo, Boy. Você pode pensar que estou 'muito recuperada', mas é assim que é. Os chefes não têm nada pelo qual competir comigo, eles me apreciam por todas essas coisas que conversamos juntos. E além disso, sinto-me francamente sozinha. Desde a partida da Lucy...". A Lucy, não sei se você conhece a história...

— Sim, a Cuqui Carazo.

— Sim. "Desde a partida da Lucy, fiquei sem amigos. A Vera está uma beleza. Domingo passado estive com ela e, como ela estava cheia, não quis comer o dia todo. É uma coisinha linda. Logo ela vai começar a engatinhar, porque anda pra trás na cama, com a bunda levantada, e quando a vejo rindo e fazendo essas coisas eu penso em você, e quando chegará aquele momento feliz em que nunca mais estaremos separados. Boy, eu não sei o que te dizer, eu te amo como nunca mais vou amar alguém. Eu te amo mais do que amo a Vera. Às vezes sinto que te amo além do tempo e da distância. Eu diria pra você ser forte."

 Passa as páginas, procura. Encontra algo. Ele lê em silêncio e joga a cabeça para trás, ri com ternura.

— Olha isso, pelo amor de Deus. Que louca. "Ah, eu estava indisposta, que merda." Que saco, que saco. Transamos em Montevidéu, sem camisinha, e ela escreve: "Ah, que raiva, fiquei menstruada". Nessa situação. Se isso não é loucura, meu cu é um vaso de flores. Veja: "Mesmo que eu te diga que estou louca, e é verdade, no dia que eu puder vou te encher de filhos. Quer você goste ou não, eu te amo. Bem, meu senhor, eu vou dormir, estou morrendo de sono, estou francamente mal. Por favor, me escreva e envie pro meu velho lá no hotel, quando ele for. Vai a Madri pelo menos uma vez por mês. Vou mandar cartas com ele. É o Meliá Castilla. Me escreva. Não me deixe sozinha. Eu te amo. Silvina e Vera".

— Imagino que revisavam a correspondência dela.

— Sim, o que você está se perguntando agora é a mesma coisa que eu me perguntava.

— Você tem a carta da fralda?

— Sim.

O ar triste com que leu as cartas anteriores se dispersa, ele procura com entusiasmo.

— Olha. Aqui está. Puta que pariu. Que história. Vou ler: "Pra você, a melhor coisa que uma mulher pode dar a um homem: um filho. Pra você, é...". Desculpa... "... é a Vera. Essa pequenina que veio ao mundo e espero que ela aprenda a amá-lo muito. Apesar de tudo, este é um mundo lindo. Meu amor... Você não sabe... o que significa esta... menina...".

Ele para.

— Vou escanear pra você, Leilita, vou mandar pra você. Vou escanear a carta pra você e te mandar.

— No Uruguai, eu não contei pra ele que o González tinha me estuprado, achei que era demais. Eu lhe disse mais tarde... ou não... não me lembro. As coisas aconteceram dos dois lados. Ele teve relações com outras meninas enquanto eu estava sequestrada, ele duvidava de mim, os argentinos no exílio lhe diziam: "Essa sujeita é uma traidora". Eu não sabia onde ficar e não conseguia me defender. Mas, como eu lhe disse: "Cometi muitos erros, mas sinto te dizer que você está vivo por minha causa, mocinho, não se esqueça disso".

— Porque você poderia tê-lo entregado sob tortura?

— E um menino como ele nunca teria sobrevivido. Os milicianos jovenzinhos, perfil montonero básico, não duravam uma semana. Tentavam obter informações deles, fazê-los delatar seus chefes e companheiros, pra que mais os queriam? É isso.

Milicianos jovenzinhos. Perfil montonero básico. O reverso dessa frase parece dizer que ela, por outro lado, era muito cobiçada.

— Acho que a Silvia me diz que tem uma relação como amante do Gato, que isso foi parte do que salvou a vida dela — diz Alberto Lennie. — E que o acordo, enquanto estivesse lá dentro, teria que ser mantido. E ela não me disse em Montevidéu, isso é certo, porque eu tomei café da manhã com o Gato e, se naquele momento eu realmente quisesse dar um tiro na cabeça dele, ter essa informação teria sido desaconselhável, com as características que eu tinha, sendo tão jovem e tão dado à violência. O que eu soube do Gato através da Silvina é muito limitado. Ela me disse que teve de ser amante do Gato, por causa da pressão e

tal. Eu falei pra ela: "Olha, Silvia, está tudo bem, eu quero que se foda, não consigo lidar com essa história, muito menos julgar. Se é o que você tinha que fazer, você fez, tudo bem". Acho que ela não falou nada em Montevidéu nem no Brasil, primeiro, porque ela estava com medo e vergonha, e segundo porque eu acho que ela pensou que eu ia mandar ela se foder e não ia continuar com ela.
— Você a teria mandado pro inferno?
Fica calado, pensa um pouco e diz, taxativo:
— Com quase toda certeza, te diria que sim.

Hugo lhe diz: "A Vera devia ter sido minha". E também: "Por que você não me ligou naquela noite em vez de ligar pro Diego? Eu não teria deixado você voltar pra Esma".
Por que ela fez isso, por que o chamou? Ela diz que foi porque Diego Fernández Peteiro, o Pete, seu companheiro no Colégio, era de esquerda, mas naquela época não era militante e, portanto, não estava na mira da ditadura. "Eu precisava falar, desesperadamente. Enfim, eu me culpo até hoje, e me pergunto por que liguei pra ele, como o expus dessa forma." Um dia, em outubro de 1977, ela foi levada para a casa de seu pai e decidiu ligar para Fernández Peteiro. Não foi uma surpresa para ele, embora tivesse que fingir que era. Sabia que ela não estava morta. Andrés Rubinstein revelou-lhe isso depois de tê-la visto em Montevidéu, e também lhe pedira que fingisse estar surpreso se ela lhe telefonasse, como presumiu que o faria: Silvia Labayru dissera-lhe que ninguém devia saber que ela estava viva. Então, quando ela fez contato, Fernández Peteiro fingiu um estupor que não sentia. "Onde você está?", perguntou. "Na casa do meu pai", ela disse. "Chego aí em quinze minutos." Foi o tempo que ele levou para se deslocar de sua casa, na rua Uriarte, até o apartamento na avenida del Libertador. Ela foi grata por essa incondicionalidade a vida toda: ele poderia ter

sido atraído para uma armadilha. Ela falou com ele desesperadamente, sem se censurar, mas com cuidado para não dizer nada que pudesse expô-lo a algum risco. Fernández Peteiro deixou a Argentina pouco depois, em 4 de dezembro de 1977, de barco (por isso, quando fala de seu grupo de amigos — Caparrós, Yako, Peteiro, Corral, Fainstein, entre outros —, ela os chama de "os do barco"), e hoje vive em uma cidade perto de Sevilha, onde trabalha como gerente de uma empresa de desenvolvimento habitacional. Na tela, atrás dele, se vê um pátio cercado de muros de pedra. Estamos em agosto, são cinco horas da tarde na Espanha, e o sol de Vilasindre é tão definitivo quanto a forma como ele fala. Frases curtas, quase sempre terminando em um advérbio — *efetivamente*, *evidentemente*, *teimosamente* —, depois do qual parece que não dirá mais nada, e um sotaque espanhol tão marcado que não há vestígios de argentinidade nele. Sua mulher e Silvia Labayru, que também está na Galiza, foram a uma consulta médica.

— A Silvia mora aqui numa casa com muita gente. O filho, os amigos do filho. Nós preferimos um pouco mais de intimidade.

A primeira lembrança que ele tem dela foi uma forte discrepância.

— No dia 29 de maio de 1969, quando entramos no Colégio, houve uma grande jornada de greve, o Cordobazo. No Colégio, dissemos: "Estamos todos em greve". E um certo piquete foi montado na porta pra impedir a entrada dos companheiros. A Silvia foi uma das únicas quatro ou cinco pessoas que apareceram pra aula, teimosamente. É claro que seu pai, sua família ou sua ascendência exerceram influência. E foi um encontro forte. Ela estava toda chateada e dizia: "Vou entrar, vou pra aula". E foi pra aula. Isso realmente não durou muito, porque depois se tornou uma rebelde.

Ao falar do sequestro, as sentenças tornam-se, além de curtas, entremeadas de silêncios.

— Ela foi sequestrada em dezembro de 76. Sim. Efetivamente. Eu estava em Buenos Aires e fiquei sabendo por amigos.

Silêncio.

— Era tudo muito difícil.

Silêncio.

— Descobri e foi muito ruim.

Silêncio.

— Muito ruim. Achei que ela estava morta. Aí alguém me disse que ela estava grávida. Era uma tragédia. E em outubro recebi um telefonema de um amigo, o Andrés Rubinstein, que era dos Montoneros e me disse que ela estava viva. Mas ele me disse pra não contar a ninguém. E ela me chamou por telefone. E aí nos encontramos. Eu corria o risco que fosse necessário. Não importava. E assim foi.

— Você atendeu o telefone e a Silvia estava do outro lado.

— Isso mesmo. Tremendo. Impacto. Muito grande. Eu não deveria saber que a Silvia estava viva, então tive que fingir surpresa. Fui à casa do pai dela. Era tudo muito inseguro e muito inconsciente. Porque ela não podia ver pessoas como nós. Mas são coisas que fazemos aos 21 anos, em parte de forma inconsciente e em parte porque tem de ser feito, efetivamente.

— Você se lembra da data do encontro?

— Dia 16 de outubro. E depois eu a vi antes do dia 10 de novembro. Fui até sua casa. Havia uma arma na mesa. Eu digo: "E quanto a isso?". Ela diz: "Eles deixam comigo por uma questão de segurança". Eu lembro que até a peguei, olha isso. Eu realmente não tinha medo. Ela me contou uma longa história de por que estava viva, por que me ligou, por que eu podia vê-la. Ela me contou como foi que os militares da Escola de Mecânica da Marinha decidiram que havia pessoas que poderiam ser resgatadas. Pessoas recuperáveis que tinham de atender a padrões fenotípicos, bem como raciais e religiosos. E ela se encaixava perfeitamente. Não era judia, família de militares, loira, de olhos azuis.

Sua história era tremenda, coerente, dolorosa, e eu senti que precisava de ajuda. E que era preciso ajudá-la. Nessa segunda reunião eu já tinha a passagem de barco, e disse: "Estou indo embora, mas também, o que pode ser feito, como posso ajudá-la?". Ela disse: "É o suficiente que você vá embora". Ela deve sua vida a ter disfarçado bem. O fato de convencer aquelas pessoas de que ela era diferente do que era, que a simulação permanente foi o que salvou sua vida. Acho que ela teve uma atitude muito racional, tremenda. Caráter, vamos lá. Evidentemente. E depois houve a história da infiltração das Mães de Mayo.

— Ela te contou isso na época?

Faz-se um silêncio pesado.

— Ela me disse que era obrigada a fazer coisas assim.

— A Silvina entrou na confusão das Mães em dezembro de 1977 — conta Alberto Lennie. — Ao longo desse ano, ela começa a fazer parte de um grupo de ex-militantes que se salvam e ninguém sabe como ou por quê. Acho que todo mundo, num momento ou noutro, teve essa síndrome de Estocolmo. No caso da Silvina, sei disso claramente porque ela me enviou cartas sobre o que estava lhe acontecendo. As cartas que eu li pra você.

Problemas. Problemas. Grandes problemas.

Chego às três da tarde ao apartamento da Gurruchaga. Ela faz café. Me oferece. Digo, como sempre, que prefiro água. Nos sentamos. A cena poderia ser a mesma de duas semanas atrás ou a do mês seguinte. Apenas mudam as roupas, o clima e as coisas sobre as quais conversamos antes de mergulharmos em sua história. Mas hoje não há preâmbulo. Assim que nos sentamos, ela pega um de seus telefones e me entrega.

— Olhe essa foto.

É um close-up, uma foto muito próxima. Seu rosto, virado de lado, ocupa toda a tela. Ela está deitada na grama, lânguida, com a pele sedosa, a camiseta com um decote amplo pelo qual se vislumbra um sutiã. Parece um ser etéreo que caiu e não suporta o peso da vida e da terra. Há algo chocante e delicado na imagem: o olhar de admiração da pessoa que a tirou. Agarrada a ela, chorando desesperadamente: Vera. A foto é uma beleza e um desastre. Astiz a tirou.

— Você sabia que tinha essa foto?

— Sim. Agora que a vi, lembrei-me dela. Era uma foto que estava em casa e dá pra ver que a Vera escaneou.

— Por que ele tirava fotos de você?

— Estou muito séria. Você viu minha cara? Parece que estou morta.

— É a foto de alguém fascinado.

— Sim, sim, sim. A questão é que ele era como um cavalheiro inglês. Não sei se com todo mundo. Comigo, sim. Ele se continha por completo. Ele me disse: não achava certo os oficiais abusarem das sequestradas. Não disse a palavra *abusar*. Como se estivessem se aproveitando da situação.

— Em que contexto ele disse isso, você lhe contou o que estava acontecendo com o González?

— Não. Uma conversa mais geral sobre o que se passava lá dentro. E ele disse que não achava certo. Mas, sim, havia uma espécie de fascínio. Porque de certa forma ele me via como sendo da classe dele. Me dizia que pertencíamos a mundos muito diferentes, mas que se ele tivesse me conhecido em outro contexto… Sempre com uma grande distância, tipo: "Você é mãe, seu marido". Mas isso não exclui o fato de que ele fez o que fez. Ele me levava pra comer, quando era preciso me levar pra casa dos meus pais, ele muitas vezes me levava. Não só a mim, a muitos outros, mas comigo havia uma espécie de relação especial de cuidado. Quando fui liberada, ele nunca mais fez contato comigo. Ele tinha a ideia de que eu sairia e faria minha vida. É incrível. Eles estavam confiantes de que não íamos falar. Acho que alguns deles pensaram nisso com sinceridade. Uma daquelas histórias com final feliz: éramos inimigos, mas percorremos um longo caminho e agora você vai fazer sua vida, somos ruins, mas nem tanto, matamos muitos, mas esses duzentos recuperaram a liberdade. Suponho que pensassem: "Eles serão eternamente gratos a nós".

— E o que você sente por eles, por Pernías, Astiz, Acosta, González?

— Desprezo. Profundo desprezo.

— O Astiz te dava medo?

— Não, de todas as coisas que você podia encontrar lá dentro, era de quem eu menos tinha medo. Mas havia outras pessoas pelas quais ele não tinha esse respeito.

— Você se lembra do dia em que ele tirou a foto?

— Sim. Porque a Vera não parava de chorar. Foi uma das primeiras vezes em que a vi. Acho que ele não tinha câmera. Eu devo ter levado, devo ter pedido uma aos meus pais.

— Como te escolheram?

— Pro negócio das freiras?

Nunca diz "das Mães". Sempre diz "das freiras".

Depois me conta.

Antes de ir embora, pergunto se ela pode me mandar a foto. Ela a envia. Cada vez que olho para ela vejo coisas novas: um sorriso melancólico em um rosto ausente; a imagem dramática de um mulher que morre com alívio; uma divindade caída. Em todas as versões, algo se repete: o desespero sombrio de Vera. Aquele pranto que parece uma tentativa de ressuscitá-la.

Um sistema de escolhas — não foi um colégio qualquer, foi o Nacional Buenos Aires; não foi Hugo, foi Alberto; não foi Norma Susana Burgos, foi Silvia Labayru — que se revelou como um mecanismo de ativação de navalhas que machucaram todos eles.

Então, ao longo de certo tempo vamos reconstruindo as coisas que aconteceram, e as coisas que tiveram de acontecer para que essas coisas acontecessem, e as coisas que deixaram de acontecer porque essas coisas aconteceram. Quando termino, quando vou embora, me pergunto como ela fica quando o barulho da conversa termina. Sempre me respondo a mesma coisa: "Ela está com o gato, o Hugo vai chegar logo". Toda vez que volto a encontrá-la, ela não parece desolada, mas cheia de determinação: "Vou fazer isso, e vou fazer com você". Jamais lhe pergunto por quê.

Os militares estavam convencidos de que, por trás do movimento das Mães da Plaza de Mayo, um grupo que começara a se reunir em frente à Casa do Governo em abril de 1977 para reclamar seus filhos, havia organizações de esquerda. Astiz se infiltrou entre eles sob o nome de Gustavo Niño, fazendo-se passar por irmão de um desaparecido. Começou a frequentar a praça e as reuniões que, além das Mães, contavam com a presença de outros familiares nas mesmas circunstâncias e ativistas de direitos humanos. Em determinado momento, foi decidido que, para maior cobertura, ela se apresentaria como alguém se passando por sua irmã mais nova.

— Então mandaram a Norma Burgos, esposa do Carlos Caride, um daqueles heróis montoneros, que tinha sido minha companheira no lugar onde a gente dormia e tinha estado no parto de Vera. Ela era moreninha, de olhos escuros, com uma pele bastante escura, uma aparência oposta à de Astiz. Foi uma vez, acho que na Plaza de Mayo, ele não chegou a apresentá-la. Quando voltou à Esma, essa menina teve a habilidade de dizer que ela, fisicamente, não estava apta para ser irmã de Astiz. E disse que achava muito mais plausível que fosse eu. Que ele se parecia comigo, que eu era loira, de olhos azuis. E que eu era perfeita para ser a irmã mais nova. E assim me mandou pra boca do lobo.

A Lydia Vieyra, minha amiga, um dia a confrontou e disse: "Foi você quem mandou a Silvina, eu te escutei, sei disso porque estava perto quando você propôs". Cara, ela estava certa em se defender, mas não precisava sugerir que eu fosse no seu lugar. Depois veio morar na Espanha. Ela nunca me ligou em quarenta anos. Como se não quisesse sair comigo porque eu estava marcada pelo lance das freiras. Como se diz na Espanha, *olé tus cojones*, que atrevimento. Justo você.

Lydia Vieyra não confrontou Norma Susana Burgos. Ela não disse: "Eu te escutei" ou "Eu estava perto", porque ela não tinha escutado e não estava perto. Mas depois que Burgos foi forçada a acompanhar Astiz, Vieyra teve uma conversa com ela no setor da Capucha e perguntou se ela teria que sair com o oficial de novo. Burgos lhe disse que não, que tinha falado com Astiz sobre Silvia Labayru porque ela se parecia mais com ele. Em 1978 ou 1979, quando já estavam em Madri, exiladas, Lydia Vieyra e Norma Susana Burgos foram tomar café. Foi levantada a possibilidade de pedir refúgio político como grupo, e não cada um fazendo isso por conta própria. Vieyra disse que iria comentar com Silvia Labayru, de quem já era grande amiga, para que ela se unisse a eles. Burgos fez objeções: a Labayru é melhor não. Então Lydia Vieyra lembrou que fora ela quem tinha posto sua amiga naquele lugar, que "tendo tido a possibilidade de ir ao banheiro, quebrar uma lâmpada e cortar a jugular, ela não o fez e, em vez disso, tirou o assunto dos ombros expondo outra companheira".

Astiz estava infiltrado havia meses quando Silvia Labayru foi obrigada a ir com ele a uma reunião na rua Magallanes, 889, no bairro de La Boca, onde o artista plástico Remo Berardo, cujo irmão estava desaparecido, tinha seu ateliê. Além de algumas Mães, o encontro contou com a presença de Alice Domon, freira francesa comprometida com causas humanitárias. De acordo com vários testemunhos dados em processos judiciais, Silvia Labayru era "uma menina loira", que estava com Astiz e permaneceu muda. Segundo Silvia Labayru, a freira Alice Domon tirou da bolsa um panfleto do Partido Comunista Marxista-Leninista, um pequeno grupo que não estava envolvido na luta armada. A constelação de palavras era poderosa: *comunismo, marxismo, leninismo*. Astiz não precisava mais confirmar que, por trás das Mães, havia organizações de esquerda. Em 8 de dezembro desse ano, o grupo de tarefas 3.3/2 da Esma lançou operações coordenadas. Primeiro, invadiram o ateliê de Remo Berardo e o sequestraram. Horas depois, foram ao Bar Comet, na Paseo Colón com a Belgrano, onde sequestraram Horacio Elbert e Julio Fondovila, dois parentes dos desaparecidos. Depois, entre as oito e as oito e meia da noite, se dirigiram à igreja de Santa Cruz, na Urquiza com a Estados Unidos, onde minutos antes Astiz tinha doado alguns pesos para colaborar na publicação de uma petição pelos desaparecidos dirigida a Jorge Rafael Videla, o presidente de facto. Quando Astiz se afastou, os militares sequestraram Esther Ballestrino de Careaga e María Eugenia Ponce de Bianco — Mães da Plaza de Mayo —, a freira Alice Domon e os ativistas de direitos humanos Ángela Auad, Eduardo Gabriel Horane, Raquel Bulit e Patricia Oviedo. Dois dias depois, sequestraram Azucena Villaflor, uma das fundadoras das Mães da Plaza de Mayo, e, em uma paróquia em Ramos Mejía, a freira Léonie Duquet, companheira de Alice Domon. O total de vítimas foi de três mães da Plaza de Mayo, duas freiras francesas, dois parentes de desaparecidos e cinco ativistas de direitos humanos sequestrados.

— Quem te disse que você tinha que ir a essas reuniões?
— Não me lembro se foi o Pernías ou o Astiz.
— Você ia com ele de carro?
— Sim.
— Iam falando de alguma coisa?

— Ele me dava instruções: vamos a uma reunião com tal gente, você vai ter que ficar quieta se fazendo passar por minha irmã mais nova, o sobrenome é tal.

— A que reuniões você foi?

— Fui a uma reunião na casa do Remo, em La Boca, onde a freira tirou aquele panfleto do partido comunista, marxista, leninista. Qualquer coisa comunista pra eles era o demônio personificado. E depois à própria operação onde os sequestraram... Obrigaram-me a ir a um bar. Como se chamava?

— Comet.

— Isso. Eles me obrigaram a ir àquele bar, a uma reunião com dois parentes, e me disseram: "Você vai ficar lá até eles virem, e quando estiverem todos lá, vamos sequestrá-los, e você também". A situação era horrível. Horrível. Eu não podia fazer nada. Eu não podia dizer a eles: "Vão embora". Se eu contasse, me matariam.

Ela estava à mesa com Horacio Elbert e Julio Fondovila, obrigada a fingir que tudo aquilo era um chá angustiado e não uma armadilha, esperando o momento em que os soldados do grupo de tarefas entrariam e levariam todos, inclusive ela. A conversa durou pouco.

— Eles entraram logo. No momento em que irromperam, tive a nítida sensação de que estava sendo sequestrada outra vez. Depois disso, as águas da terra se abriram pra mim. Até então, de alguma forma eu havia sobrevoado como a Sininho. Nunca tinha me envolvido em nenhuma situação muito difícil. Havia conseguido não entregar ninguém, nunca tinha delatado ninguém. Tinha sido protegida pela Cuqui. Ao mesmo tempo, restava o consolo de dizer: "Não fui eu que entreguei essas pessoas, não decidi que deveriam ser sequestradas ou mortas, esse fardo caiu sobre mim". Mas durante anos fui "aquela que acompanhou o Astiz, aquela que foi com o Astiz". Como se tivéssemos ido ao cinema. Esse foi o estigma. Isso me afundou.

— Quando você voltou pra Esma, contou o que tinha acontecido?

— Sim, pro Martín Gras. Eu contava tudo. Me reportava organicamente. E se produziu ali dentro algo como: "Opa, ela". Rapaz, pergunte à Susana Burgos por que me meteram nisso.

— Você já tinha alguma informação de que havia sido ela?

— Sim, sim, eu sabia.

— Você a confrontou?

— Não. Nem todos confiávamos uns nos outros. Só na Cuqui e no Martín Gras minha confiança era total. Eram meus chefes montoneros.

Em meados de agosto de 2022, escrevo a Norma Susana Burgos e ela responde muito rápido: "Ok, podemos conversar. Eu estive na Esma. Mas poderia ser a partir da próxima semana? Estou fora de casa". Nos conectamos via Zoom pouco depois, na terça-feira, 23 de agosto de 2022, seis da tarde, horário da Espanha. Ela mora perto de Valencia. Na tela aparece uma mulher magra, com mãos finas e unhas muito longas. Usa um vestido leve, com decote amplo, tem um leque nas mãos, fuma.

— Bem, me diga. Vou te tratar por você; por favor, faça o mesmo. Além disso, tenho certeza de que sou mais velha que você.

Embora ela saiba por que quero falar com ela, quando menciono Silvia Labayru acho que o nome pode retraí-la. Mas não.

— Sim, passei dois anos menos um dia na Esma. E eu trouxe a filha dela ao mundo, o que não é pouca coisa. Não me leve a mal — diz, abanando-se —, mas acho muito importante que deixemos de nos concentrar no campo de concentração estrela, que é a Esma. Parece-me um demérito para as companheiras dos outros campos. Surgiu uma situação particular na Esma, porque houve resistência por parte dos detidos, entre os quais me incluo. Nós, com a Cuqui Carazo, com o Martín Gras, com mais três ou quatro, montamos uma coisa política para poder sobreviver sem delatar, mesmo que nos levassem para delatar. Hoje me interesso por esse tipo de mulher que não verbaliza como eu, que não verbaliza como a Silvia, porque quase não tem vocabulário, e para quem coisas terríveis aconteceram em outros campos. A Esma foi um hotel cinco estrelas perto deles. Porque também ali se encontravam companheiros de alto nível, a Cuqui, o Gras, o Juan Gasparini, companheiros muito top. Eu não era ninguém. Mas tinha uma pequena facilidade para me manter viva, sabe? Com licença.

Ela pega um mata-moscas e dá um golpe fulminante na mesa.
— Há moscas no campo.

Estou em êxtase: não vejo um mata-moscas há décadas e agora, na tela do computador, com todos aqueles bytes e toda aquela tecnologia no meio, parece uma irrupção atrevida e tremendamente simpática.

— Eu estava te dizendo, tenho uma explicação de por que estou viva. Minha resposta é que o atrito, como dizem os espanhóis, faz o carinho, e a culpa opera sobre os mais loucos. Desculpe, vou matar outra mosca.

Sem largar o cigarro, ela empunha o mata-moscas e desfere outro golpe: a mosca cai, vítima de um golpe perfeito.

— Eles, por nos manterem por tanto tempo e nos consultarem sobre política, tiveram uma relação conosco. Era difícil para eles nos matarem, mas também nos comportamos de certa forma pra fazê-los acreditar que tínhamos nos recuperado. Essa pergunta me fizeram constantemente. "E por que você está viva?" Não a faziam com má intenção. As más intenções vinham das organizações de direitos humanos. Mas como não entender Hebe de Bonafini, que foi uma das pessoas que mais nos crucificaram? Como não entender que ela olhasse para mim e pensasse: "Ela está viva, e meus filhos?". As pessoas viam os sobreviventes e atravessavam a rua. Mas era lógico.

Não podemos achar que essas pessoas são ruins. E da parte dos Montoneros, obviamente eles também não precisavam confiar em nós. Por que fariam isso? Mas disso eu faço uma forte defesa: se não houvesse sobreviventes, não haveria julgamentos. Não sei se você notou que os sobreviventes não aparecem de nenhum lado, como aparecem as Mães, as Avós, os Filhos dos desaparecidos. Não é que isso me machuque. Mas com a Cuqui Carazo, por exemplo, eles se comportaram muito mal. É uma pessoa que foi muito maltratada, e agora que os anos se passaram se diz... foi um pouco gratuito, né? Porque você sofreu, mas ela também sofreu. O marido morreu nos braços dela, cara. Por isso, cuidado ao levantar o dedo. Não acho que é questão de perdoar, mas é preciso fazer um esforço para entender essas pessoas. Com o que havia, com o que nos coube viver, fizemos o que pudemos. Mas nós, as mulheres da Esma, somos de um hotel cinco estrelas. A questão de classe, especialmente no caso da Silvia, nunca é discutida. Eu podia ter vindo de uma família pobre, mas ela não.

— Você diz isso porque ela vem de uma família de militares? — pergunto, e o que se segue é inesperado.

— Sim, olha, sinto muito, mas a primeira pessoa escolhida pra ir com o Astiz se infiltrar na igreja de Santa Cruz não foi a Silvia. E eu lamento infinitamente. Essa primeira pessoa fui eu. Mas eu disse ao Acosta: "Como vou com um loiro de olhos azul-claros se eu sou uma neguinha qualquer?". Além disso, era viúva de quem era. Eu disse: "Eles vão me descobrir em dois minutos, por mais que eu faça teatro". E foi aí que escolheram a Silvia. E eu sinto infinitamente porque ela ficou com essa mancha, e suponho que ainda haverá algum louco ou louca que a odeie por isso. Sem razão. Porque ela não podia se negar a nada. Eles iam matá-la se ela se recusasse. Eles mantiveram a mãe, o pai e a cunhada de dezessete anos sendo torturada ao lado dela. Então veja você, pobre mulher. Mas essa coisa de classe existia.

O Astiz tinha um profundo desprezo por mim e por algumas companheiras. Não tinha pela Silvia.

— Quando te escolheram, você enfrentou o Acosta, disse: "Não, como é que eu vou com o Astiz?", e ele te ouviu, sem mais nem menos?

— Claro. Fiz uma tentativa. Quando digo isso ao Acosta, não quero dizer que estou me atrevendo a desafiá-lo. Eu tinha muito medo dos militares. Ainda tenho muito medo deles. Estou dizendo isso porque me ocorreu que esse poderia ser um recurso que me salvaria de algo que eu não sabia se seria capaz de fazer. Não estava muito confiante. Arrisquei. E o cara achou razoável. Ele disse: "Claro, como vamos mandá-la junto com esse loiro imaculado?". E isso, pra Silvia, foi horrível. Lamento. Eu não achava que iam mandar ela nem ninguém. Pensei que... não pensei. Não tinha como pensar. Não imagine que as coisas também foram tão fáceis, embora eu diga que era um hotel cinco estrelas.

— Como você descobriu que ela tinha sido escolhida?

— Não me lembro. Ela deve se lembrar melhor que eu, porque foi ela que sofreu. Uma vez falamos sobre isso em Madri. Não me lembro mais porque já faz muitos anos. Mas ela deve ter uma memória perfeita do que aconteceu, sabe?

— A relação entre vocês ficou tensa depois disso?

— Não da minha parte. Quando fomos a Madri testemunhar num julgamento, eu a vi sentada e fui cumprimentá-la, apesar de várias companheiras minhas não quererem. Como se ela, aos dezenove anos, o sogro, a sogra e a cunhada sequestrados, a cunhada Cristina Lennie, que felizmente chegou morta, pudesse ter sido... Pensava: "Será que essas minhas companheiras pensam que essa menina que tinha dezenove anos e estava grávida...? Por que são tão cruéis?".

Norma Susana Burgos é filha de uma família humilde da cidade de Mar del Plata. Seu pai era comunista, cabeleireiro, quase analfabeto. Passavam muita necessidade. Uma vizinha disse à mãe: "Por que você não pede uma máquina de costura pra Evita?". A Fundação Eva Perón doava máquinas de costura para pessoas que precisavam encontrar alguma forma de sustento. A mulher fez isso, apesar de o marido ser antiperonista. Evita — a Fundação — enviou a máquina a ela. Norma Burgos aprendeu com a mãe a fazer o que fosse preciso para superar as dificuldades: "Minha mãe ensinou a mim e aos meus irmãos que era preciso sobreviver". Ela já era viúva de Carlos Caride, célebre montonero que morrera em um confronto em maio de 1976, quando em 29 de dezembro daquele ano uma de suas duas filhas pequenas morreu. Há diferentes versões de sua morte: alguns dizem que ela ingeriu veneno de rato; a maioria, que engoliu uma pílula de cianureto durante uma reunião de membros da organização. Menos de um mês depois, em 26 de janeiro de 1977, Norma Burgos foi sequestrada e torturada no porão da Esma. Sua outra filha, Ana Soledad Burgos, ficou com os avós. Quando saiu do centro clandestino, conseguiu levá-la consigo para morar na Espanha.

Depoimento de Martín Tomás Gras no caso Esma, 18 de agosto de 2010. Reunião: 9h30. Hora de início: 10h51. Duração do depoimento (sem cortes): cinco horas:

> Ela esteve vinculada a Astiz para dar a imagem de Astiz como um jovem civil em busca de seu irmão, acho que ela aparecia como parente dele ou algo assim. Entendo que ela agiu sob algum tipo de coação ou ameaça, mas não sei os detalhes.
> Eu contava tudo. Me reportava organicamente. Com a Cuqui e o Martín Gras a confiança era total. Eles eram meus chefes montoneros.
> Entendo que ela agiu sob algum tipo de coação ou ameaça, mas não sei os detalhes.

[16h55, 26 out. 2022] Leila Guerriero: Caro Martin, te envio meus cumprimentos. Meu nome é Leila Guerriero. Sou jornalista. Estou trabalhando desde o ano passado em um longo perfil da Silvia Labayru. Para isso, entrevistei-a muitas vezes, e também estou fazendo entrevistas com seu círculo de familiares, amigos e pessoas que a conheceram em várias circunstâncias, nem sempre favoráveis. Por tudo o que Silvia me disse nos últimos meses, tenho muito interesse em conversar com você e contar com seu ponto de vista. Seria ótimo poder me encontrar com você e conversar por um momento. Também posso, é claro, te telefonar para me explicar melhor.

[17h11, 26 out. 2022] Martín Gras: Estimada Leila. Se você já está em contato com Silvia, não há ninguém melhor que ela para contar/interpretar sua própria história. É minha política testemunhar apenas sobre os verdugos, e não sobre as vítimas. Espero que me entenda. Cordialmente, MG.

[17h39, 26 out. 2022] Leila Guerriero: Caro Martín, obrigada pela sua resposta. Compreendo sua posição e a respeito. Se me permite insistir, neste caso não se trataria de dar um testemunho, no sentido estrito da palavra, nem de falar apenas de Silvia, nem de lhe perguntar que posição tem sobre isso ou aquilo, mas de conversar a partir de um lugar diferente. Só quero encontrar o maior número possível de facetas para contar essa história e escrever um texto sem reducionismos. Por isso, desde o início, achei que sua voz era indispensável.

Não há resposta.

Embora ele a mencione como "vítima", não me passa despercebido isto: "contar/interpretar sua própria história". Uma pequena partícula de linguagem, dois verbos no infinitivo capazes de produzir um desastre.

Graciela Daleo foi sequestrada e permaneceu detida na Esma de 18 de outubro de 1977 até 1979. No Julgamento das Juntas

Militares de 1985, depôs como testemunha. Um magistrado lhe perguntou: "Os presos que estavam na Capucha não colaboravam nem faziam trabalhos?". Daleo reagiu de imediato: "Eu tentaria usar a palavra *colaboração* com cuidado, por causa das conotações que ela pode ter". Perguntaram-lhe se conhecia alguma detida que tivesse sido "forçada a facilitar o rapto das freiras e das pessoas detidas na igreja de Santa Cruz". Respondeu: "O sequestro foi feito pela infiltração de Astiz, e o grupo de tarefas obrigou uma prisioneira, Silvia Labayru, a acompanhá-lo". Em um depoimento que deu 25 anos depois no caso Esma — *circa* 29 de abril de 2010 — ela disse: "Parece que me lembro [...] por ter lido o depoimento de Silvia Labayru, por exemplo, que participou do sequestro de Remo Berardo no ateliê de La Boca, que faz parte do grupo da Santa Cruz".

Participou.

Tudo vai acabar sendo um problema semântico. O que não é pouca coisa.

"Tudo o que Silvia Labayru diz agora não é o mesmo que ela disse no início, anos atrás", me diz uma pessoa a quem peço uma informação. Mas quem disse o que dizia no início, anos atrás?

O desaparecimento das freiras francesas teve repercussão internacional. O governo francês protestou oficialmente. Os oficiais da Marinha fizeram uma armação para fingir que o sequestro havia sido realizado pelos montoneros. Elas foram obrigadas a tirar uma foto em frente a uma bandeira da organização e a escrever uma carta ao chefe da ordem das Irmãs de Missões Estrangeiras na qual pediam para serem trocadas por vinte presos políticos. Entre os dias 14 e 15 de dezembro, foram lançadas ao rio. Os corpos de Léonie Duquet e Alice Domon foram identificados em 2005 pela Equipe Argentina de Antropologia Forense.

Pouco antes de dezembro de 1977, Alberto Lennie decidiu que o Brasil não era seguro o suficiente e partiu para Madri. Chegou com muito pouco dinheiro — o equivalente a cinco euros de hoje — e foi para a casa de Alba Corral, onde ficou alguns dias. Formou um casal, que não durou muito, com Silvina Vieyra, irmã de Lydia Vieyra (que ainda estava sequestrada).

Em dezembro de 1977, ele e Silvia Labayru se reencontraram, desta vez em São Paulo. Ela chegou com Alberto González e sua esposa. Todos os Lennie estavam lá: Sandra e seu marido, William; Silvia e seu par, Carlos Bruno; Berta, Santiago, Alberto e Vera. O objetivo era passar o Natal em família, mas Carlos Bruno e Silvia Lennie se recusaram a recebê-la em sua casa. González e a esposa viajaram para o Rio de Janeiro, para onde Silvia Labayru teve de ir pouco depois — Alberto Lennie e Andrés Rubinstein a levaram de carro até aquela cidade — para se encontrar com o casal. Lá, ela se hospedou na casa de um tio de Rubinstein, "o maior e mais luxuoso apartamento que já vi na minha vida, em frente à praia de Ipanema; havia um Picasso na parede da sala", e depois passou um ou dois dias no hotel onde os González estavam hospedados. Os três voltaram para Buenos Aires em aviões separados.

Há uma foto dessa viagem. Ela está em uma praia com Vera nos braços, biquíni, descalça, cabelos molhados, altiva e sem sorriso: ninguém que a visse poderia pensar que dentro de mais alguns dias ela estaria de volta ao porão de sua desgraça.

— Em 1977, sair da Esma, ir passar o Natal com a família, era suspeito — diz Alberto Lennie. — Entram 5 mil, morrem 4950, pouco mais de setenta se salvam, por quê? Levei anos pra entender. Até que os que sobreviveram se manifestaram. E a partir daí houve uma história. Mas em 1977? Não entendíamos nada. O que eu recrimino na minha irmã Silvia é que ela não me apoiou como irmão. Porque a Sandrita estava lá e comeu o pão doce com a gente.

— O Carlos Bruno me impediu de entrar na casa dele, no Natal de 1977, porque eu podia ser uma traidora. Me hospedei com Alberto e Vera em um apartamento e passamos lá sozinhos, nós três, porque não me deixaram entrar na casa deles. O Alberto me disse: "Eles desconfiam de você". Nem ele eu sabia o que pensava. Mas era meu marido. Era tipo: "Olhe, se você acha que eu sou uma traidora, diga, a gente se separa e pronto". Mas, pra que ele fosse pra Espanha, pedi à Esma que lhe fizesse um passaporte falso, e ele chegou à Espanha com esse passaporte. Quer dizer, ele aceitou o passaporte, mas depois tudo lhe parecia muito nojento.

— No julgamento do estupro, o González e o Fanego argumentam que este era o momento certo pra fugir e, no entanto, você não fugiu.

— Sim. Todos os Lennie estavam no Brasil. Com certeza, essa era a oportunidade pra escapar. No entanto, não fiz isso. O problema não era escapar, mas sim que, se você escapasse, e os que ficavam na Esma? Matavam todos. Talvez não, mas como você podia saber como iriam reagir? E no dia seguinte sequestravam seu pai, sua mãe. Você escapou, sobreviveu e carrega centenas de mortes por represália pelo resto da vida? O Hugo sempre me pergunta: "Por que você não fugiu?". Eu digo: "Porque eu não podia carregar mais nada na minha consciência". Não podia dizer à família Lennie, que acabara de ser sequestrada: "Agora se refugiem na embaixada sueca e comecem outra vida na Europa, porque vou fugir revolucionariamente". Ótimo. Foder a vida deles mais que o Alberto e eu já tínhamos fodido.

— Mas você ia se salvar.

— Mas eu ia me salvar.

Nos primeiros meses de 1978, ela conseguiu que a deixassem ir para a Espanha para ficar com o marido, mas, assegura, ele disse que não: seria muito difícil para ele explicar que ela estava sendo mantida em cativeiro e, ao mesmo tempo, em Madri. Embora ela tenha se oferecido para ficar trancada em um hotel, ele insistiu: não. Eles concordaram em se encontrar em San Antonio, Texas. Alberto Lennie chegou à fronteira dos Estados Unidos com o México e teve o visto negado. Mais uma vez, os De la Garza vieram socorrê-los: percorreram parte da fronteira pedindo que os deixassem passar. Não teve jeito. Aí disseram: "Vão pra Laredo. Fiquem lá, num hotel, que a gente paga". Lá, no México, ele esteve a ponto de se despedir.

— No encontro em Montevidéu, e depois no Brasil, não hesitei em acompanhá-la — conta Alberto Lennie. — Com brigas, com perguntas que não tinham respostas, com respostas que eu sabia que não eram verdade. A pobre menina tinha parido em cima de uma mesa, tinha vinte anos, estava num campo de concentração. Eu não me sentia no direito de julgá-la. Mas no México... Ela foi sozinha. Acho que descobri o lance do González no México. Naquele encontro, quase lhe disse que não queria continuar com ela.

— Por quê?

— Achava muito difícil que a gente conseguisse sair daquela merda juntos. Entre a primeira e a segunda vez que vi a Silvina, ela tinha caído na síndrome de Estocolmo. Quando você se identifica com o captor. Com certeza, é obvio. Pra ela era exasperante e muito doloroso, pra mim era desconcertante e eu não tinha ideia de como lidar com isso.

— Você disse a ela que estava saindo com a Silvina Vieyra?

— Fiquei dez meses sem trepar depois que a sequestraram. Nunca na minha vida, desde os quinze anos, eu tinha ficado tanto tempo sem trepar. E a primeira vez que transei de novo, contei pra ela. Eu disse isso no México. E lá, sim, foi lá que ela me falou do González. Foi como uma troca: toma, isso vale por aquilo. Naquele encontro eu estava determinado a lhe dizer que se ela quisesse poderia vir pra Espanha, ficar na Argentina, fazer o que quisesse, mas que eu ia seguir em frente com minha vida e ela com a dela. E eu mudei. Eu mudei de ideia naquele encontro.

— Por quê?

— Por causa da Vera e porque, Leilita, eu estava completamente envolvido com a Silvina.

Multivisión, a produtora audiovisual que os oficiais da Marinha tinham montado para fazer peças de propaganda que divulgassem as bondades do regime, ficava na Besares, 2019/2015, perto da Esma. Silvia foi enviada para trabalhar lá. Entre outras coisas, tinha de cuidar da compra de materiais para uma obra que estava sendo realizada no local. Davam-lhe um carro roubado com placa falsa e lá ia ela comprar tinta, tijolos, telhas. Também tinha de se encontrar com Eduardo Massera, filho do almirante Massera, advogado, para lidar com escrituras de propriedades roubadas pelos oficiais (entre outras, a propriedade onde funcionava a Multivisión). "Eu ia dirigindo um carro roubado, com placas falsas, para encontrar aquele filho da puta do filho do Massera, para assinar escrituras com um documento que também era falso." Uma noite, porque os oficiais lhe ordenaram que o fizesse, ela entrou sozinha na Esma dirigindo um daqueles carros (um chefe da parte não repressiva do centro clandestino a viu entrar assim, o que produziu um conflito interno que gerou polêmica). Quando chegou à Espanha, contava essas coisas para seus amigos — uma mulher sequestrada que dirigia pela cidade comprando tinta, que entrava de carro em sua própria prisão — e elas soavam tão inverossímeis quanto realmente eram.

Em maio de 1978, Acosta lhe perguntou: "O que você quer que eu lhe dê de aniversário?". Nascida no dia 16 desse mês, ela já havia passado seu aniversário anterior ali e outro estava chegando. Ela, no seu papel de tola, disse-lhe: "O que eu mais gostaria é da liberdade". Acosta respondeu: "Bem, vou pensar nisso".

— Depois de alguns dias, ele me disse: "Você vai sair no final do campeonato de futebol". Da Copa do Mundo. "Você vai pra Espanha com seu marido, vamos providenciar sua passagem, seu passaporte."

Astiz a levou ao Departamento de Polícia para os trâmites. O funcionário que verificava seus antecedentes criminais, uma formalidade necessária para emitir o documento, disse a Astiz: "Por favor, olhe isso". Astiz leu: detida por explodir uma panfleteira quando fazia parte de um grupo de esquerda; três meses presa na prisão de Devoto por fazer parte de um partido proscrito, posta à disposição do poder executivo. Muita coisa para uma menina inocente e desorientada.

— Faltava só um pouquinho, eu estava quase saindo, e pensei: "Acabou-se". Os antecedentes chegaram às mãos de Acosta, que os leu e me disse: "Olhe só você". Como se dissesse: "Você não era tão inocente assim". Ele deu risada. E aí os trâmites do passaporte continuaram, eles me compraram uma passagem de avião.

No dia de seu aniversário, ela foi mandada para a casa do pai. Um mês depois, em 17 de junho, foi levada para o aeroporto de Ezeiza. Ela não se lembra de nada. Não sabe o que levou na mala, não sabe se foi buscar Vera na casa dos sogros, não sabe se os sogros foram com ela para o aeroporto. Ela se lembra de que estava em um carro com Astiz e Vera e que seu pai estava naquele carro, ou em outro. Ela pegou um voo da Varig. Seu companheiro de assento era um pescador de Cádiz que não parava de falar.

— Quando o avião decolou, eu disse: "O inferno acabou". Eu estava com a Vera, uma criatura que eu não conhecia, aquele pedacinho de carne. "Bum, aqui está ela. Agora você pode amá-la."

Eu estava desequilibrada. Não entendo como meu pai, minha mãe ou meus sogros nem pensaram que eu não poderia viajar sozinha, que alguém deveria ter me acompanhado.

Chegou à Espanha em 18 de junho de 1978. Vera tinha catorze meses.

Mas, antes de partir, fez algo que teria consequências enormes, todas perniciosas. Foi até os Correios e mandou um telegrama. O alvo era um apartamento localizado na Aráoz com a Beruti. Dizia: "Saí do inferno. Me ajude".

O destinatário era Hugo Dvoskin. Que não lhe respondeu.

Em uma segunda-feira, depois do meio-dia, combinamos de nos encontrar na porta do prédio da rua Jorge Newbery, onde fica o apartamento em que ela passou boa parte da adolescência. Ela está esperando na calçada do outro lado da rua. Veste um casaco cor de marfim, botas de camurça com pele por fora, um suéter Lacoste em tons escuros, azul e bordô. Leva um buquê de flores para Paula Mahler, a pessoa a quem vendeu o apartamento em 2014. Com o dinheiro que recebeu com essa venda, comprou imóveis na Espanha. (Havia feito o mesmo com o dinheiro obtido com a indenização que o Estado argentino concede a ex--detidos e exilados: "Tenho um problema com as casas. Gosto de comprar, mas não de vender. Não parece muito de esquerda, mas é realista". Quando lhe pergunto se ainda se considera de esquerda, ela diz: "Sim, com certeza, mas de uma esquerda um pouco mais atualizada. Outra coisa é acreditar que a revolução não é viável. Quando cheguei à Espanha, ia aos atos de Enrique Líster, que era um stalinista conhecido, aos atos da Pasionaria, de Santiago Carrillo. Espiava o que estava acontecendo e era fantástico, muito atraente. Me filiei ao PSOE em Tetuán e continuo filiada. Mas naquela época eu ia a várias reuniões e o que aconteceu comigo? Eu disse: 'Sopa de novo? A militância em colégios de novo? Não'. E parei de ir". Há amigas que a aconselham a vender os imóveis e gastar o dinheiro em viagens e uma boa vida, mas ela tem um plano: "A velhice é tão ruim. O que eu quero é ser cuidada. Quero poder ir a um cabeleireiro. Quando eu tiver oitenta anos, se eu chegar lá, quero ter o melhor andador. Você quer dar coisas pros seus netos e viajar com eles, e isso custa muito dinheiro. Se chegarmos à velhice saudáveis, isso é ótimo, mas talvez não seja assim, e pode haver tratamentos pra algumas coisas, mas eles custam uma fortuna. Além disso, quero deixar uma herança pros meus filhos, se puder. Meus pais fizeram isso e não poderiam ter sido mais generosos".)

Toca a campainha com uma certa indiferença, a mão subindo sozinha até o botão certo. Afinal, era a casa dela. Admiro o gesto de carregar o buquê: reúne delicadeza, carinho e carrega a mensagem implícita: "Sei que deixar a gente entrar na nossa casa é uma chatice, muito obrigada". Paula Mahler desce para abrir. Também ia ao Colégio e militava na FEDE. Ela ficou legalmente presa por um ano e meio (foi presa enquanto María Estela Martínez de Perón ainda governava e foi libertada em dezembro de 1976), e agora trabalha como tradutora freelance para as Nações Unidas, entre outros lugares. Ao sair do elevador, Silvia Labayru aponta para uma imagem da Virgem na porta de outro apartamento e conta que ali vivia "um conservador que teve que suportar muitas invasões".

— Entrem. Vou fazer café. Vocês façam o que precisarem.

Ela caminha com a discrição de alguém que não quer se intrometer naqueles cômodos que foram seus, onde Betty falava com ela sobre homens e abortos, onde ela militava pela revolução e pela impiedade do sexo.

— Está vendo? — diz, no quarto que ocupava quando adolescente. — Aqui ficava a enorme foto do Che Guevara e aqui a do Alain Delon. Tinha uma cama pequena, uma escrivaninha.

Passamos pela sala — agora anexa à cozinha, provavelmente não naqueles anos — e entramos no estúdio.

— Essa era a parede onde minha mãe escreveu: "Panchito, não temos um centavo, mas eu te amo". Tudo isso era uma biblioteca, e era tudo acarpetado, porque minha mãe tinha copiado a moda do carpete dos Estados Unidos.

A sala de estar e o estúdio dão para a varanda que Betty cobrira com grama artificial. Não há nenhum indício de nostalgia, nenhum vestígio de que estar neste lugar provoque uma emoção particular. Quando voltamos ao living, Paula Mahler está sentada no sofá, o café na mesa de centro. Silvia Labayru senta-se em uma poltrona ao lado.

— E então? — Paula pergunta.

— É a mesma coisa que aconteceu comigo quando entrei na Esma: achava que era maior.

Elas falam sobre a situação dos direitos humanos na Argentina ("Não deveria haver nada com menos debate que a questão dos direitos humanos", diz Mahler; "Ou você compra a história da liberdade, da justiça, da denúncia, dos companheiros desaparecidos, do culto aos mortos, sem nenhum tipo de reflexão sobre o que foram aqueles anos, ou nada", diz Silvia Labayru; "Como se você não pudesse se posicionar sobre os direitos humanos enquanto critica a violência dos anos 1970. Não acho que se possa equiparar a violência estatal a qualquer outro tipo de violência, mas acho que é hora de pararmos de pensar na juventude maravilhosa", diz Mahler), sobre o Colégio, as vacinas necessárias para entrar na Europa. Enquanto elas conversam, tento imaginar como era antes. Os tapetes, os corpos adolescentes, Betty e suas panturrilhas lisas, o resplendor dos anos 1970 como uma víscera excitada palpitando de sexo, utopia, carne morta e calças Oxford com tênis Flecha. No meio disso, Silvia Labayru. Com toda essa luz revolucionária.

Já lhe pedi muitas vezes que me dissesse do que se lembra quando desembarcou em Barajas, do momento em que viu Alberto Lennie.

Hoje, enquanto caminhamos para pegar um táxi depois do encontro na casa de Paula Mahler, ela também não se lembra de nada. Supõe que em sua mala deve ter levado vestidos e blusas de seda, o vestuário hiperfeminino que era obrigada a usar na Esma para provar que não era mais "um moleque", porque essas roupas eram as que ela usou em Marbella por algum tempo (a julgar pelas calças jeans justíssimas, as blusas gigantes de lã, as leggings, a faixa na cabeça, as camisetas *girl power* com que ela aparece nas fotos tiradas por Dani Yako, aquelas roupas de secretária executiva devem ter ido parar logo no lixo). O que ela recorda é que, assim que deixou a Argentina, se sentiu livre.

— Desde o primeiro minuto. No mesmo dia em que cheguei à Espanha senti-me livre. E durante todo o tempo em que vivi na Espanha me senti livre, embora seja verdade que me controlaram, e sei que me seguiram em Marbella, e que foram ver meu pai. Mas eu sabia, ou acreditava, que era livre. Eu pensava: "Esses caras podem me seguir, podem me telefonar. Mas vão me sequestrar aqui? Isso é impossível". Ou eu pensava assim. O inferno acabou. O inferno, o que significa? Ser sequestrado, ser estuprado. E isso já não aconteceria.

No entanto, quando descreve os primeiros anos da sua vida na Espanha, nunca diz "me senti livre", mas "era como se tivesse a peste".

Então, ao longo de certo tempo vamos reconstruindo as coisas que aconteceram, e as coisas que tiveram de acontecer para que essas coisas acontecessem, e as coisas que deixaram de acontecer porque essas coisas aconteceram. Quando termino, quando vou embora, me pergunto como ela fica quando o barulho da conversa termina. Sempre me respondo a mesma coisa: "Ela está com o gato, o Hugo vai chegar logo". Toda vez que volto a encontrá-la, ela não parece desolada, mas cheia de determinação: "Vou fazer isso, e vou fazer com você". Jamais lhe pergunto por quê.

Antes de Silvia Labayru e Vera chegarem à Espanha, Alberto Lennie havia se estabelecido em Marbella com a intenção de preparar o território.

— Porque permanecer em Madri era impossível — diz Lennie. — O exílio em Madri a condenava ao ostracismo por muito tempo. Eu também, por me encarregar de que ela viesse.

Começou vendendo bijuteria na rua e depois conseguiu um emprego entregando sucos de frutas para a empresa de um argentino. Enrolava um baseado de alta qualidade e saía para vender sucos por toda a Costa del Sol. No dia em que a esposa e a filha chegaram, ele pediu o carro de um amigo e foi buscá-las. O encontro em Barajas foi, segundo ele, "brutal e belo". Vera estava "perturbada", Silvia "petrificada" e ele "feito um trapo". Passaram um ou dois dias na casa de Alba Corral, em Madri, e depois foram para Marbella (onde ela assistiu à final da Copa do Mundo entre Argentina e Holanda, em 25 de junho daquele ano; apesar do amor pelo futebol, não se lembra de nada).

Mas às vezes tudo range e as peças não se encaixam.

Silvia Labayru chegou à Espanha em junho de 1978. Alberto Lennie garante que só soube do negócio das Mães e das freiras quatro anos depois, em 1981, e que, além disso, não foi ela quem lhe contou, e sim Martín Gras.

— Descobri sobre as Mães em 1981. Pelo Martín Gras. Um ser humano excepcional. E ele dava como certo que eu sabia. Quando estava me contando, as lágrimas começaram a rolar, e ele disse: "Me desculpe se eu te faço lembrar dessas coisas". E eu lhe digo: "Não, me lembrar o caralho, eu não tinha nem uma puta ideia dessa história". E foi aí que ele me falou da Silvia. A quem ele amava muito. Tinha muito carinho por ela e a Silvia era muito grata ao Martín, porque é ele quem reúne todo o grupo de colaboradores. Me quebrou, me destroçou. Uma situação de cumplicidade que partiu meu coração. Brutal, brutal. Levei muito tempo pra discernir quem era responsável pelo quê.

Tudo range, as peças não se encaixam. Se ele só soube que Silvia Labayru tinha estado na cena Astiz/Mães da Plaza de Mayo em 1981, se Silvia Labayru chegou a Madri três anos antes, em 1978, e a essa altura já estava sob uma suspeita tão pesada que era impensável que ela permanecesse em Madri, a ponto de o próprio Lennie arranjar tudo para ir a Marbella, a que ele atribuía esse repúdio excessivo?

— Ao tema maniqueísta do esquematismo ideológico. Ou seja: se sobrevive, é traidor.

— É impossível que Alberto não soubesse das Mães, porque foi exatamente por isso que os argentinos no exílio me condenaram, e foi por isso que ele decidiu nos levar pra Marbella e não ficamos em Madri. Porque eu era, supostamente, uma traidora. Toda a Argentina sabia e toda a Espanha sabia. Em 1978, na Espanha, eu estava sendo crucificada por essa questão. Eu não era acusada de ter entregado ninguém, mas apontavam minha culpa no caso das freiras.

— Por que será que ele disse isso?
— Bem, o Alberto tem coisas que... Sua narração, sua versão, é muito mais dura. Ele tem assuntos pendentes comigo.
— E você com ele.
— Sim, claro. Mas aí ele me encontra e me dá uns abraços... Nos abraçamos assim, em silêncio, e ele me chama de Pombinha. Deve ter uma salada de afetos cruzados. Como acontece comigo em relação a ele também.

— Se eu a condenasse pelo que aconteceu na Esma, não teria lutado contra todos os exilados argentinos na Espanha pra ir a Marbella com a Silvina — diz Alberto Lennie. — A Silvina e eu passamos por um inferno emocional durante todo o ano e meio em que ela esteve em cativeiro, e sua saída foi horrível. Ela estava superlouca. E não poderia ser de outra forma. Mas eu também estava muito louco e muito magoado. Levei 25 anos para sair dessa história, Leila. Acredito que, acima de tudo, a Silvina é a vítima. Por outro lado, acho que ela teve inteligência, tenacidade e astúcia para conseguir sobreviver a essa merda da Esma. É uma mulher lúcida, poderosa, forte. Mas não acho que a nobreza seja uma característica dela. Porque a pergunta que venho me fazendo há muito tempo, e da qual já desisti, é: "Por que a Silvina e não outra?". A Silvina conta uma história, que iam levar outra companheira, morena, que iria com Astiz, que era loiro. Essa história é factível. Mas havia mais de quatro loiras na Esma e, se não, você pode pintar o cabelo. Acho que esse é um ponto complexo. Antes da Esma, a Silvina também tinha essas histórias de manipulação e pouquíssima nobreza. Mas acho que não fez nada disso pra tirar proveito. Acho que fez isso porque caiu nas suas próprias armadilhas de espanto e loucura anterior, na sua própria mitomania. Com isso das Mães da Plaza de Mayo, a Silvina caiu em uma armadilha aterrorizante. Coitadinha.

Vítima. Astúcia. Manipulação. Pouca nobreza. Armadilhas. Loucura. Mitomania. Coitadinha.

— Armadilha em que sentido?

— Do nível de perversão dessa gente, da situação que os colaboradores estavam vivendo, metidos num viveiro onde matavam dezenas de pessoas todos os dias.

— Não entendo. Qual seria o…?

— Acabei de ler pra você uma carta que ela me enviou três meses antes.

— A dos chefes.

— Isso, minha querida.

— Você está dizendo que ela, imersa no que você menciona como síndrome de Estocolmo, manipulava as pessoas?

— Claro. A Silvina é uma filha da putíssima que de bom grado foi com o Astiz se infiltrar nas Mães da Plaza de Mayo e comemorou a entrega e o assassinato dessas Mães? Definitivamente não. Por que ela não se negou? Ela não tinha escolha? Não tenho certeza. Possivelmente se ofereceu. Possivelmente sem saber o que estava fazendo. Uma menina de vinte anos à disposição desses senhores, numa situação em que a questão era como diabos sobrevivemos. Acho que ela não teve escolha.

Se ofereceu? Ou se ofereceu de maneira inconsciente? Ou queria sobreviver a todo custo? Ou não teve escolha?

— O que acontece é que eu acho que, do jeito que a Silvina era, pra ela "foi fácil", entre aspas, se oferecer pra uma situação que ia ter um impacto no qual ela não pensava. Tenho certeza de que ela não pensou: "Vou a uma reunião das Mães com o Astiz, que é tão legal e me trata tão bem, pra pegar um pouco de informação e depois veremos". Não. É por isso que estou dizendo que ela caiu numa armadilha pessoal, interna. Estamos falando de poder estar no centro das atenções. Se os chefes são os únicos em cujo ombro ela pode chorar, e são eles que estão mantendo uma situação em que podia sair duas ou três vezes por semana, dormir na casa do pai e ver sua filha, manter a cabeça limpa me parece muito difícil.

— Em algum momento você falou com a Silvia sobre essa informação que você foi recuperando: sobre as Mães, sobre o cadáver da sua irmã?

— Acho que não, Leila. Havia muito ressentimento, muita desconfiança e falta de lealdade entre nós. E a outra coisa é que eu tive que me virar pra fazer tudo sozinho. Eram todas meias-verdades que eu podia contar. "Vou me encontrar com a Silvina no Brasil." Como você vai se encontrar com a Silvina no Brasil se ela está na Esma? E quando me faziam perguntas, a Silvia não podia me responder. "Silvina, o que você está fazendo pra que eles te deixem sair?" A Silvina desconfiava: "Se eu falar a verdade pra esse cara, ele vai me abandonar, me deixar nas mãos do pessoal da Esma, e eu não vou conseguir sair". Minha desconfiança alimentava sua desconfiança. Eu tinha certeza de que ela estava mentindo pra mim. Acho que um dos grandes méritos da Silvina é ter construído ao longo dos anos a personagem que ela tem hoje e a pessoa que ela é. Não me atrevo a falar sobre o que ela é hoje. Porque não a conheço. Não sei quem é. Faz muito tempo que não tenho um vínculo próximo. Posso dizer que a Silvina, quando esteve comigo, antes da Esma e neste processo, era uma menina com muita histeria e pouca nobreza.

— Por que falta de nobreza?

— Porque não era amante da verdade, do compromisso nem da coerência em relação aos afetos. Ela tinha uma incapacidade pra manter e desenvolver seus compromissos emocionais. O tom das cartas de amor, de entrega, tudo isso eu senti que durou uma semana. Aí tudo começou a desmoronar. E o horror da Esma aparecia. Em que não se podia falar de certas coisas, nas perguntas sem resposta. A Silvina não era capaz de cuidar da Vera. Não tinha capacidade afetiva ou emocional de assumir o comando. Estou falando de trocar uma fralda, de fazer a comida dela. Eu lhe dizia: "Silvina, a bebê está toda mijada, a fralda dela está pingando". E ela: "Ah, nem tinha percebido". Mas não como uma vadia, ela estava com a cabeça onde podia, pobre anjo.

Mitomania, *manipulação*, *armadilha*, *vadia*, *histeria*, *pobre anjo*, *falta de nobreza*, *personagem*, *coitadinha*. Supondo que está a par da vida dela — estiveram juntos em Madri semanas atrás, ela lhe avisou que eu iria entrar em contato com ele —, eu pergunto:

— Você conheceu o Hugo, seu atual parceiro, naqueles anos?

Ele parece surpreso.

— Não sei quem é. Não sei quem é. Não sei quem é, Leilita. Não tenho o vínculo pra poder dizer nada a esse respeito. Não sei por que a Silvina voltou pra Buenos Aires, não sei quem é o Hugo, não sei por que ela está com ele. Mas quando a vi aqui, há algumas semanas, achei que estava ótima.

Suponho que ele diz "achei que estava ótima" para dizer alguma coisa, porque vem acumulando frases como se fossem tapas.

— Assim como senti que o inferno tinha acabado, quando cheguei a Madri e comecei a ver que as pessoas não queriam me receber, a forma como o Alberto me tratava, percebi que não tinha acabado. O Alberto estava comigo, mas desconfiava de mim. Todos os exilados lhe diziam a mesma coisa: "Como é possível sua mulher estar viva? Ela é uma traidora". Ele não queria que fôssemos morar em Madri porque ali havia pessoas do exílio. Então me levou imediatamente pra Marbella. Ele também não segurava a onda de viver com uma pessoa repudiada. Eu esperava outra recepção. Ele não podia. Essa relação estava condenada desde o início. Mas, quanto à criação, ele foi um pai muito bom. E a Vera era a menina mais gentil, doce, bonita.

Alguns dos seus correram para vê-la assim que ela chegou: Dani Yako, Martín Caparrós, Graciela Fainstein, Diego Fernández Peteiro, Alba Corral. E mais uns poucos.

— Eu a vi pouco depois que ela chegou a Madri — diz Alba Corral. — Tive uma atitude de total aceitação. Disse a ela que não precisava que me contasse nada, se ela havia traído, se não. Pra mim era tudo válido. Tinha gente que falava: "Por alguma razão ela está fora, quem foi que ela denunciou, ninguém consegue sair se não for assim". Ela não fez nada gratuito. Tudo o que fez, fez de forma inteligente. O que me lembro muito é da dificuldade no relacionamento com a Vera. A Silvia era muito impaciente. A Vera era muito inteligente, dava pra ver que era um bebê muito autônomo, e a Silvia com uma impaciência enorme. Como se ela quisesse que a Vera não atrapalhasse sua vida. Ela queria seguir sua vida e se divertir, e a Vera era muitas vezes um estorvo. Dizia: "Que chata essa bebê, faz isso, faz aquilo, está fazendo isso comigo de propósito, tem que ficar doente justo hoje?". O problema era que estava saturada daquela situação.

"Se a Vera me tirava do sério? Não. Ela era tão boa, tão boa, tão boa. Dormia muito. Nós duas dormíamos muito."

Em fevereiro de 2022, como sempre nesta época do ano, a cidade colombiana de Cartagena das Índias está repleta do que os locais chamam de brisa — eles a apreciam muito: alivia o calor opressor — e sempre me pareceu um furacão, uma força desconfortável, algo a ser suportado. Ali, em um hotel de frente para o mar — marrom, com ondas fortes —, em um pátio interno protegido do vento, o escritor e jornalista argentino Martín Caparrós, companheiro do Colégio e amigo de Silvia Labayru, espera sua carona para ir ao aeroporto de onde voltará para Madri. Leva sua micromala de costume. Ele se orgulha de poder passar muito tempo com o que tem ali: um par de camisetas, uma calça, poucas coisas mais. Íamos nos encontrar mais cedo, mas de última hora descobri que, embora a Argentina não exija mais, a companhia aérea em que volto a Buenos Aires inclui um teste PCR negativo entre os requisitos de embarque. Então, tive que esperar alguém de um laboratório vir fazer meu teste, e a entrevista foi adiada.

Caparrós, um dos melhores escritores e jornalistas latino-americanos, com dezenas de livros publicados e a quem Silvia e os amigos chamam de Mopi, escreveu, junto com Eduardo Anguita, *La voluntad*, publicado originalmente em 1997, obra monumental que aborda a história da militância revolucionária na Argentina durante as décadas de 1960 e 1970. Sobreviventes dos centros clandestinos são entrevistados ali, mas não Silvia Labayru. "Acho que o Mopi queria fazer uma espécie de barreira de segurança. Eu era mais polêmica naquela época e, embora nunca tenhamos conversado sobre isso, vi como uma salvaguarda: não vincular a amizade a algo assim."

Agora, no pátio do hotel, Caparrós aplica aquele estilo único que consiste em parecer uma pessoa completamente desiludida que dá tudo por perdido (por que vamos fazer isso se não vai ser de muita utilidade?), mas, ao mesmo tempo, as coisas que ele diz — e a maneira como ele as diz — transmitem uma força que é a própria negação dessa postura desanimada.

— Não sei se vou conseguir contribuir com alguma coisa.

— Você não se lembra de muita coisa.

— Não, não é que eu não me lembre de muita coisa. Lembro-me muito de fora. Entramos no Colégio no mesmo ano, mas ela ia à tarde e eu de manhã. Eu provavelmente a teria visto porque era muito chamativa. Era uma das meninas mais bonitas do Colégio. Eu era militante de algo chamado MAS, que era o grupo que as FAR, as Forças Armadas Revolucionárias, tinham criado pros estudantes do ensino médio. Em 1973, a direção do Colégio mudou e eles montaram um curso vespertino. Eu preferi ir à tarde, e a Silvia também estava lá. Havia um professor de física em quem ninguém tinha prestado atenção durante o ano. E eu acho que ela foi conversar com o cara na época dos exames, e o sujeito falou que ia lhe dar um 7, por seus olhos. E parece que ela lhe disse que, se fosse pelos seus olhos, ele tinha que dar um 10. Não sei se isso é verdade. Mas acho que ela estava certa.

— Ela era bonita.

— Sim. E ela sabia. Sabia o que tinha. Fiquei muito amigo dela e da Alba. Mas entre 74 e 75, começamos a nos ver menos. Ela estava mais focada na sua militância. Eu também. E no início de 1976 deixei a Argentina.

— Você descobriu que ela tinha sido sequestrada quando estava na Europa.

— Sim, em 76. As notícias de que as pessoas estavam sendo sequestradas chegavam com frequência. Mas havia uns mais próximos que outros. E os mais próximos eram a Silvia e um garoto, o Pato, com quem eu tinha feito o ginásio e o colégio, e tínhamos sido companheiros de militância. Eu havia me separado dos montoneros pouco antes de deixar a Argentina, porque me parecia que o que eles estavam fazendo era absolutamente militarista e enlouquecido. O Pato foi quem me disse que, se eu tivesse saído da organização, não podia ficar no país, que ia cair como um imbecil. Além disso, eu estava escrevendo pra revista *Goles*. Ele disse: "Você está lhes dizendo onde está, é muito fácil te pegar, e pra eles é muito útil pegar os que desistiram". Eu supostamente era um desistente, porque tinha saído da organização. Ele me disse: "Então volte para a Orga ou vá embora, não espere que eles venham atrás de você". Um ano depois de chegar a Paris, descobri que o Pato tinha morrido, me senti muito culpado e procurei meus companheiros montos pra fazer algumas coisas que poderiam ser feitas ali da Europa. E no meio disso tudo, não lembro exatamente como, descobri que a Silvia tinha caído. Não sei se você já viu um poema de Diego Bigongiari.

— Sim. É um poema póstumo.

— Sim. Nós a celebrávamos como uma... morta, digamos. Tudo o que sabíamos dela era que tinha sido sequestrada. E naquela época o que se sabia era que você não voltava. Não havia a ideia de que estavam mantendo as pessoas presas. Pensávamos que levavam a pessoa e lhe metiam quatro tiros.

— Não sabiam da tortura, do confinamento.

— Não se sabia nada. Não sei em Buenos Aires. Lá fora não. Eu fazia parte de um grupo de jornalistas argentinos que tentava disseminar o máximo de informação possível sobre o que estava acontecendo na Argentina. E não falávamos de pessoas sequestradas porque não sabíamos. Simplesmente fazíamos listas de pessoas que tinham desaparecido. Eu continuava vendo muito a Alba Corral, a gente falava da Silvia e dizíamos: "Coitada, mataram ela". Um dia, no início do verão europeu de

78, liguei pra Alba pra ver se podíamos fazer alguma coisa, porque eu ia pra Madri, e ela estava muito chocada porque tinha acabado de falar com a Silvia. "Ela está viva, está viva." Poucos dias antes, a Silvia tinha chegado à Espanha. E acho que nessa ligação mesmo a Alba me deu um número de telefone e eu liguei pra ela.

Caparrós foi um dos primeiros amigos a ir se encontrar com ela. Não se lembra de tê-la visto mal, mas sim "com vontade de contar e se fazer entender".

— A imagem que tenho é de um passeio na praia, em Marbella, em que ela me falava da Esma. Eu achava absolutamente incrível. Um lugar onde havia muitas pessoas sequestradas, torturadas, mortas, pessoas que eles tentavam redimir de diferentes maneiras. Esse projeto era o cúmulo da onipotência. Depois de terem sido onipotentes quanto a matar aqueles que lhes eram delatados, decidiram que alguns poderiam continuar vivendo caso se adaptassem o suficiente, e os escolhiam de acordo com um critério de classe, de um certo estrato social semelhante ao deles. E ela, de alguma forma, foi salva e conseguiu entrar naquele grupo porque quando a pegaram ela estava grávida, e por isso não a mataram. Não sei se falaram sobre isso, mas muitas vezes imaginei aquela sensação de saber que você está esperando pra parir e com certeza depois vão te matar. Ela me contou que eles eram obrigados a fazer trabalho de escritório, logística e um pouco de planejamento, de estratégia. Desde o início eu pensei que não tinha capacidade ou vontade de julgar o que ela poderia ter feito, porque quando você não está em situações inimagináveis não pode julgar a partir dessa imaginação impossível. Ela me contou depois que tinha sido obrigada a ter alguma história com um oficial. Mas que seu ponto de alívio era que não tinha entregado ninguém. Isso a tranquilizava muito diante de tudo o que ela teve que fazer. Nós éramos todos amigos do Colégio, nos gostávamos muito, e não tínhamos nenhum olhar de reprovação. Nesse grupo, estávamos muito felizes por ela estar viva.

— Ela teve muita dificuldade no início do exílio na Espanha — diz Vera. — Os argentinos criaram essa ideia de que era suspeita. Tenho uma lembrança dela chorando no banheiro porque alguém a feriu com algum comentário. Sinto muito ressentimento por essa gente que a maltratou, porque ela não sobreviveu por ter ferrado alguém. O fato de minha mãe estar falando com você, o fato de ter me pedido pra falar com você, é a evidência de que os tempos mudaram. Ela se sentiu muito maltratada pelos jornalistas, dentro e fora da Argentina, pelos livros que foram publicados. Sofremos muito. Sempre entendi a distância que ela mantinha dos jornalistas. Eles ligavam pra casa e tínhamos que atender e dizer que ela não estava. Durante anos e anos.

Silvia Labayru e outras duas pessoas que estavam presentes — e que ainda não entraram em cena: Osvaldo Natucci e Susana García — contam, de forma idêntica e em separado, a entrevista que uma renomada jornalista tentou fazer em 1979 para um importante jornal da Espanha. A mulher fez algumas perguntas e foi desviando para "O Astiz era bonito?" até chegar a "É verdade que você era amante do Astiz?". Segundo os três, ela foi expulsa — Natucci deu um golpe na mesa e disse: "Se esse for o teor das perguntas, a entrevista terminou aqui" —, mas Silvia Labayru ficou mergulhada em angústia durante meses.

Em 1977, o jornalista Uki Goñi trabalhava para o *Buenos Aires Herald*, um jornal de língua inglesa e o único meio de comunicação na Argentina que denunciou violações de direitos humanos cometidas pela ditadura enquanto elas aconteciam. Em 1996, Goñi publicou um livro intitulado *Judas, el Infiltrado* (Sudamericana), no qual reconstrói a infiltração de Astiz no grupo de parentes e Mães da Plaza de Mayo. Ele menciona Silvia Labayru em várias passagens:

> A juventude, a beleza e a gravidez de Labayru somavam-se a seu favor, como lembraria outro sequestrado, Martín Gras: "Silvia era como um raio de sol dentro daquele inferno escuro que era a Esma. Ela era a queridinha de seus pais, dos montoneros e dos oficiais da Marinha. Os jovens oficiais estavam como que embasbacados, ela era a mulher com quem qualquer um deles gostaria de se casar. Linda, de uma família militar, qualquer um que tivesse uma esposa assim se tornaria um almirante, com certeza". Naquela sucursal do inferno, Labayru atraiu a atenção do tenente Alfredo Astiz. Jovem, loiro e de família militar como ela, Astiz desenvolveu uma afinidade de "classe" e "raça" com a bela grávida, de acordo com os rígidos parâmetros sociais que imperavam no oficial.

Mais adiante cita o depoimento de Lila Pastoriza, militante sequestrada em junho de 1977, referindo-se aos acontecimentos relacionados ao desaparecimento das Mães:

> Que os militares fizessem isso não surpreendia ninguém, mas os detidos questionaram muito a atitude de Silvia. Teve uma primeira garota que eles levaram que, segundo o que foi dito lá, fez um grande escândalo, que ela se mataria mas que não a mandassem fazer aquilo, um drama tão espantoso que ela conseguiu se safar [...]. Ela estava muito desesperada. Dizia: "Como? Eu não achava que eles iam fazer isso!". Naquela situação em que estávamos, tão no limite, às vezes você pensava que poderia lidar com situações que, se dessem errado, você não conseguiria lidar com elas. Acho que isso aconteceu com ela.

Toda vez que fala sobre esse livro, Silvia Labayru fica indignada: "A sensação que eu tenho é que, quando ele fala sobre a Esma, me descreve como uma pobre menina. Como uma bobinha. Muito bonita, uma bobinha que passou por lá, que a levavam e a traíam. Como se eu fosse uma estúpida. Quando, na realidade, eu estava num ambiente onde eu não era chefe, mas também não estava com a cabeça nas nuvens. Era uma pessoa na qual tanto o Martín Gras quanto a Cuqui Carazo confiavam. Além disso, o livro deveria ser sobre Astiz, mas fala mais de mim que dele".

O escritor argentino Juan Martini, falecido em 2019, exilou-se em Barcelona em 1975. Lá ele era editor da editora Bruguera. Em 1984 regressou à Argentina, onde foi diretor literário da Alfaguara por oito anos. Em 17 de abril de 2012, publicou um texto no blog da livraria argentina Eterna Cadencia. Era um comentário sobre um livro de conversas com o ditador Jorge Rafael Videla, que na época ainda não havia morrido e estava preso. O texto lhe dava a oportunidade de falar sobre Silvia Labayru:

> Em 1982, Silvia Labayru, filha de um general, tinha 25 anos e vivia exilada em Madri. Eu a conheci através de amigos ex-militantes porque ela queria dar testemunho de seu cativeiro na Esma, onde havia colaborado, e na época ex-montoneros masseristas a acusavam, em Paris, exatamente disto: de colaboração. Além de não ser torturada, de traduzir documentos, de sair para delatar ou apontar militantes, de participar com oficiais da Marinha em festas fora da Esma, de fazer apologia da coragem de Astiz e de ser amante de seu carcereiro, a coisa mais grave que Silvia Labayru fez foi ter se passado por irmã de Astiz — já que ela era loira, alta e bonita como ele — na igreja de Santa Cruz e no caso do desaparecimento das freiras Léonie Duquet e Alice Domon. Silvia Labayru estava disposta a confessar tudo isso, mas dando o que ela chamava de sua versão e que não passava de uma tentativa

duvidosa de apelar para a síndrome de Estocolmo. Mas Silvia Labayru precisava de alguém para escrever sua confissão ou testemunho porque não se considerava talentosa para fazê-lo. Eu estava vivendo no exílio em Barcelona, e ali combinamos de nos encontrar e gravar a conversa. Foi a primeira vez que ouvi uma descrição do que ela tinha passado dentro da Esma. Fiquei agitado pelo espanto, e o tom gélido de Labayru em seu relato me aniquilou. Então lhe falei que não podia escrever o que ela queria. Muitos anos depois, decidi usar esse material para escrever um relato que fosse fiel aos acontecimentos descritos por ela. O texto chama-se "La colaboración", está incluído no livro *Rosario Express* (Norma, 2007) e nele Silvia Labayru [...] diz: "Sei que estou fazendo um relato frio dessa história. Não é fácil falar. Não é fácil contá-la. E o faço como se fosse um filme que vejo de fora, ou a história de outras pessoas, não a minha. Sei que às vezes falo como se não falasse de mim... mas não posso fazer de outra forma".

Quando lhe falo do texto de Martini, ela suspira resignada e diz: "Juan Martini vivia em Barcelona, e eu tinha saído havia pouco tempo. Começamos a conversar e aconteceu algo que o cara não conseguiu captar. E é que eu falava como um robô, com uma frieza... Ainda acontece comigo, quando falo com você: no relato há uma ausência significativa do horror, dos momentos de solidão, do medo. A morte, a loucura, o poder ilimitado dessa gente. O Martini não conseguiu encontrar uma maneira de contá-lo. Acho que ele não gostou de mim, eu devo ter parecido um bicho pra ele, uma pessoa completamente despersonalizada. Ele falou que eu tinha um olhar gélido. O melhor treino pra essa frieza é estar ouvindo os gritos de tortura e falar com um sorriso pro Acosta, o Astiz ou o Pernías, como se estivesse ouvindo *As quatro estações* do Vivaldi".

Esse reflexo pavloviano de responder com calma nem sempre funciona. Há níveis profundos de afetação e eles vêm à tona na forma de cusparadas incontroláveis.

Em 1987, durante uma das sublevações dos caras-pintadas, uma série de quatro levantes militares para exigir que aqueles que cometeram crimes contra a humanidade durante a ditadura não fossem processados, ela estava na Argentina, em uma província do interior. Quando soube da revolta, desesperou-se. Seu passaporte estava em Buenos Aires, elucubrou planos de fugir para o Brasil por terra. No fim das contas, não foi necessário, mas estava tudo lá: o pânico diante da possibilidade de que acontecesse novamente.

Tempos atrás, ela caminhava pela rua Luis María Campos, em frente ao Hospital Militar, em Buenos Aires, e um homem a agarrou pelas costas. Ela não achou que poderia ser um assalto. Sua cabeça foi inundada com imagens da época: a esquina da Azcuénaga com a Juncal, os oficiais que a esperavam e a imobilizaram por trás. Ela começou a se debater, o homem a empurrou e a jogou contra uma marquise e, atordoada com o golpe, ela ouviu: "Passa o relógio!". O relógio era um Rolex que havia quarenta anos seu pai lhe dera, quando saiu da Esma (teve outro, antes, que foi roubado pelos oficiais). Entendendo que não se tratava de um sequestro, ela tentou resistir, mas o homem a arrastou pelo chão e gritou: "Você quer que eu te mate?! Vou te matar agora mesmo!". Como se tivesse sido desconectada, ela relaxou e entregou o relógio a ele. O homem saiu com um comparsa que o aguardava em uma moto. Um garoto se aproximou dela e perguntou: "Você está bem?". "Sim, sim", disse ela. Pegou o telefone e ligou para Hugo, que estava atendendo e não pôde ir. "Naquele momento eu precisava desesperadamente que ele viesse me buscar. E ele não pôde. Então fui andando sozinha."

Em 2021, ela se arrependeu de ter se deixado fotografar no jardim do Pátio Gurruchaga para a reportagem do jornal *Página/12* pela qual fiquei sabendo de sua história: "Era um lugar identificável e pensei: 'Bem, não vou ser sequestrada, mas talvez eles possam me dar um susto'. Eles não têm um grupo de tarefas que possa fazer qualquer coisa, mas alguém muito doente de ódio pode te dar um susto. Foi um pensamento passageiro. Mas feio".

A tarde estava chegando ao fim. Ela servira um copo de vinho que, como de costume, mal tocara. Naquela noite, um casal de amigos ia jantar em sua casa e eu fiquei espantada com a calma com que ela encarava o assunto: às seis da tarde ainda não tinha comprado a carne. Era um dia frio, escuro, e a gente estivera conversando sobre várias coisas. Às vezes parecia que a história era muito simples — menina conhece menino, as circunstâncias os separam, eles se reencontram — e outras vezes que era muito complexa: menina conhece menino, menina passa por circunstâncias assustadoras em que se estabelecem conceitos conflituosos que devem ser abordados de diferentes ângulos, fornecendo uma série de depoimentos múltiplos que deem uma ideia geral levando em conta o contexto histórico, e se reencontram. Havia também a natureza do assunto: embora parecesse não haver como vulnerabilizá-la, todos os temas a serem discutidos (tortura, sequestro, parto, subjugação, estupro, repúdio) eram arquiteturas poderosas. Então demorei um bom tempo para fazer algumas perguntas. Ela havia passado mais de quarenta anos sem dar entrevistas e, embora às vezes suas objeções não parecessem totalmente fundamentadas (quando afirmava que o livro de Uki Goñi a tratava como tola ou falava mais sobre ela que sobre Astiz eu tentava refutá-la, sem muito sucesso), sua experiência com a profissão jornalística não havia sido das melhores. Então, foi só quando eu já a estava entrevistando havia meses e sabia que não confundiria minhas indagações com uma acusação é que perguntei por que em julgamentos anteriores ela não havia mencionado explicitamente os estupros, por que só havia sugerido isso dizendo coisas como "nós mulheres éramos seus despojos de guerra". Em minhas anotações, escrevi que "o sol escuro do final da tarde batia em suas costas e a manchava com uma certa luz de opressão, o que me fez pensar se ela não estava cansada de mim". Mas a forma como ela disse o que disse não transparecia irritação comigo, mas com a época: com o fato de as violações terem acontecido em anos nos quais isso que ainda acontece — as mulheres violadas parecem suspeitas de terem provocado a violação, de não terem resistido o suficiente — era a norma: a única norma.

— É que como eu ia dizer: "Sim, eu cedi ao estupro do González, deixei a esposa dele me estuprar, ele me levou pra hotéis", numa época em que eu ainda estava sendo colocada sob o microscópio, onde eu estava carregando uma perseguição do exílio? Ninguém tinha contado nada, porque houve muitas mulheres estupradas. Outra vez sou eu que vou dar a cara a tapa? E eles se apegam a isto: por que ela não contou isso antes, ela não deve ter se sentido tão mal. Eu penso: "Seus filhos da puta, eu não contei porque... porque eu tinha vergonha".

Enquanto falava, dava batidinhas na mesa, símbolos da crescente indignação.

— Porque eu tinha medo, porque estava em pânico. Já estava dizendo o bastante nesses malditos julgamentos, falando por sete horas e meia, e ainda tinha que pôr todas as cartas na mesa? "E como você não resistiu?" O juiz desse último julgamento me perguntou: "Onde a levou na primeira noite, na segunda, na terceira, na quarta?". Eu disse: "Olha, eu não estava contando!". A partir do momento do sequestro, não há nada que possa ser considerado que se faz por vontade própria. Mas que em certas circunstâncias você pôde até ter tido prazer sexual naquela situação, que era um estupro, é perfeitamente compreensível. No meio daquela noite escura, em que você estava sozinha como um cachorro, que um cara, mesmo que fosse um repressor, te acariciasse e te tratasse com humanidade, bem, menina, não deixa de ser um estupro, mas pelo menos naquele momento mínimo você se evade. Um pouco de prazer. Uma descarga. Mas tudo isso é como um tabu. Como a questão do consentimento. No campo, o consentimento não existe. Nem mesmo se você tivesse tido com esse cara a melhor trepada da sua vida. Ainda assim, é um estupro. Tudo o que acontece está condicionado por uma situação de ameaça brutal. Eles podem fazer o que quiserem com você. Te cortar em pedacinhos, sequestrar seu filho, sua mãe, sua tia. Foi estupro mesmo havendo prazer? Sim, é claro. Eu acho que há um substrato terrivelmente machista e não fica de todo claro que nós mulheres não provocamos o estupro. A justiça é troglodita, e a estuprada é a provocadora, a suja.

Usei uma palavra que ela havia usado pouco: *dano*. É uma palavra difícil no caso dela: pode ser um torniquete e cortar o fluxo, pois qualquer coisa que remeta a emoções fortes a retrai. "Fico puta que fiquem tirando fotos de você e vendo se caem umas lagriminhas. E não, eu não derramo lagriminhas", disse ela um dia, quando estávamos saindo da Esma, depois que foi fotografada durante um evento.

— Você ainda carrega esse dano?

— Sim. O dano que me causaram é irreparável. Fizeram-me um dano tremendo. Eles, e meu fascínio por essa forma de política por meio da qual criei as condições para acabar naquele maldito porão. O Colégio nos formava para sermos pessoas profissionalmente muito brilhantes. E isso dividiu minha vida ao meio. Eu queria ser muito boa no que eu fazia. Ser uma profissional brilhante. E trabalhei, montei empresas, ganhei dinheiro, viajei. Mas há algo que ficou truncado. Minha vida foi levada pelas marés. Não que eu diga: "Que vida de merda eu tive". O que não posso dizer é que nada aconteceu comigo ou que não paguei um preço muito alto por tudo isso.

Fala muito pouco palavrão e, se o faz, usa termos que são comuns na Espanha — *coño*, *gilipollas* — tirando sua carga ofensiva, mas dessa vez os insultos estão carregados com um ar ácido, esporas que permaneceriam ali quando eu fosse embora (pensava nisso no fim de algumas entrevistas: no que se espalhava depois de eu ter sacudido as memórias como um cobertor que se bate no sol).

— Sei que tive uma vida boa. E ainda tenho uma vida muito boa. Mas me cortaram pela metade. Sim. Fui cortada pela metade por aqueles filhos da puta.

Naquele dia, como tantos, nos despedimos com nossas excelentes maneiras, como se nada tivesse acontecido.

Ainda há sol em Madri, embora sejam quase nove horas da noite. Lydia Vieyra está sozinha na casa de Silvia Labayru, que não está na Espanha. Toda vez que passa uma temporada lá, ela aproveita para ajeitar o que diz ser um caos. Na viagem anterior, passou horas dobrando toalhas só para que sua amiga, ao vê-las, lhe dissesse que gostava mais delas dobradas de outra forma, "com o lado gordinho para fora".

— Dá pra acreditar? Arrumo as toalhas pra ela e ainda por cima reclama — diz, encostada à mesa da cozinha, fumando enquanto espera uma carona para um jantar, ajustando a posição do telefone para que eu possa vê-la melhor.

Ela é dois meses mais velha que Silvia Labayru — "mas ela parece muito mais velha, eu sei", diz ela com uma risada — e as duas têm uma relação baseada não apenas em cumplicidade e afeto, mas em um senso de humor feroz: quando estão juntas, dizem coisas que provocariam úlceras sangrentas em qualquer sujeito politicamente correto. Ela parece ser alguém capaz de entender quais são as fontes de onde flui a imperturbabilidade da amiga e, ao mesmo tempo, alguém que gostaria muito — de fato muito — que "a loira deixasse o medo passar, que o medo a atravessasse".

Vive na Argentina, perto da cidade de Santa Fe, desde 1988, depois de ter estado exilada em Londres e Madri. Ela militava nos Montoneros — "tinha uma patente muito baixa, era uma *perejila*, como se diz" — e foi sequestrada em 11 de março de 1977. Passou um ano e meio na Esma, partindo em 26 de julho de 1978 para a Espanha via Rio de Janeiro. Estava acompanhada da mãe. Voaram em assentos separados e fingiram que não se conheciam até o avião decolar do Brasil.

— Eu estava convencida de que no Rio de Janeiro seria sequestrada novamente.

Como outros sequestrados, Lydia tinha militares na família, só que, no seu caso, não eram qualquer coisa: seu pai era primo em primeiro grau da esposa do almirante Massera.

— Não sei se foi isso que salvou minha vida ou as academias Pitman, onde aprendi datilografia, porque na Esma me obrigaram a trabalhar em transcrições.

Ela não teve contato com Silvia Labayru no centro clandestino ("lá, no porão, eu vi essa menina loira com uma barriga considerável"), mas tinham algo em comum: as duas eram as mais jovens e nenhuma delas havia alcançado um alto posto nos Montoneros. A relação entre ambas se aprofundou mais tarde, quando estavam na Europa, onde também conseguiram coincidir em algo: no repúdio dos companheiros. Ao chegar a Madri, Lydia Vieyra telefonou para as irmãs, que já estavam no exílio. Disseram-lhe que não iam recebê-la, que ela deveria voltar para a Argentina. Estavam convencidas de que ela havia entregado o namorado de uma delas (mais tarde se soube que ela não fizera isso). Lydia foi para Londres, onde passou um inferno trabalhando em empregos miseráveis, dormindo nas estações, então voltou para a Espanha, conseguiu o endereço de Silvia Labayru e foi para Marbella.

— Era um desastre. Não tinha um tostão. Distribuía panfletos de propaganda nos restaurantes, era impossível morar lá. Falei pra Silvia: "Vou tentar ir pra Madri". Ela tinha apenas três mil pesetas e me deu, pra que pelo menos eu pudesse chegar lá. Isso já diz que tipo de pessoa ela é.

Em Madri, as coisas melhoraram: ela começou a vender bijuterias — isso, tão fulgurante e leve, acabou sendo a salvação de muitos exilados desse grupo — e, algum tempo depois, transformou esse comércio em um negócio que trasladou com ela para a Argentina. Lydia se aposentou há alguns anos e hoje vive entre sua pequena cidade e a Europa, onde estão seus filhos e o neto. Em 1979, por insistência de Silvia Labayru, apresentaram um testemunho conjunto ao Acnur, contando o que se passava na Esma. Elas alertaram que isso não poderia ser tornado público — temiam que os militares retaliassem os que ainda estavam detidos —, mas que, se algo acontecesse com elas, deveria ser divulgado.

— O exílio foi muito difícil. Acho que foi uma das piores fases, porque dentro do campo você conhecia as regras, embora houvesse o receio de que poderiam nos matar todas as quartas-feiras. Mas o exílio foi extremamente cruel. Aparecia um sobrevivente e era sinônimo de traidor. A Silvia foi atingida com tudo. Inventaram histórias, como a de que ela tinha sido meio que a amante de Astiz. Ela levou toda a culpa da questão das Mães e das freiras francesas, e com isso a sepultaram.

Sequestrada. Torturada. Presa. Levada a parir em cima de uma mesa. Estuprada. Forçada a fingir. Finalmente liberada. E depois repudiada, rejeitada, suspeita.

No meio disso, em 1978, escreveu cartas — duas, três, não se lembra — endereçadas a Hugo Dvoskin. Mandou-as para o escritório do pai dele, que era advogado.

Mais uma vez, Hugo Dvoskin não respondeu.

Ela fez uma última tentativa: telefonou para o escritório do pai de Hugo, que lhe disse que não iria pô-la em contato com o filho.

E isso foi tudo.
Todas as vias estavam fechadas.
Estariam fechadas por quarenta anos.

Por volta de 2010, Dani Yako tentou reunir imagens do exílio argentino dos anos 1970 e fazer um livro coletivo sobre essa experiência. Contatou os colegas, pediu-lhes fotografias, enviaram-lhe, não conseguiu juntar nada que correspondesse ao que tinha imaginado. Em 2017, revisou seu arquivo e descobriu fotografias tiradas por ele desde 1976, quando chegou à Espanha. Mostram o cotidiano desse grupo de jovens — Alba Corral, Silvia Luz Fernández, Silvia Labayru, Martín Caparrós, Diego Fernández Peteiro, Graciela Fainstein, alguns outros, quase todos amigos do Colégio — na circunstância menos cotidiana de todas: o exílio. Aparecem no campo, comemorando aniversários, na porta de um restaurante, deitados em um sofá vendo TV. São imagens sem dramatismo com que compôs *Exilio*, o livro para o qual também pediu um texto a vários dos retratados e que lançará em 3 de novembro de 2022 na livraria Libros del Pasaje.

Mas para isso falta quase exatamente um ano. Estamos em novembro de 2021, Yako está em sua casa e *Exilio*, apenas em andamento.

Até 2002 ou 2003 eu conhecia seu trabalho (admirava sua obra documental, particularmente *Extinción*, um registro de trabalhos rudes como a colheita da batata ou do tabaco, com textos de seu amigo Martín Caparrós), mas não o conhecia pessoalmente. Então compartilhamos uma viagem de trabalho para a Croácia. Era um cara calado, de bigode virado para cima nas extremidades, que sempre queria sentar e tomar café: caminhávamos por Dubrovnik cinco quarteirões, ele via um bar, queria sentar e tomar café; caminhávamos por Split oito quarteirões, ele via um bar, queria sentar e tomar café. Levava sua Leica para todo lado e fazia intervenções parcas, certeiras, com um humor impávido de grande qualidade, ácido e estimulante. Embora os temas que ele abordasse em sua obra fossem quase trágicos, ele mesmo não era. Parecia muito entretido com seu mundo interior. Eu sabia pouco da história dele. Vivera na Europa por um tempo. Não que aquele tempo tivesse sido resultado de um sequestro, de uma tortura e repetidos estupros de sua namorada na época. Eu não sabia, e quase ninguém sabia. Menos ainda seus colegas de trabalho.

— Você quer café?
— Não, obrigada.
— Ah, é mesmo, você não toma café. E continua sem comer alho, não é?

Yako é um leitor descomunal, um consumidor requintado de filmes e séries, um devorador da imprensa escrita e alguém capaz de se lembrar exatamente deste tipo de coisa: que eu não como alho, que eu não gostei desse filme ou daquele livro, que eu instalei um ar-condicionado em minha casa no mês tal.

— Eu vendia o comunismo light — diz.

(E, além de tudo, é engraçado.)

Entrou no Colégio em 1969 e ingressou na FEDE um ano antes, aos doze. Todos esperavam muito dele, mas Dani não era um militante convicto. Mesmo assim, conseguiu filiar um bom número de pessoas.

— Entre eles a Silvia. Ela diz que eu a iniciei na política. Acho que nos amávamos muito. Eu a amava e ela sempre me trazia coisas das suas viagens. Camisetas Lacoste, que não chegavam aqui. A mãe era muito bonita, e ela também era linda. Atraente em todos os sentidos. Inteligente, linda, simpática. Acho que todos os meninos estavam caídos por ela. Mas eu tinha um pouco de medo da forma como ela se relacionava com os homens. Porque fazia os meninos sofrerem. Parece-me que todos eles, com ela, acabaram um pouco machucados. Em 74, 75, quando entrou para os Montoneros, parei de vê-la.

Em outubro de 1976, Yako não era mais militante e trabalhava em uma agência de notícias quando foi sequestrado junto com sua namorada, Graciela Fainstein. Tinham dezenove e dezoito anos. O namoro era recente, mas estavam planejando morar juntos. Foram levados para o centro clandestino chamado Garage Azopardo. Ele foi torturado. Ela foi estuprada. Ele foi obrigado a escutar o estupro de olhos vendados. Foram libertados quatro ou cinco dias depois, de madrugada, no bairro de La Boca. Ele achava que iam ser fuzilados, mas não foram.

— Eles nos disseram: "Não há nada contra vocês, crianças, fiquem em Buenos Aires se quiserem". Mas a Graciela tinha sido estuprada, me colocaram ao lado do quarto onde ela estava sendo estuprada pra que eu pudesse ouvir. Estávamos com medo.

Foram embora um mês depois. Chegaram a Madri em novembro de 1976. Lá, Yako soube que Silvia Labayru, sua amiga e colega de Colégio, havia sido sequestrada. Um ano e meio depois, descobriu que estava viva, que tinha uma filha e que chegaria com ela à Espanha. Entre uma coisa e outra, ele e Graciela moraram em um apartamento na rua Barbieri e outro na rua Colombia, onde acolheram vários exilados. Yako fumava maconha, ia ao cinema duas vezes por dia e tentava trabalhar o mínimo de horas possível como fotógrafo freelancer: Associated Press, *New York Times*, *Interviú*, *El Periódico de Catalunya*. Quando Silvia Labayru chegou, ele e Graciela Fainstein a receberam como uma irmã perdida e recuperada: Graciela cuidava de Vera para que sua mãe pudesse ir ao cinema alguns dias, Dani passeava com a bebê pelas ruas enquanto sua mãe ia para a sessão de análise (Vera chorava descontroladamente ao ver Yako, que naquela época tinha uma barba que cobria toda a mandíbula e o queixo, mas não devia ser um problema de barba porque ela também chorava ao ver Diego Fernández Peteiro, que não tinha barba nenhuma, e aparece feliz e contente em uma foto de *Exilio* nos ombros de Martín Caparrós, que está brincando com ela de aviãozinho e que já naquela época usava bigodes impressionantes). Yako fazia coisas mais arriscadas, como acompanhá-la a encontros de controle — de vez em quando um oficial vinha a Madri e exigia vê-la — durante os quais permanecia oculto: se algo desse errado, ele poderia fazer algo (nunca soube realmente o quê, mas a acompanhava, e fez o mesmo por Lydia Vieyra: vigiar escondido atrás de uma árvore; o momento era trágico, mas quando Lydia Vieyra conta, morre de rir: "Eu ia vestida de mocinha, uma pessoa super-recuperada, e o Dani ficava lá, escondido atrás da árvore, enquanto eu me encontrava com esses sujeitos. Era de morrer"). Apesar dessa intimidade, e do fato de que no grupo de amigos do Colégio eles eram os únicos que haviam estado em um centro clandestino, Dani Yako, Graciela Fainstein e Silvia Labayru nunca falaram sobre isso em detalhes (mesmo se tirassem as palavras *em detalhes*), e continuam sem falar.

— Os montoneros realmente a ignoraram quando ela saiu.

— Vocês também eram sobreviventes. Não havia suspeitas sobre vocês?

— Talvez sim. Suponho que sim. Mas eu não estava em nenhuma estrutura militante. Ela sim pertencia a um grupo. E nas estruturas militantes, delatar ou não era um problema. Não delatei porque não me perguntavam nada. Me torturavam por ser judeu, por isso, por aquilo, mas não me perguntaram nada. Não sei o que eu teria feito pra sobreviver, se eu teria delatado ou não. Sei lá. Acho que a Graciela e eu fomos das poucas pessoas que nunca questionaram nada, e só perguntamos "o que você precisa?". Recebemos a Silvia com imensa alegria. Ficamos felizes por ter sobrevivido. Estávamos num país em transformação, a época da Transição era muito excitante. Os espanhóis também estavam descobrindo a liberdade e nos sentíamos um pouco parte disso. Mas a Silvia não falava comigo sobre o que tinha acontecido. Talvez tenha conversado com a Graciela.

Não sou de falar de sentimentos, em geral não sou uma pessoa muito sentimental.

Em 1983, foi-lhe oferecido um emprego na agência DyN em Buenos Aires, e ele voltou. Havia se separado de Graciela Fainstein, dolorosamente.

— Estávamos com muitos problemas. Não é fácil ter contato físico depois dos estupros, mas eu era muito apaixonado por ela. A justificativa pra separação foi que eu a fazia lembrar todo o tempo que esteve naquele lugar e ela não suportava. Que é como a desculpa perfeita, né? — ele diz, e ri. — "Eu te vejo e não suporto…" Incomprovável. E foi aí que ela decidiu que tínhamos que nos separar.

Passaram vinte anos sem falar um com o outro. Ele conheceu sua esposa, Laura Marino, com quem teve uma filha, Julia, e se tornou um dos melhores fotógrafos da Argentina. Fez coberturas históricas — a campanha de Raúl Alfonsín, o primeiro presidente democrático; o Julgamento das Juntas Militares, em 1985; registrou imagens emblemáticas de Julio Cortázar, de Diego Armando Maradona; de 1996 até sua aposentadoria, foi editor de fotografia do jornal *Clarín*; publicou, entre outros, os livros *Extinción*, *Presagio*, *El silencio*, todos eles produto de anos pacientes de observação, filhos de sua militância do papel, o preto e branco e o revelado em laboratório (costuma enviar mensagens de WhatsApp com links para manchetes como a publicada no *El País* em 2022: "Kodak procura funcionários para o ressurgimento inesperado das câmeras de fotos com rolo", e embora os envie sem nenhum comentário, eles têm que ser lidos como uma celebração vingativa). Então, depois de duas décadas, em uma manhã de domingo o telefone tocou na sua casa. Era Graciela Fainstein, chorando.

— Ela queria escrever um livro contando o que tinha acontecido e me ligou. "Oi, é a Graciela, preciso falar com você." Chorando. Duas horas ao telefone. Começamos a enviar e-mails um pro outro e voltamos a estar em contato. Acho bom deixar um registro. Os que sobreviveram têm de contar as coisas. Tenho a ideia de que basicamente estávamos equivocados em termos dos diagnósticos dos problemas da sociedade argentina e suas soluções. Não justifico a repressão, não justifico o desaparecimento de pessoas, a tortura, mas estávamos equivocados.

— Você se inclui nesse *nós*?

— Sim, porque eu era comunista e meu diagnóstico como comunista era que devíamos ir pra Cuba, pra União Soviética. Não sei qual modelo admirávamos. Mas em relação a isso, sim, me sinto muito autocrítico.

— Sua esposa ou sua filha perguntam sobre o sequestro?

— Minha filha nunca soube de muita coisa. E não pergunta. A Laura também não. Se algum dia quiserem saber, vou contar. Mas não sofro por isso. Não tenho pesadelos e me considero um cara muito feliz.

Estamos em novembro de 2021. Faz muito frio em Madri, venta. Mesmo assim, Graciela Fainstein parece disposta a se sentar em uma mesa do lado de fora do bar na Plaza de Olavide onde combinamos de nos encontrar. É muito magra, com cabelos curtos e lisos. Usa uma boina. Acho que se apieda de mim — apesar do casaco de seiscentas penas, do cachecol e das luvas, estou tremendo — e concorda em sentar lá dentro. Há uma foto dela no livro de Yako — na verdade, há muitas — em que ela é vista enfiando contas em um colar — ela também trabalhou com bijuteria — em Valsaín, em uma casa que Silvia Labayru lhe emprestou. A foto é um quadro saído do coração da pintura barroca: sob a luz pesada que atravessa os postigos, se vê o perfil de uma menina de vinte anos completamente alheia ao mundo. É uma imagem que transmite frio, cheiro de carvão e a sensação de que ela pode pegar um resfriado muito em breve. Formada em filosofia pela Universidade Complutense, ela trabalha no Conselho

Superior de Investigações Científicas (CSIC) da Espanha e, uma vez dentro do bar, com um café à sua frente, diz que quem tem que contar a história de Silvia Labayru, sua amiga, é Silvia Labayru, sua amiga. Não eu.

— Não entendo por que ela não escreve sozinha. Esse livro teria que ser escrito por ela.

Pergunto algumas coisas sobre sua vida, mas ela se mostra refratária:

— Tudo o que você quer saber sobre mim está no livro.

Tira da mochila um exemplar de *Detrás de los ojos*, publicado em 2006, no qual repassa sua história daqueles anos (o livro pelo qual ela retomou o contato com Dani Yako).

— Tenho este exemplar e mais um. Este eu te dou.

Digo-lhe que o tenho em PDF, que já o li — e é verdade —, que não precisa se desfazer desse. Ela é uma das pessoas que têm mais dificuldade em lidar com o fato de ter a amiga longe.

— Acho terrível. Por um lado, sinto falta dela, mas entendo que, quando você se apaixona... Conheço o Hugo desde pequeno. Nossos pais saíam de férias juntos. Era um garoto terrível. Muito mimado, chatésimo. Eu o conheço desde sempre. É como meu irmão. No começo parecia que ela não ia sair daqui, que a casa dela era aqui, que o Hugo ia vir vê-la com frequência. Mas aos poucos vejo que está ficando cada vez mais na Argentina. E eu acho terrível. Estava acostumada com o fato de que a Silvia sempre estaria aqui. Quando ela chegou, em 78, ficamos muito grudadas. Eu ficava com a Vera pra ela ir ao cinema. Nunca ouvi uma menina chorar tanto quanto a Vera. A situação com ela naqueles anos era a mesma de quase todos os que sobreviviam: a suspeita. "Por que ela terá sido salva?" Diziam que, se ela tinha sido solta, era porque se tornara uma espécie de espiã.

Sempre pergunto quem eram aquelas pessoas que "diziam", que "suspeitavam", que "rejeitavam", mas (quase) todos respondem "conhecidos", "militantes", "montoneros", "pessoas no exílio", sem citar nomes. Talvez seja reflexo daquele velho pânico: ser acusado de delator.

— Até as Mães da Plaza de Mayo reagiram mal e não queriam nada com ela, nada de nada.

Em uma entrevista que deu à revista *Milenio*, publicada em março de 2001, Graciela Daleo, sobrevivente da Esma, disse: "Num programa de Mirtha Legrand, Hebe de Bonafini disse mais ou menos isto: 'Os que estão mortos eram todos heróis, os que estão vivos é porque colaboraram', e depois reiterou isso numa entrevista coletiva".

Naquele dia, Graciela Fainstein e eu caminhamos alguns quarteirões falando sobre seu trabalho antes de nos despedirmos. Em seguida, ela mandará um recado para Silvia Labayru dizendo: "Fiz o que você pediu com a Leila".

Demorei para entrar em contato com Hebe de Bonafini, presidente das Mães da Plaza de Mayo, até ter informações suficientes. Mesmo sabendo que ela estava passando por um problema de saúde, no dia 26 de outubro de 2022 escrevi para a pessoa que se ocupa da relação das Mães com a mídia e solicitei uma entrevista. "Estou lhe escrevendo porque trabalho desde o ano passado em um longo perfil de Silvia Labayru, ex-detida da Esma. Seria muito valioso conversar com a sra. Hebe de Bonafini sobre isso." A resposta veio de imediato: "Hebe está se recuperando de problemas de saúde que são de conhecimento público. Ela estava internada e, a seu pedido, no momento não estamos lhe repassando nada da imprensa". Hebe faleceu dias depois, em 20 de novembro. Enviei condolências. No dia 6 de dezembro, escrevi novamente para solicitar uma entrevista com uma das Mães que pudesse conversar sobre o assunto. A pessoa responsável voltou a me responder na mesma hora. "Falei com as Mães sobre o assunto de sua entrevista, e elas responderam que não estão interessadas em falar de casos particulares como o da Silvia Labayru em que você está trabalhando em seu livro. Deixaram claro que as Mães também não falam sobre tortura durante a ditadura e essas atrocidades." Insisti, sem sutilezas, em explicar as razões pelas quais queria entrevistá-las: saber a posição das Mães em relação à infiltração de Astiz e, particularmente, ao fato de terem obrigado Silvia Labayru a ir com ele "fingindo ser sua irmã. Não quero falar de tortura. Gostaria apenas de saber qual é a posição que as Mães têm em relação a este evento em particular: a sobrevivente de um campo que teve de acompanhar esse indivíduo naquelas circunstâncias".

Não houve resposta.

Em 9 de junho de 2010, no decorrer de um julgamento por crimes contra a humanidade, Silvia Labayru testemunhou que, durante o tempo em que esteve em Marbella, teve de se reportar semanalmente a Alberto Lata Liste, irmão de José Lata Liste, dono da Mau Mau, a boate mais exclusiva daqueles anos em Buenos Aires, para onde os oficiais levavam as sequestradas, vestidas para sair à noite. Alberto Lata Liste dirigia uma sede da Mau Mau em Puerto Banús. Silvia também declarou que, quando já estava estabelecida em Madri, o Tigre Acosta e Alberto González lhe telefonaram, a levaram para jantar, perguntaram sobre sua vida e depois a deixaram em casa. A declaração foi feita da sede da embaixada argentina em Madri, por videoconferência, e durou sete horas. Não lhe ofereceram descanso, café, água e, quando pediu para ir ao banheiro, um funcionário a acompanhou e esperou para trazê-la de volta. Ela lhe disse: "É como na Esma, eles me levam ao banheiro e me trazem de volta?". No fim do depoimento, perguntaram-lhe se havia algo que gostaria de acrescentar. Ela respondeu: "Haveria muito mais coisas a acrescentar, porque em um ano e meio muitas coisas aconteceram, mas sete horas de depoimento se passaram e neste exato momento não consigo pensar em mais nada".

Ufa.

Durante uma viagem à Espanha em 2022, passei por Marbella e tentei encontrar o prédio onde Silvia Labayru tinha morado com Vera e Alberto Lennie. Embora se lembrasse perfeitamente dos endereços de muitos lugares relevantes — o do apartamento onde González a estuprara com sua esposa, o da produtora onde os militares a forçaram a trabalhar —, ela não se lembrava deste. Deu-me indicações vagas, obscurecidas pelo processo de seleção de uma memória que parecia ter apagado esta cidade e deixado apenas uma caricatura: homens de mocassins brancos e meias vermelhas bebendo daiquiris em clubes exclusivos, iates milionários, um passeio de navio onde inesperadamente encontrou com Alberto Lata Liste, o homem a quem tivera de se reportar nos primeiros tempos. ("Eu lhe telefonava, dizia: 'Oi, é a fulana de tal'. Não me lembro se dizia em nome de Jorge Acosta ou o nome de guerra que me tinham dito pra dizer. 'Estou ligando pra falar que estou aqui, estou bem, só isso.' 'Bem, perfeito, se você precisar de alguma coisa, não sei o quê...' Eu estava naquele navio e encontrei o Lata Liste em questão. Primeira vez que o via. Não falei nada e ele não sabia que eu era eu. E deixei a situação assim porque não era apropriado. Ali, no meio do barco, o que eu ia falar pra ele? Naquele momento, você já tinha uma experiência pra controlar situações desse tipo.") Andei várias vezes pela avenida Jacinto Benavente à procura de um parque assim e assado, um condomínio com essas características, mas onde havia condomínio não havia parque, onde havia parque não havia condomínio. Sob um céu branco como algodão, as Ferraris passavam uma atrás da outra, como se estivessem sendo distribuídas como lembrancinha de festa de quinze anos. Mulheres com unhas imaculadas andavam levitando como animais agressivos com cães combinando. Os homens pareciam ter sido fabricados em uma oficina, as articulações do corpo devidamente lubrificadas para produzir uma marcha indiferente às coisas do mundo. A maquinaria do esquecimento de que todos nós vamos morrer funcionando a todo vapor, como uma máquina de lavar a 2 mil rotações. A cidade parecia um instrumento musical gigantesco afinado para uma nota muito alta. No entanto, não tinha nada a ver com aquela onde Silvia Labayru havia vivido, um lugar hiper--hormonal, com festas que duravam semanas, como as do magnata Adnan Khashoggi (que foi vinculado ao tráfico de armas), e em que tudo acontecia à volta do Clube Marbella, o bronzeado de Gunilla von Bismarck, a comitiva do rei Fahd ou a clínica Incosol onde o jet set da época ia para fazer tratamentos de beleza e cuidar da forma física (diz-se que o filho do rei Fahd esteve ali, mandou fechar dois andares e trouxe consigo guardas com metralhadoras que ficavam estacionados nos elevadores).

Esta manhã ela está usando um suéter de gola alta azul--escuro que eu não conhecia. O vestuário começa a se renovar, e eu me pergunto quantas roupas ficarão nos armários do apartamento de Hortaleza e quantas ela trouxe para Buenos Aires. Esta poderia ser uma maneira de saber onde ela mora: contabilizar blusas, calças, camisetas, jeans, sapatos transportados de um lugar para outro. Não sei como ela conseguiu passar pelo primeiro ano de confinamento, quando suponho que tenha chegado à Argentina apenas com roupas adequadas para um clima ameno — era março — e se viu imersa no outono e inverno de Buenos Aires com todas as lojas fechadas, sem possibilidade de comprar roupas adequadas para baixas temperaturas, mas nunca lhe pergunto: esqueço.

— ... e como o apartamento do meu pai fica bem em frente ao Hipódromo, uma época peguei o costume de apostar em corridas de cavalos. Depois, em Madri, acompanhava ao hipódromo um amigo advogado que era apostador e me levava para que eu o impedisse de apostar mais que uma certa quantia.

Se ele ganhasse, dividíamos os lucros. Também ia ao cassino de Torrelodones, onde via a Lola Flores jogar, e...

Quando falamos dessas coisas, que também fizeram parte de sua vida, fica claro para mim que não há como conhecer seu passado como se deveria conhecê-lo — mês a mês, centímetro a centímetro — para encaixar a imagem dessa mulher que agora toma seu café do outro lado da mesa nessa existência desmedida. Às vezes, como agora, depois de sentir essa vertigem, resigno-me e pergunto a ela sobre assuntos específicos como, por exemplo, Marbella nos anos 70.

— Havia muita gente que falava pouco sobre seu passado, porque Marbella era uma espécie de sumidouro pra pessoas que se ocultavam no luxo, que tinham passados sombrios, e aquele era um lugar pra se retirar ou sair do foco. Havia os ingleses que tinham sido ladrões de um famoso assalto a trem em Londres. Eu estava lá e dizia: "O que é tudo isso, o que estou fazendo aqui?". Uma semana atrás eu estava presa, e agora...

Sair da Esma e procurar logo um emprego não estava em seus planos — na verdade, não havia planos —, mas conta que, quando chegou, Alberto lhe disse: "Suponho que você trouxe dinheiro".

— Eu tinha uns quatrocentos dólares que meu pai tinha me dado, nada mais. Esperava outra recepção. Com o Alberto, a relação ficou marcada. Não tinha como recompô-la. Vinham e me diziam o que ele tinha dito sobre mim enquanto eu estava na Esma, ou que ele tinha dito uma coisa pra fulano e outra pra sicrano. Ele mal conseguia se virar, e eu chegava num ambiente de exílio de merda, porque as pessoas tinham a cabeça virada de cabeça pra baixo, cheia de lixo. Vamos ver, que porra você teria feito? Do que você está falando, seu babaca?

— O Alberto fazia você sentir que era uma suspeita?

— Bem, não é que ele me fizesse sentir isso diretamente, mas me fazia sentir que ir pra Marbella era pra me tirar daquele ambiente. Ele me dizia isso. Que pra ele era uma situação complicada.

— Desconfiava de você?

— Não. Suspeitar que eu fosse agente dos serviços ou que ainda estivesse ligada a essas pessoas, não. Mas, pra ele, o que tinha acontecido era muito difícil de entender.

— Vocês discutiam?

— Sim. Discutíamos muito.

Teve de procurar emprego e conseguiu um lugar no ramo imobiliário. Vestida como uma senhorita imperturbável, começou a mostrar apartamentos de centenas de metros quadrados para compradores bilionários. Não estava indo mal. Ela era educada, fina, falava inglês, sabia sorrir e conseguia aguentar.

— Eu não tinha condições de cuidar de nenhuma criança. O Alberto não sabia o que fazer comigo porque eu era radioativa. Era uma loucura. Uma semana antes eu estava onde estava, e uma semana depois eu estava nesse lugar, rodeada por essas pessoas, com um daiquiri na mão e sem poder dizer de onde tinha vindo.

Nessa vida esquizoide — mantinha rédeas curtas de eventos recentes que não podia mencionar, criava uma filha que era uma estranha, envolvia-se em discussões colossais com o marido, mostrava propriedades de preços inviáveis a magnatas de várias partes do mundo —, pelo menos restava um recurso: a psicanálise. "Seu psicanalista não pode ser ninguém menos que o Tito Feldman", alguém lhe disse. Feldman morava em Madri. Ela vinha de Málaga, com esforço. Um dia chegou ao consultório e o analista não estava lá: tinha esquecido a sessão. Logo depois, Lydia Vieyra escutou, enquanto solicitava uma autorização de vendedora ambulante na prefeitura, uma mulher contando a história de sua amiga: era a esposa de Feldman. Silvia Labayru não retornou ao consultório e partiu para outra busca. Recomendaram-lhe Agustín Genovese. Ela foi vê-lo com medo, esperançosa. Disse: "Eu sou fulana de tal". E ele: "Antes que eu saiba se posso ajudá-la, preciso que você me diga se é verdade que você é uma agente dos serviços". "Não vou te responder", disse ela, "não sei se você pode me atender, mas eu não posso ser atendida por você." E foi embora.

— Era uma vítima incômoda que queria conversar, contar o que tinha acontecido. E não tinha um discurso pró-montonero, era muito crítica. Não me encaixava no perfil das vítimas que os montoneros no exílio queriam vender pro mundo. Então você vai ficando em silêncio, aceitando que você é uma espécie de marciano, alguém que voltou dos mortos e a quem ninguém quer escutar.

Naquela época, havia chegado à Espanha, exilado, um engenheiro industrial, ex-militante comunista, dezesseis anos mais velho que ela. Morava em Madri.

— O nome dele é Osvaldo Natucci. Tem hoje oitenta anos.

Aquele homem, naquela época, foi sua salvação.

Ela não tem seu contato — Hugo tem ciúmes dele porque, de certa forma, acha que nos anos 80 eles teriam voltado a ficar juntos se não fosse o casal que ela formou com Natucci —, e naquela tarde saio da casa dela com um objetivo claro: encontrá-lo.

— A Vera teve uma mãe e um pai que brigaram muito — diz Alberto Lennie. — Devemos ter tentado fazer nossa própria história durante cinco, seis meses. E a partir daí começamos a perceber que não tínhamos merda nenhuma pra fazer juntos. A Silvina foi pra Madri, se enrolou com o Negro Natucci. De forma nada civilizada e nada madura, nos separamos.

— Por que nada civilizada?

— Porque eu lhe dizia: "Mas, sua filha da puta, há seis meses você me escrevia dizendo que eu era seu senhor, e agora você me fala que vai pra Madri, e vai levar seu diafragma? Vai pra puta que pariu" — diz ele, gargalhando. — E ela dizia: "Você é um filho da puta obsessivo, ciumento". Havia se instalado essa dinâmica. E ela foi embora com o Natucci. Que foi uma relação que lhe fez muito bem. O Negro Natucci era um personagem peculiar e excêntrico, superinteligente e encantador. Eu o conhecia, nos víamos no exílio.

Natucci não era um desconhecido para Alberto Lennie: ele havia sido seu professor particular de matemática — ele tinha quinze anos na época — e namorado de sua irmã morta, Cristina Lennie.

— Vi aquilo como uma puta traição. Esse casal começou quando ainda não tínhamos terminado o nosso. Tempos depois, no aniversário da Vera, falei pro Negro: "Negro, você trepou com minha irmã, agora você trepa com minha ex-mulher. E, além disso, você foi meu professor de matemática. Você poderia ter me poupado disso. Isso não se faz".

Silvia Labayru e Alberto Lennie se separaram. Ela foi para Madri. Ele continuou vendendo suco de frutas por um tempo até se mudar para a capital, ganhar a vida construindo móveis e, finalmente, conseguir uma bolsa de estudos da Cruz Vermelha para terminar seus estudos de medicina. Não houve conflitos na criação de Vera: de segunda a quinta-feira ela ficava com a mãe, o resto do tempo com ele, e alternavam nos fins de semana.

"Fui uma acompanhante desses jovens em sua aventura forçada. Eu não escolhi nem entendi na época nem muito depois [...]. Sou grata por não ter crescido sem minha mãe, por não tê-la perdido. Ela foi capaz de tudo o que parecia inimaginável na época. Criar uma vida para si mesma apesar da falta de apoio e das críticas ferozes de muitos [...]. Silvia e Alberto foram corajosos e sonharam. Sou eternamente grata a eles e aos meus avós que me deram seu amor sem limites. Todos tornaram o impossível possível, superando a dor e abrindo nossos caminhos para o futuro." O texto é assinado por Vera Lennie em Aberdeen, na Escócia, em julho de 2022, e incluído em *Exilio*, o livro de Dani Yako. A leitura é outra quando se sabe que, embora tenha sido escrito agora, as relações de Vera com o pai foram cortadas há muito tempo.

— Meu pai e eu éramos muito mais próximos quando eu era jovem — diz Vera —, mais ou menos até eu me tornar mãe. Agora estamos mais distanciados. Mas, em geral, fomos muito unidos. Durante toda a minha infância e adolescência, convivi muito com os dois. Sempre me dei bem com os parceiros dos meus pais. É que eu era a única daquele casal tão breve. Não tenho lembranças dos meus pais juntos. As primeiras lembranças são dos meus pais já divorciados.

Ao falar sobre o distanciamento de Vera — que começou por causa de uma briga com o marido por uma diferença de opinião na abordagem da saúde de Ewan, o neto mais velho —, Alberto Lennie abandona sua efusividade e parece perturbado.

— Minha relação com a Vera está numa espécie de limbo. Eu a adoro como filha e a adoro porque temos uma história. Ela dizia: "Mas, papai, você é tão exigente, às vezes parece que você não me ama". E eu disse: "Eu não te amo, eu te adoro e te devo minha vida. Saí da Argentina quando descobri que você estava viva, quando descobri que a gravidez da sua mãe ainda estava em andamento. Então, filha, você pode pensar o que quiser, que eu sou filho da puta, que eu sou um canalha. Mas nunca pense que eu não te amo, moça. Porque eu te adoro". Vou te dizer o que penso, Leilita: fico feliz que minha filha Vera, que nasceu na Esma, que foi criada pelos meus pais por catorze meses, que sofreu porque a Silvina e eu discutíamos o tempo todo aqui, na Espanha, seja médica, tenha dois filhos, e esteja com aquele escocês que é um baita de um idiota do caralho. Ela deve ter precisado dele por algum motivo. Ainda assim, fico feliz. Que ela não fale mais comigo o resto da minha vida. Tudo bem. Cumpri minha parte. Ela está bem. Eu não me importo. A relação com ela foi linda e complicada. Como foi minha relação com a mãe dela. Minha relação com a Silvina é uma relação cheia de amor e com ângulos muito sombrios. Digo isso com dor, Leila. Não ver a Verita me dói pra cacete, e foi uma decisão que tomei pra deixá-la tranquila.

— Você tomou a decisão?

— A Vera parou de me responder. Escrevi-lhe dizendo que me parecia que o silêncio no amor era muito ruim, que eu preferia palavras duras e dolorosas aos silêncios, e ela não me respondeu. Mandei outro e-mail, dizendo que estaria do seu lado quando ela quisesse, mas que respeitava a decisão dela.

Nesse dia, a entrevista termina aí. Eu lhe agradeço — "Eu que te agraço, lindona. Tchau, minha querida" — e ele promete me enviar, escaneadas, as fotos e as cartas que leu, acrescentando outras. Nunca fez isso.

Tento entrar em contato com Osvaldo Natucci por e-mail, mas os dias passam e ele não responde. Acho estranho: já vi algumas das conferências em que ele fala sobre tango — é sua especialidade —, e ele parece uma típica pessoa que não deixaria e-mails sem resposta. Por sua história pessoal, ele não parece ser um homem inclinado a evitar respostas negativas como: "Não estou interessado em falar com você". Consigo seu número de telefone e envio uma mensagem detalhada, dizendo-lhe que estou trabalhando em um perfil de Silvia Labayru, apresentando os motivos pelos quais estou interessada em entrevistá-lo. Ele me responde em vinte minutos. "Oi Leila, nunca vi o e-mail que você me mandou. Em outras palavras, nunca quis evitar uma entrevista com você. Me escreva ou me ligue pra marcarmos." Eu respondo imediatamente, ele responde imediatamente: "Te espero na segunda, às dezesseis horas". Ele me dá o endereço do lugar onde mora. "É um hostel de tango localizado a poucas quadras da estação Castro Barros, na linha A do metrô. Podemos conversar no salão, que é espaçoso, ou em um bar confortável nas proximidades. P.S. Como pode deduzir, você me causou um sismo biográfico."

Ficaram juntos oito ou nove anos, desde 1978 ou 1979. Silvia tinha 23 anos. Osvaldo, 39. Era separado e tinha um filho, Julián, que desde os sete, quando a mãe morreu, viera morar com eles. A renda provinha do dinheiro enviado por Jorge Labayru, que ia duas vezes por mês a Madri — com os voos das Aerolíneas Argentinas — cheio de mercadorias — alfajores, doce de leite, quilos de carne — e lavava a louça que eles acumulavam em uma pia: não gostavam de lavar. Alugavam um apartamento em Madri, na região de Prosperidad. Osvaldo Natucci quase não ganhava dinheiro.

O táxi para na porta do hostel, que fica na rua Orientales, 33. Natucci está na porta, monocromático: calça bege, camiseta bege de manga comprida enfiada dentro da calça. A cor e as mangas compridas dão-lhe um aspecto agasalhado, imprudente para um dia de fevereiro de 2022, quando o céu morde o asfalto enquanto faíscas de aço voam da chapa metálica dos carros. É a hora da sesta, e ele não quer que a campainha atrapalhe os dorminhocos: é por isso que está esperando do lado de fora.
— É um hostel de tango de propriedade de um francês. Entre.
Usa mocassins sem meias. Oitenta e dois anos que ele não aparenta. O lugar tem o aspecto das antigas casas onde viviam senhoras que empoavam o rosto com Artez Westerley, cavalheiros que iam trabalhar com o chapéu encaixado nos cabelos com fixador e em que havia sempre uma bacia de zinco com lençóis quarando ao sol. No pátio há um gazebo coberto por uma trepadeira de flores lilás, um mural de azulejos com a imagem de Natucci abraçando o compositor de tango e bandoneonista Aníbal Troilo. Abre a porta para um grande salão com *boiserie*. Nas paredes veem-se fotos de casais em várias milongas

portenhas. Ele aproxima duas mesas redondas, coloca-as juntas, senta-se, tira os óculos e gira-os, pegando-os pelas hastes.

— Olha, no que eu mais posso te ajudar é no mundo da militância. Do passado e de agora. Por quê? Porque passei muito tempo fazendo isso, vinte anos. Eu era membro da Juventude Comunista. E no lugar mais dinâmico que o comunismo tinha, que eram os universitários da capital. Nunca mais o comunismo teve uma penetração hegemônica tão forte. No mundo operário ele já a perdera. Estou falando do final dos anos 1960. Octavio Paz define esse período, uma ruptura dos jovens com a ordem familiar e a ordem social, com três fenômenos simultâneos que são o hippismo, o Maio francês e o guevarismo. Diferentes tipos de intensidade e localização na sua origem. Mas são muito parecidos, como estímulo aos jovens. Woodstock, 69; Maio francês, 68; morte de Che, 67. Bingo.

Lembra-se de datas e nomes com exatidão. Quando se esquece de algo, diz: "Já vou lembrar", e quando lembra, exclama entusiasmado: "Dá-lhe, velhos!". Sabe de filosofia, política, história, fala com desenvoltura da esquerda, de Woodstock, do Vietnã, do FMI e da União Europeia. Depois de refletir por muito tempo sobre o contexto político do final dos anos 1960 — não na Argentina, mas no mundo —, começa com sua história pessoal desde o exílio de seu pai, que deixou Gênova em 1922. Mergulha na genealogia familiar apenas para sair recarregado e se aprofundar, por exemplo, em Marx: "O principal problema de Marx é que ele não indica o caminho. Critica a via capitalista. Vai muito bem na parte econômica e se equivoca, na minha opinião, em acreditar que o próprio processo do capitalismo tende à desigualdade absoluta e que inevitavelmente haverá uma rebelião. Aquela história de que o passivo, o fraco, o explorado, chegará um momento em que a intelectualidade o transformará num trabalhador consciente. Esse é mais ou menos o modelo, grosso modo". Estamos ali há uma hora e meia e chegamos a 1940, ano de seu nascimento. Há algo repleto de personalidade em sua maneira de narrar, como se o que ele conta fosse uma estrutura marmórea — isso é assim — e ao mesmo tempo ele estivesse pronto para jogar um míssil nela: isso é uma baboseira. Às vezes, ele constrói resumos de palpitação espástica, águas-fortes perfeitas:

— Minha família. Classe média baixa. Motorista de ônibus, meu velho. Primeiro taxista, depois motorista de ônibus. Ele não foi feliz aqui. Morreu na Itália, por sorte. Não chegou a ver o colapso do comunismo. Minha mãe, ociosa. Cuidava de nós. De Corrientes. Imigração típica da época, boa figura, jovenzinha. Ela me teve aos vinte e poucos anos. Cinturinha. Bunda empinada. Simpática. Ociosinha. Ela cuidou muito bem de nós. Não houve violência na minha casa. Também não houve amor. Faltava biblioteca e faltava riqueza de linguagem. Mais amor, teria sido mais redondo. Mais linguagem. E mais livros. Mas tive uma infância muito feliz.

Depois de contar a história do avô e criticar ironicamente os grandes produtores de soja de hoje, ele conta que em 1953 se filiou à Juventude Comunista, estudou engenharia industrial (um breve parêntese em que lembra que seu pai não acreditava que ele estava estudando até ver uma foto dele no jornal com outros formandos e transformá-la em um quadrinho; quando conta isso, chora), em 1968 rompeu com a Juventude Comunista e se filiou ao Partido Comunista Revolucionário (um parêntese não tão breve em que explica as diferenças entre os dois e os riscos e consequências que essa mudança implicava). Segue-se uma longa — muito longa — passagem em que fala do guevarismo, do maoismo, do trotskismo, da fonte — "que é Marx" — e da prática — "que é Lênin" — para dizer, finalmente, que também rompeu com o Partido Comunista Revolucionário, deixou a militância e tornou-se amigo íntimo de Antonio Carrizo, um dos mais importantes radialistas da época, com quem trabalhou como produtor. Chegar ao ponto em que se tornou professor de matemática de Alberto Lennie, em cuja casa conheceu Cristina Lennie, ainda demora um pouco.

— O senhor foi namorado da Cristina Lennie.

— Tenho relações com a Cristina, que morre porque toma a pílula de cianureto. Já não estava mais comigo. Ela se junta aos Montoneros, eu não queria saber de nada com os Montoneros. Era muito bonita, muito atraente. Mas não havia paz nela.

Fala da Guerra Civil Espanhola, de uma revista que editava em Buenos Aires. O calor é sólido e cada pergunta desencadeia mais afluentes. Do pátio saem os sons de uma conversa entre mulheres e o cheiro melancólico de xampu de quem toma banho à tarde.

— ... e aí um dia eles dizem pro Eduardo e pra mim...

— Desculpe. Quem é Eduardo? Me perdi.

— ... vão embora porque vão matar vocês. Deixei a Argentina em 17 de agosto de 1976.

A partida dos Natucci leva meia hora de história. Há perigo, passaportes falsos, muita tragédia, ônibus, aviões e várias levas de Natucci com seus maridos, esposas e filhos desembarcando na Espanha.

— Estou em Madri, esperando o metrô, e na minha frente vejo o Boy. "Boy!" "Negro!" Me chamavam de Negro. A gente se abraça, ele me conta: a morte da irmã, da mãe da filha dele presa, ele tinha fugido, estava em apuros.

Ele também estava em Marbella, onde pouco depois Osvaldo Natucci foi visitá-lo. No dia em que chegou, Alberto Lennie tinha saído e ele foi recebido por uma jovem loira.

— Silvia. A Vera estava abandonada. Num cercadinho. Mas às vezes ela reclamava. E a Silvia sentada conversando comigo. Às vezes eu dizia: "Vá cuidar da bebê". Mas ela estava em outra. Acho que estava bem mal. Mas não sou especialista.

— E parou por aí?

— Parou por aí. Mas então começaram os almoços, os encontros. E uma atração começou a se estabelecer, e foi aí que começamos a ter relações. Ela era dezesseis anos mais nova que eu. Sua inteligência era muito atraente. Eu sentia atração física. E admiração. Ela sai com um histórico de ter sido excessivamente colaborativa dentro da Esma. A nuvem se espalha. O que se sabia: relações sexuais com González, saídas com Astiz pra vários lugares. Não pensei muito nisso porque tinha muito desprezo pela militância guerrilheira de lá. E sentia culpa. Não tinha matado ninguém, mas produzira duas crueldades, que foram dois sequestros. Livres, as pessoas, mas eu causei mal a essa gente. Acho que entrei em contato com a Silvia também pra ajudá-la. Mas eu gostaria de ter sido mais empático. Podia ter lhe dado mais, eu acho.

A história, que avançava sem parar, fica travada. Agora é a perícia forense de um coração desmembrado: arranca um sentimento com um machado, exibe-o, examina-o, descreve-o enquanto o sentimento, em suas mãos, pulsa agonicamente como um peixe fora da água.

— Tive a capacidade de buscar a felicidade fazendo-a feliz. Estar atento ao que ela gostava. O que ela não gostava. E que isso não fosse por obrigação, mas um motivo de felicidade. Pra mim. Também ela, diga-se, não é uma pessoa especialista nisso. Na empatia. Também não era fria. Houve uma liga.

Ele logo desvia, sai de lá. Enxuga os olhos.

— Os donos de um bar, El Portalón, que eram argentinos, impediram-na de entrar. Eles me convidavam, eram trotskistas. Eu não ia. Eu era um soldado dela. Isso estava claro pra mim. Um soldado. Conversando com ela, percebi que houve ali uma síndrome de Estocolmo.

(Problemas, problemas, problemas.)

— Com base em que o senhor diz isso?

— Ela era sobrinha de um general importante. Era bonita. Jovem. Grávida. Labayru. E pra sobreviver ela tem duas pessoas,

González e Astiz. Com Astiz entendo que é mais platônico. Há uma atração. E tem mais duas referências. O pai, antiperonista total. E a Cuqui Carazo. A Cuqui a escolhe. Um pouco de acaso. Um pouco de síndrome de Estocolmo. Com um deles mantém relações sexuais, e o outro está encantado: Astiz. Vai a reuniões, a Silvia nem fala. Vai. Vem. Ponto. E, claro, você tem que estar lá. A síndrome de Estocolmo é: "Eu me identifico um pouco com a moral deles". É a existência pura e simples, não o mundo das ideias. É o mundo do horror. Eu a defendia. E a Silvia seguiu com sua vida normal. Entre aspas, porque normal total, depois de passar por isso, nunca. Mas teve um filho, se casou.

— Por que o relacionamento terminou?

— Estava morto. O sexo era muito esporádico. Eu não encontrava trabalho, o que gerava tensão. Tenho uma certa tendência à marginalidade. Tive pouquíssimos empregos na minha vida. Fui jornalista científico na agência de notícias EFE, mas não era bom. Não escrevia bem. Não falava bem inglês. Jornalista científico sem saber inglês. Impossível.

Enquanto estiveram juntos, ele escreveu algumas coisas para revistas de fofoca e publicou dois artigos no jornal *ABC* que não o envergonham "entre as bobagens que escrevi pra comer": um sobre o aniversário da morte de Humphrey Bogart ("o homem mais elegante da civilização humana quando fuma; toda vez que vejo *Casablanca* digo: 'Não é possível fumar tão bem'"); o outro, um relatório forjado sobre Einstein, usando respostas de várias entrevistas. Ele as assinava com os nomes das crianças da casa: Julián Vera.

— Soube de outros amantes dela. Acho que a Silvia tinha uma libido superior à minha. Eu não tinha mais relações sexuais, quase. Não havia violência, mas havia um ambiente pouco favorável pra educação dos filhos. O pai lhe deu dinheiro pra comprar a casa que tem hoje em Hortaleza, onde eu morei durante algum tempo. Aí fui embora.

Julián, seu filho, ficou com Silvia Labayru (e com Vera e depois com Jesús: só saiu daquela casa aos dezoito anos), e Natucci, com a ajuda da irmã, começou a ganhar muito dinheiro: contactava dentistas argentinos, montava clínicas para eles na Espanha e dividiam os lucros pela metade.

— Quase não havia dentistas na Espanha naquela época. Foi quando comecei a ganhar cerca de 4 mil dólares por mês.

Isso durou um tempo. Em 1995 regressou à Argentina e à política, assessorando um parlamentar do Partido Radical que havia sido seu companheiro de militância. O trabalho não prosperou, ele voltou para Antonio Carrizo e para uma velha paixão, o tango. Pesquisou suas origens, deu aulas, conferências, seminários, musicou uma milonga clássica de Buenos Aires, "El beso".

— Quando foi a última vez que o senhor viu a Silvia?

— Não me lembro. Quantos anos tem o filho dela, você sabe?

— Vinte e sete, acho.

— Vinte e sete. Uau.

Então ele faz uma pergunta dolorosa e perfeita. Pergunta por ela.

— Como ela está? Envelhecendo bem?

— Está muito linda.

Envelhecendo bem?

— O pai morreu?

— Não, está numa casa de repouso.

— Quantos anos ele tem?

— Noventa e dois.

— Tem Alzheimer?

— Não. Tem algo relacionado a demência senil, mas às vezes está lúcido.

— E a Silvia viaja pra cá com frequência?

Envelhecendo bem?

Sou uma enorme bactéria perturbadora na vida de muitas pessoas que tinham deixado essa história para trás. Alberto Lennie não sabe que Silvia Labayru está com Hugo Dvoskin. Osvaldo Natucci não faz ideia de que Silvia Labayru passa muito tempo em Buenos Aires. Quando lhe digo que Natucci não sabe que ela está na Argentina, Silvia diz: "Se leu os artigos do *Página/12*, deveria saber. Lá diz claramente" (mas por que todo mundo deveria ler os artigos do *Página/12*?). Quando lhe digo que Alberto não sabe que está vivendo com Hugo, ela me diz: "Já disse ao Alberto que estava vivendo com alguém, mas não há intimidade pra dar detalhes".

— Sim, ela viaja com muita frequência — minto, disfarço, tempero. — Por causa do pai, também.

— Por causa do pai. Sim. Ou por problemas de negócios, de herança?

— Não. O senhor conhecia o pai dela?

— Sim. Como é mesmo o nome?

— Jorge.

— Isso. Nós o chamávamos de Nonno. Eu tomava café da manhã todo dia comendo produtos de confeitaria argentinos. Ele trazia um pacote de doces. Comprava-os antes de sair do aeroporto. Vinha a cada duas semanas. Ele vinha, lavava a louça, reclamava.

Depois fala do filho — que é doutor em filosofia e mora na Europa —, de Vera — a quem chama de "a menina": "Ela veio aqui uma vez, me ligou e nos vimos, uma moça" — e das milongas portenhas. Ele bate na mesa com um punho, dando por terminado, e se levanta.

— Não quero mais incomodá-la. Vamos — diz ele com um sotaque pronunciado, acentuando a palavra no *o*.

Ele me acompanha até a porta, diz que o tango melhorou seus problemas gastrointestinais. Eu mal ouço.

Envelhecendo bem?

A rua flutua em um entardecer piedoso. Tudo está cheio de luz e tempo.

Os resumos bagunçados do que fez e do que deve fazer com que se iniciam os encontros — e que ocupam boa parte de suas mensagens de WhatsApp — poderiam ser vistos como tentativas de controlar a realidade, de repassá-la até ter certeza de que nada é deixado ao acaso. Vejo várias manifestações desse desejo de controlar — que Alba Corral também menciona: "Quando éramos meninas, ela uma vez me emprestou um livro e me mandou um bilhete com uma série de instruções: que eu tinha de dizer tal coisa ao fulaninho caso sicraninho descobrisse. Ela é uma pessoa completamente desse jeito" —, mas nunca aparece em relação às pessoas que eu entrevisto: não me pergunta com quem falei, ou o que falei, ou com quem vou falar. Se ela descobre o conteúdo dessas conversas, é porque algumas dessas pessoas são suas amigas e lhe contam, ou porque eu tenho de cruzar dados com ela, mas, uma vez que esse cotejo acaba, ela não pergunta. Meses depois, no dia em que contei que estive com Osvaldo Natucci, ela não quer saber o que ele disse, mas:

— Ele não está gordo?

— Não. Você gostava dele?

— Sim, gostava. Gostava muito dele. Eu não o amava, mas gostava muito. E eu o respeitava muito. Eu tinha 23 anos. Ele me protegeu. O tanto que pôde. Porque em outras áreas não me ajudou nem me protegeu. Era eu quem tinha de protegê-lo. Meu pai e eu o sustentamos financeiramente durante grande parte desses anos. Eu não ligava, porque havia uma compensação de afeto, de cuidado, de me sentir protegida. Ele era muito carinhoso com meus pais, amava a Vera. Mas eu estava mais admirada que apaixonada. Gostei muito dele, mas a única pessoa que amei foi o Hugo. De qualquer forma, o Natucci foi muito importante na minha vida. Quando começamos a sair, ele me perguntava a respeito de tudo o que tinha acontecido na Esma, e eu contava pra ele. Me sentia à vontade. E conversei com ele como com mais ninguém sobre esse assunto. Ele me ajudou a entender como a esquerda marginaliza tudo o que está fora da norma. Um puritanismo de "eu vou te esmagar e te despedaçar". Algumas pessoas do bar El Portalón ligaram para ele e disseram: "A Silvina está proibida de entrar no bar, que ela nem venha porque não vamos deixá-la entrar". E o Osvaldo lhes disse: "Saibam que o que estão dizendo dela estão dizendo de mim. Portanto, estão me proibindo de entrar também". Estavam por toda parte. Quando havia uma festa ou uma reunião, eu ficava muito paranoica. Quem vai, será que vão me cumprimentar, não vão me cumprimentar. Normalmente, o que faziam era avisar ao Osvaldo que eu não era bem-vinda. Se fosse uma coisa pública ou uma grande festa, eles viravam a cara e fingiam que não me viam. Pra mim era uma situação insuportável. Eu mantinha uma expressão digna, seguia em frente, não me escondia, mas sofria muito. E, nessas situações, o Osvaldo me apoiava muito, contra tudo e contra todos.

Ele não contribuía com dinheiro. Estava ocupado tirando o pânico do mundo.

Roberto Pera, ex-PC, fotógrafo, conheceu Silvia Labayru nos acampamentos do Colégio. Ele me encontra em um lugar estranho: em um ponto de parada de caminhões que fica junto ao Clube de Golfe, nos lagos de Palermo, uma área bastante exclusiva e de difícil acesso. Está sentado em uma mesa embaixo de uma árvore, e quando eu chego ele diz:

— Pensei que você viria no jipe Daktari.

Cheguei em um carro normal, mas o comentário é porque ele sabe que eu moro com uma pessoa que teve uma veterinária, sabe que é ousado, sabe que se dá melhor com animais que com pessoas. Sabe de tudo isso e mais porque, diz, lê o que escrevo.

— Sei que o que eu não quiser que você publique, não preciso nem dizer.

Ele usa uma máscara de alta tecnologia que tira apenas para beber água. É um dos amigos mais próximos de Silvia Labayru, e às vezes acrescenta um pouco de elemento épico a situações que não necessitam disso, como por exemplo quando relata os encontros que Diego Fernández Peteiro teve com Silvia Labayru em 1977, no apartamento do pai dela.

— Ele foi vê-la correndo risco de vida. Uma vez cruzou com o Astiz. O Diego estava descendo as escadas quando o outro estava no elevador. Não quero nem imaginar se o Astiz o tivesse encontrado lá. Terminaria num desastre horrível pra ela.

Tanto Silvia Labayru quanto Diego Fernández Peteiro dizem: "Isso nunca aconteceu". Durante a ditadura, Roberto Pera foi para a Itália, onde morou até 1983. Foi uma das pessoas que, quando ela chegou à Europa, não fizeram perguntas, apenas disseram "quero te ver".

— Só quem pode apontar o dedo é aquele que passou por essa situação. Nenhum dos que apontaram o dedo estava lá, torturado num catre elétrico em que dar o endereço de alguém o aliviava por um tempo. Nem todos tiveram a infelicidade de ter que participar dessa operação das Mães. Se a Silvia não estivesse nessa operação, teria sido apenas mais uma sobrevivente. É um dos fatos mais odiosos da repressão. Ela foi considerada traidora, isso alimentado pela liderança dos Montoneros, pela qual eu nunca tive simpatia, embora simpatizasse com os militantes, que eram pessoas muito boas e queriam mudar o mundo, como eu. Eles a julgaram como se ela tivesse tido possibilidade de escolha naquela operação. Sem se dar conta de que ela era uma prisioneira, que estavam mantendo sua filha refém. Ela foi bem-sucedida porque os enganou. Levou-os a acreditar que estava trabalhando com eles. E era preciso enganar esses animais. Era preciso ter astúcia pra enganá-los dessa maneira numa situação de total desamparo.

Em linhas gerais: a) às vezes eu quero falar de outras coisas, mas ela volta às mesmas coisas de sempre; b) às vezes preciso falar sobre as coisas de sempre, mas sem detalhes, e ela me fala sobre essas coisas em detalhes desde o início; c) às vezes ela me diz coisas completamente novas. Hoje é uma mistura de *a*, *b* e *c* em partes iguais, então é um bom dia. O telefone argentino, virado sobre a mesa, toca várias vezes e isso é estranho; nunca lhe ligam com tanta insistência.

— Não vou atender, é por causa de uma questão imobiliária.

Ainda estão procurando um apartamento para morar e, aproveitando sua experiência no mercado imobiliário, ela se encarregou da tarefa.

— Eu gostaria de um lugar com jardim, mas é difícil.

— Procurar uma casa juntos é uma mudança. De certa forma, este é o apartamento do Hugo.

— Sim. É como um... casamento, né?

Ela fica em silêncio e sorri sem dizer nada. Aquele gesto que significa "estou pensando em algo que não sei se vou te contar" não é habitual nela, e as poucas vezes que vi isso me mantiveram em alerta: sei que há coisas que ela não vai me dizer, mas, em ocasiões como essa, é muito perceptível. No entanto, o que ela diz em seguida é bastante inócuo.

— Nós, amigos de travessia, ficamos juntos a vida toda; alguns voltaram pra cá, como o Dani. Mas nós que ficamos em Madri estávamos entrincheirados: "Nunca mais vou voltar pra Argentina, não gosto, não me adaptaria". Eu fui a primeira a falar isso.

— E olhe onde você está.

— Sim. Tomando do meu próprio veneno. E, claro, os amigos espanhóis ou os argentinos que estão lá não podem acreditar. Eu também não, às vezes. Sinto-me confortável em estar aqui. Mas não tenho a sensação de que realmente moro aqui. Ou seja, eu moro e não moro. Eu estou. Tenho uma vida muito agradável com o Hugo, amigos, não tenho nenhuma responsabilidade, a não ser cuidar dos meus assuntos em Madri ou questões médicas. Mas não participo da vida argentina de forma alguma, nem econômica nem politicamente. Escuto, acho interessante, mas é como estar numa nuvem. Por um lado é muito bom, e eu passo por bairros que me são familiares, Palermo, Las Cañitas, Belgrano. Mas quando tenho que ir pra outros bairros...

Verdade seja dita, boa parte da Argentina é, para alguém que passou a maior parte da vida em outro país, "outros bairros". As províncias, para as quais ela agora viaja muito com Hugo, têm seu toque de exotismo desafiador: "Hoje deixamos Merlo, em San Luis, a caminho de San Francisco. Dormimos lá e de manhã fomos pra casa da Lydia. Dia intenso. Fizemos trekking, escalamos um paredão de setenta metros, atravessamos o rio em grande altitude numa tirolesa e depois rapel. Tenho muita vertigem e sofri como uma condenada, escalar foi muito difícil. Fiquei assustada no meio, mas era tarde demais pra me arrepender. Não sei como fiz isso! Depois fiquei encantada. Mas o melhor de tudo é que estive em contato próximo com várias raposas, ontem e anteontem. Em agosto, na Galiza, todas as noites procuro as raposas e lhes deixo comida e elas vêm, mas nunca vi uma delas a três metros de mim, me olhando como um cachorrinho. Eu amo raposas (pra piorar, meu pai sempre foi chamado de Raposa Fox e eu era chamada de Raposinha, a-hã). Depois vi um gato bem pequeno perseguindo e atacando uma das raposas. E a raposa fugindo com medo. Os gatos são incríveis. Eles têm muita autoconfiança". Nessa viagem, ela dirigiu um bom trecho — soube depois que poderiam ter sofrido um grave acidente devido a um problema nos pneus —, mas na cidade prefere caminhar, inclusive de sua casa até o centro, um percurso de cinco quilômetros.

— Eu dirijo há muitos e muitos anos. Mas aqui você tem a sensação de que qualquer um se mete do seu lado e quer te ultrapassar. Aí me dá um medinho. Saio, faço o que tenho que fazer, fico à vontade, mas vejo tudo de certa forma como se fosse uma turista. Não me arrependo de ter tomado essa decisão, mas ao mesmo tempo meus amigos espanhóis me dizem: "Mas você mora em Buenos Aires, você mora na Argentina!". Por que tanta definição, caralho. Até que no fim eu digo: "É isso mesmo, pô, é isso. Não sei o que vai acontecer no futuro. Mas agora está acontecendo isso e eu não quero perder". Além disso, meu pai está muito velho. Sou sua única filha. Aliás, eu faço um trabalho que deve ser feito. Ontem fui vê-lo e ele disse: "Você é a única coisa que tenho, minha filha, meu sangue". Como ele é surdo, não dá nem pra falar com ele ao telefone. A partir daí eu teria zero comunicação. Agora vou com um caderninho e anoto o que quero dizer a ele.

Esse pai, além de chegar a Madri levando todo tipo de alimentos como se a filha não morasse a 10 mil quilômetros de distância, mas a cem, enviava-lhe dinheiro suficiente para que ela não precisasse trabalhar.

— Não precisei vender brincos numa mantinha na rua, consegui pagar a melhor creche de Madri, morei num apartamento alugado numa área muito boa, Prosperidad, com três quartos e dois banheiros, tínhamos um carro. Quando saí da Esma, meus pais se esforçaram pra cuidar de mim e me ajudar. Foram avós maravilhosos. Imagine, pensaram que a filha estivesse morta e descobriram que a filha e a neta viviam. E me ajudaram financeiramente, tanto que você nem acredita.

— E você pôde estudar.

— E pude estudar.

Cinco anos de psicologia na Universidade Complutense, três na Escola de Psicologia Social de Pichon-Rivière, um tempo na Elipsis, uma instituição criada pelos psicanalistas Hugo e Emilce Bleichmar, que mais tarde seria sua analista.

— Pra entender a coisa da Esma, não me ajudou em nada. Mas me ajudou a me concentrar, a ser uma garota mais normal, a sair daquele tipo de vício em adrenalina que eu tinha. Eu era uma menina de sexualidade muito livre, a gente não se privava de nada. A gente transava muito. Por um lado, éramos a revolução, a luta armada e morrer pelos companheiros, e então qualquer um queria trepar com você e era o melhor amigo do seu parceiro e você não dava a mínima. E quando alguém descobria, era um escândalo... Porque não era *peace and flowers*. Não éramos hippies. Era com a sexualidade do *peace and flowers*, mas com a arma aqui.

Ela levou essa sexualidade extraordinária para a Espanha, onde em 1978, três anos depois da morte de Franco, a nova Constituição era aprovada e a euforia democrática começava. Embora tudo o mais tivesse existido — a tortura, o estupro, o parto sobre a mesa, as Mães e as freiras —, ela manteve um centro de vitalidade que não cedeu. Seu pai lhe deu 3 mil dólares e ela foi com Osvaldo Natucci para Utrecht, na Holanda, comprar um carro usado. Encontraram uma BMW com bom preço, quase nova, verde-maçã. Compraram. Desde então, Vera chegava ao Colegio de las Naciones, "onde estudavam os filhos dos ministros socialistas", a bordo de uma BMW verde fosforescente dirigida pela mãe, cabelos compridos, faixa na cabeça, janelas abaixadas, "Angie" a todo volume às oito da manhã. Fazia sanduíches de abacate com tomate e pão integral "e todo mundo comia sanduíche de chouriço; a Vera, tudo o que ela queria era uma mãe normal que fizesse seu sanduíche de chouriço". Mas, apesar de toda essa vitalidade que ela conservava, era uma pária. Na Escola de Psicologia Social de Pichon-Rivière havia muitos argentinos. Um deles disse ao diretor, Hernán Kesselman: "Dentro da escola há uma agente dos serviços secretos, uma traidora".

— Exigia que me expulsassem da escola. Eu disse ao Kesselman: "Tudo bem, se você escuta o que esse cara diz, vai ter que escutar o que eu digo também". O Kesselman tomou a decisão de dizer ao outro que, se ele não gostasse, deveria sair, mas no meu grupo ficou a pergunta: por que esse menino está te acusando disso, o que aconteceu? E eu tive que contar a história em público. Nessa idade, isso não é pouca coisa. Quando terminei de estudar, percebi que ninguém ia encaminhar pacientes pra mim. Porque se dizia: "Essa menina está louca, esteve presa na Esma, como vai atender os pacientes?". Eu não ia ter um paciente nem disfarçado de macaco.

Parece exagerado que uma vocação à que dedicara tanto esforço desmoronasse por causa de um "se dizia". Era tão simples espalhar um boato e, uma vez espalhado, tinha tanto peso assim? Só depois de todos esses anos de estudo ela entendeu que exercer a profissão seria inviável? Coisas que atenuam essa improbabilidade têm a ver com o fato de que a psicanálise na Espanha era — talvez ainda seja — sobretudo coisa de argentinos (tanto por parte dos profissionais que a exerciam quanto por parte dos pacientes), e que seus compatriotas naquela época eram um grupo endogâmico, muitos deles filhos do exílio, de modo que qualquer boato se propagava rapidamente. De qualquer maneira, em repetidas ocasiões, ao longo dos meses, faço-lhe a mesma pergunta: como é possível que depois de tanto estudo, e assim por diante. E ela, que nunca foge para o reino da imprecisão, não oferece explicações. Ou, no máximo, esta: "Naquela época, a psicologia era inexistente na Espanha. Magia negra. As pessoas diziam: 'Psicólogo? Se você for à igreja, vai se confessar com um padre, e é de graça'". Exercer a profissão era muito difícil e te encaminhavam pacientes se você fizesse parte de uma instituição psicanalítica a qual você ia, estudava, e quando terminava, os diretores dessa instituição encaminhavam os pacientes pra você. Mas percebi que não iam me encaminhar ninguém". Resignou-se porque estava "como Tereza Batista, do romance de Jorge Amado, cansada de guerra" (é uma frase que usa várias vezes para se referir a essas desistências).

Depois da separação, Alberto Lennie formou um casal com Gloria, psicóloga e sua esposa até hoje — estão juntos há 45 anos —, mãe de Bárbara Lennie, prestigiada atriz e estrela, entre outros filmes, de *Magical Girl*, pelo qual ganhou um prêmio Goya.

Gloria era companheira de estudos de Silvia Labayru na Universidade Complutense.

— A Gloria e eu estudávamos na casa da Lydia Vieyra. Elas moravam juntas. Um dia estávamos estudando e ela sai com um roupão que eu tinha dado pro Alberto. Eu olhava pro roupão e pensava: "Puta que pariu, eles podiam ter me poupado disso". Conforme a Vera foi crescendo, passamos por épocas em que eu ia à casa do pai dela e eles falavam muito mal de mim sobre o lance da colaboração. A Vera uma vez me contou que disse: "Se vocês vão falar desse jeito da minha mãe, eu vou embora". Claro, o que eles não podiam questionar era que eu tive a sorte de não entregar ninguém, e eu cuidei da família Lennie quando estavam todos lá, e telefonei quando iam sequestrar a Cristina. Eles sabem disso. Acima de tudo, o Alberto sabe: que ele não caiu por minha causa.

Essas coisas acontecem com frequência: uma história aparentemente menor — Gloria e o roupão — se conecta com uma peça que queima como uma brasa antiga e ela investe contra as portas da raiva, que se abrem e a recebem ávidas.

— Fui torturada por causa de duas pessoas: Alberto Lennie e Cristina Lennie. Eu disse a ele: "Olhe, posso ter feito coisas muito ruins, mas você está vivo graças a mim, porque se você caísse na Esma, certamente não sobreviveria". Mas muitas pessoas no exílio tinham essa curiosa vocação de julgar aqueles de nós que tinham saído dos campos. Agora estendem o tapete vermelho pra mim, reconhecem que sou uma das testemunhas fundamentais da causa Esma. Pareço muito petulante, mas é assim. Depoimentos que se revelaram inestimáveis e judicialmente irrepreensíveis. Eu não chorava, não ficava divagando. Mas alguns ainda soltam: "Você acompanhou o Astiz", ou "os oficiais da Marinha e algumas montoneras tinham relações". Como assim, relações?

(Mais tarde, durante uma visita que faremos à Esma, um dos responsáveis pela visita dirá: "Os repressores tinham relações com as prisioneiras". Não vai ficar assim: ela falará com a diretora do museu, manifestará seu desconforto e, em troca, pedirão que ela dê "um curso de capacitação" para que isso não volte a acontecer. "Relações. Eles não podem dizer isso. Mas vou me tornar uma militante pela reparação de tudo isso, vou mudar um chip que, como se diz na Espanha, nem a Rita la Cantaora vai mudar?" "*Alucina, vecina*"; "*terminó como el rosario de la aurora*".* Nem mesmo quando usa essas expressões tradicionais, às vezes antigas, esquece sua dupla condição, sua vida anfíbia, e esclarece: "Como se diz na Espanha".)

Antes de eu ir embora, ela me fala para esperar, que tem algo para mim que trouxe de uma viagem recente. Vai até o quarto e reaparece com uma garrafa de vinagre de xerez espanhol. Conversamos sobre os benefícios do bom vinagre, falamos muito mal da mistura de vinagre balsâmico doce que eles servem em alguns restaurantes de Buenos Aires — "Parece geleia" —, e vou embora. Na rua, apalpo o frasco dentro da minha bolsa — excelente: parece um perfume — e fico envergonhada. Então ela pensou em mim. Mesmo estando longe, ela pensou em mim.

---

* "*Alucina, vecina*" é uma expressão coloquial usada na Espanha para expressar surpresa ou admiração por algo extraordinário ou inesperado; a expressão "*terminó como el rosario de la aurora*" faz referência ao "rosário da aurora", cerimônia religiosa católica que ocorre antes do amanhecer, que pode ser longa e complexa. Portanto, quando algo termina "como o rosário da aurora", significa que terminou de uma maneira desorganizada e confusa. [N. T.]

E Hugo?

Nunca tinha desaparecido.

Em 1981, ainda na ditadura, Silvia Labayru regressou à Argentina com certa proteção por parte dos amigos de seu pai. Procurou um nome na lista telefônica. Achou. Fez algo que só alguém confiante de seu poder pode fazer: foi até a casa de Hugo Dvoskin e tocou a campainha.

Quem abriu a porta foi ele.

Então, ao longo de certo tempo vamos reconstruindo as coisas que aconteceram, e as coisas que tiveram de acontecer para que essas coisas acontecessem, e as coisas que deixaram de acontecer porque essas coisas aconteceram. Quando termino, quando vou embora, me pergunto como ela fica quando o barulho da conversa termina. Sempre me respondo a mesma coisa: "Ela está com o gato, o Hugo vai chegar logo". Toda vez que volto a encontrá-la, ela não parece desolada, mas cheia de determinação: "Vou fazer isso, e vou fazer com você". Jamais lhe pergunto por quê.

— Ela. Ela foi tocar minha campainha. Eu estava com minha companheira na época, Deborah, e planejava casar. Estávamos juntos desde 1979. Mas era mais uma espécie de derrota.

— Derrota de quê?

— Derrota amorosa. Porque a Silvina não ia voltar. E um dia a campainha soou. Eram os exames finais da Faculdade de Psicologia. Eu estava lá. Morava com essa menina. E bem, eu me separei. Da Deborah. Fui e falei: "Olha, me perdoe, eu encontrei a Silvina". Tenho lembranças esparsas daquele dia. Fui embora no momento em que a campainha tocou. Fui morar com um amigo, ou um amigo me emprestou a casa pra eu ficar com a Silvina. Não sei. Fiquei lá por alguns dias.

Foram para o litoral, para Miramar. Ela tentou lhe contar sobre a Esma e ele a interrompeu.

— Eu disse a ela que o assunto da Esma não me interessava, no sentido de que não tinha nada a ver com a situação comigo. Depois, ela foi embora. E ficou assim. Faltava um ano pra eu terminar minha graduação. Mas poderíamos ter feito alguma coisa, sei lá.

— Vocês estavam juntos, ela pegou o avião, voltou pra Madri e pronto?

— Sim. Sim.

— Não houve explicação.

— Nada, nada. Depois ela me disse: "Você nunca me disse nada". Como se eu não tivesse proposto nada pra ela. Vejamos: no dia em que ela chegou, me separei da mulher com quem estava, ela havia me deixado. E eu precisava dizer que queria estar com ela? Era óbvio pra mim.

Silvia Labayru não lhe deixou um telefone, não fez promessas. Simplesmente foi embora.

— Ela voltou uma noite e comigo acontecia a mesma coisa de quando a conheci nos anos 70. Era... era a Silvia Labayru. Sei lá.

— Pra mim, a sequência era esta: saí da Esma, mandei um telegrama, *no answer*. Meses depois escrevi duas ou três cartas, *no answer*. O pai me diz que não vai me pôr em contato com ele. Mesmo assim, em 1981 (nem sei por que voltei e não esperei até 1984, quando a democracia estava em vigor), mesmo com o pensamento de "não me respondem porque me odeiam, me consideram uma traidora, uma colaboracionista", mesmo com aquele pânico, procurei o número de telefone na lista amarela, o endereço, fui, toquei a campainha e ele atendeu. Eu estava apavorada. Supunha que ele não tinha me respondido porque me considerava uma traidora. Mas arrisquei e fui. Ele não me deixou entrar porque estava com a mulher da época. Na mesma noite, ele se separou. Foi assim. E passamos alguns dias juntos. Mas pra mim era impossível pensar em morar na Argentina. Ainda era a ditadura. Todos os oficiais da Marinha estavam na rua, eu tinha feito declarações ao Acnur. Eu não estava tranquila. Agora ele me diz que naquele momento estava disposto a ir comigo. Mas ele estava estudando psicologia. Como você vai pedir isso a alguém? "Larga tudo e vem comigo." Além do fato de eu ter um companheiro na época, o Negro. E uma menina de dois anos.

Hugo Dvoskin garante que, se ela tivesse dito algo em 1981, ele a teria seguido até a Espanha. Que teria desistido da carreira. Que, de alguma forma, teria se virado.

Em vez disso, formou-se, começou a atender como psicanalista, tentou construir algumas relações afetivas que não davam em nada. Foi para o Brasil com um amigo. Voltou para a Argentina. E em 1985, já na democracia, ela voltou a Buenos Aires.

— A relação com o Negro estava chegando ao fim. Liguei pro Hugo. Nós nos encontramos. Notei-o um pouco desinteressado. Ficamos juntos. Ele me perguntou: "Bem, como vamos continuar?". Talvez se ele tivesse me dito: "Venha pra Argentina, eu vou te ajudar, eu vou proteger você e sua filha". Mas nenhum dos dois fez uma proposta. Nenhum de nós se atreveu, especialmente eu. Pra mim, morar na Argentina era inimaginável. Ele tinha acabado de terminar a graduação, estava começando a trabalhar como analista. Dizer pra ele: "Larga tudo, vem pra Espanha"? Ele não me disse nada, e não perguntei a ele. Diante da perspectiva de começar a escrever um para o outro, carta aqui, carta ali — eu ainda vivia com o Negro, as coisas estavam ruins, mas não para que eu saísse em debandada —, eu lhe disse: "Não me escreva". E bem, a vida foi passando.

Nem em 1981 nem em 1985 Silvia Labayru aludiu ao telegrama e às cartas que enviara a Hugo em 1978. Também não mencionou o telefonema que dera para o estúdio do pai dele.

Quantas vezes se pode tentar?
    Ela. Ele.

Quantas vezes?
Antes de dizer "é isso".
Há um poema de Idea Vilariño (dedicado a Onetti, que foi seu amante, depois que se separaram).

Ya no soy más que yo
para siempre y tú
ya
no serás para mí
más que tú.
Ya no estás
en un día futuro
no sabré dónde vives
con quién
ni si te acuerdas.*

Muito meloso? Talvez. Quando penso nessas despedidas — 1981, 1985 —, penso em duas pessoas que lançam napalm sobre os beijos, os abraços, em duas pessoas que abjuram do que nunca vão viver. Dois seres que rasgam memórias inventadas um do outro. Eles marcharam, em todos os continentes, para nunca mais saber um do outro. Antes de ela ir embora, Hugo arranhou suas costas para que não houvesse dúvidas de que ela estivera com ele. Ela não reclamou. Ela disse, simplesmente: "Cartas não. Não me escreva". E ele a atendeu.

— Nessa altura, a Adriana, mãe dos meus filhos, já tinha aparecido — conta Hugo Dvoskin. — Quando conheci a Adriana, eu vivia num atoleiro. Por causa da Silvina. Continuava pensando

---

* "Já não sou mais que eu/ para sempre e tu/ já/ não serás para mim/ mais que tu. Já não estás/ em um dia futuro/ não saberei onde vives/ com quem/ nem se te lembras", em tradução livre. [N.T.]

nela. Naquela época, eu tinha um sonho que me lembro de ver na análise: eu estava em uma cama e olhava pra Silvina. Eu apertava sua mão, soltava sua mão, pegava sua mão, soltava sua mão e assim por diante. Em 85 ficamos bastante bem. E quando ela foi embora, no último momento em que estivemos juntos, eu arranhei suas costas inteiras. Assim — diz ele, e dá um golpe no ar com as duas mãos, para cima e para baixo, com seu sorriso inquietante: agora você me vê, agora não. — Para que não houvesse dúvida de que ela estivera comigo. Foi embora com as costas todas arranhadas. Ela já estava mal com o famoso Negro.

— Com o Osvaldo.

— Hein?

— Osvaldo. O Negro. Ela não ficou chateada quando você a arranhou?

— Não, não. Ela estava mal com ele. E quando ela estava indo embora, me disse… — Olha para a mesa, afasta migalhas inexistentes com a mão. — Ela disse: "Cartas não". E esse foi o fim do relacionamento com ela.

— Você não pediu explicações.

— "Cartas não." "Eu vou vir aqui, vou ficar com você e depois vou voltar pra Espanha e seguir com minha vida." Pra mim, "cartas não" era isso. Eu também não sabia que… — Faz um silêncio duro. — Acabei de descobrir que o Negro se chama Osvaldo. Agora mesmo, quando você disse.

Quantas coisas, nunca ditas, há nesta história?

Envelhecendo bem?

— Depois desse encontro, em 1985, ele decidiu que nosso relacionamento não era viável, que não havia possibilidade. Quando descobri que ele havia se casado com a Adriana, e depois que tinha tido filhos, as comunicações foram cortadas.

Hugo Dvoskin passou décadas viajando pela Europa, evitando Madri e o aeroporto de Barajas por precaução, para não cruzar com ela. Até que em 2007 ou 2008, a realidade se impôs: Barajas era a única opção. Hugo e a esposa caminhavam até o balcão da companhia aérea quando ele a viu. "Olha. Essa é a Silvina", disse para Adriana. Silvia Labayru estava acompanhando um amigo e sentiu que lhe tocavam o ombro. Ela se virou. Lá estava ele, mais de vinte anos depois. Constrangido, desnorteado, ele disse a ela que sentia muito pelo falecimento de Betty, que havia morrido pouco antes.

— Fiquei muito nervosa e não pensei em nada. Ele estava lá com a esposa. Encontrar com aquele que tinha sido seu amor e a esposa dele era uma situação e tanto. Alguns anos antes, eu havia enviado uma mensagem pro Facebook dele e ela me respondeu, dizendo: "Nós não respondemos por este meio". Li aquele "nós" e disse: "Bem, vou cair fora".

Junho, julho, agosto de 2021: os meses passam. Ela aguarda calmamente a sentença no julgamento pelos estupros. Falamos de vez em quando sobre o que o juiz lhe perguntou, sobre o que o promotor disse, mas, se o julgamento foi o que me levou a ela, não está no centro de sua história como outras coisas estão: a crítica aos montoneros, a culpa por ter arrastado Vera para um lugar tenebroso, os esforços que ela fez pela família Lennie, o desprezo pelos militares, o sexo como gozo e autodestruição, o dano que ela fez a Hugo, Hugo.

Dias antes que o veredicto seja conhecido, ela vai para Vilasindre, onde passará um mês naquela casa galega que aluga há décadas e em que convive, com um espírito gregário que se assemelha ao dos acampamentos do Colégio, com dezenas de amigos que chegam da Espanha e da Argentina. Finalmente, em 14 de agosto de 2021, enquanto está em Vilasindre, a sentença é conhecida: Alberto González é condenado a vinte anos de prisão e Jorge Eduardo Acosta, chefe direto de González, a 24. Ela a escuta em um computador em Estaca de Bares, um cabo de La Coruña, enquanto come arroz com lagosta e toma um vinho

Albariño rodeada de amigos em um restaurante perto da praia onde, depois da comilança, se deitam ao sol: "Foi um dia incrível. Quando proferiram a sentença, eu estava com a taça de Albariño e a lagosta observando minha paisagem almejada na alma. E senti uma grande estranheza. Porque me dava conta do que aquela sentença significava. O que me custou pessoalmente. Muito mais que qualquer testemunho em qualquer julgamento. O dano que me fizeram não vai desaparecer porque eles estão presos por mais tempo. E esses caras estão mais convencidos do que nunca de que o único erro que cometeram foi nos deixar vivos. Mas o objetivo para mim não era tanto a condenação, porque esses caras colecionam prisão perpétua, mas fazer saber que, além de sequestradores e assassinos, além de roubar crianças e propriedades, eles eram estupradores. Até agora, eles não haviam sido julgados por estupro. E suponho que esta será a última vez, porque não parece que as demais companheiras tenham alguma intenção de se envolver no assunto", me diz quando regressa a Buenos Aires.

Na segunda-feira, 25 de outubro, nos vemos pela primeira vez sem máscaras por horas.
 Eu passo para pegá-la em sua casa às duas da tarde e ela desce vestida de calça jeans, uma blusa branca de linho, uma túnica longa de denim leve. Todas as suas roupas exalam um caráter muito específico no qual se combinam a sobriedade e os bons tecidos. Ela tem um senso bem desenvolvido para detectar qual é o traje adequado em cada circunstância: nunca muito formal, jamais demasiado casual. Essa expressão externa de constante adequação tem seu correlato em algo mais sutil: a maneira como ela se dirige às pessoas que, por exemplo, deve convidar para fazer algo ou, ao contrário, dizer-lhes que não pode fazer tal outra. A maneira como ela explica, pede, recusa, poderia ser a de um cônsul: o tom educado, mas firme, com que a brutalidade é dita sem que ninguém se sinta constrangido.

— Eu gosto dessa roupa — digo, enquanto caminhamos até a Rapa Nui, uma rede de sorveterias com café.

— Meus filhos brincam comigo, dizem que parece a usada pelos detidos em orfanatos, folgada como um saco.

Os condicionamentos — poucos — da pandemia persistem. Há algumas mesas dentro do bar — os bares ainda parecem desalentadores, poucas mesas e uma distância entre elas que produzem a sensação de que estamos tomando um *latte* em uma fortaleza cercada por um fosso —, mas nos sentamos no pátio de qualquer maneira. Pedimos café — e um copo de gelo — e água com gás. O local está quase vazio.

Conversamos sobre sua crítica habitual à organização ("Uma coisa é você me dizer que certos ideais da juventude se mantêm, que nunca seremos indiferentes às injustiças, que sempre usaremos nossa imaginação para acabar com a fome, para que haja maior distribuição social, como queira formular essa coisa chamada 'ser de esquerda' que agora é algo um tanto impreciso, mas se você defende as ideias trotskistas e no seu cotidiano é um filho da puta, o que acontece, toda essa suposta ética revolucionária é relegada à conversa fiada. Tenho conhecidos que supostamente são vermelhíssimos, nadam em milhões de dólares, tentam não pagar impostos, e depois ficam falando de revolução"), mas a tarde é amena, é a primeira vez que vamos a um bar, e a conversa se torna um pouco mais trivial. Falamos sobre os restaurantes pretensiosos de Buenos Aires — ela prefere os baratos e simples — e menciono alguns que estão na moda. Ele já foi naquele, naquele outro não vale a pena: conhece todos. Gosta de cozinhar e se gaba de fazer isso bem, embora eu nunca a tenha visto manusear comida ou fazer compras. Quando liga a cafeteira, um dos quatro eletrodomésticos que usou em nossos encontros (os outros são uma chaleira elétrica, um aparelho para injetar gás na água e um forno onde aqueceu empanadas), faz um gesto engraçado: aperta o botão correspondente e depois se afasta um pouco, como se duvidasse de que a coisa vai funcionar ou como se tivesse medo de que explodisse.

— Agora cozinho pro Hugo. Ele é muito grato por alguém cozinhar pra ele. Ele me diz: "Ninguém nunca me tratou assim, ninguém nunca cozinhou pra mim, ninguém na vida". Pras pessoas, ele diz: "Ela me dá de comer, cozinha pra mim". Eu digo: "Bem, Hugo, as pessoas vão pensar que sou uma pessoa gorda, que tudo o que eu faço é cozinhar".

Então ela tira a máscara. O rosto fica nu, ângulos firmes, olhos azuis da cor do céu, uma zona de partículas resplandecentes. Olho para ela sem pudor, tentando recordá-la para mais tarde. É desconcertante, como se eu tivesse que começar tudo de novo, conhecê-la como se eu não a tivesse conhecido. Estamos há meses meio tapadas e agora a vejo assim, com o rosto descoberto por muito tempo. Uma metáfora sem graça pode ser que finalmente tiramos as máscaras, mas não há revelações. A conversa circula por meandros tranquilos, por coisas que a espantam sobre um país que foi seu, de onde partiu, para onde regressou e que não conhece: fica perplexa com o fato de na Argentina as pessoas beberem menos que na Espanha ("São todos abstêmios! Eu digo: 'Será que sou alcoólatra?'. Você sai pra almoçar com os amigos e eles pedem: 'Água com gás'"), ou que boa parte da classe média tem empregadas domésticas.

— Minhas amigas daqui são todas muito de esquerda, mas depois chamam "a menina" e dizem: "Naaancy, um cafezinho, por favor". Levante-se e faça seu café, caralho. Digo com muita má vontade: "Ah, que ótimo, vocês estão muito acostumados com o trabalho escravo, né?". Em geral, minhas amigas são muito inúteis, têm um total descontentamento com certas coisas da vida doméstica. Não me refiro a limpar, porque eu odeio limpar. Mas essas coisas de um certo carinho, preparar uma refeição, cuidar de uma planta. Elas te convidam pra comer e você tem que pôr a mesa e até cozinhar. Estou acostumada, entro e falo: "Vamos lá, me dá isso, me dá aquilo, deixa comigo". Porque ficam duas horas pra descascar uma batata. São muito insatisfeitas com certas coisas que têm a ver com certos tipos de cuidados. Não sei se é um tipo de feminismo, provavelmente é. Será que sou muito pouco feminista? O que acontece é que eu não sei se foi porque alguém portava a arma, e isso te dá uma disposição mental diferente em relação a homens e mulheres, mas eu já morei com três homens e nunca se considerou que eles não fizessem o mesmo ou mais que eu na casa. Cozinhar, varrer, ligar a máquina de lavar.

Continuamos assim, sem esforço, nesse tipo de conversa sem rumo que lança coisas impensadas.

— Há algum tempo desocupamos a casa da família do Hugo, na rua Aráoz com a Beruti. Havia coisas muito valiosas, pinturas de Berni, Spilimbergo. Fizemos uma feira familiar. Cada um levou o que quis. Foi muito enternecedor voltar a transar com ele naquela casa. No seu quarto. Estava idêntico. Eu adorava aquela casa. Acho que te falei, eu me apaixonava mais pelas famílias que pelos namorados. E os Dvoskin eram uma daquelas famílias que eu amava. Os pais eram de esquerda. Não como os meus. Mas o Hugo era muito ciumento quando éramos jovens. De certa forma, ainda é. A questão do ciúme... Ele tem um universo feminino impressionante e às vezes tenho uns ataques.

O ciúme, retrospectivo e atual, era patrimônio de Hugo, mas isso mudou e vai mudar ainda mais. Em alguns meses, Hugo proporá que façam uma viagem à região da Mesopotamia, às províncias de Entre Ríos, Corrientes e Misiones. Mas ela vai recusar: "Não vamos, porque ele teve uma namorada lá". Estou prestes a lhe perguntar algo sobre ciúmes, mas ela diz:

— Hoje foi um dia muito difícil porque a Susana García está morrendo. Ela está morrendo. Quase morreu ontem. Não satura o oxigênio, e o que eles dão em casa não é muito potente pras suas necessidades. A única opção é receber oxigênio no hospital. Coitadinha. Falta muito pouco. Ela foi uma pessoa importantíssima pra mim. Uma boa amiga. O filho dela me contou que ontem, quando a viram, ela tremia de medo. Achava que estava morrendo.

Falei há mais de um mês com aquela mulher que agora está morrendo, Susana García, ex-cunhada de Osvaldo Natucci.

— Aquela entrevista que você fez com ela agora seria impossível. Permanecemos ali até as sombras engolirem o pátio.

Em 7 de setembro de 2021, Susana García estava muito viva e falando pelo Zoom de sua casa em Madri, com um tubinho de oxigênio enfiado no nariz.

— Tenho fibrose cística.

Era uma mulher loira, de boca grande. Trabalhava como conselheira cultural na embaixada argentina da Espanha. De vez em quando, levantava-se da cadeira para procurar um livro, para mostrar uma foto: "Olha, esta é a Silvia, aqui estamos juntas, estes são...". Em 6 de outubro de 1976, os militares, que a procuravam, não a encontraram e sequestraram seus pais, Dolores del Pilar Iglesias e Ramón García Ulloa, galegos. Saquearam a casa. Os dois foram levados para a Esma. Nunca mais se soube deles. Susana García fez parte daquela *troupe* de pessoas da família Natucci que deixou o país em meio a grandes aventuras, passaportes falsos, histórias complexas. Em 1979, Osvaldo Natucci, então seu cunhado, perguntou-lhe se queria conhecer Silvia Labayru, então sua companheira.

— Eu falei: "Não só quero, eu preciso". A Silvia tinha estado do outro lado, no lugar onde meus pais haviam estado. Eu tinha muito interesse. Quando a vi, era um patinho molhado. Estava golpeada por todos os lados. Não só pelo que viveu na Esma, mas também pela forma como a recebia o grupo dos argentinos na Espanha. Ela foi rejeitada e desprezada por ter salvado sua vida. O sobrevivente tinha que pagar por não ter morrido. Eu a defendia muito. A Silvia é um amor que eu tenho na vida. Ela não me contou tudo imediatamente. Ao longo dos anos, foi me dizendo umas coisas aqui, outras ali. E o que me chamou a atenção foi que ela era linda, perfeita, muito bonita, muito.

Ela repetia de maneira quase literal muitas das coisas que Silvia Labayru havia dito: "Mesmo que você faça sexo com um inimigo porque não tem outra escolha, pra que ele não te mate, você ainda pode ter um orgasmo"; "Os saques cometidos pelos militares, o roubo de propriedades, o roubo de bebês, os estupros desnaturalizam o trabalho evangelizador que pregavam".

— Acho que a essa altura sou capaz de perdoar a Silvia por qualquer coisa. Ela é muito desorganizada. Não sei se ela foi assim a vida toda, porque não a conhecia antes, mas a Silvia é uma zona. Acho que a coisa da Esma é uma adrenalina que é funcional para sua personalidade. Sempre leva tudo a ferro e fogo. Não reclama, mas está sempre andando no limite. Eu não dou bola, porque depois resolve tudo. Mas, enquanto isso, é: "Ah, você não vê, tudo sou eu que tenho que resolver". Você não sabe quantas vezes ela me deixou plantada nessa casa, dizendo que vai vir e não vem. Porque as coisas atravessam o caminho dela. Tenho que entender que ela quer vir e não pode. Porque se eu levar pro lado pessoal, vou ficar com raiva. Agora, por causa da minha doença, fica o tempo todo atrás de mim. Ela me liga, pergunta o que eu preciso, me dá conselhos. Você sente que ela quer cuidar de você. Acho que está superapaixonada. Isso me deixa feliz, porque ela esteve meio anestesiada por bastante tempo. Poder se apaixonar aos sessenta anos tem seus méritos. Eu a ouço falar do Hugo e é como se ele fosse o Super-Homem. E eu adoro. O encontro com esse homem foi muito revigorante. Isso nunca aconteceu com ela. Nunca.

— Nem com o Osvaldo?

— Ela estava muito apaixonada pelo Osvaldo, mas foi uma relação um pouco... deixa eu achar a palavra... perversa? Pode ser. Com muita paixão e pouco carinho.

— Dos dois lados?

— Dos dois lados. Ela havia saído da Esma. Estava doida, doida. Há homens que são muito feministas, mas na realidade a mulher é um objeto. No sentido de: "Faça sua vida, se quiser sair, saia; se quiser ficar, fique. Mas você é um objeto pra mim, vou te esperar pra ter sexo, fantasiar e me divertir". É mais ou menos assim que eu vejo. Mas foram tantas reviravoltas que, na minha memória, não sei qual escolher, se aquela que me dizia: "Não posso viver sem o Negro" ou aquela que dizia: "O Negro não cuida de mim, não quero mais vê-lo". Foi um encontro muito desequilibrado.

Então vamos à Esma.

Ela fez arranjos com a diretora do museu, Alejandra Naftal — ela será substituída por Mayki Gorosito dentro de alguns meses —, para que possamos visitar o local em um horário em que não haja muitas pessoas. Nem eu nem ela nos imaginamos entrando no quarto onde Vera nasceu e cochichando sua história entre estranhos. Marcamos para as 15h30. Eu passo na casa dela às 14h45. Ela havia sugerido ir no carro de Hugo — está tentando dirigir sozinha, Hugo a incentiva a fazê-lo —, mas depois pensou melhor: "Na verdade, entrar lá de carro me dá uma coisinha". A última vez que o fez — dirigindo aquele veículo roubado — foi em 1977. Então vamos de táxi. Ela espera, sentada no murinho do prédio, olhando para o celular. Usa calças bege, um camisão rosa esmaecido, regata cor de areia. Ela me vê, se aproxima. Desde nosso encontro anterior, na Rapa Nui, ela teve dias ruins.

— A Susana está morrendo. Tem horas de vida.
— Então não vamos à Esma.
Ela olha para mim, pensa. Parece aceitar a mudança de planos.
— Vamos tomar um café? — diz.
— Claro.
Damos alguns passos em qualquer direção, mas ela logo se arrepende, como se sentisse um chamado de dever.

— Não. Depois vai ser muito difícil conseguir outro horário.
— O que você quiser. Posso esperar.

Ela quer ir, então vamos. Está muito quente. Caminhamos vários quarteirões até a Plaza Italia e ela parece determinada a continuar até a Esma, que fica a seis quilômetros e meio de distância. São três da tarde.

— Vamos tomar um café? — ela pergunta.

Eu lhe digo que se formos tomar café não vamos chegar às três e meia.

— Sim, é verdade. Nunca sei quanto tempo demora a viagem.

Entramos em um táxi caindo aos pedaços, prestes a desmontar. O homem que dirige é enorme e está meio encalhado no volante. Dizemos a ele que vamos à Escola de Mecânica da Marinha. Se lhe tivéssemos dito "ao Museu da Memória", ele não saberia para onde nos levar. Passando pela Libertador, 4776, ela observa:

— Essa é a casa do meu pai. — Na volta, depois da visita, ela dirá a mesma coisa: — Essa é a casa do meu pai.

Quando chegamos à Esma, o que ela faz me impressiona mais que qualquer coisa que a vi fazer, e tudo o que a ouvi dizer até agora.

O táxi para na porta. Pagamos. Descemos. Ela entra pelo estacionamento, embora a entrada não seja por lá, mas ela faz isso com tanto ímpeto que a pessoa na guarita de segurança não atina com nada. Na recepção, ela se planta em frente ao balcão.

— Para onde vocês vão? — uma menina pergunta.
— Pro Casino de Oficiales — diz.
— Para o museu? — corrige a menina.
— Sim, pra lá — diz ela. — A Elena está nos esperando.

Há vários adolescentes com uniformes de colégio lendo painéis colocados na parede.

— O que eles estão fazendo?

— São visitas que as escolas agendam com o ministério — diz a menina.

Então ela se senta — se senta — no balcão e pega seu celular. Disca um número, suponho que o de Elena.

— Ela não está atendendo.

— É melhor chamá-la — diz a garota —, porque, como você pode imaginar, o lugar é enorme e, se eu deixar vocês sozinhas, vão se perder.

Ela me olha com um sorriso diabólico. Não diz nada. Eu digo que se ela nos deixar entrar, a gente se localiza, já conhecemos o lugar. Não estou mentindo.

— Bem, entrem. Qualquer coisa, voltem.

Começamos a andar em direção ao Casino de Oficiales por um caminho pavimentado que contorna os prédios.

— Que barbaridade, tudo isso está tão deteriorado — diz, olhando para os edifícios que estão sem tinta ou com vestígios de umidade, lançando-se a uma tarefa de reconhecimento.

Ao longe, do Casino de Oficiales, uma jovem acena com o braço levantado.

— É a Elena.

Quando chegamos aonde ela está, Elena diz:

— Vim te buscar porque não queria que você se perdesse.

Ela ri como se tivessem contado uma grande piada. Elena não parece ter tido a intenção de fazer piadas. A fachada do museu é coberta por uma película de vidro na qual se veem fotos de pessoas desaparecidas. Ela aponta para um homem que deve ter sido muito jovem, mas que, como quase todo mundo que aparece lá e nas fotos de Dani Yako, parece mais velho. Um jovem de vinte anos que parece ter 45.

— Esse é o Pablo Lepíscopo. Esse menino era meu namorado na escola. E um grande namorado da Alba.

— Entrem que lá dentro está ótimo, bem mais fresco — diz Elena.

Colocamos nossas máscaras. Em um painel do hall que descreve o conceito do museu, em torno da palavra DETIDOS há um círculo do qual emerge uma flecha e uma palavra manuscrita adicionada: DETIDAS. Ela não presta muita atenção nele. Pergunta por onde se vai ao porão. Elena indica:

— Por esse corredor. Vou deixá-las sozinhas, vocês preferem...?
— Sim, sim, vamos sozinhas — diz ela.
Então vamos sozinhas.
Quem nos conduz é ela, a dona da casa.

— A primeira vez que vim com o David, há alguns anos, havia uma garotinha que nos explicava o que era isso e aquilo. Ela sabia que eu tinha estado aqui. E não conseguiu mudar de discurso. Estava com o chip programado. Fazia seu trabalho.

Por uma porta lateral, saímos para uma laje de cimento que divide duas alas do prédio. Ela vai na frente, eu vou atrás, seguindo seu rastro.

— Este era o lugar onde eles vinham com os carros. Estacionavam, te tiravam aqui e te enfiavam no porão, por aquelas escadas.

As portas do porão estão abertas. De dentro, vem o som de uma voz gravada, impessoal, frases indistinguíveis.

— Você entrou por aqui.
— Sim. Estacionaram o carro aqui, me desceram, me encapuzaram, puseram as algemas em mim. Venha, vamos entrar.

Descemos alguns degraus. O espaço é bem iluminado. Não há vestígios dos cubículos de trabalho e confinamento. Há apenas colunas que dão ao lugar um aspecto nu e esbelto. Em uma das extremidades, onde ficavam as salas de tortura, há um painel com fotos dos desaparecidos e um banco. Uma voz neutra conta a história do que acontecia aqui.

— Todos os cubículos eram de compensado e tinham um... como se chama isso...
— Isolante?

— Sim, um pouco, e havia duas pequenas paredes de aglomerado, um cubiculozinho. Fizeram vários. Acho que daqui até ali. E aqui ficávamos nós, três, quatro pessoas, traduzindo, lendo. E toda a parede do fundo eram as salas de tortura. Havia catres metálicos, a máquina, bem, a máquina de choque elétrico. Mas sem os quartinhos... "Que lugar pequeno." Foi o que pensei na primeira vez que vim: "Que lugar pequeno pra um inferno tão grande".

Ela fala baixinho, como se alguém pudesse nos ouvir, mas mesmo se houvesse alguém, não ouviria: o som da gravação faz com que os sons fiquem abafados. Ela caminha até onde ficavam as salas de tortura. Aponta para o espaço agitando os braços, uma arquiteta tentando dar uma ideia de algo inexistente.

— Aqui eram as salas 12, 13, 14 e 15, as salas de tortura. E havia um toca-discos onde tocavam música alta, especialmente Nat King Cole cantando "Se Adelita se fuera con otro", então se escutavam os gritos e a música, tudo junto. E depois de torturar, o Pernías ou o Acosta vinham falar conosco sobre aquele que tinham pegado, que não queria delatar ou que tinha dado tal informação. Nós tínhamos que ficar conversando com eles: "Ah, claro, claro".

— Assim que você entrou, eles te levaram pra sala de tortura.

— Sim, sim, diretamente. Porque eles sabiam que tinham que obter os dados rápido. Depois me deixaram naquele quartinho ali do lado. Passei o Ano-Novo lá. Eles vieram me desejar um feliz ano novo com uma taça de sidra.

Ela se senta no banco em frente ao painel com os rostos dos desaparecidos. Se não me equivoco, devem ter estado neste mesmo local ela, Santiago e Berta Lennie, os três encapuzados, ouvindo como Sandra estava sendo torturada. Ela me diz, apontando para as fotos, este é fulano, esta menina é sicrana, essa mulher fazia parte do grupo tal. Ali está, novamente, Pablo Lepíscopo.

— Fiquei com esse cara por dois meses. O Pablo era um grande amigo do Hugo, e um dos dramas amorosos que eu tive é que o troquei por esse cara. Enfim, pequenos desastres que eu fazia na adolescência. Era um pouco infame.

— Ele é bonito.

— Sim. Uns olhos azuis incríveis.

Caminhamos para o outro lado. Um mapa com referências indica onde ficava a sala dos guardas, os locais de trabalho. Lemos: número 12, tal coisa; número 13, tal outra.

— Você já veio aqui muitas vezes?

— Não. Com o David, depois com a Vera, quando veio o Pedro Sánchez e quando veio o presidente de Cuba. Pediram-me para vir durante essas visitas. Esta é a quinta vez.

Ela procura inutilmente por uma escada que levava até as celas, até o lugar que chamavam de Capucha.

— Puxa, ela ficava aqui... Olha, eles nos faziam subir por essa escada com nossas algemas. Você ficava segurando o ombro da pessoa da frente, com o capuz posto, e diziam: "Vamos lá, o trenzinho está saindo". Passávamos pelo Casino de Oficiales, e eles nos observavam passar enquanto comiam ou bebiam. Nesta parte havia uma placa que dizia AVENIDA DA FELICIDADE.

Saímos do porão e voltamos para o hall. Não tem ninguém.

— Vamos por aqui — diz, apontando para algumas escadas.

Subimos um andar. Cordas como as colocadas em museus em frente a obras de arte indicam que os corredores não podem ser acessados. Ela as empurra para o lado e passa. Entramos em um quarto em ruínas.

— Aqui morava o almirante Chamorro, que era o responsável máximo da Esma. O cara trazia a família pra cá. Vinham passar os fins de semana.

Uma porta não abre e ela a empurra com o ombro. Dentro do cômodo estão cadeiras empilhadas, uma mesa coberta de poeira.

— Como está tudo isso, minha mãe. Olha, este era o escritório do Acosta. Venha.

Atravessa o corredor, abre uma porta. O escritório não é diferente dos outros. Pequeno, desmantelado, úmido. Está vazio.

— Aqui ficava a mesa, o telefone. Foi daqui que ele fez a chamada.

Fecha a porta. No corredor há um painel com fotos dos repressores. Procuramos rostos conhecidos.

— Este é o Pernías. Vamos ver se o Berrone aparece. Olha, esse é o González, o Gato. E também deveria ter uma do Francis Whamond, que foi quem me torturou, mas não sei por que não aparece.

Passa um dedo pelo painel. Ou o homem não está lá, ou ela não o encontra. Continuamos abrindo portas. Em um desses aposentos, idêntico aos outros, pergunto-lhe:

— Ele te estuprou num desses quartos?

— Sim, num desses.

Alguém deixou para trás roupas de trabalho salpicadas de cimento, sapatos, uma caixa de ferramentas.

— O que é isso? — diz indignada.

— Alguém que está trabalhando.

— Sim. Ou alguém que vem tirar um cochilo.

Rimos como se fôssemos duas intrusas em uma casa inofensiva.

Ela se aproxima de uma porta que não abre, refaz seus passos. Um lepidóptero que se choca contra um vidro. Não está tensa, mas concentrada, tentando encaixar a realidade no mapa de sua memória. Chegamos ao terceiro andar, onde ficavam as celas.

— Isso é a Capucha.

Um telhado de duas águas, bastante baixo. Se antes as janelas permaneciam fechadas, agora ficam abertas e o sol entra por elas; se antes tudo era separado em cubículos, agora não há mais separação. Não há colchões puídos, nem baldes, nem algemas. Há painéis em que se leem dados históricos e televisores que transmitem imagens de sobreviventes testemunhando no

Julgamento das Juntas de 1985. Caminhamos sobre um piso de madeira encerada, uma pista reluzente e cálida instalada sobre o cimento.

— Me dá um certo choque, porque reconheço o lugar, mas não era assim. Está tudo um pouco higienizado.

Pergunto-lhe detalhes: se fazia frio (não se lembra), se a água do chuveiro era quente (não se lembra), como se viravam com a menstruação (supõe que lhe davam absorventes, diz que muitas mulheres deixaram de menstruar, mas ela não). O local onde Vera nasceu fica ao lado de um banheiro. No chão há uma legenda em letras maiúsculas entre aspas: "COMO ERA POSSÍVEL QUE NESTE LUGAR NASCESSEM CRIANÇAS?".

— Era maior.

É pequeno.

Ela se vira para a porta. Sai. Avança como uma barricada.

— Esse era o banheiro das meninas. Eu não pedia muito pra ir ao banheiro porque quando você vinha eles te apalpavam, e mandavam a gente fazer xixi e cocô num balde. Eu grávida, com as algemas, agachar e fazer as necessidades... Pra mim, isso era uma das coisas mais horripilantes. E é por isso que eu não fazia xixi durante o dia todo. Hoje em dia posso aguentar muito. Acho que tenho a bexiga aumentada.

Viramos o corredor, que faz um L. Na cela final, ao lado da sua, ficava Norma Arrostito.

— Ela e o Chamorro tinham umas conversas de horas sobre catolicismo, meu Deus. Ela era tão católica. E aquela janelinha, se não me engano, era a da minha cela. Eu ficava ao lado da cela dela. Antes de a Vera nascer, ficava bem na frente da cela da Cuqui Carazo, vinham o Acosta, o Pernías, discutir com ela, os dois gritavam e ela também. Eram três, quatro da manhã, aquela gritaria.

Ela dá um passo e para no centro daquele espaço onde a trancavam. Olha para cima.

— Havia uns ratos desse tamanho que ficavam rastejando pelas vigas. Aqui tínhamos um colchão, aqui, uma espécie de mesinha.

Não parece haver espaço suficiente nem para um colchão. Muito menos para dois, mesmo que fossem camas de armar, e uma mesinha.

— O guarda colocou uma cama dobrável aqui?

— Sim. Vamos.

Descemos as escadas. Nos patamares, o prédio parece um hospital ou uma instalação pública onde coisas anódinas poderiam ser tramitadas: uma carteira de motorista, um certificado de antecedentes criminais. Quando chegamos ao segundo andar, o telefone dela toca.

— É da Espanha. Vou atender. Oi, Lucía. Eu sei, eu sei. Aconteceu alguma coisa? Me conta. Já se foi? Ela está sedada, eu sei. Está inconsciente? Porque o Mariano me disse que talvez ela volte. Mas ele não vai despertá-la. Já lhe deram morfina, não é mesmo? Então faltam 48 horas.

Não sei quem é Lucía, mas entendo do que se trata. Não me surpreende o jeito quase impaciente com o qual garante que Susana García não vai acordar, que faltam 48 horas para o desenlace: é o mesmo mecanismo com o qual repassa os percalços que a esperam para torná-los mais leves. Falar assim de sua amiga agonizante — dizer: "Eu sei que ela vai morrer, e sei que isso vai ser agora ou amanhã, no máximo" — faz com que a morte, de alguma forma, se transforme em algo sem surpresas, decretado. (No entanto, muitos meses depois, envia uma mensagem de áudio de Madri em que o peso da morte de Susana García desaba em sua voz, cheia de gravidade. Ela está no carro, parada na rua Velázquez, "sob esse céu de Velázquez que tem sido todos esses dias de um azul brutal e intenso", e acaba de fazer uma prova de vida no consulado argentino: "Foi mais um golpe, porque a Susana trabalhava na embaixada e depois da prova de vida a gente sempre se encontrava e tomava um café, e eu acabo de passar pelo café aonde íamos e... Como ela faz falta. Madri me mata. Sim. Madri me mata. Parece que há um efeito reverso. Quanto mais tempo passo em Buenos Aires, mais penso em Madri, e esse ir e vir que deixa sua cabeça, pelo menos pra mim, bastante remexida. É um problema que não tem solução e é o que é. É assim que é e você tem que pegá-lo com tudo o que ele tem de bonito, que ele tem, eu sei, mas, ufa, é um delírio. *Deep in the heart, deep in the heart*".)

— Mas ela sabia o que estava acontecendo? — pergunta.

Há um silêncio.

— Alô... Lucía... Lucía.

Olha para o telefone. Desliga.

— Vou ligar mais tarde — diz ela, e se dirige para as escadas.

— Você não quer que a gente procure um lugar com sinal?

— Não.

— O que disseram?

— Nada. Que a falta de oxigênio atingiu o fígado, que teve falência múltipla de órgãos.

— Mas ainda está viva.

— Sim, sim.

O telefone toca novamente. Atende. Não se escuta. Desliga.

— Vou ligar daqui a meia hora. Tudo bem.

Descemos. Voltamos ao hall, entramos em El Dorado, um salão onde se realizam vários eventos e onde nos anos 1970 as operações, os planos de incursões e sequestros eram planejados.

— Ela teve uma insuficiência hepática — diz, enquanto caminhamos. — Estava amarela. E então entrou em falência múltipla de órgãos. Não faz xixi há um dia. Quando isso acontece, faltam 48 horas. Quando o rim para de funcionar, 48 horas. Sei disso por causa do Jesús. Quem me ligou foi a sobrinha da Susana.

Eu digo a ela que vou procurar um banheiro. Seguimos as indicações, mas não conseguimos encontrar um. Ela se vira, caminha decidida pelo corredor que leva aos escritórios do museu. Não há a quem perguntar. Tenta uma porta, outra porta. A terceira é um banheiro.

— Aqui está. Vá lá, eu te espero.

Depois vamos embora.

Caminhamos por um tempo em direção ao centro, ao longo da Libertador. Os carros passam a toda a velocidade por essa avenida que ela percorria para ir até a casa do pai a partir do local do cativeiro.

— Ontem à noite me conectei com a imagem de mim mesma no colchonete, grávida. Tentei me conectar com esses sentimentos de absoluta solidão. E a verdade é que não posso. É uma intensidade tão grande que não posso passar muito tempo revivendo isso. Os momentos mais angustiantes não são, curiosamente, os da tortura, mas os de ficar ali deitada pensando que você era um pedaço de carne, sozinha como um cachorro. Medo, angústia, solidão, desamparo, você não sabe o que vai te acontecer, quanto tempo vai durar aquilo. Se um dia você vai ter uma vida.

Quando eu faço uma afirmativa — por exemplo: "Então você não conseguiu falar sobre isso com o Hugo" —, ela diz "mmm", apertando a boca, e fica em silêncio. É um gesto que contém impotência: algo que nem pode ser dito.

— Foi mais angustiante estar lá depois do nascimento da Vera — digo.

— Claro. Porque a sorte estava lançada.

— Você não era mais necessária.

— Mmm.

Pegamos um táxi. Vamos até a Plaza Italia e lá nos separamos.

A visita àquele lugar, a amiga quase morta. Como continua o dia para ela? Nunca saberei.

Vera tinha 41 anos quando foi pela primeira vez à Esma. A diretora providenciou para que ela e a mãe ficassem sozinhas.

— É curioso — diz Vera —, porque sempre falo que não tenho lembranças da Esma, que só nasci lá. Mas, sendo já adulta, cheguei e comecei a chorar. Eu ainda não tinha visto nada, e a diretora, Alejandra Naftal, me disse: "Oi, Vera, como vai?". E eu: "Buááá!!". O que quero dizer é que consegui levar isso um pouco a conta-gotas, com rejeição, com discernimento e sem querer saber.

— Você viu o espaço onde nasceu?

— Sim, vi o espaço. Sempre me lembrei do que ela dizia sobre uma mesa. Eu olhava para aquele espaço, sendo médica, e que barbaridade. Eu nasci saudável, de uma mulher jovem, sendo um bebê muito gordo, mas qualquer complicação... Que merda. Num lugar tão sujo e tão infame e tão arriscado.

Na manhã da sexta-feira do dia 29 de outubro de 2021, chega uma mensagem dela: "A Susana morreu em Madri". Digo-lhe que sinto muito e pergunto se não é melhor suspender o que temos naquela tarde, um encontro com Lydia Vieyra, que está em Buenos Aires. Ela diz que não.

Então, um dia depois de visitar a Esma, e no dia em que sua amiga morreu em Madri, nos encontramos outra vez na Rapa Nui. O pátio está cheio de crianças — o que faz com que ela desabafe sobre como algumas crianças são insuportáveis e como seus pais contribuem para isso, deixando-as fazer tudo, sem estabelecer limites — e nos sentamos ao ar livre em um mezanino, longe da balbúrdia infantil. Está muito quente, e como se isso pudesse nos aliviar, tiramos os sapatos. O piso é coberto com grama sintética. Ela insiste em buscar os cafés, as águas.

— Loira, me traga algo doce — diz Lydia.

— O que eu te trago?

— Qualquer coisa. Pode escolher.

Lydia usa uma regata de tricô, de uma cor que Silvia Labayru, suspeito, nunca usaria — amarelo-gema, amarelo-ouro —, que acentua sua pele bronzeada e, de alguma forma, seu humor cintilante.

— Eu te falei que da última vez tive que arrumar as toalhas da loira na casa de Madri?

— Sim. Ela é muito bagunceira?

— É um caos. Tenho várias amigas assim — diz, observando enquanto ela sobe as escadas em perfeito equilíbrio com uma bandeja na qual há água, café, alfajores, uma porção de algo coberto de chocolate brilhante. — Devo precisar delas pro meu próprio crescimento, é cármico. Vão juntando coisas, juntam e juntam, vivem na bagunça. A loira é inimputável. Não é que ela faz e não se importa. Ela não vê. Obrigada, loira.

Silvia Labayru dispõe tudo na mesa em que o sol brilha, o que nos faz temer pelo futuro imediato de tudo o que ela trouxe coberto de chocolate.

— A Vera e o David me diziam que iam me dar de aniversário um carrinho de compras para ir pelas ruas recolhendo papelão, que eu tenho síndrome de Diógenes. Não, não tenho, mas algumas coisas eu acho difícil de largar. Pilhas de cartas do meu pai, da minha mãe, fotos. As panelas da Vera e as coisas de cozinha, pois quando ela foi pra Inglaterra me deixou toda a louça dela. O que eu faço, vou jogar tudo fora?

— Sua casa aqui é arrumada — eu digo.

— É o Hugo, que limpa como um maníaco.

O sol bate em cheio no café, na água, nos doces. Ela sugere trocar de lugar. Lydia é mais prática: sugere afastar a mesa. Então nós três, descalças, meio agachadas e dando passinhos curtos para que nada caia no chão, movemos a mesa até deixá-la sob a sombra de uma árvore (depois vamos mudar para outra, que ficou livre). As pessoas olham para nós como se estivéssemos cometendo um crime.

— Podemos fazer isso? — ela pergunta.

— Já fizemos — diz Lydia.

— Sabe que ontem eu estava levando a Leila pela Esma e me perdi várias vezes? Não sabia muito bem onde estava. Não consegui encontrar as escadas. O porão estava quase igual, mas o resto das coisas foi modificado.

— Fui antes da pandemia, há dois anos — diz Lydia. — Estava como você diz, mas não conseguimos encontrar a entrada pro porão. Tinham colocado uma estrutura onde era a descida e não conseguimos encontrar. Nos deu uma coisa... Subimos, descemos. Você se lembra das escadas?

— Sim. As que subíamos no trenzinho.

— Não, outras. Essas estão lá. São as que você subiu com a Leila. As que faltam eram as que estavam lá quando te pegavam e te levavam pro porão. Onde ficava o elevador.

— Que elevador? Eles me desciam pelas escadas.

— Sim, mas havia um elevador. Tiraram tudo isso. Tiraram a entrada do porão, que era aquele portão que se abria. E lá você ia pras internacionais. Lá ficavam você, a Cuqui.

— Sim, lá embaixo, no porão.

— Bem, aquele portão tinha uma escadinha. E aí você subia outras escadas...

Portões que não existem mais. Escadas que não estão mais lá. Ela olha para Lydia com estranheza, tentando reconstruir algo que era importante e que a memória, negligente, perdeu.

— Bem, vamos voltar e ver — diz Lydia, rindo.

— Não! Não, não, já fomos ontem.

— Mas você viu o que eles fizeram no El Dorado? — diz Lydia. — O El Dorado, Leila, era onde eles determinavam quem sequestravam, quem transportavam, e agora é uma sala onde todos se encontram e fazem apresentações e eventos. Eu estive no El Dorado trabalhando por dois ou três meses, quando estava sequestrada, e eles tiraram a história desse lugar. Você diz: "Merda, e pensar que neste lugar, onde todos agora estão fazendo livremente seus eventos, era...". Eles avisavam da operação, todos passavam com as armas, e clang, clang, clang, as correntes. O barulho te indicava se ia ter atividade ou não. Dentro de campo você está muito atento aos barulhos, às mudanças de atitude.

— Se olharam pra você, se não olharam pra você. Eram todas orientações de "eu tenho alguma possibilidade, me olharam hoje, talvez...".

— A primeira coisa que reconheci na Esma foi o cheiro. O cheiro ácido, um cheiro muito particular.

— De humanidade.

— E olha, já faz um tempo, porque isso foi em 2004. Sentia uma tristeza enorme e pensava: "Eu estive aqui". E, ao mesmo tempo, eu estava num lugar que tinha dificuldade de reconhecer.

— Ai, você não sabe o quanto eu fico feliz em te ouvir falar assim.

— Por quê?

— Porque eu também não me reconheço. E ao mesmo tempo é superfamiliar. Eu estava dizendo pra Leila ontem que às vezes tento reviver o momento: "Bom, vou tentar me lembrar das sensações". De estar na Capucha, grávida, minha alma sozinha, e quando consigo, isso me dá tal... coisa... que...

— Tenho a sensação de que a Silvia pode falar de tudo isso e não dar nem mais nem menos dimensão. Porque poderia ter sido uma tragédia, poderiam tê-la matado, a bebê poderia ter sido...

— Sim. Poderia nascer sem oxigenação e ficar feito um vegetal, ou nós duas poderíamos ter morrido no parto.

— Mas todos nós também sabíamos que, quando alguém paria, tiravam a criança dela e a mãe era morta ou levada. Parece-me que a Silvia é... mas não, eu não quero ser...

— Diga, diga.

— Não quero ser desrespeitosa com outras pessoas, mas há muitas mulheres que passaram por isso e tem sido a bandeira delas em muitas coisas. Não estou dizendo que se especule com isso, porque ninguém especula com a dor. Mas ela teve sorte e seguiu adiante, e ela tinha vinte anos, pariu em cima de uma mesa, fizeram sua filha de refém, teve de sofrer os estupros que sofreu, em Madri a esperavam com artilharia pesada, e ela continuava. Eram tantas coisas. O trabalho, que o dinheiro não dava pra nada, tinha problemas com seu parceiro, filhos, abortos. Não é que a gente senta e fala: "Tchê, o que você sentiu na Esma?". A vida nos atropelava e, ainda por cima, num ambiente muito hostil. Jamais falávamos da Esma.

— Mas você lembra que uma época começamos a escrever e morríamos de rir? Não sei do que ríamos tanto. A gente ria pra não chorar.

— Muito humor ácido, loira. Eu entendo os parentes, que o humor ácido não caia bem pra eles. Quem tem dois filhos desaparecidos nunca vai gostar de humor ácido.

— Mas quando estávamos de calcinha, entre nós… Se você não ri, você se joga pela janela.

— Era uma dissociação muito forte. Quando estive na Inglaterra não contei a ninguém de onde vim. Eu dizia que era estudante. O que eu ia dizer? E, além disso, quem acreditaria em você?

— No começo eu tinha tanta necessidade de falar que contava tudo pro Diego Fernández Peteiro, pro Mopi ou pro Dani Yako, e eles olhavam pra mim e não sabiam o que dizer. Acho que eles não sabiam se eu tinha enlouquecido, se acreditavam em mim, se não acreditavam em mim. Naquela época, ninguém sabia muito bem sobre toda a história da colaboração. Ninguém tinha certeza de que se tratava de trabalho escravo. Isso era ter colaborado. E nós mesmas não tínhamos tanta clareza de que o que tinha acontecido seria considerado um estupro. Porque é aí que as coisas começam a se cruzar, você pensa: "Até que ponto eu não me prostituí?".

— Bem, ficamos um pouco mal — diz Lydia.
— Ficamos fodidas.
— Ficamos fodidas.
— Mas agora estamos divinas e maravilhosas.
— Olha, se a Esma não tivesse acontecido, a gente não teria se conhecido, loira — diz Lydia.
— E o que vocês teriam preferido? — pergunto.
Silvia Labayru sorri e não responde. Lydia diz:
— É importante que daquela história tenham restado laços inalteráveis. Acho que os outros não tiveram a sorte de construir depois uma vida de todas as cores como nós tivemos.
— Mas é preciso dizer que tínhamos a vida toda pela frente, éramos muito jovens.
— Sim, mas talvez não tivéssemos nos escolhido, como aconteceu entre muitos outros. Entre quase todos, eu te diria.
— Sim, porque há uma vibração ruim.
— Não há muita relação entre os sobreviventes, digamos. Pra nós foi um inferno, mas essa relação, em termos militantes, eu diria que é uma vitória.
— Uma vitória de Pirro — diz ela, e levanta-se para buscar mais água e mais café, talvez incomodada porque a conversa está tomando um certo ar sentimental ou porque o casal na mesa ao lado parece estar atento ao que falamos (minutos atrás olhou para eles de soslaio e sussurrou: "Estão escutando"; Lydia deu de ombros: "O que importa, loira, se estamos dando uma entrevista é pra que nos escutem", e ela respondeu com um sorriso ácido: "Não há nada mais importante que a intimidade"). Quando Silvia Labayru se levanta, Lydia Vieyra diz que está cansada do assunto.
— Ah, olha, estou de saco cheio de tudo isso. Quero terminar com este filme. A verdade é que eu quero tirar essa coisa da Esma da minha cabeça. Outro dia fizeram um Zoom com cinco sobreviventes, por causa daquela exposição que vai acontecer na Esma, "Ser mulher na Esma II".

A exposição de que fala será inaugurada em março de 2022. Enfoca a especificidade da violência exercida contra as mulheres nos centros clandestinos. Reúne fragmentos de depoimentos das sequestradas, retirados de vários julgamentos contra os repressores, e um vídeo para o qual muitas das que foram detidas na Esma foram entrevistadas, incluindo Silvia Labayru, que agora volta com uma bandeja cheia.

— Obrigada, loira. Eu fiquei pasma, porque um dos temas a serem discutidos era a palavra "consentimento".

— Do que vocês estão falando?

— Daquela reunião pra mostra. Eu falei: "Não, essa palavra não, é inadmissível, o consentimento depende da vontade, quem põe isso é porque não entende o que aconteceu com as mulheres. Não pode haver debate sobre isso". Depois reuniram, de diferentes julgamentos, os fragmentos dos nossos depoimentos em que falamos sobre violência sexual. Um trabalho muito bom. E na parte inferior põem as iniciais dos nossos nomes: S. L., L. V. Eu disse: "O que eu quero é que meu testemunho tenha meu nome e sobrenome, não L. V.". E eles disseram: "Não, é que são questões delicadas". Mais uma vez! Como se alguém tivesse que ter vergonha!

— São mais feministas que ninguém, mas depois vão e põem "consentimento" e "S. L." — diz ela.

— Não consultam vocês antes de tomar essas decisões?

— Estamos acostumadas, Leila — diz Lydia.

— Estamos tão acostumadas — diz ela, e as duas riem. — Eles nos tratam como miquinhos de circo. Com as melhores intenções e as melhores vibrações, mas eles te ligam quando tudo está mais ou menos pronto, sem consultar aquelas de nós que foram sequestradas. A maioria das pessoas que estavam lá vai encantada, porque são seus quinze minutos de fama. E há muitas pessoas pra quem não há vida depois da Esma. É um clichê. A pessoa que saiu de um campo tem que estar no fundo do poço pra sempre. Uma vez vítima, *forever* vítima. Como fizeram pra não serem arrastadas pro limbo? Olha, já se passaram quarenta anos, cara. A gente foi em frente. A vida ajudou, mas esse pensamento de que você necessariamente tem que estar marcado... Vou dizer uma coisa que é uma barbaridade: muitos militantes não tiveram uma vida muito brilhante depois. Pra essas pessoas, ser sobrevivente é como se lhes tivesse dado uma razão de vida. O que eu sou? Sobrevivente. Em que vou trabalhar? De sobrevivente. Dar palestras, ir a todos os eventos de direitos humanos, das Mães, de todas as militâncias, de todas as calçadas da rua. O que me parece muito bom, não que eu ache ruim. Mas se você dedicar sua vida a isso, você está frito.

— O que nos ajudou foi ser jovens — diz Lydia. — E estar juntas no exílio. Acho que foi como dizer: "Se aqueles não puderam, estas não vão conseguir". Mas essa loira teve que vestir uma armadura. Tive um ataque de pânico quando voltei pra Argentina, em 1988. Mas esta aqui tem dificuldade de largar o medo. Ela não o deixa passar.

— Deixar que o medo entre, você diz? — ela pergunta.

— Isso. E então dá a impressão de que está com tudo supercontrolado.

— Sim, tenho a defesa superarmada — diz, sorrindo modestamente.

— Essa coisa de não ser vítima, de que não vão me machucar. E eles a machucaram.

— Sim. Me machucaram muito — diz, olhando para as mãos.

— Eu estava convencida de que iam me matar. Não havia amanhã. Quando me disseram que iam me tirar do país, eu falei: "Vão dar cabo de mim, é o fim da linha, vão me liquidar". Não me lembro em absoluto do dia em que saí. Estava apavorada.

— Eu me lembro perfeitamente.

Olho para ela com surpresa: ela me disse, muitas vezes, que não se lembrava de nada.

— Voltei pra cela e peguei a mantinha da cama como lembrança.
— Ah, um souvenir — diz Lydia. — Você é doida.
— Essa manta depois foi usada pelo Panchito por muito tempo. Minha mãe dizia que ele adorava.
— Mas era nojenta, cinzenta, áspera!
— Não, era como essas mantas peruanas ou bolivianas.
— Ah, a minha era áspera, superpequena.
— A mantinha era maravilhosa. Não era uma dessas cinzentas que você diz.

O pátio é cercado por terraços vizinhos nos quais você pode ver plantas de saúde ostensiva.

— Acho que eu poderia morar aqui — diz. — Este terraço é lindíssimo.
— Pena a grama artificial — eu digo, esfregando a grama com os pés descalços.
— Mas essa aqui é uma maravilha. Minha mãe colocou grama sintética na varanda e era uma coisa que te picava o tempo todo. Meus amigos vinham e se maravilhavam com aquele gramado nojento. A gente tinha uma balesta e, quando já estávamos cansados de estudar, esses loucos iam pra varanda e ficavam atirando bombinhas de creme nos vizinhos, com a balesta. — Faz uma pausa e conclui: — Começamos com as bombinhas de creme e fomos aumentando.

Rimos. Três mulheres descalças, uma mesa cheia de cafés e doces. Aparências que enganam.

Alberto Lennie vai direto ao ponto. Tinha prometido enviar, digitalizadas, a carta da fralda, cartas de seus pais, de Silvia Labayru, fotos. Não fez isso. Eu as esperava, mas não as pedi: pensei que seria melhor falar sobre isso quando nos encontrássemos. Agora, algumas semanas depois de nosso último encontro e antes de eu dizer qualquer coisa, ele fala que quer me explicar algo.

— Eu não te mandei nada, Leilita. Mexer nas cartas de 77 deu um nó na minha cabeça. Lamento não ter mandado pra você, mas são cartas que guardo como um tesouro pessoal. Profundamente íntimas. Nunca dei pra ninguém ler. Porque, se forem mal utilizadas, são uma carnificina pra Silvia. Em algum momento vou dar pra Bárbara, pra que ela faça o que quiser. Não mandei porque é como se mandando pra você eu fosse perder... o sentimento que tenho sobre o material e o que ele significa. Mas o que você precisar, Leilita, você me diz e eu vou procurar e ler pra você. Conte com isso, meu bem.

Conto com que ele possa ler em voz alta, através de uma tela de computador, a 10 mil quilômetros de distância e quantas vezes precisar, cartas que o fazem chorar.

Sei.

É sábado, duas e meia da tarde. Morchella, sua gata, já está em Buenos Aires e dorme dentro de uma pequena mala na varanda. Ela tem dezoito anos, "mas está fresca como uma rosa". É grande, de pelos longos, patas enormes. Pelo que parece, é indiferente a Monkey.

— Ela é muito fina pra dar bola pra ele.

Como às vezes acontece com eventos importantes, o fim do julgamento, embora tenha tido enorme peso simbólico, não mudou muita coisa em sua vida prática. Os meses passam com rapidez, ela continua procurando um apartamento e resolvendo problemas do outro lado do oceano: a irrigação automática do imóvel de Toledo ficou fechada e as árvores sofreram muito, um lugar do qual é proprietária tem problemas de umidade. Apresenta sempre um cenário muito complicado e intransponível que na próxima reunião terá sido resolvido e dado lugar a uma nova onda de inconvenientes muito complicados e intransponíveis.

Esteve com Hugo na Polônia, enfrentaram alguns dissabores: o carro com que chegaram àquele país, um Audi com motor diesel que tinham alugado na Alemanha, teve uma avaria. Pegaram outro na agência, onde lhes asseguraram que era idêntico ao anterior. Mas não era idêntico: este funcionava com nafta. Eles encheram o tanque com diesel. O carro quebrou a poucos quilômetros do campo de concentração de Auschwitz, que eles estavam prestes a visitar. Houve telefonemas inúteis solicitando ajuda, esperas, instruções incompreensíveis escritas em polonês, um hotel medíocre onde passaram a noite, uma viagem de reboque — com um motorista antivacina —, um trajeto de trem para Berlim com todas as malas, uma caminhada até o hotel porque Hugo se recusou a pegar um táxi. Ela conta tudo com humor. Não sei como será ter vivido isso.

Em 1987, seu relacionamento com Osvaldo Natucci quase desmoronou, e ela queria ter um filho. Queria parir em uma clínica, assistida por médicos e não por duas companheiras de cela e um torturador. Parece uma prescrição, uma estratégia de resgate, e ela a conta como tal:

— Eu queria ter um filho, queria tê-lo com um espanhol e fugir do ambiente argentino. Sabia que tinha que me separar porque estava ficando sem tempo no meu relógio biológico. O Osvaldo sabia desde o início que a lógica da vida era que eu ia deixá-lo. Se eu tivesse insistido, ele teria tido um filho comigo. Mas desde o início fiz bem em não fazê-lo. Teria que criá-lo sozinha.

Tendo abandonado toda a esperança de exercer a profissão de psicanalista, começou a fazer pesquisas de mercado e de opinião para várias empresas (incluindo a Gallup). Preparou-se fazendo alguns cursos de sociologia na Universidade Complutense. Para explicar a natureza desse trabalho, ela diz:

— Você forma um grupo de discussão com oito, dez pessoas, e fala sobre um tema. Política, um carro ou um detergente. Trata-se de fazer com que as pessoas digam o que não querem dizer sobre um produto ou o que quer que seja. Gerar uma conversa fora do discurso controlado.

A explicação, vinda dela, não deixa de ser impressionante: fazer com que as pessoas digam o que não querem dizer. Seu pai havia lhe emprestado dinheiro para pagar parte do apartamento de Hortaleza, mas a hipoteca disparou e ela procurou mais um emprego. Conseguiu na editora Hermann Blume. Era responsável por folhetos e catálogos por correspondência. Jesús Miranda, quase da mesma idade que ela, casado, sem filhos, com seis irmãos, trabalhava no departamento de exportação. Eles se conheceram lá em abril de 1987. E se apaixonaram. Ele se divorciou, ela se separou de vez.

— Eu precisava de um pouco de paz. Costumo usar o título do livro de Jorge Amado: *Tereza Batista cansada de guerra*. E esta frase, cansada de guerra, eu me apropriei dela. Queria uma vida normal. E, acima de tudo, ter um filho, e que esse filho fosse criado em condições normais, o que não aconteceu com a Vera.

Foi amor ou uma operação de resgate? Ambos saíram da editora, Jesús Miranda para montar sua própria empresa — a Celeste Ediciones, em sociedade com Miguel Ángel San José, que também fazia parte da Hermann Blume —, ela para trabalhar em um escritório que contratava publicidade para revistas de arquitetura e design, no qual ganhou muito dinheiro: Olga Ortega y Asociados, propriedade das irmãs Ana e Olga Ortega. Ela fazia aquilo, diz, muito bem.

— Os clientes eram pessoas de altíssimo nível, os anúncios que pagavam eram muito caros, uma página custava 4 mil euros. Contratava dez, quinze anúncios, campanhas anuais em revistas como *El Croquis*, *Arquitectura Viva*, TC *Cuadernos*, revistas muito boas das associações de arquitetos.

Jesús se mudou para o apartamento de Hortaleza. Silvia Labayru tinha 32 anos, criava dois filhos pequenos — Vera e Julián, filho de Natucci — e não queria engravidar de imediato. Eles se casaram em novembro de 1994. Ela, então sim, estava gravidíssima. Ao entrarem no Cartório de Registro Civil — "até tínhamos levado a cachorra, Neska" —, ela ouviu: "Tia, tia!". Era a família de Osvaldo Natucci sem Osvaldo Natucci (que já havia voltado à Argentina).

— O irmão do Osvaldo ia casar no mesmo dia. Os sobrinhos, os primos, todos gostavam muito de nós e diziam: "Ah, que lindo, agora vamos todos pro seu casamento!", e eu dizia: "Não, por favor, não!". Foi um pesadelo. Eu queria sair de tudo que fosse argentino e essa *troupe* chegou.

David nasceu em janeiro de 1995 e foi a experiência completa.

— Eu não queria cesárea, não queria que me fizessem uma episiotomia, não queria tomar peridural.

O trabalho de parto estava apenas começando, e o médico lhe perguntou: "Onde foi o nascimento da sua filha?".

— Eu disse: "Num campo de concentração". O cara falou: "O quê?!". Disse-lhe que eu era uma estudante muito combativa, que tinha entrado na política, que havia sido raptada e fora parar num lugar chamado Escola de Mecânica da Marinha e que a Vera nasceu ali dentro. E ele começou, como todos começam: "Eu, quando era estudante, já fui perseguido, não sei o quê". Mas se comprometeu muito com o parto, e eu tive o parto que eu queria, com uma dor filha da puta.

Se fosse menina, ia se chamar Lea — "Achei que era um bom nome pra filha de um editor" —, mas era um menino e foi David. Três dias depois de nascer, a criança estava em Valsaín com vários graus abaixo de zero, começando a vida naquele lugar que sua mãe tanto amava. Ela lhe dava o peito, ou tentava. Embora as sequelas dos choques elétricos a tivessem estropiado e seus seios começassem a doer como daquela vez, ela acreditava que o alimento era suficiente. Mas David estava perdendo peso. Betty estava com eles e notou que o menino tinha os olhos esbugalhados típicos de pessoas desnutridas. Ela sugeriu que David estava morrendo de fome.

— Então tive que começar a dar fórmula pra ele, e minha esperança de poder amamentá-lo foi pro ralo.

Nessa época, durante uma viagem que fez à Argentina, comprou para Jesús uma estrela de davi.

— Porque o filho dele era sua estrela.

David foi o garoto mais feliz do mundo, David teve a melhor infância possível, David fez viagens fabulosas. Jesús foi um pai exemplar, Jesús foi o melhor pai do mundo, Jesús foi devoto de David. Depois do nascimento do filho, Jesús caiu em uma depressão profunda: não queria sair da cama.

— Nunca vi nada igual. Uma pessoa que da noite pro dia é outra pessoa. O Jesús era um cara ativo, esportivo, e de repente ele se enfiou na cama e não queria chegar nem à porta, segurava minha mão num estado de desamparo radical. O David era pequeno. Tinha dois anos.

Esse período coincidiu com o fato de que a editora, Celeste, estava com problemas. Eles haviam publicado um livro do chef Karlos Arguiñano, que vendeu muito. Depois, outros que não tiveram tanto sucesso, e eles se enterraram em dívidas.

— Eu o levei pra ver psicanalistas, psiquiatras, começaram a medicá-lo, ele engordou muito porque parou de fumar, era um fumante compulsivo. Ficou assim uns dois ou três meses. O psiquiatra lhe receitou antidepressivos e depois, como um típico espanhol, o Jesús decidiu parar de tomá-los e enfrentar a doença. E você não sai muito bem dessas coisas. Ele saiu, mas nunca mais foi o mesmo. Nem nossa relação voltou a ser a mesma. Ele se dedicou completamente ao David e era uma relação familiar muito boa, mas o casal já era.

Convenceu-o a retirar o aval bancário da Celeste, ele fez isso e fundou a Panoplia, distribuidora e exportadora com um grande número de selos: Anagrama, Acantilado, Siglo XXI, Tusquets, Visor, editoras independentes.

Tenho duas fotos de Jesús Miranda. Em uma delas, ele é um homem enorme, corpulento, sem barba ou bigode. Na outra, anterior, ele é muito magro, quase frágil, e usa um bigode grosso.

É impossível conciliar as duas imagens: parecem duas pessoas diferentes. Pelo que ela diz, talvez essa duplicidade se estendesse a outras coisas.

— Mas o pai daquela criança foi muito bem escolhido. Foi um pai extraordinário. Nisso a gente se entendeu muito bem, em como criá-lo. Ocorreu-me que ele deveria ir pro Liceu Francês, que em termos de ideologia educacional era a coisa mais próxima do Nacional Buenos Aires, e como o Jesús era um cara com uma grande sociabilidade, comecei a entrar em contato com outro mundo que era muito parecido com o meu, o mundo dos expatriados. Muitos estrangeiros moravam em Madri e levavam seus filhos para o Liceu Francês.

Isso foi a partir de 1998. Então, vinte anos depois que deixou a Esma, pode-se dizer que ela começou a sair de lá.

As irmãs Ortega — especialistas em jogar nas máquinas de caça-níqueis e acompanhar o almoço com dois copos grandes de *chinchón*, uma bebida de anis com elevado teor alcoólico — exigiram que ela reduzisse sua porcentagem de lucros — o acordo era de 15% e queriam que ela baixasse para 5% — quando a construção perdeu força e a publicidade também. Foram almoçar, ela negociou muito — queria parte das ações do estúdio —, bebeu no ritmo das irmãs, não conseguiu nada a não ser uma intoxicação, voltou para casa, deitou-se na cama, passou três dias tremendo de febre e, no fim, procurou "o melhor advogado trabalhista de Madri" e entrou com um processo contra elas por demissão sem justa causa. Ganhou. Montou sua própria empresa — Labayru y Anciones, em sociedade com o ex-sócio do marido, Miguel Ángel San José, com quem Jesús não mantinha mais contato, mas Silvia sim — e começou a vender publicidade para revistas de engenharia, como a *Técnica Industrial*, para a revista do Museu Lázaro Galdiano, "todas revistas boníssimas, muito profissionais". Ela usa muito essa palavra, *boníssima* ou *boníssimo*. A menina montonera que jogava coquetéis molotov nas concessionárias e imaginava o mundo ideal em forma de kibutz, agora fala de bairros "boníssimos", de revistas "boníssimas", das festas "boníssimas" que davam em Valsaín para 180 pessoas, pais e alunos do Liceu Francês, e das viagens "boníssimas" que faziam com eles.

Os escritórios da Panoplia ficavam do outro lado da rua do Liceu Francês, então David e seus colegas costumavam atravessar a rua para almoçar lá. Ela gostava daqueles adolescentes que criavam uma cena muito parecida com a do apartamento na rua Jorge Newbery. Jesús viajava muito pela América Latina visitando livrarias e feiras. Todo esse período, que foi muito longo — trinta anos —, parece se concentrar em apenas uma coisa: em como David era feliz. O resto é um nevoeiro opaco, apesar de Valsaín, e das festas boníssimas, e das viagens estupendas.

— Não sei se o Jesús foi muito feliz comigo. Sentia que ele não me conhecia.

Se é difícil juntar as várias imagens de Jesús — muito magro e muito gordo; pai amoroso e homem deprimido —, também é importante relacionar os trinta anos desse casamento com a história que o precedeu: a vida tumultuada deu lugar a uma existência de viagens em família, jantares com editoras, o trabalho em escritórios plácidos, a venda de publicidade, a compra e administração de propriedades. Iam com frequência a Valsaín. Lá, eles se divertiam. Ela cuidava das plantas, ele se ocupava das tarefas mais pesadas, e não conversavam muito um com o outro.

Miguel Ángel San José, ex-sócio de Jesús na Celeste e de Silvia Labayru na Labayru y Anciones, atende à chamada na sua casa em Segóvia. Na tela, vê-se um homem de camisa escura falando sem que se escute o que diz. Ele toca várias teclas até que seu filho mais novo, de treze anos, se aproxima, pressiona algo e o som aparece.

— Eu poderia ter ficado apertando isso por uma hora, mas não ia funcionar. Olha, acho que eu sou padrinho do David e sempre me esqueço disso, que vergonha, mas a Silvia não perde a oportunidade de me lembrar e me atualizar sobre os sucessos e progressos do David. Fotos, vídeos cantando com um grupo e tal. E eu sempre lhe pergunto pela Vera, porque eu tinha muito carinho por ela. Eu a achava uma menina adorável.

Embora a Celeste, a empresa que tinha em sociedade com Jesús, não tenha terminado bem — "Estávamos bastante endividados com os bancos. A certa altura, os bancos se anteciparam a uma das grandes crises da América Latina e cortaram nossos empréstimos. Tivemos que entrar com um pedido de suspensão de pagamentos. O Jesús saiu um pouquinho antes e montou sua própria distribuidora de exportação, a Panoplia" —, ele não comenta sobre o fim da relação com amargura.

— Apesar de nunca termos tido uma briga ou um confronto, nos distanciamos. Montei então uma pequena editora focada em design gráfico, a Calamar. Mas, apesar desse afastamento do Jesús, mantive uma certa relação com a Silvia. Sempre a considerei muito cativante, muito tímida. Sempre sorridente, mas uma risada muito contida. Tenho a impressão de que ela se dava melhor com homens do que com mulheres. Jovem, loira, bonita, de olhos azuis, suponho que ela despertava alguma inveja entre as colegas espanholas, mas sempre tive aquela sensação de que ela até tinha algo masculino, no sentido de que a gente se encontrava com ela como se estivesse com um amigo. No que se refere à publicidade, diria que, apesar de não ter ido mal, também não foi muito bem-sucedida. Acho que não combinava com ela, acho até que a Silvia não gostava. Ela gostava sim de revistas, como a *Arquitectura Viva* ou *El Croquis*, porque tinha muita admiração por algumas pessoas que entravam nessa órbita do que viriam a ser os intelectuais, mas não gostava da vida de vendedora. Ela era muito prudente, muito requintada no trato. Não correspondia ao padrão agressivo do vendedor de publicidade, que telefona e insiste.

— E o Jesús?

— Era um homem supercarinhoso com as mulheres. Eu lhe dizia: "Mas, Jesús, você não leva adiante, simplesmente as deixa lá, você as seduz, você se deixa amar, mas no fim você não faz nada". Ele era adorável. Tinha todas elas na palma da mão. Editoras, livreiras. Fazia muito sucesso. Era excepcionalmente atencioso e muito carinhoso. Mas, na verdade, ele não fazia nada com elas, o que pra Silvia era muito bom porque devia ter consciência de que todas as meninas gostavam do Jesús, mas também de que ele ficava na dele. Na empresa, ríamos muito dele porque vinha sempre muito desgrenhado, com as calças e camisas sem passar, as botas sujas. A gente falava: "Ei, homem, a Silvia não passa suas camisas?". E ele dizia: "Claro que não, pois se ela até joga as coisas pela casa, deixa tudo espalhado. Sou eu que tenho que ficar recolhendo tudo". Tenho a sensação de que o forte da Silvia não é a casa, a ordem, a limpeza. Acho que ela vive intensamente, que gosta muito de ler, que põe suas obrigações domésticas em segundo plano. O maior ou menor sucesso que ela teve com os homens, sempre levou com muito mais discrição que o Jesús. Com o Jesús era uma coisa muito chamativa. Distribuía beijos e abraços pra todo mundo. Era amoroso, atencioso, detalhista. A Silvia era mais masculina, ia direto ao ponto, subordinando o que tinha que ser subordinado pra fazer o que queria. Mas o Jesús, por sua vez, era um dos melhores pais que conheci. Lembro-me de uma viagem que fizemos de Valsaín a Madri, de carro. O David devia ter três ou quatro anos, e o Jesús ia falando com ele como se fosse um adulto. Do primeiro ao último quilômetro. Fiquei com aquela imagem do que é ser um pai dedicado ao filho.

David Miranda atende à chamada de Segóvia, onde está com amigos que vieram visitá-lo dos Estados Unidos. Cabelos escuros, barba, olhos de um azul profundo, quase dois metros de altura. Ele se conecta na rua, então, enquanto fala e caminha, uma versão recortada da cidade pode ser vista passando atrás dele: céu, bares, céu, pórticos, mais bares, céu de novo. Sua mãe o matriculou no conservatório de música aos cinco anos de idade. Destacou-se no coro do Liceu Francês e começou a ter aulas de lírica. Em 2017 ou 2018, ela sugeriu que ele fizesse um curso de verão no campus de Valencia da Universidade Berklee. Um membro da Berklee Boston — uma espécie de caçador de talentos — o ouviu e lhe ofereceu uma bolsa de estudos. David aceitou e foi estudar nos Estados Unidos. "Ao longo da carreira, ele tem uma média de 9,5 em 10. Ele é *cum laude* em tudo", costuma dizer Silvia com aquele sorriso que tenta passar por modesto, mas que significa: "Saiu genial, o que eu posso fazer?". Como sua mãe e irmã, David não dá como certo que a pessoa com quem está falando saiba algo sobre sua vida:

— Estou estudando composição de trilhas sonoras de filme e composição de música contemporânea numa faculdade de música muito famosa em Boston, chamada Berklee, que é tipo a melhor universidade de música contemporânea do mundo. Minha mãe, quando eu era muito jovem, queria que eu estudasse música porque ela mais ou menos a considerava um idioma a mais. Ela me matriculou numa escola de música aos cinco anos. Comecei tocando violão. Estudei canto, piano, canto lírico com uma professora do Teatro Real, depois participei de uma banda fazendo shows na Espanha, e depois me deram uma bolsa de estudos para essa universidade. Deixei meu curso de arquitetura aqui na Espanha pra me dedicar à música.

O passado de guerrilha de sua mãe e o posterior cativeiro nunca foram segredo para ele: em casa, falava-se disso de forma natural.

— Eu nasci quando minha mãe tinha, acho, 39 anos, portanto ela havia saído da Esma dezessete anos antes. Então, pra mim era algo mais distante, não era uma ferida tão aberta. Mas que ela esteve na Esma é algo que eu sempre soube. Não foi uma revelação, não me lembro de um momento em que dissesse: "Deus meu, olha o que minha mãe viveu", eu sempre soube. Pra mim, minha mãe é uma heroína. É impressionante que, depois de ter vivido o que ela viveu, ela seja tão íntegra. Você a vê na rua ou está com ela e nem passa pela sua cabeça que ela tenha vivido tudo isso.

Em muitos aspectos, David parece ter tido uma mãe muito diferente da que Vera teve: ele não se lembra de que ela tenha se referido com angústia ao repúdio dos exilados argentinos ou à maneira como se falava dela, mas viu como ela ficou angustiada durante o julgamento do estupro.

— Vinha à tona tudo o que tinha acontecido, por escavar tão fundo em sua memória. E houve um episódio, pouco antes ou depois do seu depoimento no julgamento. Seu relógio foi roubado na rua. Ela me contou muito angustiada, mais que por causa do assalto em si, porque acho que trouxe de volta a sensação de que seria sequestrada. Eles a agarraram por trás e a jogaram no chão, e acho que isso a fez lembrar de quando a sequestraram. Ali eu vi claramente que ela estava muito angustiada e ficou por uns dois ou três dias muito calada e pensativa.

Quando tinha dezessete ou dezoito anos, muito antes de sua irmã Vera, David foi à Esma com a mãe.

— Foi um momento muito difícil. Estava tudo caindo aos pedaços, ela me falou: "Não era assim, você tinha que abaixar a cabeça aqui". Então, mais que o fato do lugar em si, porque sobra pouco do que era, foi difícil por causa das reações da minha mãe quando ela entrava nos diferentes aposentos. O olhar de dor ou horror que ela lançava, isso sim teve mais impacto sobre mim do que o lugar em si.

— Como era seu pai?
— Bem, meu pai, como pai, foi exemplar, acho. Como parceiro, como minha mãe deve ter dito, não era o melhor do mundo. Quando eu era pequeno, meu pai era como um herói. Minha mãe era mais dura quando se tratava de exigências. Por exemplo, eu sempre fui cantor, desde pequeno, e não tenho nenhuma lembrança da minha mãe me dizer que eu cantava bem. Até os dezoito anos, quando fiz um solo no Auditório Nacional da Espanha cantando Vivaldi. Foi a primeira vez que ela me disse: "Acho que você canta bem". Ela confia muito em mim, e sempre me apoiou muito, mas com um grau de exigência maior que o do meu pai, que babava quando me ouvia cantar.

Conversamos um pouco e, quando me despeço, digo a ele:
— Muito obrigada, David.
— Eu é que agradeço, e muito obrigado pelo que você está fazendo com minha mãe.

O que eu estou fazendo com a mãe dele?

— Você viu seu pai?

Ela está abrindo uma garrafa de vinho que, mais uma vez, ficará praticamente intocada. Se as conversas sobre sua militância são tingidas de certa raiva e as conversas sobre sua relação com Hugo com certo fervor, quando ela fala sobre seu casamento com Jesús Miranda elas são preenchidas com uma substância desbotada, como se aquelas três décadas tivessem acontecido dentro de uma sala sufocante, com paredes cor de ocre e pouca ventilação. Quando se refere ao pai, por outro lado, embora a história seja a revisão de um colapso — um homem com mais de noventa anos que não consegue andar, que é surdo e tem problemas de memória —, um respeito soberano se eleva em sua voz.

— Sim, fui almoçar com ele outro dia. O pobre está cada vez pior. Ele me disse pela enésima vez a importância da Escola de

Mecânica da Marinha pra ele. Apagou o que aconteceu comigo. E depois conta que o pai e os irmãos do pai se formaram na Escola de Mecânica da Marinha, e que suas fotos estão no Casino de Oficiales, e como ter sido suboficiais da Esma mudou a vida deles. Eu ouço e digo: "Ai, meu Deus, o que é a cabeça". Pensei muito em como minha mãe, de caráter tão inflexível, morreu. Na raça. Rindo até o momento de morrer em casa, com uma clareza, me tranquilizando, se despedindo dos amigos. Naquele dia, ela ligou pra todo mundo e disse: "Vou morrer hoje". Era muito corajosa. Eu dormia com ela, tocava-a e ela me dizia: "O quê? Você tem medo de que eu morra agora, né?". E a gente ria.

Betty morreu de câncer de pulmão em agosto de 2007, segurando a mão de seu ex-marido, Jorge Labayru. No instante em que ela morreu, ele olhou para a esposa, Alicia, e disse: "Fiquei viúvo".

— Tenho uma ideia de como gostaria de morrer. Como todo mundo, gostaria de não sofrer. Mas queria deixar minhas coisas em ordem. Jogar fora o que não gostaria que ninguém visse. Deixar os livros que eram importantes pra mim, os de Marguerite Yourcenar, *O quarteto de Alexandria*, e dizer: "Estes livros me forjaram". Dizer a alguém: "Eu me importei com isso". Poder escrever algo pra Vera, pro David. Poder dizer adeus corretamente. Esse é o legado da minha mãe, tê-la visto morrer assim. Que é o oposto do meu pai. Ele deveria morrer logo. Ele deveria morrer agora mesmo. Há momentos em que estou com ele, fico olhando e me digo: "Papai, isso não tem mais sentido, papai. Desista, desista". Mas ele está aferrado à vida com todas as suas forças.

Penso: como se você não estivesse.

— Além disso, ele me diz: "Não, estou muito saudável e não tenho dor nenhuma". A verdade é que vê-lo não me faz bem. Ele me diz: "Você me dá a vida, a única coisa que eu tenho é você, o único milagre é que você esteja aqui". E me dá um pouquinho de culpa, porque ele diz que tem de agradecer ao Hugo pelo fato de eu estar aqui. É difícil, porque por outro lado é verdade. Eu não ia me estabelecer na Argentina por causa do meu pai. Ele não se dá conta de que está surdo. Diz: "Estou saudável, a Alicia não quer me levar pra casa porque estou andando mal". Ele anda mal? Ele não anda há oito anos, está paralisado da cintura pra baixo! Depois da Esma ele foi um pai tão protetor quanto vigoroso, e vê-lo assim me mata. Ele não quer morrer nem em sonho. Como ele quer viver. Como ele quer viver.

Penso: como você quis.

— Você não tem medo de pensar na morte do seu pai?

— Se eu tenho medo? Não. Porque meu pai, esse pai protetor, morreu há muito tempo.

Quando vou embora, já é quase noite. Caminho por um tempo pensando em coisas que não vou escrever, mas basicamente que há que se ter uma grande convicção para responder "não" quando alguém faz uma pergunta como essa.

Meses depois, um dia, quando estou ao telefone com meu pai, digo que estou escrevendo um livro, este livro. Ele me pergunta do que se trata. Eu nunca lhe contei. Então conto. Ele diz: "Mas já se passaram quarenta anos. Ainda tem gente que quer ler essas coisas?". Ele mesmo passou anos lendo "essas coisas", mas digo que não sei (e é verdade). Penso: "Há histórias que não terminam nunca".

Revejo uma entrevista de um tempo atrás. "Outro dia fui com a Lydia a um evento na Esma, naquela homenagem aos sobreviventes da qual tínhamos falado. Há mil facções de sobreviventes. Há os da classe A, que são os que se atribuem o patrimônio de determinar quem é herói, quem é traidor, quem é suspeito. Estou entre as indultadas, pois me comportei tão bem todo esse tempo, vamos ver quem é capaz de me dizer alguma coisa. Mas a Graciela García Romero e a Marta Álvarez não foram cumprimentadas. Nesse ato, as coisas que ouvi foram pra chorar alto. Falavam sobre a culpa de estar vivo, que ainda não sabemos se somos traidores. Estava lá o Martín Gras, que eu não encontrava havia uns quarenta anos. Eu me perguntei: 'Esse cara vai vir me cumprimentar ou não?'. Ele não veio, então fui eu cumprimentá-lo. Ele me abraçou muito, muito, muito forte, e disse: 'Você sempre foi a mais bonita, e agora está ainda mais'. Foi tudo que ele me disse. Era tudo que ele tinha a me dizer depois de quarenta anos sem nos vermos. E me disse: 'Menininha'. Ele sempre me chamava de Menininha".

Há histórias que não terminam nunca.

Agora o Hugo está falando com o David pra ver se consegue convencê-lo a vir a Buenos Aires pro Natal em vez de ir pra Escócia, porque nos jornais saiu que as coisas pioraram no Reino Unido, que há mais casos, que tem o delta plus dos infernos, que no momento não vão fazer quarentena, mas que depois disso não se sabe, então você compra as passagens e dentro de um mês eles fazem quarentena de novo e você fica a ver navios. A Argentina saiu da lista vermelha, mas no consulado britânico não aparece fora da lista vermelha, então você tem que gastar muito tempo descobrindo e não está claro, então voltamos àquilo de "compramos as passagens, não compramos, se o Hugo vier, se o Hugo não vier, se vou ficar aqui, se o David vem, e se formos pra Escócia". No dia 13 de novembro, a Vera chegou a Madri, já tinha comprado a passagem e ia de qualquer forma. É uma boa oportunidade de ficar lá sozinha, pra tomar um pouco de ar fresco. Ela fica cinco dias, mas depois não sei se vai voltar pra Madri, pra passar parte das festas em Madri com o David, que...

Novembro.

2021.

Madri.

— Mami, mami, não, não é por aí, deixa eu pôr no GPS.

Vera está no banco do passageiro do Range Rover branco que a mãe dirige. Ela veio de Aberdeen para Madri para passar alguns dias sem filhos ou marido, para ver amigas. A dinâmica entre elas parece fluida, sem tensões: Vera a provoca, a mãe deixa que ela faça isso. Vamos almoçar em algum lugar em Chueca.

Até poucos minutos atrás estávamos na sala do apartamento de Hortaleza. É um lugar grande e cheio de coisas. Os quartos parecem estar entupidos com móveis de vários estilos — sofás que imitam um design dos anos 60, cadeiras modernas — e aparições estranhas: um piano vertical, uma esteira. Há estantes do chão ao teto. No quarto de David, prateleiras de livros também servem para sustentar coisas como um tubo de bolas de tênis ou um ferro de passar. Quando estávamos na sala, nos preparando para sair, Vera perguntou: "Mamãe, você contou pra Leila sobre a diarreia do David?". Ela disse, com uma risadinha: "Não". Aos onze ou doze anos, David foi a um médico de saúde pública pela primeira vez. Sua mãe o alertou que esses médicos tinham pouco tempo, então era aconselhável exagerar um pouco a diarreia leve que ele estava tendo para que pudessem tratá-lo adequadamente. Eles foram recebidos por um médico que perguntou o que o estava afligindo. David disse: "Estou com diarreia". O médico perguntou: "Há quanto tempo?". David, seguindo a orientação da mãe, respondeu: "Quatro meses".

— Achei que iam me tirar a guarda! Tivemos que ir no dia seguinte pegar 15 mil filas pra todos os exames que ele foi obrigado a fazer. Eu lhe dizia: "Mas, David! Quatro meses!".

O dia está árido, gelado, transparente. Fim de semana, pouco trânsito. Enquanto dirige, ela desenha o mapa de sua vida espanhola: o Liceu Francês, o escritório da Panoplia do outro lado da rua.

— Todo esse bairro é muito caro, a área do Arturo Soria. Olha, foi aqui que meu ídolo de todos os ídolos, Zinedine Zidane, morou no começo. O filho do Zidane é um grande amigo do David, porque ele estudava no Liceu Francês. Então eu o via dia sim, dia sim. O David já foi à casa dele muitas vezes e jogou futebol com o Zidane.

— Lindíssimo — eu digo.

— Ela já ia fazer esse comentário, porque ela também acha — diz Vera.

— Bonito não, é mais que isso — diz a mãe. — Pessoalmente, nem dá pra imaginar.

— Mami, conte pra ela sobre as mães. Você nunca ia, porque nunca foi fofoqueira, mas as mães iam tomar café na frente da escola pra vê-lo entrar e sair de lá.

— Eu pedia autógrafos através das amigas que eram capazes de fazer o que eu nunca teria feito, mas, quando o via no Liceu, dizia: "Ai, minha nossa, minha nossa". O David e o Enzo, filho do Zidane, frequentaram a mesma classe muitos anos, e David já foi à casa dele muitas vezes.

— Ela pode até assistir aos documentários sobre Treblinka, mas no fundo é fã de futebol — diz Vera.

— Sou torcedora do Real Madrid. Antes era do Barça. E foi aí que o Zidane chegou ao Real Madrid, e na final de uma Liga dos Campeões, em Glasgow, marcou um gol muito famoso. Eu me apaixonei e falei: "A partir de agora, torço pro Real Madrid". Leio sobre futebol também.

— Eu não sabia disso — diz Vera. — O que você lê?

— Leio o *Marca* todos os dias. O que você acha, que eu só vejo documentários sobre Treblinka?

Ela aponta para prédios, escolas, palácios, hotéis em uma cidade que conheço bem — e ela sabe disso —, mas que ela me explica como se eu nunca tivesse estado nela. E, de certa forma, nunca estive: a cidade que ela descreve parece distante de tudo o que não é caro, projetado, famoso.

— Este hotel, Puerta de América, foi premiado. Este edifício é um dos mais famosos de Madri, feito por Sáenz de Oiza, um arquiteto basco. Chama-se Torres Blancas, que de brancas não têm nada. Este é o prédio do Instituto de Empresa, que é uma das mais caras e famosas universidades privadas de negócios. Tudo o que há ali se chama El Viso, que é um bairro maravilhoso, com casas dos anos 40, modernistas, lindas, que valem uma fortuna.

O relato é uma versão da revista *Caras* em que as *celebrities* esculpidas com botox foram substituídas por artistas, arquitetos, colecionadores de arte, mas em ambas as versões todos usam sapatinhos Louboutin.

— Aqui à esquerda há um prédio, um palácio do final do século XIX, comprado por um espanhol chamado Lázaro Galdiano que se casou com uma argentina, ricaça, e os dois vieram morar aqui. O nome da argentina era Paulita, eles viraram mecenas da arte e olha, esse é o Museu Lázaro Galdiano. Eu era responsável pelo anúncio da revista do museu. Uma revista boníssima. Vamos ver, Vera, diga-me como faz pra ir a La Ardosa. E ao Colegio de Arquitectos, caso La Ardosa esteja lotada.

Digo a mim mesma que deve estar lotada, porque é uma taberna pequena, mas deixo que as coisas tomem seu curso.

— Vamos ver... Em linha reta, por enquanto. Onze minutos.

No rádio toca "Parole, parole", interpretada por alguém que não consigo identificar. Ela dirige com facilidade sob o céu intensamente azul. Não usamos máscaras — já tomamos muitas vacinas, e Vera também parece imune: esteve mergulhada na covid-19 durante meses e não se contaminou —, mas os vidros das janelas estão abaixados até a metade, apesar do frio.

— E este é o Hotel Villa Magna, um dos mais famosos de Madri, mas muito brega. Assustador. Muito feio. Há um restaurante que parece ser muito bom. Já foi ao restaurante do Hotel Palace?

Digo que sim, menciono que comi lá várias vezes, uma com Martín Caparrós, outras com o escritor espanhol Juan José Millás. Ela diz: "O filho do Millás era companheiro do Alejandro, o administrador da Panoplia". Em seguida, menciono o escritor mexicano Juan Villoro e ela diz: "É um grande amigo do Mopi".

— Leila, você vai daqui pra Paris? — Vera pergunta.

— Sim, daqui a poucos dias. Primeiro passo por Lyon.

Você conhece Lyon, gosta da França, tem ascendência italiana, costuma vir a Madri, por que não gosta de teatro, o que acha de Judith Butler? E assim por diante.

— É por aqui, Vera?

— Sim, mami, a mocinha do GPS diz que é por aqui. Vire aqui e vamos procurar um estacionamento. Olha, tem um ali.

A rampa é retorcida, uma coluna dobrada em si mesma, mas ela manobra bem. Pega o tíquete (quando voltarmos, levará um tempo para encontrá-lo). Descemos dois ou três níveis, localizamos um lugar no silêncio entorpecente do mundo subterrâneo. Subimos. Caminhamos pela rua Fuencarral. Ela me conta que naquele mercado — o mercado de San Antón, onde estive tantas vezes — você pode comer no terraço, que ali fica a Plaza de Chueca (idem). Vera comenta: "Olha, mami, abriram uma pizzaria napolitana". "Mami, olha, não havia um restaurante árabe ali?", como alguém que volta a uma pequena cidade à qual não vai há muito tempo.

Chegamos a La Ardosa, que, de fato, está cheia, então vamos ao restaurante do Colegio de Arquitectos, um lugar no centro do bloco, um cubo de madeira e vidro com pardais que se aproximam e pousam nas vigas, um fenômeno bastante estranho que faz pensar que o voo dos pássaros foi projetado como um elemento da decoração. Pedimos carpaccio, macarrão, elas querem cerveja. Depois da morte de Jesús, Vera e David deram à mãe uma viagem pelo "mundo de Elena Ferrante na Itália". Eu não li Elena Ferrante, então não sei de que mundo elas estão falando agora, mas, quando mencionam que passaram pela Costa Amalfitana, digo que há uma cidade lá, Ravello, de que gosto.

— Sim, nós amamos, o melhor lugar do mundo. E depois Nápoles, que é linda. Teu parceiro é um bom companheiro de viagem?

— Ótimo. Quando viajamos... — eu começo, mas não consigo continuar.

— O Hugo é ótimo também. Viajar com ele é tudo de bom, é o companheiro de viagem ideal. Você se sente muito segura, porque ele cuida de tudo. Eu procuro algumas coisas, ele procura outras. Há uma sintonia e ele resolve todos os problemas. Todos os planos que você faz parecem muito bons pra ele e ele fica grato.

— Mami, mas vocês tiveram um incidente horrível na Polônia.

— Ah, sim, a questão da Polônia. Alugamos um carro na Alemanha, um Audi. Ele estava muito empolgado com o carro.

— Porque ela é muito de esquerda, e eu tenho que te dizer isso, Leila, mas no fundo ela é classista. Você tem que assumir isso!

— Sim, eu assumo — diz, rindo.

— No fundo, ela gosta das coisas boas. Não é uma crítica, mami, é uma realidade.

— E quem não gosta? Também não sou militante de esquerda.

— Não mais? — diz Vera.

— Tudo o que eu fiz... já está feito — diz, olhando para a filha de modo significativo.

— Olhe, Leila, acho que eu já te falei, mas o primeiro emprego que me deram foi em Vallecas, um lugar de operários, e ela falava: "Ah, não, Vallecas não". Vamos ver, mami, em toda a sua vida você não passou do M30 em Madri — diz, referindo-se ao anel viário que circunda a cidade.

— Quando fui a Móstoles… — tenta ela.

— Móstoles! Você também nunca esteve lá! Ela me falava sobre Vallecas: "É um lugar muito perigoso e muito feio".

Juntas, elas emanam uma graça que se retroalimenta e ganha velocidade. Vera a provoca um pouco e funciona como um gatilho de memória — você contou a Leila isso ou aquilo? —, e, embora possa parecer invasivo — não me disse essas coisas porque não se lembra delas ou porque não quis contar? —, ela permite, encantada.

— Mami, quando a coisa do carro aconteceu na Polônia, vocês estavam brigando?

— Não, brigando não, mas a situação era complicada. Fomos pra um hotel e, como sempre, o mundo poderia estar desmoronando e eu dormindo. Como o atentado em Istambul. Fomos a Vera, o David, eu e o Jesús, houve um atentado muito perto de onde estávamos. Houve uma morte ou várias mortes, era a noite de 31 de dezembro. Continuei dormindo. E ainda por cima eles ficaram muito zangados comigo, muitíssimo.

— Mami, porque você foi dormir. E eu dizia: "Mas como ela pode dormir nessa situação?".

— Eu estava dormindo e me acordaram. "Houve um atentado, não sei quantos mortos!" "Ah, ok. Muito bem. Bem, estamos no hotel, nada vai acontecer aqui." Eu me virei e dormi de novo. Ficaram indignados. O Jesús ficou indignado. Pra mim, dormir é essencial. É preciso dormir.

— Ok, mas tudo bem. Não sei se acontece com você, Leila, mas quando estou muito tensa o que mais me afeta é o sono, não consigo ter um sono reparador.

— É por isso que as torturas soviéticas eram não te deixar dormir — diz ela. — Tenho me sentido cansada ultimamente.

— Mas, mami, se você passa o tempo viajando, vindo pra Espanha.

— Nem tanto.

— Silvia, nos vimos há algumas semanas em Buenos Aires e agora você está aqui outra vez — eu digo —, e estará de novo aqui em janeiro.

— Sim, mas agora, a partir de janeiro, decidi que quero estudar coisas que me interessam. Quero começar a estudar inglês, falar inglês melhor. Tenho muitas coisas pendentes. Outro dia acordei e não sabia onde estava.

Quando terminamos o almoço já é tarde, a luz começa a ficar triste. Caminhamos até o Pepe Botella, um bar tradicional que eu frequentava com amigos há alguns anos. Sentamos em uma pequena mesa redonda de mármore perto de uma janela. Vera me pergunta sobre tudo — com que idade fui morar sozinha, se tenho irmãos —, a mãe diz que "se não tivesse feito o que fiz e estudado o que estudei, teria sido empacotadora do El Corte Inglés, empacoto muito bem"; conversamos durante muito tempo sobre *Mães paralelas*, o mais recente filme de Almodóvar — o que é incrível porque nenhuma de nós o viu —, Isabel Coixet, Mark Ruffalo, e por alguma razão menciono algo que já lhe disse antes: que há algum tempo fiz uma residência literária em Alcalá de Henares, que nessa época passava muito tempo em Madri, daqui fui para o Zimbábue.

— E por que você ficou em Alcalá de Henares por tanto tempo? — ela pergunta, como se não soubesse de nada.

Já está escuro quando voltamos para o estacionamento.

Depois de ajudar a mãe a encontrar o tíquete, Vera e eu nos despedimos dela: vamos para Callao, onde Vera se encontrará com amigas para ir ao teatro.

— Você não gosta de teatro, né, Leila?

Enquanto falamos sobre as inúmeras razões que encontro para não ir ao teatro, caminhamos pela rua del Barquillo em direção à Gran Vía. Pergunto se ela vê sua irmã, Bárbara Lennie.

— Ela viaja bastante. Está fazendo muito sucesso e anda muito ocupada.

— Vocês são próximas?

— Éramos muito mais próximas quando mais jovens. E agora estamos um pouco mais distantes. Também acho que é um pouco pelas famílias, a vida. Quando você já tem sua família... E ela tem o companheiro, né? E ele tem os filhos dele. E temos sete anos de diferença.

Despedimo-nos em Callao. A área está cheia de pessoas avançando apressadas para aquele estágio pós-pandemia que chamam de "novo normal" (e que vai bater de frente em poucos dias com uma nova cepa altamente contagiosa e não tão temível, mas sempre ameaçadora chamada ômicron: história sem fim).

No dia seguinte, Silvia Labayru vai passar para me buscar na esquina do Café Comercial. Marcamos às doze em ponto. Me aproximo de uma pracinha onde o sol brilha, pois a calçada do café é sombreada e fria. Dois ou três minutos depois das doze horas chega uma mensagem dela: "Estou a poucos quarteirões de distância. É melhor você atravessar". A indicação é imprecisa. O cruzamento da rua Sagasta com a Fuencarral oferece diversas opções para a proposta de "atravessar". Será que ela quer que eu atravesse e a espere na rua Luchana? Por fim, vejo a caminhonete parada no lado oposto, local onde, suspeito, é proibido parar. Ela acena para mim. Atravesso correndo. Quando entro, olho para o banco de trás e o vejo.

— Esse é o Toitoy — diz ela.

Toitoy, um bernese. Oi.

É grande e imponente. Aprumado. O pelo, com exceção do peito e de uma linha branca que corre verticalmente pelo focinho e atinge a testa, é preto e brilhante. Tem aquele tipo de expressão que parece dizer: "Não se preocupe, eu vou cuidar de você".

Oi, Toitoy.
Oi, cachorro.
— Eu o trouxe aqui pra você conhecê-lo.

Dirige devagar até uma área de restaurantes afastada. Eu protesto, digo que ela não precisava me buscar, que se a gente não fosse almoçar no centro eu poderia ter ido para lá sozinha para evitar que ela dirigisse só para me buscar. Ela diz: "De jeito nenhum, você está comigo, no meu território", com um tom de carinho e proteção que me impressiona. Damos algumas voltas e encontramos um lugar para estacionar. Toitoy sai do carro como um atleta de salto. Enquanto caminhamos, as pessoas se voltam para olhá-lo. Não é um galgo esguio, nem um gracioso akita inu, nem um pomposo e gélido husky siberiano, ou um golden retriever escovado com esmero. Mas ele tem um porte cavalheiresco e um garbo simpático. Força e ternura. Solidez, estabilidade. Sentamos na calçada, Toitoy ao lado. O garçom oferece ostras francesas, camarões brancos, robalo ou merluza. Pedimos tomate com atum. Quando o pão é trazido, Toitoy põe a pata na minha mão e olha para mim.

— Ele quer pão — diz ela.
— Mas não faz mal?
— Não, ele come de tudo. Presunto, pão. Imagine você, uma vida inteira comendo ração pra cachorro. Um horror.

Toitoy volta a pôr a pata na minha mão. Relutante — fui criada com a ideia de que a farinha faz mal aos animais —, dou-lhe um pedaço de pão.

— Tenho que levá-lo comigo pra Buenos Aires, Toitoy — diz ela, olhando para ele como se já sentisse saudades. — Você se lembra do sabor dos tomates da sua cidade natal?
— Sim.
— O tomate aqui é o assunto do momento. As pessoas não falam de literatura, falam de tomate, de onde você compra tal semente. É como a maconha, a semente e os bancos de sementes.

Mas os tomates não têm mais gosto de tomate. O Hugo é uma pessoa que come tomate e depois comida. Tomate com tudo. Constantemente. Ele me acusa, brincando, de engordá-lo porque cozinho muito bem. Ele diz: "Já estou no regime Jesús". Ele chama "o falecido". O Jesús dizia que a culpa era minha por ele ter engordado trinta quilos, que como eu fazia grandes jantares ele engordava por minha causa. E durante o dia comia três sacos de batatas fritas. Imagine. E agora o Hugo me diz: "Estou no regime Jesús, você está me engordando porque gosta dos gordos". Mas eu não gosto de gordos.

Chega o tomate com atum. Toitoy põe a pata na minha mão outra vez.

— Ele come atum?

— Sim, come de tudo.

Dou um pouquinho. Ele consegue pegar a comida com delicadeza, sem me tocar.

— Está vendo como é delicado? Olhe o desenho que ele tem: bigodes brancos no lado branco e bigodes pretos no lado preto. É um detalhe. Olhe, olhe. Todo mundo se apaixona por ele.

Uma mulher que passa diz: "Que lindo". Falamos um pouco sobre o neto mais velho, do distanciamento entre Vera e Alberto. Seria um exagero dizer que ela é imparcial — ninguém é —, mas quase sempre, diante de uma situação conflituosa, expõe as razões da outra parte e tenta entender por que acontecem os estranhamentos, as amarguras.

— A Vera e a Bárbara não se veem muito.

— Não. Elas eram muito, muito próximas. Mas a morte do Jesús, o diagnóstico que o Alberto fez da doença, tudo isso produziu uma espécie de eco.

— A Bárbara não tem nada a ver com isso.

— Não. Suponho que com o tempo as coisas se ajeitem.

Toitoy, alheio aos conflitos da humanidade, continua levantando a pata e pedindo tomates, pão ou o que for. Ele tem muitos meses de vida pela frente, mas não vou vê-lo de novo. Ela nunca conseguirá levá-lo a Buenos Aires.

Em 1984, Alberto Lennie e Gloria voltaram para a Argentina com a filha Bárbara, que havia nascido em Madri e tinha apenas meses de vida. Permaneceram em Buenos Aires, onde ele trabalhou como médico, até 1990. Segundo Alberto, eles voltaram a Madri porque as leis de Ponto Final e Obediência Devida, de 1986 e 1987, que impediam que os responsáveis por crimes contra a humanidade fossem julgados, foram "uma facada nas costas" para ele.

— Como é sua relação com a Bárbara?

— Espere, espere — diz Alberto Lennie, e faz o gesto de se levantar da cadeira.

— Ok, te espero.

— Não, é que eu estou procurando o babador. Tenho uma relação deliciosa. Muito bonita. Eu a adoro. Tenho uma relação muito próxima com a Bárbara. Quando fiz sessenta anos, ela me deu uma coisa muito bonita, sessenta razões pelas quais amo meu pai. A emigração de volta pra Espanha foi muito complexa pra ela. E essa história terrível, que faz parte do seu background familiar. Ela tem 37 anos agora. Quando tinha 21, me disse: "Você tem que me contar algumas coisas que não se encaixam sobre sua história com a Silvina e a Vera".

— O que não encaixava?

— Ela não entendia como tinha sido minha história com a Silvina, o que havia acontecido na Esma, o exílio, qual era a relação da Silvina com a Vera, o que acontecia com a Vera em relação a ela, porque a sentia como uma irmã ausente e não entendia o porquê, quando não havia história que justificasse. Ela ficava irritada porque sua irmã mais velha a esnobava em termos de afeto.

— Você encontra uma explicação pra essa distância entre irmãs?

— Acho que faz parte do mesmo combo. Confrontei o marido da Vera e ele me confrontou, e foi aí que a distância começou. Mas não pela ruptura posterior que ocorreu, pela impossibilidade de continuar o relacionamento com a irmã, com a Gloria, que em grande medida a criou. Dos dois aos seis anos, a Gloria foi fundamental na vida da Vera. Mas acho que isso é reflexo de um conflito interno da Vera. A Vera é poderosa. É uma mulher extremamente inteligente, de infinita tenacidade. De uma força de vontade gigantesca. E, ao mesmo tempo, tem uma fragilidade emocional gigante.

Embora antes de nos despedirmos ele me diga que veleja, que fez um curso de piloto de planador, que chegou a saltar de paraquedas várias vezes, tudo com um final feliz (até uma forte tempestade que o surpreendeu enquanto navegava pelo Mediterrâneo), parece apagado. Como se a história, esta história, o tivesse atingido.

— Tchau, Leilita. Tchau, meu bem.

Em 25 de abril de 2022, o jornalista Manuel Jabois entrevistou, para o jornal espanhol *El País*, Bárbara Lennie, que se preparava para a estreia da peça *Los farsantes*. Jabois começou perguntando por suas origens. "Meus pais saíram da Argentina e me tiveram em Madri, e assim que puderam voltamos pra Buenos Aires. Morei lá até 1990. Depois voltamos pra Espanha de vez." "Por que seus pais foram embora?", perguntou Jabois. "Exílio. Meu pai foi da Argentina pro Brasil, e de lá pra Espanha. Depois minha mãe o seguiu. Eles tinham diferentes graus de militância, ambos eram contra a ditadura militar e foram perseguidos." "A política", disse Jabois. "Faz parte da minha identidade. Na minha família, eles passaram por quase tudo. Minha tia é uma desaparecida. Minha outra tia teve que se exilar no Brasil, ela mora lá. Meus avós foram sequestrados na Esma, minha outra tia também foi torturada." "Seus avós", disse Jabois. "Eram montoneros. Eles foram sequestrados pra ser interrogados sobre minha tia, filha deles, a quem fizeram desaparecer." "Você tem irmãos?" "Meu pai teve uma filha com uma mulher que também esteve sequestrada na Esma. Nossa, é um horror. Em algum momento, tenho que fazer algo sobre tudo isso."

— A entrevista com o Alberto te ajudou?
 — Sim. É a visão dele.
 — Sim. Pode até ser diferente da minha, porque cada um tem sua visão. Às vezes ouço o Alberto, ou outras pessoas, contar uma história e penso: "Mas não foi isso que aconteceu". Enfim. Como saber qual versão está correta?
 Isto: como saber?
 "Ela caiu na sua própria mitomania."
 "Você está vivo por minha causa, garoto."
 Histórias que não terminam nunca.

Viaja, viajamos. As estações se sucedem, misturam-se: vamos ao verão europeu, que é o inverno no Cone Sul, permanecemos no inverno do Cone Sul, que é o verão europeu. Estamos bronzeadas em épocas estranhas do ano, pálidas quando não corresponde. O tempo é tecido em nossos corpos, fica preso nas conversas. Os suéteres caem bem na pele bronzeada, as roupas de verão parecem estranhas em nossa palidez. As máscaras aparecem e desaparecem dependendo do país, de acordo com as medidas em cada local. Em algum momento, todos os cuidados devido à covid-19 desaparecem, suas amigas começam a reclamar cada vez mais de sua ausência, a vida entre duas margens começa a pesar um pouco sobre ela: "Um apartamento meu vagou. Era preciso pintá-lo, trocar os móveis. Fui com a Lydia até a Ikea antes de voltar. Comprei os móveis, a Lydia foi esperar, a Ikea trouxe os móveis e tirou os antigos. Um pintor vinha aos fins de semana pintar a casa e montar os móveis da Ikea. A ideia era que viesse uma faxineira hoje, mas esse cara ainda não montou os móveis porque precisa de duas pessoas, então tivemos que pedir ao Alejandro, gerente da Panoplia, que é meu sobrinho, que viesse nos ajudar a montar os móveis. Ao meio-dia, minha sobrinha María, aquela que cuida do Toitoy, foi com a faxineira, mas estava tudo cheio de latas de tinta que não tinham sido levadas, porque não tem ninguém tomando conta disso, eu é que deveria estar. Vou resolvendo. Mas graças à María, à Lydia, a este, àquele. Minhas amigas de lá me dizem: 'Por que você tem que estar com o Hugo o tempo todo? Que bicho te mordeu com esse homem, não pode deixá-lo por três ou quatro meses?'. Não tenho vontade. Elas me fazem perguntas como se houvesse aquela coisa de 'agora apareceu um homem e ela ficou louca, ela que odiava a Argentina voltou pra Argentina, e abandonou o filho e o cachorro'. E quem vai regar suas plantas e o que você vai fazer com a casa. Essa coisa sutil que insinua, mais ou menos, que você foi embora por causa de um macho. Bem, você sabe como foi minha vida? Você vai cuidar de mim quando eu for velha? O que você sabe?".

Às vezes, ela me faz rir. Como na quarta-feira, 16 de fevereiro de 2022, às três da tarde, quando chegou pela primeira vez ao seu apartamento na rua Costa Rica, não muito longe do anterior, que conseguiram depois de muita procura. Distribui-se em dois andares, o superior com cozinha, banheiro, living; o inferior com o quarto principal, um quarto pequeno e outro banheiro. Há também uma varanda de onde se vê o que ela tanto queria: um jardim próprio. Com palmeiras de ambos os lados e uma parede coberta de trepadeiras, termina em uma sala envidraçada na qual Hugo — que lhe deu um limoeiro — montou seu estúdio (embora continue atendendo no consultório da rua Gurruchaga). Muitas vezes ela irá até uma estufa próxima, de onde voltará caminhando e inexplicavelmente carregada de plantas e vasos (como faz para carregar tudo isso?). Irá se levantar cedo, às cinco ou cinco e meia, para trabalhar no horário europeu e, enquanto toma café, contemplará aquela vegetação. No living estão a mesa redonda e as cadeiras que tinham no outro apartamento, um sofá novo. Não há caixas de mudança e tudo parece muito arrumado, apesar de terem chegado muito recentemente.

— O Vlado trepa aqui, sobe até o telhado e vai pro jardim do vizinho. Depois volta — diz apontando para as paredes, a ausência de limites.

— Quem é Vlado?

— O Monkey.

Pergunto se ela não tem medo de que o gato não volte ou que algo lhe aconteça. Ela diz que não. Morchella está deitada em uma das pedras que formam um caminho na grama.

A mudança foi a desculpa para fazer o que ela queria fazer havia muito tempo: deixar para trás aquelas poltronas pretas que Hugo tinha na sala do apartamento anterior.

— Mas o Hugo ama essas poltronas. Ele está com a ideia dessas poltronas reclináveis dos infernos. Na verdade, queria deixar as antigas e comprar duas novas! Eu olhei pra mil modelos dessas poltronas e todos eles são igualmente horripilantes. No fim, dividimos o território: daqui pra lá, todo seu. Leve pra lá o que quiser. Viu aquela coisa que ele tem ali? Isso que faz clin, clin — diz, apontando para um pingente pendurado no balcão —, essa coisa dourada grotesca que ele comprou em algum lugar da Europa. O cara vai e coloca lá. E vem seu filho, o Gastón, e diz: "Isso não vai ficar aí, vai?". *Hope not*. Nunca me sentei naqueles assentos asquerosos. É meu ato de rebeldia, minha resistência.

Sentamos na varanda, que também é uma terra de negociações: as mesas e cadeiras de que ela gosta não são apreciadas por Hugo, que prefere colocar algo que, entendo, é um sofá.

— Mas eu digo: "Como você vai colocar isso aqui?!". Esse homem tem umas ideias...

Alguém lhe disse que a cidade está cheia de dengue e ela ficou obcecada com os mosquitos transmissores. Toda vez que vê um, me pergunta se é "da dengue". Digo-lhe que não sei dizer a diferença, então ela passa repelente de vez em quando, um monte de nuvens de Off! em spray por precaução. O pessoal da mudança deixou a TV enrolada em uma manta cinza. A manta ficou ali, sem que ela se atrevesse a tocá-la, até que ela disse a Hugo: "Por favor, pegue essa manta". Surpreso, ele a pegou e a colocou no sofá. "Não, pegue e jogue fora agora mesmo, porque eu não consigo tocá-la. Traz lembranças ruins."

— Era igual à que eu tinha na Esma.

Ela não disse, durante o encontro com Lydia Vieyra na Rapa Nui, que havia levado uma manta muito macia da Esma e que o Panchito a usara com prazer? Existem duas mantas diferentes, a memória falha, a lenda falha?

Ao entardecer, Hugo chega com uma serra gigante, uma escada, põe tudo no jardim e, enquanto ela e eu nos despedimos, começa a cortar as folhas secas das palmeiras.

— Esse homem vai acabar com o jardim — diz ela, divertida.

Ela insiste que não entende nada de política argentina, mas sua avaliação de figuras públicas — cineastas, escritores, cientistas e também políticos argentinos — se transformou gradualmente em um esboço tosco que não deixa espaço para nuances: pergunta se tal jornalista, escritor ou diretor de cinema "é K ou macrista", referindo-se aos partidários de Cristina Fernández de Kirchner e Mauricio Macri, os dois ex-presidentes com ideologias opostas — peronista, liberal, para simplificar — que ficaram de um lado e de outro do que na Argentina é chamado de "racha" e separa dois grupos irreconciliáveis. No entanto, sua abordagem — seu foco no estupro, sua abertura para os sobreviventes do ministaff, sua defesa incondicional de Cuqui Carazo — vem de uma zona onde as coisas não são de uma forma ou de outra, mas muitas ao mesmo tempo. Daqui a alguns meses, quando se aproximar a data do lançamento do livro de Dani Yako, ela começará a se preocupar — e vai mencioná-lo em cada um de nossos encontros — porque se só tal jornalista for, vai parecer um lançamento macrista, e se só for tal outro, vai parecer um lançamento K (para mim, o lançamento é algo relacionado a um evento artístico; para ela, é um fato político: ambas podemos estar certas).

"Acho que vive entre fantasmas, vive no mundo militante, um mundo de quadros políticos: 'Se eu falar com este, o que é que o outro vai dizer, e se eu falar com esse outro, não sei o quê'. Tem um monte de coisas na cabeça", diz Alba Corral.

Nunca está interessada em enfatizar que, embora sua vida seja bastante burguesa, ela ainda é uma mulher de esquerda. Um dia temos este diálogo:

— A Vera sempre diz que o que ela gosta é de mandar. E sim, ela realmente gosta de liderar pessoas e comandar.

— E você?

— Não, muito menos que ela. Gosto de influenciar. Influenciar. Mandar a partir das sombras.

Faz quase um ano que a vi pela primeira vez naquela varanda de um apartamento onde ela não mora mais. Depois, no calor, no frio, ao ar livre, de máscara, sem máscara, em casa, em bares, em alguns restaurantes, ouvi-a falar durante horas e responder a tudo o que lhe peço sem perder a classe nem a paciência. Já a vi preparar café, servir chá, água e vinho. Mas só conheço sua vida — sua vida real — pelo que me conta: ontem fui com o Hugo àquele restaurante de que gostamos na zona norte da cidade; estávamos tomando café com o Dani Yako; vi o Mopi; estive com meu pai, com a Paula Mahler, com o Pierre e com a Cristina, com a Lola e com o Enrique, com a Alba, com a Graciela, com a Marta, com o filho do Hugo, com a filha do Hugo, com a sobrinha-neta do Hugo, com o David, com o David e com a Claudia, com o Roberto Pera; ontem fomos ao teatro; ontem fomos passear de bicicleta; ontem fui ao hospital fazer exames; ontem fiz uma aula de inglês; ontem fizemos um churrasco no jardim com o Pelu e sua namorada. Para mim, tudo isso não existe: não a vejo viver, apenas a escuto narrar sua vida.

O princípio no qual a teoria quântica se baseia é que, quanto mais precisamente uma propriedade do objeto de estudo é conhecida, menos precisamente outra pode ser conhecida. Funciona como consolo.

Um dia, convido-a para vir a minha casa. Combinamos às quatro da tarde. Quinze para as quatro, ela me manda um recado: "Vou chegar dez minutos atrasada, estou saindo agora". Percebo que ela achava que a reunião era às três. Não lhe digo nada. Apenas: "Estou te esperando". Ela vem caminhando. Não traz consigo documentação argentina, mas espanhola. Se for presa, ela pensa, está protegida por outro país. É um dia chuvoso. Março. Ponho doces, queijo, pão, medialunas na mesa da cozinha. Toca a campainha e eu desço para abrir. Ao entrar, dá uma olhada.

— Que apartamento lindo!

Mostro o apartamento a ela. Ela o percorre distraída, com a atenção flutuante. Entra no meu escritório, caminha até a porta de vidro que leva à varanda.

— Você tem cactos.

Isso é tudo o que ela diz. Ela mal olha para esse lugar onde vou escrever sobre ela dentro de alguns meses. Voltando à cozinha, pergunto-lhe se não quer fazer o café. Eu não bebo e não sei se o faço bem.

— Sim, claro. Faço sim.

Enquanto manipula habilmente a cafeteira, falamos da tibolona, um medicamento que ela admira. É um conjunto de hormônios sintéticos usados para amenizar os sintomas da menopausa — secura vaginal, ondas de calor —, e foi recomendado a ela e a Lydia Vieyra por um ginecologista.

— Com uma determinada dose diária pode ser tomado com segurança por cinco anos, com um pouco mais de risco por dez. É um antidepressivo natural.

— Não parece muito natural. Hormônios.

— Melhora o humor, o desejo sexual.

— Isso tem a ver com o Hugo.

— Sim, mas, como se diz em latim, *non solum sed etiam*, "não só, mas também". O sexo é muito importante pra mim, sempre foi. E houve um tempo em que havia desaparecido. Achei que tinha morrido sexualmente. E foi assim que fiquei por anos. Coisa muito rara pra mim. Era uma coisa que nem me masturbando. Você diz: "Mas o que está acontecendo aqui, minha sexualidade morreu?". Como eu disse, o Jesús não ajudava. Tinha engordado trinta quilos, com a roupa era um drama, não se importava com nada. Até eu engordei e não me reconheci. O Jesús falava sobre sexo e dizia: "Vamos fazer umas coisas sujas". Imagine. Aí chegou a menopausa, e o desaparecimento do desejo sexual foi tremendo.

O café está pronto. Eu o sirvo, nos sentamos, eu de costas para a janela, ela olhando para fora, um pouco de lado.

— Sempre quis congelar meus óvulos e meus filhos riam. Aos cinquenta e tantos, eu lhes dizia: "Viu? Se eu tivesse colocado meus óvulos na geladeira agora, que ainda tenho vontade, talvez tivesse pensado em ter outro". Talvez eu tivesse tido outro. Não sei se com o Jesús. Mas com o Hugo eu adoraria.

De repente, ela se cala.

— Já conversamos muito.

O tom contém um ar de finalidade ou de pena. O primeiro me alarma. O segundo seria uma novidade.

— Do que eu fiz, do que eu não fiz, do que foi ou não foi. Mas não das coisas que eu não consegui. Que não puderam ser. Acho que falei menos sobre isso. Quantas coisas eu não consegui. Essa minha história possibilitou muitas coisas pra mim, eu consegui viver apesar disso. Mas também ficaram muitas coisas pendentes e houve muitas que eu não consegui ser. Que eu queria ser e se perderam pelo caminho. Há muita perda nisso.

Não digo nada. Ela também não. Aí eu a provoco:

— Por exemplo?

— Por exemplo, não poder oferecer à Vera a mesma infância que eu ofereci ao David. É algo que ela não merece. Eu e seu pai, me ponho em primeiro lugar porque me considero ainda mais responsável, eu poderia ter tomado um avião grávida e ter dito pros meus queridos Alberto Lennie e Cristina Lennie: "Sabe, gente? Se virem". É muito grosseiro o que estou te dizendo.

Ela faz uma pausa. Já fez isso muitas vezes: tudo indica que — rufar dos tambores — uma revelação vai acontecer, mas depois ela diz a mesma coisa que disse antes.

— Mas dizer a eles: "Se vocês quiserem ficar e morrer, fantástico, mas eu não. Eu, e o que tenho dentro de mim, não. Vamos nos ver de novo, se conseguirmos, mas eu vou embora". E não tive coragem de fazer isso. Simples assim.

Uma das gatas, que nunca sai do meu quarto quando vem gente, se aproxima e a rodeia. Ela a acaricia com naturalidade. A gata, em um gesto de confiança sem precedentes, lambe sua mão.

— Não tive coragem. E poderia ter ido embora. Eu tinha os aviões, linha regular, os amigos do meu pai me levavam pra fora. E eu paguei por isso. Vamos lá, paguei caríssimo. E muitas outras coisas se perderam. Como uma boa garota do Colégio Nacional Buenos Aires, eu tinha muitas expectativas sobre mim mesma em nível profissional. E isso me partiu ao meio. Era vital pra mim fazer uma carreira, e eu fiz, mas não consegui ser brilhante. Em determinado momento, falei: "Não posso mais, não aguento mais". E foi aí que decidi que não ia ser psicanalista. Que renunciava, que estava jogando a toalha.

Fica olhando para a xícara, calada. Eu a provoco um pouco mais.
— O que mais você perdeu?
— Muitas coisas. A confiança em mim mesma. Quando criança, eu adorava escrever. Queria escrever. E no fim, todo esse marasmo de vida...

Então chegamos ao ponto.
— E ter perdido a relação com o Hugo por tantos anos.

Aí está. Vejo, claramente, que ela poderia começar a chorar.
— As coisas que ficaram no caminho por causa de mal-entendidos, por falta de maturidade. Há coisas que não podem ser revertidas. Cometi todos os erros que alguém pode imaginar num período de três anos. Engraçado, né? Como eu pude ter feito tantas cagadas em tão pouco tempo? E como essas cagadas condicionaram toda a minha vida. Consegui distribuir tapas e não me deixar arrastar pra baixo. Antes da Esma, eu gostava muito de viver. Mas há muita coisa que não foi alcançada. Essa sensação de inquietude permanente. De saber se vou ser compreendida. Essa sensação de que algumas pessoas pouparam minha vida porque eu testemunhei nos julgamentos. Isso me parece uma droga. E eu tenho que me calar. "Não, você, é claro, fez declarações importantes." E antes o quê, e se eu não tivesse testemunhado, então eu teria continuado por toda a vida uma pessoa suspeita? Me angustia que...

Eu poderia oferecer uma frase de conforto, uma saída de emergência, uma chave: ajudá-la a sair daquela zona. Mas não vou fazer isso. Não é para isso que estou aqui. Então olho para ela em silêncio e espero. E ela vem. Não no início, quando lista uma série de coisas que parecem frases prototípicas de rainhas da beleza que desejam a paz mundial.
— Fico angustiada pensando que meus filhos vão ter uma vida difícil com tudo isso que está acontecendo na Europa, a guerra.

Aí começa a verdadeira angústia.
— Fico angustiada com a situação do meu neto mais velho. Fico angustiada pensando no futuro da criança. Fico angustiada

pensando em quando a Vera não estiver mais com ele, porque eu também não vou estar.

Olha para o teto. Morde o lábio inferior. Espero mais. Muito mais.

— Me angustia pensar que a história com o Hugo vá por água abaixo e que isso vai significar um novo reordenamento na minha vida. Onde seria isso? Porque eu tenho a sensação de que, se essa relação não der certo, não vai ter outra relação. Eu não tenho quarenta anos, e você está começando a perceber que tudo o que você quer é tempo. Tudo o que eu quero é tempo. Tempo. Não preciso de mais que isso. Mas não sobra muito tempo. O que resta? Dez anos úteis, com boa saúde. A partir daí, vai da sorte. Tenho medo de que algo possa acontecer e que esses dez anos, que vejo como algo muito bonito e com expectativas de ter uma vida nova, não aconteçam. Ou que aconteça algo que ponha tudo a perder. Tive muita sorte até agora.

Dentro de sua bolsa, que ela deixou na cadeira, um telefone começa a tocar.

— E eu penso: "Vamos ver o que vai acontecer comigo agora".

Eu não quero que ela atenda, então digo:

— Um pensamento um pouco supersticioso. Preventivo.

— Sim, isso, isso. Preventivo.

Ela me olha sorrindo e diz:

— Ei, parece uma sessão de análise. Olhe, se você fosse minha analista: eu tenho uma mania antecipatória. Estou sempre tentando antecipar o que pode acontecer. Antecipo e sofro por antecipação. Mas tem uma função protetora, no sentido de que eu me preparo para o pior, e se não for tão ruim, melhor ainda.

O telefone para de tocar. Pergunto se ela conversou com o Hugo sobre esse medo de que as coisas não deem certo.

— Sim. E com bastante franqueza. O Hugo ficaria em uma posição muito melhor que a minha. Ele está em casa, no seu mundo, com seus colegas, seria muito mais fácil de se reinventar. Eu ficaria muito mais prejudicada. Ainda bem que a vida me deu três, quatro anos disso. Desse grau de amor e intensidade. Um grau de paixão que está fora dos meus registros. Há uma atração física e de todo tipo de grandes dimensões. E dizer: "Imagine que, de repente, isso acabou". É a primeira vez que me sinto ao lado de uma pessoa que cuida de mim, que me protege, que quer saber o que se passa na minha cabeça. Quando estava na Esma, pensava muito nele. O Hugo foi o único amor que eu tive. No entanto, eu o deixei umas quarenta vezes. Acho que eu tinha medo. Eu era uma menina muito rebelde. Tínhamos vinte anos, mas na minha cabeça havia a ideia de que estávamos no final da prorrogação: pouco tempo. Era como dizer: "Não importa". Eu estava doente de adrenalina, e isso durou anos. Jesus-Maria-José, como eu pude ser tão besta, mas tão besta. Ele ficou muito machucado e até fisicamente doente com o término. Quando decidi me casar com o Alberto, tive a ideia de enviar o convite aos pais dele, convidando-os para o meu casamento. Você tem que ser cruel. Você tem que ser cruel. O Hugo desmaiou na rua, teve uma síncope. Eu o deixei e o apresentava às meninas, queria apresentá-lo às meninas para... que ficassem com ele.

— Aquele telegrama que você mandou para ele, que dizia: "Saí do inferno, me ajude", o que queria dizer *me ajude*, o que você esperava que ele fizesse?

— Que alguém tomasse conta de mim porque eu estava em frangalhos.

Para reparar esses frangalhos, ela não pensou no marido, mas em Hugo Dvoskin.

Depois ela me fala do cachorro.

Ela e Osvaldo Natucci tinham ido a Marbella, para a casa de Alberto Mondine, advogado que fora cunhado de Osvaldo. O homem tinha uma mansão e um mastim napolitano cujo nome era Frabag, em homenagem a Fraga Iribarne.

— O mastim napolitano é um dos cães mais ferozes que existem, superforte, umas mandíbulas enormes. E este era um cão assassino. Ninguém conseguia sair do carro quando o cachorro estava solto porque ele te comia. Entramos, o pessoal do serviço prendeu o cachorro numa jaula externa, grande, cerca de metade dessa sala. Foram para dentro. Sentei-me ao lado da jaula e comecei a conversar com o cachorro. Fui pra cozinha, trouxe presunto de Jabugo, sentei ao lado dele e comecei a dar pedaços de presunto. Tocava seu focinho através da grade, e o cachorro começou a ficar amigável. E, em determinado momento, abri a jaula e me enfiei lá dentro. Com o cachorro. E acabei coçando a barriga dele. Quando o Alberto Mondine saiu e me viu lá, não acreditou. Ele disse pro Osvaldo: "Mas como essa mulher entrou lá, ela é louca?!". Bem, além da graça do presunto de Jabugo, como vou fazer isso! Poderia ter me matado, poderia ter destroçado meu rosto. Isso é o que eu chamo estar doente de adrenalina. "Olha como eu sou corajosa. Vocês são todos uns cagões, eu entro na jaula com o cachorro. O cachorro, comigo." Loucura, né? Se o cachorro me atacasse, quem ia entrar na jaula pra me defender? Eu estava arriscando minha vida. Uma coisa ridícula. Se eu estivesse com o Hugo, ele teria me internado, teria me levado para um hospital psiquiátrico.

Me pergunto se eu não sou seu mastim napolitano. Em todos os sentidos. Inclusive no de estar comendo presunto de Jabugo através das grades.

Há algo nela hoje, algo aberto, algo possível.
— Seu pai era piloto civil, mas tinha família no Exército.
— Sim.
— Você não achava que alguma coisa do que você levasse pra inteligência dos Montoneros poderia acabar com a vida de…?
— Tem um mosquito.
— Onde?

— Aqui. É da dengue?
— Não sei.
— Tem listras brancas?
— Não dá pra ver, Silvia. É minúsculo.
— Você sabe que... Estou te interrompendo com algo completamente frívolo... Eu tenho uma toalha de mesa em Madri que tem o mesmo padrão de desenho que suas luminárias. Eu comprei no Cairo. Você sabe se há um padrão nelas?
— Não sei. São italianas.
— Juro que a toalha de mesa é igual. Enfim, o que você estava me perguntando?
— Se você não achava que parte do que você levava...

Ela me olha desafiadoramente, com os olhos cheios de uma autoridade azul, potência e força.

— Se você está me perguntando se eu poderia ter entregado minha própria família, então sim. Claro que poderia.

Manobras de dispersão que na realidade não são. No fim, mais cedo ou mais tarde, ela sempre responde.

O telefone toca novamente. Já é noite.

— É o Dvoskin — diz, mas não atende. — Já vou embora, *nena*.

Ela pega suas coisas e vai embora.

Na segunda vez, vamos no carro de Hugo. Assim que ingressamos no prédio, pela entrada que fica na avenida del Libertador, e enquanto ela dirige pelo caminho que nos leva ao Casino de Oficiales, ela diz: "Que incrível entrar aqui de carro, é a primeira vez que entro dirigindo desde 1977". Quando sairmos, ela dirá: "Acho muito mais emocionante sair dirigindo do que qualquer coisa que vi na mostra".

O Museu Sítio de Memória Esma foi inaugurado em maio de 2015 com um roteiro museográfico baseado exclusivamente nos depoimentos dados por sobreviventes em julgamentos de lesa-humanidade. Mas a dimensão de gênero esteve ausente. Essa omissão só começou a ser compreendida quando o Museu já estava aberto. Ela foi destacada em várias oportunidades, durante as visitas, por grupos de mulheres que promoviam essa análise específica no campo da Justiça. Nesse sentido, a mostra vem corrigir essa omissão. Ou completar aquele roteiro. O painel de abertura é intitulado "Quando um Museu não fala", explicita esse esquecimento e o contextualiza para explicar o que aconteceu com essas sensibilidades de gênero na história do movimento de direitos humanos. O que aconteceu com as vozes das mulheres no espaço judicial. O quê e como se disse. E quando a Justiça começou a ouvi-las.

Com esse texto, a mostra "Ser mulher na Esma II" é apresentada no site do Museu e Sítio de Memória Esma, que se inaugura hoje, 18 de março de 2022.

Ela estaciona o carro em uma esplanada de cimento, sob as árvores, ao lado do Casino de Oficiales, e corremos para entrar. O pequeno escritório do museu está cheio: ex-detidas, funcionários, o embaixador alemão (a embaixada apoiou a mostra). Nos oferecem café em copos plásticos. Ela quer, eu recuso. Ela me sussurra: "Não conheço ninguém". Permanecemos juntas como duas convidadas solidárias uma com a outra em uma festa de aniversário cheia de desconhecidos.

Em El Dorado, onde ocorre a cerimônia de abertura, foram organizadas duas ou três filas de cadeiras reservadas aos convidados. Atrás, longos bancos de madeira para o público. Ela senta em um desses bancos, comigo, não sei se é para eu não me sentir deslocada ou porque ela se sente deslocada. Há muita gente, inclusive de pé. O salão está rodeado por janelas. Os painéis de vidro começam a se cobrir com silenciosas cortinas blecaute, pálpebras ciborgues que descem com um silvo insensível. Ouve-se uma voz que lê a sentença do Julgamento das Juntas de 1985 sobre uma música dramática: "Condenem Jorge Rafael Videla a 188 anos...". Depois, palavras soltas, sobrepostas: *Escola de Mecânica da Marinha*, *pentotal*, *voos da morte*, *vítimas*. Nas paredes se projetam as faces dos repressores, que aparecem um pouco deformadas pelas irregularidades do terreno (as janelas): Videla, Massera, Astiz. Procuro González, encontro-o, mas ela não está olhando. A projeção termina. Falam funcionárias, o embaixador alemão. Entre uma fala e outra, uma mulher lê mensagens de apoio, por exemplo, a de Ana Testa, que esteve detida no local e não pôde comparecer: "Desejo-lhes uma bela jornada de reencontros. Abraço vocês e todas as minhas companheiras sobreviventes, caminhantes desse novo momento histórico, um momento de recuperação daqueles tempos amorosos que cada uma viveu na sua militância, e as entranhas de dor nos transformaram em irmãs". Fico imaginando como lhe caem aquelas palavras — *amorosos*, *entranhas*, *dor*, *irmãs* —, que estão nas antípodas de sua contenção, de seu repúdio pelo exaltado. Olho para suas mãos: ela as esfrega, cutuca a cutícula do polegar com o dedo indicador da mesma mão. Suas unhas são muito curtas, como se ela as roesse, mas jamais a vi fazer isso. A mulher que dirige o evento propõe que percorramos a mostra.

— Assim que o percurso terminar, voltamos a nos encontrar aqui para ter uma troca entre as sobreviventes e o público.

Ela me diz, baixinho:

— Não vou falar.

Pergunto-lhe se alguém lhe disse que iam falar. Ela diz que não, mas não dá importância.

Percorremos a mostra, que não é muito extensa — consiste em um vídeo com entrevistas com as mulheres que estiveram detidas neste local, um painel com testemunhos agrupados tematicamente ("Laços de sororidade e solidariedade"; "Gestações e maternidade"; "Parir e maternar"; "Violência de gênero e violência sexual"), e uma instalação de arte —, e voltamos a El Dorado. Sentamos, de novo, em um dos bancos. Um fotógrafo se ajoelha ao lado dela e tira muitas fotos. A mulher que conduz o evento convida as sobreviventes a dizerem algumas palavras. Ela abaixa a cabeça até que o cabelo cubra seu rosto. Uma das mulheres que foi detida se levanta e diz: "Todo o meu amor à minha irmã, minha companheira de cela, Andrea Bello". Andrea Bello é uma militante montonera que esteve detida na Esma, sobreviveu e morreu de uma doença em 2019. A anfitriã do evento grita: "Companheiros desaparecidos e desaparecidas!". Toda a sala ruge: "Presentes!". A mulher grita: "Agora!". E a sala ruge: "E sempre!". "Agora!" "E sempre!" "Agora!" "E sempre!" Três vezes, três vezes, três vezes. Ela permanece em silêncio. Ninguém que não a conheça pode saber o que está pensando. Eu acredito que sei. Em seguida, outras sobreviventes falam da dificuldade que tiveram para contar o que lhes aconteceu, sobre a culpa que sentiram por sobreviver. É difícil para elas falar, duas delas choram. As pessoas ouvem-nas em respeitoso silêncio. Assim que o evento termina, ela diz:

— Vamos embora.

Alguém se aproxima dela para pedir que participe de uma foto do grupo. Ela me olha, azul de raiva. Sussurra:

— Posso deixar minha bolsa com você?

— Claro.

Ela dá um passo à frente, se junta às demais, que estão com os braços nos ombros umas das outras, se põe em uma das extremidades e, assim que a foto fica pronta, vai embora. Vamos embora.

— Será que é melhor ir em frente ou fazer uma volta? — pergunta, enquanto manobra para sair do lugar em que estacionou.

Há uns cones que bloqueiam a rua interna.

— Vá em frente. Se o carro não passar, eu tiro o cone.

— Ou damos uma volta pelo lugar — diz, com um tom irônico.

Avança alguns metros. Inclina-se para a frente, tentando ver melhor. Parecia haver espaço suficiente, mas não.

— Consigo passar?

— Não, espere, vou sair e tirar o cone pra você.

Saio do carro, tiro o cone, deixo o carro passar, ponho o cone como estava, volto a entrar.

— Acho que é muito impressionante estar dirigindo aqui. Acho muito mais emocionante que qualquer coisa que vi na mostra.

— Como você se sente?

— Como se o tempo não tivesse passado.

Está surpresa com as coisas que ouviu das demais: a culpa de ter sobrevivido, de não poder falar por anos.

— Como é que elas não podiam falar por anos? Tudo o que eu fiz foi conversar. Culpa? Mas por que culpa, pô? E depois também isso de que todo mundo está te olhando e tirando fotos pra ver se caem umas lagriminhas. E não, eu não derramo lagriminhas.

Quando passamos pela Libertador, nº 4776, ela aponta:

— Esse é o apartamento do meu pai.

Um pouco mais adiante:

— Olha, meu analista atende aqui. Te levo pra casa?

— Não, vamos pra sua casa e eu vou embora de lá.

Quando chega, estaciona na rua. Isso me chama a atenção, porque sei que o aluguel do apartamento inclui, na garagem, uma vaga de estacionamento.

— Nunca conseguimos estacionar o carro lá dentro. Foram 500 mil manobras e todas as vezes que tentamos não conseguimos. É uma loucura, uma hora e meia suando pra colocar o carro. Olha, esse é um bar bem famoso, se chama Club Velvet.

— Club Verne. Sim, conheço. Faz anos que não venho.

— Fui ver como era por dentro e tinha um barulho que não dava pra falar. Mas você gosta muito de rock, certo? Um dia você tem que me contar.

— Sim, mas depende. Não gosto de música alta se quiser conversar com alguém.

— Você tem que me falar dessa música. Tenho muita curiosidade.

Ela tem que se apressar porque uma pessoa vai ao apartamento para fazer um conserto. Hugo foi trocar um vidro, não deu certo e, por algum motivo, será necessário trocar toda a janela.

— Estamos sem janelas.

Isso não é grande coisa, penso: ela ficou sem janela por um ano e meio.

Avisa por WhatsApp: "Encontrei dois cadernos com compilações de poemas copiados na Esma e logo depois que saí. Seria bom se você pudesse vê-los. Sinto um misto de ternura, constrangimento e uma certa vergonha (quando a gente é adolescente é bastante brega, não importa quantas armas leve na cintura ou na cabeça)". Marcamos de nos ver às seis da tarde em um bar chamado Miguel, bem perto de sua casa, para um encontro rápido (nós duas vamos viajar): ela vai me emprestar esses cadernos em que transcrevia poemas dos livros que os militares roubavam da casa das pessoas sequestradas. O dia é cinzento, a cidade tem o aspecto inquieto de um barco sem direção. De onde estou, vejo a última luz da tarde pendendo, sombria, sobre a copa de uma árvore. Embaixo, na oitava, há uma loja cujas vitrines refletem as luzes da iluminação pública como faíscas tristes. O Bar Miguel está lotado. Peço um chá e, faltando um minuto para as seis, recebo uma mensagem dela: vai se atrasar. Foi visitar o pai na casa de repouso e não consegue pegar um táxi. "Estou procurando um há 25 minutos!" Desde o início da pandemia, os táxis foram dizimados em Buenos Aires: dos mais de 30 mil que existiam, restam 15 mil, o restante convertido em Uber ou Cabify. "Se você tiver que ir, vá, querida."

Digo a ela para não se preocupar, que a espero, e fico olhando para a rua, os carros, a loja do outro lado da rua, toda essa vida que volta a ter a aparência que tinha antes da pandemia, e me pergunto em que ponto os danos colaterais começarão a ficar evidentes, tudo o que não se vê, mas existe.

Ela chega, morta de vergonha, meia hora depois. Eu fecho o caderno em que estava fazendo anotações, repito que não se preocupe, que essas coisas acontecem, mas ela está mortificada. Ele me entrega os cadernos. São dois. Um contém os poemas transcritos dentro da Esma; o outro, anotações de um curso que fez com Oscar Masotta, sociólogo e psicanalista argentino que introduziu o ensino de Lacan no país.

— Quando eu tinha acabado de sair da Esma, caí nas aulas do Masotta, que ia ao hospital psiquiátrico de Málaga uma vez por mês e dava aulas sobre Lacan.

— E então?

— Eu não entendia nada, Leila. Não entendia uma única palavra. Era um delírio. Eu pensava: "Saí de onde saí, não posso dizer de onde eu vim, estou num hospital psiquiátrico e não sei de que merda estão falando". Ainda acontece comigo: quando as pessoas falam de alguma coisa e eu não entendo nada, fico duplamente enlouquecida. O único lacaniano a quem eu pergunto o que isso significa, e que me explica e eu entendo, é o Hugo. Você lê Freud e o entende. Você entende Marx. Você entende Engels. Mas Lacan? Você pensa: "Eu sou idiota?".

— Quais são os poemas?

— Havia muitos livros de poesia, que eram roubados das bibliotecas dos sequestrados, e à noite eu pegava alguns e os transcrevia. Repetia muito a frase de António Machado: "Em caso de vida ou morte, pensar sempre no mais próximo". Vê-se que eu estava obcecada com essa ideia. E os poemas dizem coisas que eu senti na época. Uma espécie de despedida da vida. Muitos deles eu conhecia de antes, e até de cor. Diziam as coisas que eu gostaria de ter escrito. Mas eu não sabia escrever. E também era perigoso escrever coisas lá. Então, copiar um poema era algo não contaminado.

Acho que a seleção de poemas constituía, em si mesma, uma pista, mas talvez os oficiais não fossem tão refinados. Olho para os cadernos. A letra é clara, ampla, certinha.

— Que letra.
— Letra de menina, né?
— Ou de professora. Muito organizada.

Antes de sair do bar, ela diz sobre os cadernos:
— Não sei se vão servir pra você.

Quando chego em casa, dou uma olhada. O caderno de poemas, um espiral da marca Monitor, tem a imagem de um barco com velas desfraldadas na capa. É uma imagem impressa, então não há metáfora: devem ter dado a ela o que havia à mão. A seleção é eclética. O primeiro poema, copiado em caligrafia redonda e legível, é "El amor", de Pablo Neruda: "*Nadie conoce como los dos solos,/ los destinados, los penúltimos, los que se hallaron/ sin otro parecido que ellos mismos,/ nadie puede pensar, lejos de los orígenes,/ que una mujer y un hombre reconstruyan la tierra*".* O segundo é "Soneto de fidelidade". Não tem assinatura, mas é de Vinicius de Moraes: "De tudo, ao meu amor serei atento/ Antes, e com tanto zelo, e sempre, e tanto". O terceiro, também sem assinatura, diz: "*Vendrá un día más puro que los otros:/ estallará la paz sobre la tierra/ como un sol de cristal*".** É de Jorge Carrera Andrade. Seguem-se poemas de Evguiêni Evtuchenko (um chamado "No hay hombres que no interesen"), de Juan Gelman ("*Estoy sentado como un*

---

* "Ninguém conhece como os dois sós,/ os destinados, os penúltimos, os que se encontraram/ sem outra semelhança senão eles mesmos,/ ninguém pode pensar, longe das origens,/ que uma mulher e um homem reconstruam a terra", em tradução livre. [N. T.]   ** "Virá um dia mais puro que os outros:/ a paz irromperá sobre a terra/ como um sol de cristal", em tradução livre. [N. T.]

inválido en el desierto de mi deseo de ti. Me he acostumbrado a beber la noche lentamente,/ porque sé que la habitas, no importa dónde,/ poblándola de sueños"),* de Mario Benedetti (*"Tengo una soledad tan concurrida/ tan llena de nostalgias y de rostros de vos"*).** Mais à frente, "La carta en el camino", de Pablo Neruda. Onde Neruda escreveu *"Ese hombre no te quiere"*, ela mudou para *"Esa mujer no te quiere"*: *"Cuando te digan 'Esa mujer/ no te quiere', recuerda/ que mis pies están solos en esa noche, y buscan/ los dulces y pequeños pies que adoro./ Amor, cuando te digan/ que te olvidé, y aun cuando/ sea yo quien lo dice,/ cuando yo te lo diga,/ no me creas".**** O caderno termina com três frases de Borges: *"Porque la traición requiere un tercero y sólo existen ellos dos en el mundo"*; *"Sé que los únicos paraísos no vedados al hombre son los paraísos perdidos"*; *"Yo sé (todos lo saben) que la derrota tiene una dignidad que la ruidosa victoria no merece".*****

Na capa do outro caderno, lê-se "Silvia/78", e abaixo a frase de Machado: "Em caso de vida ou morte, deve-se estar com o mais próximo". Na primeira página há uma palavra sublinhada, *Sociologia*. As letras perderam a ordenação, talvez por serem anotações feitas rapidamente: "Sociologia: estudo da soc. humana das coletividades, associações, grupos e instituições sociais que os homens formam". Há títulos de livros de Georges

---

* "Estou sentado como um inválido no deserto do meu desejo por ti. Habituei--me a beber a noite lentamente,/ porque sei que a habitas, não importa onde,/ povoando-a de sonhos", em tradução livre. [N.T.]   ** "Tenho uma solidão tão concorrida/ tão cheia de saudades e rostos seus", em tradução livre. [N.T.]
*** "Quando te disserem 'Aquela mulher/ não te ama', lembre-se/ de que meus pés estão sozinhos essa noite, e eles buscam/ os doces e pequenos pés que eu adoro./ Amor, quando te disserem/ que eu te esqueci, e mesmo quando/ sou eu que digo isso,/ quando eu te disser,/ não acredite em mim", em tradução livre. [N.T.]   **** "Porque a traição exige um terceiro e só existem eles dois no mundo"; "Sei que os únicos paraísos não vedados ao homem são os paraísos perdidos"; "Eu sei (todos sabem) que a derrota tem uma dignidade que a vitória ruidosa não merece". [N.T.]

Bataille, Hegel, Althusser, Laplanche e Pontalis, Freud. Imagino que alguma bibliografia, obrigatória ou sugerida. Seguem-se várias notas, presumivelmente tiradas durante as aulas de Masotta: "trauma infantil de sedução, neurose obsessiva, histeria, fantasia de sedução, cena primária (do coito parental)". Mais à frente, um nome: FELDMAN. Tito Feldman, aquele analista que a deixou plantada, cuja mulher contava sua história na fila da prefeitura. Abaixo: "Voo 00h10 quarta-feira, quinta-feira 19: 9h-11h: análise. 11h30 Barajas (13h AA). Segunda-feira 23: AA. Sai 22h20 Paris, Barajas chega 00.00 h. Maio: Quinta-feira 3: 9h-11h: análise (Barcelona?). Quinta-feira 17: 9h-11h: análise. Quinta-feira 31: 9h-11h: análise. Na parte inferior: "Ligar Alba e Dany. Ligar Mopi: segunda-feira 9h30. Ligar Diego: sábado ou domingo". Alba é Alba Corral. Dany é Dani Yako. Mopi é Martín Caparrós. Diego pode ser Diego Fernández Peteiro (embora ela o chame de Pete). Fazia anotações para ligar para seus amigos? Em Buenos Aires já a vi atender ligações de Alba ou de Dani Yako e marcar encontros para almoçar, tomar um café ou jantar "quando você quiser", com a disposição de alguém que não amarra essas coisas a um calendário rígido. Mais à frente, a letra se decompõe. Há poemas. Um, de Líber Falco: "*Yo mismo temo a veces/ que nada haya existido/ que mi memoria mienta/ que cada vez y siempre/ — puesto que yo he cambiado —/ cambie lo que he perdido*".* Embaixo, duas frases de procedência bem diferente: "Me pareço com aquele que levava/ o tijolo com ele/ para mostrar ao mundo/ como era sua casa", Bertolt Brecht; e "*El olvido solo se llevó la mitad/ y tu sombra aún se acuesta en mi cama/ entre mi almohada y mi soledad*",** Joan Manuel Serrat.

---

* "Eu mesmo temo às vezes/ que nada tenha existido/ que minha memória minta/ que toda vez e sempre/ — posto que mudei —/ mude o que perdi", em tradução livre. [N.T.]   ** "O esquecimento só levou a metade/ e tua sombra ainda jaz em minha cama/ entre minha almofada e minha solidão", em tradução livre. [N.T.]

Depois, uma série de frases não assinadas, cujos autores são difíceis de identificar: "Como se não soubessem que a carne golpeada não se torna insensível, mas triste"; "Pode ser que ela se negue como outra forma de vencer a morte"; "E seu corpo foi o único país onde fui derrotado" (esta última, de Juan Gelman). Na antepenúltima página há novamente duas frases de Borges, e a de Machado que aparece na capa: "Só há uma coisa. É o esquecimento" (Borges); "Em caso de vida ou morte, deve-se estar sempre com o mais próximo" (Machado); "Sei que os únicos paraísos não vedados aos homens são paraísos perdidos" (Borges). Na penúltima, mais agenda: "Sexta-feira: ver Pete. Terça-feira 3: 9h: Cristina. 11h: Feldman. Ligar [um nome ininteligível]. Ver o Dany". Na última página há dez assinaturas suas, com grafias diferentes, como se estivesse praticando, e repete-se a frase de Machado: "Em caso de vida ou morte, deve-se estar sempre com o mais próximo". Abaixo: "*La vida es bella/ ya verás/ como a pesar de los pesares/ tendrás amigos, tendrás amor/ tendrás amigos*",* do poema "Palavras para Julia", de José Agustín Goytisolo. Por fim, esta frase, não assinada: "Não há uma morte única. O amigo que deixou este mundo ou a ilusão perdida são mortes potenciais das quais tampouco se volta".

Não sei se vão servir pra você.

Viajamos, viajamos, viajamos.

— Quer um chá?
— Quero.

Ela está sempre disposta a me receber, uma, duas, três, quatro, cinco vezes por mês, dia sim, dia não, dois dias seguidos, feriados, fins de semana. Mas às vezes, por causa das viagens dela,

---

* "A vida é linda/ você vai ver/ como apesar dos pesares/ você vai ter amigos, você vai ter amor/ você vai ter amigos", em tradução livre. [N T.]

por causa das minhas, transcorre um intervalo muito maior entre uma entrevista e outra. Quando, depois dessas ausências, chego à sua casa e ouço a voz no interfone dizendo "já vou", o tempo se compacta até desaparecer. Hoje foi assim: cheguei à casa da rua Costa Rica, depois de um longo período sem vê-la, e começamos a conversar como se tivéssemos nos encontrado na tarde anterior. As coisas que marcam a passagem do tempo são outras. Já plantou o limoeiro, há novas espécies no jardim. O céu, em pleno contato com o verde da grama e as folhas frondosas das palmeiras, produz uma tonalidade superior, um ar de qualidade diferente. O pátio é uma lagoa de luz fluvial, úmida, virtuosa. O estúdio de Hugo, ao fundo, projeta uma imagem calma, de vidro e madeira crua. É como uma maquete ou um lugar que poderia estar na Noruega. Vou até a varanda para procurar Monkey e Morchella e vejo, em uma mesa dobrável, uma foto dela em preto e branco tirada por Dani Yako. No retrato, ela deve ter pouco mais de vinte anos. Tudo já aconteceu com ela: o sequestro, a tortura, o parto, a entrega de Vera, os estupros. É um plano apertado, perigoso. A cabeça um pouco inclinada para baixo, olha de frente, toda ela maçã do rosto, boca, olhos, *madonna* santa: ninguém pode sair bem assim. No entanto: *voilà*. Não há fraqueza, não há ternura. É um rosto como uma arma, a fusão fria. Ao lado do porta-retrato, um recipiente com flores. É melhor tirá-las, digo a mim mesma, colocá-las à sombra porque poderiam entrar em combustão.

— Açúcar ou adoçante?

Aquela cara inverossímil. Eu mesma teria enlouquecido.

— Tanto faz, Silvia. O que você tiver.

Depois falamos de Jesús.

— O Jesús não entendia minha história. Também tenho que dizer que nem sempre eu soube explicar bem. Você não pode pedir a alguém que, se você mesma levou trinta anos pra entender algo, a outra pessoa entenda de primeira, certo? Pra piorar, eu estava triste. A menopausa me deixou triste. Eu estava com baixa libido. A gente se dava bem no dia a dia, mas a falta de encontros amorosos e sexuais começou a pesar. Éramos bons sócios, nos concentramos na vida familiar. Tínhamos uma rotina agradável. Mas ele não entendia muito bem essa questão do que tinha acontecido comigo, não entendia por que me deixavam sair pra ver meu pai, pra ver meu marido. Ele dizia: "Bem, até que ponto isso pode ser considerado um sequestro, isso de que você estava num campo de concentração, é de se pensar". No entanto, quando viajava pelas Américas, dizia com certo orgulho que sua esposa havia estado sequestrada pela ditadura argentina. Era muito invejoso. Dizia: "Quando eu crescer, quero ser como você". E se referia a muitas coisas. Que meus pais me ajudaram economicamente, que eu tinha passagens gratuitas nas Aerolíneas Argentinas para viajar pelo mundo, que eu ganhava muito dinheiro com Olga Ortega, que recebi três indenizações do Estado argentino por ter sido sequestrada e estar no exílio. Dizia: "E quando é minha vez, quando vou ter alguma indenização?". A relação entre nós era muito ruim, mas tínhamos uma vida familiar tranquila. Contudo, ele sempre teve uma espécie de raiva de mim. Bom, tem histórias aí, descobertas tardias que eu fiz, muito dolorosas. Principalmente pela dimensão. É uma pergunta que me faço. Por que não me separei, por que ele não se separou de mim.

Em 2017, Jesús começou a sentir um aumento de certos desconfortos que tinha. Silvia estava na Argentina e ele ligou para ela. Disse que tinha ido ao médico e as coisas não estavam bem.

— O Alberto, meu ex-marido, foi médico do Jesús por vinte e poucos anos, o que eu achava... Mas o Jesús tinha pavor de médicos, e o único que ele concordava em ver era o Alberto. O Alberto é ultrassonografista e ainda assim se tornou seu médico de família. Há 25 anos, ele lhe disse: "Você tem algumas pedrinhas na vesícula biliar, tudo bem, vamos ver mais tarde". O Jesús viajava pras Américas dois meses por ano, percorrendo países, feiras, e começou a se sentir cada vez pior. Ia ver o Alberto: "Bom, a vesícula biliar está nojenta, mas pode ficar assim ou você pode tirar, se em algum momento você tiver uma crise a gente vai tirar". Disse-lhe o que o Jesús queria escutar, ou seja, "não faça nada". E ele não fez nada. Até que se sentiu muito mal, foi ver o Alberto, foi internado, e ele tinha um câncer das vias biliares por causa daquelas pedras que havia 25 anos vinham ferrando a vida dele até que desenvolveu um câncer não tratável.

— O Jesús sabia o desenlace?

— Sim. Ele sabia. A certa altura, disseram-lhe que lhe restavam onze meses. E ele disse: "Vamos fazer desses onze meses os melhores do mundo". Mas foram meses aterrorizantes, porque ele não conseguiu aproveitar nada. Tinha metástases no fígado, não conseguia comer.

Ele já estava internado quando ela lhe deu um livro: *El silencio*, escrito por Ana Iliovich, autora que relata sua experiência no campo de concentração de La Perla, localizado na província de Córdoba.

— Tinham me dado de presente. Eu disse: "Olha, se você quiser ler isso". Ele leu e disse: "O que essa mulher conta é muito parecido com o que você me contou. Era verdade o que você me dizia, era verdade". Mas ele morreu de uma forma, Leila... Uma dureza. Durante oito meses, que é o tempo em que ficou internado, não conseguiu falar sobre o que estava acontecendo com ele. Não queria falar sobre como ia morrer, ou o que ia acontecer depois. Ele não disse: "Quando eu for embora, gostaria que o David não sei o quê" ou "Como você planeja organizar a empresa?". Tive que forçá-lo a ver um amigo comum que era especialista em finanças pra explicar. Ele não aceitou muito bem. Ele falava e contava meia verdade e meia mentira.

E as dívidas levaram os lucros de quinze anos. Ele sabia perfeitamente que ia morrer, e os dias iam passando e eu dizia: "Em algum momento ele vai falar com o filho". E não. Com as irmãs. Não. Não deixou nada por escrito. Não deixou uma carta. Foram oito meses de calvário. O Alberto veio ao hospital, pediu-nos perdão porque os médicos, disse, são uns narcisistas. Não sei ao certo o que ele quis dizer.

Perto do fim daquela agonia, ela descobriu coisas. O que se faz com os segredos que são revelados por acaso em um quarto onde a morte já reina? Como recriminar uma pessoa que está morrendo? Ela perguntou a ele: "Algum dia você me amou?". Ele respondeu: "Com toda a minha alma, com todo o meu coração".

— Fechou os olhos e não os abriu mais.

Era 30 de janeiro de 2018. Ela tirou a estrela de davi dele e a colocou no pescoço.

Antes de ir embora, pergunto se posso tirar uma foto da foto que está na varanda. Posso. Chego em casa e a olho muito. Muito.

"O Jesús era um querido", disse Alberto Lennie quando falamos sobre Jesús e sua morte, "eu me dava muito melhor com o Jesús do que com a Silvina. Um encanto de homem. Sua morte me causou muita dor. Sobretudo porque não tive a capacidade de diagnosticar o câncer das vias biliares que ele teve. Chegamos tarde." Perguntei por que ele não tinha sido diagnosticado antes. "Porque o câncer das vias biliares é muito foda. Infiltra-se no fígado. O Jesús tinha pequenas pedras na vesícula. Fez um quadro obstrutivo. Ele veio ao consultório, fiz uma ultrassonografia, vi as vias biliares dele dilatadas, pedimos uma ressonância magnética que confirmou a dilatação, mas não era garantia de que havia uma causa obstrutiva que fossem pedras e fizesse suspeitar da presença de um tumor de vias biliares. Levaram-no para o centro operatório, mas tiveram de abri-lo e fechá-lo, sem poder fazer nada. A ressonância magnética ficou muito aquém na avaliação do estágio do tumor. E não havia nada a ser feito. Quando o Jesús acordou da operação, ele me disse: "O que diabos eu estou fazendo aqui, que não estou na UTI?". E eu disse: "Jesús, eles te abriram e te fecharam". E a Silvina entrou, o David entrou, as irmãs do Jesús entraram. Fui embora e a partir dali não fui mais vê-lo." Perguntei se ele achava que a família o responsabilizava por não diagnosticá-lo antes. "Não, de jeito nenhum. Isso não me preocupa nem um pouco."

Nunca, em seu relacionamento de trinta anos com Jesús, ela se referiu a ele como "meu marido", nem falou daquele pequeno grupo — Jesús, Vera, David — como "minha família". "Quando me referia à minha família, estava me referindo à minha mãe e ao meu pai. Apresento o Hugo como 'meu parceiro'. Ele me chama de 'minha mulher'. Antes me chamava de 'minha namorada'."

Depois da morte de Jesús, ela ganhou muito peso. Não me mostra fotos de seu período gordo. Tampouco as peço.

Às quatro e meia da tarde, a sala do apartamento na rua Maldonado, em Madri, onde moram Lola Múñez e Enrique Seseña, permanece com as janelas fechadas para evitar que o calor tempestuoso do verão entre. Estamos em junho de 2022. Máscaras e ambientes arejados começaram a ser, em algum momento impreciso, coisa do passado, assim como os testes PCR, assim como a contagem diária de mortes, assim como restaurantes e bares com capacidade limitada.

Lola e Enrique trabalharam por anos na Televisión Española, ela no Serviço de Notícias Ibero-Americano, ele como diretor de pessoal. Os dois se conheceram lá e estão juntos há 32 anos.

— Trinta e dois anos — diz Lola.

— Já demos uns tropeços, mas se passaram 32 anos. Perdemos a esperança de tropeçar agora — diz Enrique, rindo.

Ele é herdeiro da Capas Seseña, uma loja localizada na rua da Cruz, no bairro das Letras, com grandes vitrines e vitrais antigos que, de vez em quando, um bêbado quebra ao se apoiar neles. Ali, há 120 anos, se fabricam capas ilustres compradas por pessoas como Marcello Mastroianni, Federico Fellini, Pablo Picasso, Gary Cooper, Ramón María del Valle-Inclán, Catherine Deneuve, Michael Jackson, Hillary Clinton.

— Quem são os clientes hoje? Não se vê muita gente usando capas.

— Hoje em dia se vende muito pouco — diz Enrique. — O Picasso tinha cerca de seis. Deve ser uma obsessão que eles têm: "Vou comprar uma capa". E aí não usam. Porque não tem ninguém com capa.

— Em casamentos e cerimônias — diz Lola. — Talvez eles não tenham usado ou tenham usado numa farra.

Ambos aposentados, são mais velhos que Silvia Labayru. Conheceram-na há uma década, quando iam ter aulas de bachata, salsa e tango dadas às sextas-feiras por um professor nas instalações de uma escola. Era de se imaginar que as aulas funcionavam como uma trégua para o casal Silvia e Jesús, mas não: eles discutiam. Você não me deixa te levar, sim, deixo, não, não deixa.

A primeira coisa que mencionam é que sentem muita falta dela: tão próxima, tão querida, agora tão longe. A segunda é uma ignorância: só souberam com mais detalhes da história da amiga depois de lerem um artigo que o jornal *El País* publicou em 2021, quando foi anunciada a sentença do julgamento por violação, do qual não tinham notícia.

— Ela mandou pra gente ler — diz Enrique. — Não sabíamos muito. E também não sabemos muito agora.

— Também não sabemos muito agora — diz Lola, que sempre termina as frases dele ou repete a última parte.

— Quando o Jesús morreu é que isso realmente começou a vir à tona — diz Enrique. — Ou seja, enquanto ela foi casada com o Jesús, talvez por um pacto pessoal entre eles, era melhor que...

— ... que não se soubesse.

— Acho estranho tanto silêncio e, de repente... Algo aconteceu com a Silvia para que ela de repente desse esse passo assim...

— ... tão importante.

Lola, no entanto, tinha algumas pistas.

— Fiquei sabendo algumas coisas com ela, passeando no campo depois da morte do Jesús. Eu sabia que havia um passado, mas como a expressão dela era muito dolorosa toda vez que falava sobre isso, eu não perguntava.

Quase nunca vi esse gesto de dor. Com Lola, sim, ela se deixava vencer?

— Ela sofreu muito e ficou muito brava com a morte do Jesús. Ficou brava com a morte, ficou brava com o Jesús, ficou brava com o mundo. E aí começamos a falar sobre a possibilidade de um parceiro. Ela disse: "Bem, o que vão pensar de mim...". Eu disse: "Pensamos que você está viva e merece muitas oportunidades, você é uma mulher jovem". E ela disse: "Sim, mas você sabe, meu passado". E aí ela começou a narrar um pouquinho. Que ela foi presa, que estava grávida. Quando vi como poderia ser doloroso, fiquei chocada. Eu falei: "Meu Deus, eu conheço a Silvia há cinco anos e não sabia de nada". E isso porque já compartilhamos viagens, risos. Então, quando li o artigo no *El País*, o fato de ter saído uma foto dela, e também falar sobre ter sido sequestrada, sofrido abuso e ser maltratada, foi realmente o striptease emocional da Silvia. Tudo isso, a escravidão sexual.

— E o abuso e o uso — diz Enrique. — Ele também a levava pra passear, se fingia de irmã daquele militar?

Digo-lhe que há duas coisas diferentes, a pessoa que a violava e a obrigação de fingir ser irmã de um militar, que por sua vez fingia ser irmão de um desaparecido para se infiltrar nas Mães da Plaza de Mayo.

— Não me lembro disso — diz Enrique.

Aí eles começam a perguntar. Conto, cautelosamente. O cativeiro. O trabalho forçado. O parto. Conto — sem detalhes — os estupros. Conto sobre Astiz. Conto as viagens ao Uruguai, ao Brasil. Conto o repúdio no exílio. Eles ouvem em silêncio.

— E com que idade ela recuperou a criança? — Lola pergunta.

— E então a menina estava sob ameaça o tempo todo de que seria tirada dos avós se ela fizesse alguma coisa? — Enrique pergunta.

— E por que os argentinos a trataram assim na Espanha?

— Mas como viajavam pro Uruguai e deixavam que ela visse o marido? É claro que, se ela saísse, toda a família seria aniquilada.

— E o Lennie, o pai da menina, o que ele fazia aqui da Espanha?

Nada do que eu digo os escandaliza, mas os machuca. Enrique diz, cada vez mais constrangido: "Mas que barbaridade". Lola enxuga o rosto, chora.

— O horror, o horror. Somos tão incondicionais que jamais a julgaríamos ou questionaríamos nada. Mas ela também deve ter medo de não ser compreendida. Aqueles sete ou oito meses que o Jesús passou doente, aquela convivência e aqueles meses de desesperança, dor e morte, foram terríveis pra Silvia. Ela ficou arrasada. Passou tempos difíceis com o Jesús. Muito difíceis. E devem ter tido acertos de contas. Imagine o ressentimento de uma pessoa que está muito irritada e muito zangada com sua situação, com o fato de que a outra pessoa vai ficar viva.

— Se antes havia problemas na convivência, nós os ignorávamos — diz Enrique. — O Jesús era como um ser angelical.

— E quieto — diz Lola.

— Era um ser misterioso.

— Mas eles passaram por maus bocados, lembre-se. Já estavam tensos, tensos. E atribuímos tudo à sua doença.

— Certa vez houve uma atitude muito violenta por parte do Jesús — diz Enrique. — Verbalmente, com um dos seus amigos, Pierre, que chamou a atenção de todos.

— Sim, uma discussão política absurda. Estávamos fazendo uma pequena viagem. E no dia seguinte houve uma discussão, que a gente disse que estava indo pra algum lugar e o Jesús foi muito duro, bravo com a Silvia, e falou: "Venha, vamos embora pra Madri". Já era tudo muito complicado.

— Tinha dupla... duas facetas — diz Enrique, rindo um pouco.
— O Jesús era um ser muito afável, ouvia muito, falava pouco e parecia ser um ser absolutamente... não digo anódino, mas benevolente. Como incapaz de qualquer mal. E é justamente por isso que eu acho que, se tem um lado diferente, tem que ser algo ruim. Porque a imagem pública era a de um ser angelical. E acontece que a outra faceta era... bem, não consigo acreditar.

— E do jeito que ele amava o filho, era o pai ideal — diz Lola.

— Olha, ele poderia ser um torturador da... da... — diz Enrique, procurando a palavra, e Lola a adivinha e o interrompe imediatamente:

— Não.

— Da Esma — diz Enrique, divertido.

— Não — diz Lola. — Mas olha, eu acho que ela deve ter feito terapia e isso lhe dá um conhecimento das suas habilidades para liberar as informações que ela quer soltar. E a quem. É muito autocontrolada.

— Se não fosse, não estaríamos falando sobre o que estamos falando — diz Enrique. — Eles a teriam matado. Mas olha, quando você nos disse que queria falar conosco, eu disse pra Lola: "O que vamos dizer a ela? Sabemos muito pouco sobre a Silvia". Nós a conhecemos pouco.

— Nós a conhecemos pouco. O que ela queria que a gente soubesse sobre ela — diz Lola.

Uma mulher que é um mistério para dois amigos que a conhecem há dez anos. Como poderia não ser para mim?

Breve diálogo: digo que estive com Enrique e Lola, que nada sabiam sobre sua história. Ela faz pouco:

— Em várias viagens eu fui contando para eles. Mas não registram.

— Dizem que sentem sua falta.

— Sim. Há uma reclamação. Tipo: "Mas você mora na Argentina". E sim, estou morando aqui. Ainda fico cabreira em falar isso. Mas, sim, estou morando aqui.

É a única vez que ela diz isso. Sua resposta habitual é mais ou menos assim: "Moro em Buenos Aires, mas ao mesmo tempo não moro. Vivo no limbo". Assusta um pouco, porque é muito parecida com a frase que usa para descrever o que acontecia com ela quando estava na Esma e era levada para algum lugar de carro: "Eu ia olhando pra rua pela janela e sentia que não estava nem viva nem morta, nem de um lado nem de outro. No limbo".

— A relação que Silvia tinha com Jesús era: "O que eu faço no mundo sem o Jesús?" — diz Alba Corral. — Eles tinham um relacionamento que era: "Eu te controlo, estou de olho em você". Um em cima do outro. Controlando-se. O que um fazia, o que o outro fazia, a mensagem que tinha recebido, a que não tinha. "Não, não devemos dizer isso pro Jesús porque ele pode achar que é outra coisa." E ciúme total. Ela opera em tudo, manipula. Socialmente, como casal. Ela e o Jesús brigavam, não se suportavam, voltavam a se afastar. O David era como um curativo dos dois. Era uma coisa muito simbiótica. Todos nos perguntávamos o que seria do David quando o pai morresse, mas correu tudo bem. Eu acho que o David precisava de um pouco de ar, porque a Silvia era a secretária particular do David. Por um lado era superprotetora, mas por outro era superexigente: que triunfe, que aspire, que seja ambicioso, que tenha um bom currículo. A Vera é quem é porque a mãe a empurrou nessa direção. Tinha que ser alguém na medicina e ocupar um lugar. O que acontece é que a Vera se livrou da mãe, disse: "Você aqui, eu ali. Porque juntas não vamos a lugar nenhum". E lá foi ela para Aberdeen. Mas a parte ambiciosa foi imposta pela Silvia: era preciso aspirar ao melhor.

Eu ainda estava na Espanha quando, em Buenos Aires, os dois telefones de Silvia Labayru, o espanhol e o argentino, foram roubados. Seu filho David me deu o chip do telefone espanhol no hotel onde eu estava hospedada, no bairro das Letras, para que eu pudesse levá-lo à mãe dele. Eu lhe disse, porque ele tivera de vir de Hortaleza: "Que pena que você teve de vir até aqui". "Não se preocupe, é minha mãe, estou acostumado", disse com um sorriso de rapagão de dois metros e paciência infinita. Alguns dias depois, já em Buenos Aires, ela e Hugo passaram de carro rapidamente pela minha casa para pegar o chip e combinamos de nos encontrar logo depois.

Hoje na casa da Costa Rica não há vestígios de mudança: parece um lugar habitado há muito tempo, e de fato é: eles estão aqui desde o início de 2022 e o mês de julho está se aproximando. Na varanda instalaram uma mesa oval, duas cadeiras.

— Tudo é uma batalha, porque eu sou mais da estética e o Hugo é mais da funcionalidade.

Não sei quem ganhou, porque os móveis são lindos e confortáveis. Na mesa da sala de jantar há um livro de Camus e, ao lado, um novo telefone.

— Ah. Você comprou outro.

Comprou um barato, mas hoje voltou para a empresa porque começou a baixar as informações da nuvem, era necessário que ela desse um número de telefone para receber a senha e, sem perceber, deu o telefone espanhol, mas o telefone espanhol ainda não foi ativado porque ela comprou um único aparelho e pôs o chip argentino nele, "então tudo entrou numa espécie de colapso, porque eu ainda não tenho outro telefone, e não comprei outro telefone porque o Andrés Rubinstein me disse que era melhor eu comprar um telefone com dois chips, mas aqui não há telefones com dois chips, e *by the way*, vou à casa do Andrés Rubinstein pra que me ajude a baixar as fotos, pego o computador, a gente senta, ele baixa as fotos, até agora eu estava tranquila porque conseguia ver o WhatsApp Web, e com isso e o e-mail eu podia continuar trabalhando, mas eu abro hoje de manhã para começar a trabalhar e o WhatsApp Web foi desconfigurado e ele me pede o celular pra ativá-lo e o telefone pra ativá-lo é espanhol, e eu não tenho. Então hoje de manhã fui à empresa de novo, com um iPhone bem antigo que era do Jesús, e eles puseram o chip que você trouxe, o espanhol, nesse celular pra ver se ele se conecta, mas eu ponho a senha pra desbloquear e não está correta, ponho uma segunda vez, não está correta. E me diz: é a última tentativa. Não sei o que aconteceu".

Quando ela fala assim, eu tenho que respirar mais rápido porque sinto que, se eu não fizer isso, vou sufocar. Acho que me perdi na explicação, mas mesmo assim tento:

— E se você colocar o chip espanhol neste novo telefone por um tempo?

— Sabe o que acontece? Que eu estou em pânico. Esta é a única coisa que tenho agora, o telefone argentino com WhatsApp argentino. Agora estou num loop.

— Você tem que comprar um telefone que esteja desbloqueado.

— Pelo amor de Deus! Mas desbloqueado de quê? Hoje me disseram a mesma coisa: ele tem que ser desbloqueado. Eu nem sabia o que era isso. Não faço ideia. Todos os dias me aparece uma coisa nova. Como essa coisa de telefone desbloqueado. E agora são quatro dias de feriado. Você sabe por quê?

— Por causa de dois próceres.

— Mas como é possível que haja tantos feriados neste país? O Hugo me diz: "Estão fazendo isso pelo turismo". Enfim.

Como sempre, ela está por dentro de tudo — quais livros se está lendo, quais são os melhores lugares para tomar um café em determinados bairros (não muitos, seu circuito é limitado: Palermo, Las Cañitas, Belgrano), quem são as figuras públicas que todo mundo vê, onde se consegue bons produtos para cozinhar —, e a evidência de que é uma estrangeira, uma mulher que passou mais de quarenta anos fora da Argentina, fica difusa. Mas então essas coisas acontecem (ele não consegue entender os feriados ou o que é um telefone desbloqueado), e o esforço envolvido em mudar de cidade, de país e de vida se alça como a barbatana dorsal de um dinossauro marinho e se pode ver o tamanho de tudo o que teve que ser mapeado do zero: se na Espanha se entendia perfeitamente com o sistema de saúde, se sabia a quem acudir quando precisava consertar o ar-condicionado ou o computador e qual era o melhor veterinário para os seus animais, em Buenos Aires tudo isso teve de ser reaprendido. Um dia, quando eu estava em Madri, ela me mandou uma mensagem perguntando, com muita delicadeza, se eu podia trazer para ela um frasquinho de chiclete de hortelã Orbit. Eu disse, é claro, e na mesma hora senti que aqueles chicletes eram a representação mais clara do que significa migrar: é o tipo de coisa totalmente banal, mas insubstituível — são aqueles, não outros; é esse sabor, nenhum outro; é essa marca — nenhuma outra — que dá sentido e significado à palavra *casa*. Onde fica minha casa? Em um pequeno frasco de chiclete de hortelã Orbit. Então fui para a rua e comprei seis ou oito, coloquei-os na minha mala e de vez em quando olhava para eles com alívio, como se eu estivesse trazendo um remédio que iria curá-la de tudo (embora ela não parecesse precisar de ninguém para curá-la de nada).

— Olha, o Hugo e eu estamos comemorando nosso aniversário. É a primeira vez na vida que celebro um aniversário.

— Quando foi?

— Dia 7 de junho. Na noite que eu me tranquei na casa dele por oito dias com minha mala. Completamos três anos. E fomos jantar no Roux. Que, aliás, é uma delícia. E muito caro. Honestamente, a comida era boa, irrepreensível, mas um lugar que o desmerece. Mesinhas estreitas, a mulher que passa e bate em você. Com esse preço, eu espero outro local. Mas eu estava te dizendo: o Hugo inventou uma coisa engraçada. Bem, não é engraçada. É emocionante. Ir comemorar os três anos e uma espécie de casamento entre nós, indo ao local onde nos encontramos pela última vez em 1974, que foi na fila do velório do Perón em frente ao Congresso. Vamos lá por um momento para comemorar. Ele me encontrou na fila. Eram umas filas noite e dia. E eu fui com ele. Foi a última vez que estivemos juntos. Fomos... Fomos transar. Fomos pra minha casa.

— Já não eram mais um casal.

— Não. A gente tinha terminado, voltado, não sei bem. A ideia é nos encontrar lá e dizer: "Como dizíamos ontem...".

No dia 1º de julho chove muito e quando a vejo de novo pergunto se foram ao Congresso. Ela me diz, coquete, cheia de segundas intenções: "Não, mas a gente comemorou mesmo assim".

Então, ao longo de certo tempo vamos reconstruindo as coisas que aconteceram, e as coisas que tiveram de acontecer para que essas coisas acontecessem, e as coisas que deixaram de acontecer porque essas coisas aconteceram. Quando termino, quando vou embora, me pergunto como ela fica quando o barulho da conversa termina. Sempre me respondo a mesma coisa: "Ela está com o gato, o Hugo vai chegar logo". Toda vez que volto a encontrá-la, ela não parece desolada, mas cheia de determinação: "Vou fazer isso, e vou fazer com você". Jamais lhe pergunto por quê.

Em 2012, cinco anos antes de Jesús morrer, a esposa de Hugo, Adriana, o deixou. "Ela também me deixou. Como a Silvina. Faz parte do folclore." Ele então escreveu um e-mail para Silvia Labayru informando-a — "Eu me separei" — e dizendo que estava disposto a "abrir a caixa do passado". Ela não lhe respondeu.

— Escrevi para ela. Disse: "Estou separado". Farejava ali algo do passado. Ela não me respondeu. Naquele ano ela me mandou uma mensagem, acho que no Facebook, uma coisa horrível, tipo: "Lembrei do seu aniversário quatro dias atrás, te mando um cumprimento". Um horror. Em 2014, escrevi para ela novamente. E essa é a que eu não perdoo. Escrevi para ela dizendo: "Eu estava relendo os e-mails do ano, vi que você não me respondeu, quem sabe não chegou". Eu escrevia para ela com qualquer desculpa, para falar. Mas ela não estava interessada em me ver. Ela não me respondeu. Estava mal com o... Qual é seu nome... o falecido.

— Jesús.

— Sim, o falecido, é assim que eu o chamo. Eles não se davam bem. Eu queria vê-la. Não no início da minha separação, mas já naquele momento havia um espaço para vê-la e ela não respondeu. Em 2018 eu tinha publicado um livro sobre a Shoá [Holocausto]. E um amigo me deu o livro *El infiltrado*, do Goki... Guki...

— Uki Goñi.

— Isso. Ele aproveita Astiz para falar da Silvina. Ele a descreve, eu diria, bem. Você não a conheceu, mas naqueles anos ela era uma mulher... fascinava. Tinha uma presença impactante. Era isso. E foi assim que ele a descreveu. Ela passava e era aquela confusão. Na verdade, para o bem ou para o mal, o que aconteceu na vida é que eu não suportava, quando éramos jovens, os efeitos que ela produzia. Ela não é responsável por isso, e eu entendi que não é fácil lidar com isso. Muitos caras chegavam até Silvina, ela tinha muita oferta. Era um tumulto. Era o clube. Era assim que o chamavam no ensino médio, o Clube Labayru.

— Acólitos.

— Sim, conheço todos eles. Os amigos dela. Todos os seus amigos são amigos que "se eu puder, pego ela". Todo mundo já tentou de uma forma ou de outra... Não é fácil pra mim o relacionamento com os amigos dela, porque não é fácil estar com um cara que quer trepar com sua esposa. Não é que eles tenham atitudes assim, mas se percebe. Quando me separei da Adriana, fiquei muito mal. E eu disse ao meu amigo, aquele que me deu *El infiltrado*: "Olha, a melhor coisa que pode acontecer comigo nos próximos quinze anos é estar com a Silvina. Porque eu nunca estive com a Silvina". Pra mim, durante muito tempo, sexualmente não havia ninguém como ela. E hoje eu poderia dizer a mesma coisa. Se eu estive na cama com alguém como ela... sei lá, não sei, não aconteceu comigo. O que aconteceu foi isso. E então escrevi pra ela novamente pra lhe enviar um livro que eu tinha escrito.

O livro é intitulado *La Shoa en tiempos de cine* e analisa filmes que abordam o tema dos campos de concentração. O e-mail que Hugo lhe escreveu começava dizendo: "Minha Silvina". Foi enviado em 2018. Ele não sabia que Jesús tinha morrido.

— Em 2012, ele me escreveu, dizendo que estava disposto a abrir a caixa do passado. Mas eu não estava em condições de nada na época, então não lhe respondi. Quando o Jesús morreu, é claro, voltei a pensar no Hugo. Mas eu tinha vergonha de dizer: "Agora que fiquei viúva, vou ligar pra ele". Quando ele me escreveu, aquele "minha", "minha Silvina", me deu a ideia de que ainda havia algo. Perguntou-me como poderia me enviar o livro que havia escrito. Foi justo quando o Jesús tinha acabado de morrer. E eu disse a ele que, em vez de mandar pra mim, ele deveria me dar pessoalmente, que já havia passado muito tempo e que merecíamos um abraço. A partir daí começamos a conversar. Ele não sabia que o Jesús tinha morrido, eu não queria contar pra ele. Até que a certa altura lhe disse: "Minha vida mudou muito, agora estou melhor, mas mudou muito". Ele me perguntou: "O que significa que sua vida mudou tanto? Não sei de nada". E começou a averiguar. E depois me escreveu. Foi quando o encontro começou a tomar forma.

Escreviam um para o outro por mensagem, por WhatsApp, sem voz, só texto. Ele fez uma aposta ambiciosa: convidou-a para viajar a Buenos Aires em maio de 2019 e ficar trancada com ele por oito dias, em seu apartamento.

— Oito dias aqui. Trancada com ele. Depois de trinta anos ou mais. Ele poderia ter dito: "Vamos nos encontrar pra tomar um café, vamos passar um fim de semana na praia e ver o que acontece". Mas não. Ele jogou pesado.

Chamadas: foram tantas. A da militância. A do pai. A — muito brega? — desse amor.

— Ela estava muito interessada em vir. Mas a viagem foi adiada, segundo ela, por causa de um problema de saúde. Mais tarde, descobri que ela na verdade estava um pouco gorda e não queria se mostrar assim. Começamos a conversar em outubro de 2018 até maio de 2019, tudo por WhatsApp. Em maio eu sabia que ela vinha, mas adiou a viagem pra junho. Então liguei pra ela. Tinha que ir dar aula no Hospital Borda e no caminho liguei pra ela. Falei com ela. Ouvi sua voz pela primeira vez em dez anos, quando havíamos falado no aeroporto de Barajas. Eu falei: "Olha, se eu vou te ver a cada três meses, não. Pra uma vida assim, eu já tenho. Organizei minha vida amorosa assim. Mas não posso fazer isso com você. Você não pode ser mais uma na minha vida, isso é impossível pra mim".

Ela continuava sendo a mesma: esquiva, tremendo de medo da rejeição.

Ele continuava sendo o mesmo: ou inteiramente minha, ou sem mim.

— Então ela veio. Em junho de 2019. E aqui as pontas das cordas se ataram. Porque ela me falou das cartas.

Silvia Labayru chegou a Buenos Aires em 7 de junho de 2019. Primeiro parou na casa de uma amiga para tomar banho e depois pegou a mala e foi tocar a campainha no 15º andar de um prédio na rua Gurruchaga. Onde ele estava. Trinta e quatro anos depois.

"Você não pode voltar e mudar o começo, mas pode começar onde está e mudar o fim." C. S. Lewis. (Citação postada por Silvia Labayru em seu Facebook em 16 de novembro de 2022.)

"Seja o que for que você esteja destinado a fazer, faça agora. As condições são sempre impossíveis." Doris Lessing. (Citação postada por Silvia Labayru em seu Facebook em 18 de novembro de 2022.)

— A Silvina continua linda. Mas os anos se refletem no rosto dela. Isso me dói. Isso me dói não porque os anos se refletem no rosto dela, mas porque eu não estava lá nos anos em que isso aconteceu. Ela não estava comigo. O que eu gostaria. Mas ao mesmo tempo não gostaria, pois tenho dois filhos dos quais não abriria mão por nenhum motivo. Mas ela veio com um discurso do qual eu não suspeitava: as cartas de 78.

No dia do reencontro, ela lhe disse: "Você não respondeu meu telegrama nem minhas cartas".

Ele perguntou, perplexo: "Que telegrama, que cartas?".

Por um momento, houve um abismo.

— Ela queria estar comigo. Ela queria.

Ele: então ela me procurou?

Ela: então ele não sabia de nada?

Cartas? Em 1978? Um telegrama? Daquela mulher que o destroçara, aquela que poderia tê-lo — ele, o galinho, o petulante — a seus pés com um estalar de dedos? O dia em que Silvia Labayru chegou a Buenos Aires coincidiu com o aniversário da mãe de Hugo Dvoskin, também chamada Silvia, uma mulher com quem ele nunca se dera bem, então ele pediu ao irmão mais novo que lhe perguntasse sobre o assunto. Mas o irmão já sabia: tinha quinze anos quando a mãe recebeu o telegrama e o destruiu, ordenando-lhe que não dissesse nada.

— Ela havia rasgado. Havia rasgado o telegrama. E eles não tinham me dado as cartas. A primeira coisa que minha mãe disse ao meu irmão foi pra não me dizer nada, por que eles iam me contar agora? Mas meu irmão me contou. Falei com ela, com minha mãe. Disse-lhe que estava muito chateado com aquilo, e que não iria à festa de aniversário porque não sentia vontade de comemorar nada, que o que ela havia feito me parecia uma coisa horrível. E ela entrou numa espécie de...

Em completo colapso. Foi parar em um hospital. Desde então, como não conseguiu voltar para casa e morar sozinha, ela está na casa de repouso Gardenia, a mesma onde mora o pai de Silvia Labayru.

— Você a viu de novo?

— Muito pouco. Já tínhamos um relacionamento distante. Naquela época, em 78, eles devem ter visto como fiquei mal. Entre aspas, pensaram ter me "protegido". Mas minha mãe não é uma pessoa com quem você possa contar. Em algumas questões era possível contar com ela e em outras, como esta, toma liberdades que terão consequências, como a de tomar as cartas e jogá-las fora. Mas descobri tudo isso agora. Então, tudo isso não foi minha vida.

— Você perguntou a ela sobre o que seu pai fez, que recebeu a chamada e não pôs a Silvia em contato com você?

— Bom, ligam pro estúdio, perguntam pelo filho, ele acha que é uma pessoa inconveniente. Moralmente não é certo, mas eticamente é um direito dele. Contudo, a outra coisa, se houve cartas que chegaram às mãos da minha mãe ou do meu pai e não me deram, isso não. Isso é sequestro de correspondência. No caso da minha mãe, o telegrama dizia: "Venho do inferno, preciso que você me ajude". Tem um agravante, que não é pequeno. Na minha família, embora eu não seja o mais próximo da cultura judaica, temos alguma solidariedade ou responsabilidade com os campos de concentração. Então alguém vem de um campo de concentração e você não vai dar ajuda? Correspondência aberta? Isso é crime. Uma infração punível e não sujeita a indulto. De um ano a um ano e meio. Um ano se você fizer isso sozinho. Um ano e meio se for em colaboração. Ela fez isso de forma colaborativa, então por um ano e meio pra mim ela ficou presa. A polícia não vai condená-la. Mas decidi condená-la.

A sentença foi não ir vê-la por dezoito meses.

— Nossa vida poderia ter sido diferente? Talvez sim. Talvez não. Sabe-se lá. Se essas cartas tivessem chegado ao seu destino... São suposições. Mas foi uma possibilidade que essa mulher impediu. Nunca os odiei. Fizeram o que puderam. Ela acreditava que eu poderia pôr em risco o filho dela. Cinquenta anos se passaram. Por sorte, a mulher ratificou o conteúdo do telegrama, confirmou o que dizia. Eu me dei ao trabalho de ir conversar com essa senhora na casa de repouso e dizer a ela que não ia perdoá-la, mas que como mãe eu poderia vir a entendê-la. Ela tem noventa e poucos. É isso. Eu não sabia que ele não tinha recebido aquelas cartas. E não sabia o que pensar. Que ele não me respondeu depois que eu lhe escrevi aquelas cartas, que foram as cartas mais bonitas que já escrevi pra alguém... Achei que ele não queria me responder porque me considerava uma traidora, uma colaboradora.

— A mãe do Hugo guardou as cartas?

— Não. Tínhamos esperança, porque o Hugo me disse que a mãe guardava tudo. Mas as destruíram. Destruíram tudo. O telegrama e as cartas.

Sempre peço para ela tentar se lembrar do conteúdo, mas ela não se lembra de nada. Repete: eram cartas de amor.

— As mais lindas que já escrevi.

— Minha mãe não se recuperou disso. Disso que ela fez. Elas são muito amigas agora, ela e a Silvina. Ela vai vê-la quando vai ver o pai, que está na mesma casa de repouso. Por razões que desconheço, ela a vê bastante. Realmente não concordo que vá vê-la. Também não concordo com esse trabalho que ela está fazendo com você. Não concordo.

— Sim, eu sei. A Silvia me contou.

— Ela sabe escrever. Que escreva ela, ou que escrevam juntas, sei lá. Vejo a Silvina com muitas dificuldades em agir em seu próprio interesse. Até o julgamento de González foi bastante contencioso aqui. Ela buscava um protagonismo onde não tem.

— Como assim?

— Há uma cena crucial, a do Berrone. Ela diz que o Berrone tentou estuprá-la, e que ela estava com a Vera na casa e o tirou de cima dela. Eu disse: "Se é assim, o González é inocente. Porque se você tinha chance de repelir, empurrar e dizer não... É melhor pensar em outra coisa. De qualquer forma, se o Berrone não te estuprou, foi porque ele não gostava de você ou de repente você não era atraente pra ele, não sei. Mas eu nunca escutei: 'Ele ia me estuprar e eu disse que não'. O que ele era, um estuprador piedoso?". Isso é ser mais protagonista do que deveria ser.

Depois desse confinamento de oito dias, depois da revelação do telegrama, da chamada e das cartas, depois do colapso da sra.

Dvoskin, Silvia Labayru voltou à Espanha. Mas desta vez não houve "não me escreva". Em vez disso, houve "quando nos vemos de novo?". Ele viajou para a Espanha em julho daquele ano. Ela voltou para o apartamento na rua Gurruchaga em setembro. E assim sucessivamente, até que, em março de 2020, com o avanço da pandemia de covid-19 no planeta, ela se encontrava em Buenos Aires. Estava claro que o confinamento obrigatório seria decretado a qualquer momento. Na Argentina Silvia tinha algumas roupas, nada mais. Na Espanha estavam sua casa, seus livros, sua empresa, Morchella e Toitoy, suas amigas e seus amigos: sua vida. Em 17 ou 18 de março, o fechamento da fronteira era iminente e Hugo lhe disse: "Não vá".

— Eu ia embora, mas o Hugo falou pra eu ficar com ele. "Não, Silvia, não volte pra Espanha, fique aqui, vamos ficar juntos, tudo vai fechar, o melhor lugar é aqui." E eu o escutei.

Em 20 de março de 2020, as fronteiras e aeroportos da Argentina já estavam fechados. E ela ali, com ele.

— Se eu tivesse ido, teria mudado tudo. Passamos a pandemia inteira nesse apartamento. Tivemos conversas profundas, apareceram muitas coisas. Do passado, não tão do passado. Todas as ex que estavam pululando e que não se resignaram ao fato de que, de repente, uma delas aparecesse e as deixasse a ver navios. Mas, apesar disso, foi maravilhoso. Ele dizia: "Imagina, ter a Silvina trancada na minha casa. Que maravilha". E foi ótimo. Um grau de paixão, trepando e trepando e trepando. Trancados, vendo filmes, fazendo yoga. Os dois grudados.

— Fiquei muito impressionada com o que a Silvia fez, voltando pra Argentina — diz Irene Scheimberg, de Londres. — Mas ela não pode viver sem um parceiro. Nunca ficou sem companheiro, desde os catorze anos de idade. Ela precisa de um homem por perto. Agora, quando começou a namorar o Hugo, ela me disse: "Tenho uma notícia, mas não sei se você vai gostar. Estou namorando o Hugo Dvoskin". E eu disse: "Olha, Silvia, se é bom pra você e você está feliz, vá em frente". Porque eu nunca engoli o Hugo. Quando estávamos no Colégio, eu achava que ele era um daqueles caras que acreditam que sabem tudo. Agora não o vi de novo, acho que ele continua sendo pedante. Mas ele é namorado da Silvia. Então eu, quantas vezes eu o vir, vou ser uma flor de educação. Ainda assim, vejo que ela está muito melhor do que quando o Jesús morreu. É a bengala de que ela precisa: um parceiro. Ela pode andar sem a bengala. Mas prefere a bengala. E no Hugo ela encontra uma personalidade forte, protetora. Ela precisa ser protegida. Olhe que ridículo, porque no fim foi ela mesma que teve que se proteger na pior situação da sua vida.

— O Hugo é muito intenso — diz Alba Corral. — Ele manda, dirige, tira, põe. Entendo que o contexto importante agora é o desespero de Silvia por um parceiro. O Hugo está sozinho e a Silvia está precisando de um parceiro, e isso tem que acontecer agora. Ela não sabe ficar sozinha. Mas, além disso, a história com o Hugo a deixou tocada. Enfim, ela esteve sempre em algum relacionamento. Não apenas como um casal: ela vive 24 horas como casal. Com o Jesús era alucinante. Quando o grupo de oito ou dez pessoas fazia uma viagem e dizia: "Bem, as meninas dormem em um lugar, os meninos em outro", porque era mais fácil alugar quartos, ela dizia: "Não, eu durmo com o Jesús e pronto". Na verdade, ela parecia ser prisioneira do Jesús. Era obcecada de tal maneira, como se o Jesús a impedisse de sair. Levantavam-se, iam pra cama, comiam, tudo juntos. Uma coisa paranoica. Mas era ela quem impunha isso a ele, só ela. E quando ele viajava, eles se controlavam: com quem você está, pra onde vai. Ela também tem um relacionamento assim com o Hugo. Não é a mesma coisa, é mais saudável, mas uma relação de estar junto por muitas horas. O Hugo a apresenta como "quem cozinha pra mim, quem faz isso, quem faz aquilo".

Ela diz: "Encontrei alguém que cuida de mim". Se seu marido te define como alguém que cuida dele, é porque você está cuidando dele o tempo todo. É aí que eu não concordo em nada com a Silvia.

— Quando você se livra de algo tão terrível e sério — diz seu amigo Roberto Pera —, talvez você queira ter um trabalho de oito horas, um escritório, um chefe, um marido que ponha sua vida um pouco em ordem: Jesús. E, de certa forma, a história com o Hugo é voltar a apostar tudo no preto ou no vermelho.

— Em janeiro de 2020, estive com minha mãe em Madri — conta Vera. — Ela ligava pro Hugo e eles conversavam como se fossem namoradinhos. Nós a provocávamos. Eu não conseguia acreditar. Dizia: "Ai, meu Deus, são como dois adolescentes". Mas nunca pensei que ela fosse ser feliz em Buenos Aires, e olhe que eu acho que ela não está passando por maus momentos.

Em janeiro de 2023, Silvia Labayru e Hugo Dvoskin estiveram na Occitanie, na França, com Vera e Duncan, o neto mais novo. Durante essa viagem, ela me mandou uma foto tirada em um café. Hugo, com um sorriso exultante e uma camiseta branca de manga curta. Vera, cabelos cacheados soltos, agasalho, cachecol no pescoço. Hugo estava com a barba crescida, o que lhe confere um aspecto descontraído e sólido. "O que eu amo nessa foto é ver os dois juntos tão felizes. Eles mal se conheciam pessoalmente. Eles se amaram muito!"

— Começaram a aparecer coisas que, pra mim, eram difíceis de digerir no início — diz Hugo Dvoskin. — Que esteve com este ou com aquele no passado. Todos conhecidos. Hoje não sou nem um pouco ciumento, mas naquele momento… Ela me disse que as razões pelas quais não ficamos juntos foram que… não acredito nela, mas… que a relação era séria demais.

Entendo que era mais por motivos de militância. Porque na militância se passava de tudo. Tudo o que se dizia que não devia acontecer, acontecia. Houve muita deslealdade. Mas ninguém me tratou como ela.

— Em que sentido?

— No bom sentido. Ninguém. Tratar-me assim. Com o que eu quero, ela sempre concorda. Que eu queira algo é um dado forte. Os homens reclamam das suas relações, entre aspas, estereotipadas, dizendo: "Se eu quero alguma coisa, é um drama: se eu quero ir ao futebol, drama, se eu quero outra coisa na cama, drama". Nunca com a Silvina. Nunca. Ela está sempre do meu lado. Sempre muito disposta. Mas ela não está de todo bem. Eu digo a ela: "Nunca preferi estar com ninguém, eu queria estar com você sempre". Desde que a conheço, sempre quis estar com ela. Nunca esteve nas minhas intenções não estar com ela. E não estar comigo é uma coisa que aparece nas intenções dela. Ir embora. Meu medo não é que ela fique com outra pessoa. Temos uma conversa e, de repente, ela diz: "Bem, então como ficamos?". "Como ficamos em que coisa? Não entendo o que você está perguntando." E ela: "Ah, bem, se você não quiser ficar comigo...". E eu falo: "Olha, não, não projete isso, eu não tenho isso na cabeça, isso não está nas minhas intenções".

— A vida é com ela.

— Isso.

— E você diz que pra ela existe outra possibilidade.

— Ela diz que não. Mas vejo que ela ainda precisa se manter em guarda. Vejo que tem muita dificuldade em trabalhar em favor dela. Ela tem que vir morar aqui. Acho que quer fazer isso. Ela me diz: "Eu não sou a garota que eu era na época". No começo eu queria uma lista. De todos. É que o primeiro cara por quem ela me deixou era meu companheiro de militância, e além disso era namorado da amiga dela. Um desastre.

— Por que você diz que não a vê trabalhando em favor dela mesma?

— Ela participa das atividades da Esma e não concorda com nada do que se pensa lá. Não diz. Ela tem toda a autoridade pra dizer que eles foram abandonados, que a organização Montoneros punia as mulheres que abortavam e, portanto, é imprudente que, em um lugar onde se vai falar sobre políticas de gênero, a política Montoneros, que foi muito dura com as mulheres, seja justificada. Ela pode dizer o que der na telha.

— E por que você acha que ela participa?

— Não sei. É por isso que estou lhe dizendo: pela mesma razão pela qual está participando do seu livro. Ela tem que participar do livro dela, não do livro de outra pessoa. É um erro na vida. Que seja ela quem o escreva, que escrevam juntas, mas por que ela vai colaborar com o livro de outra pessoa, por quê?

— Muita gente não consegue escrever sua própria história.

— Ela escreve melhor que nós dois.

— Então por que você acha que ela não faz isso?

— Não sei. Não sei. É isso que estamos tentando elucidar. Eu lhe disse um dia: "Todo mundo te pede coisas, coisas que não têm nada a ver". O Jesús, o falecido, lhe dizia que tinha direitos sobre o apartamento em Madri. É um apartamento que já era dela antes. As amigas lhe pedem coisas inusitadas. O filho pede coisas. E assim por diante.

Antes de ir embora, pergunto se posso ir ao banheiro. Quando saio, ele está ao telefone. Faço-lhe sinais para não atrapalhá-lo — acho que é um paciente — e ele acena "tchau, tchau" com a mão, ainda falando.

Ela sempre me garantiu que sim, que iríamos fazer, mas nunca acontecia. Os motivos eram compreensíveis: a covid, que dificultava os encontros, o desejo de estar com ele na intimidade, o fato de não ter um horário fixo na semana para ir vê-lo, as viagens dela, as minhas.

Até que um dia, em julho de 2022, ela me disse para esperá-la no bar na esquina da casa de repouso Gardenia — que fica a três quarteirões do apartamento da rua Jorge Newbery, onde passou boa parte da infância e da adolescência —, às quatro e meia da tarde.

Chego um pouco mais cedo. Estou atravessando a rua, a poucos metros do bar, quando ouço:

— Leila! Estamos aqui!

O cabelo preso em um rabo de cavalo que cai sobre o ombro, a franja cobrindo o rosto, como nunca a vi, ela empurra uma cadeira de rodas em que ele está. Jorge Labayru.

Não faço ideia do que vou encontrar. Sua memória flutua entre névoa e conexão, mas está tudo lá, guardado. O terror crescente diante da evidência de que algo horrível havia acontecido, a reação explosiva quando ele recebeu a chamada de Acosta e, por puro acaso, disse exatamente o que precisava ser dito: "Montoneros de merda!". Como foi esse lado da história? O que aconteceu entre a primeira chamada do oficial da Marinha e a segunda, quando ouviu a voz da filha — "Oi, pai, sou eu" —, depois de três meses em que pensou que ela estivesse morta?

O bar está repleto de pessoas idosas e de meia-idade. Suponho que os principais clientes sejam as pessoas internadas na casa de repouso e seus familiares. Ela manobra habilmente a cadeira de rodas e a coloca em frente a uma mesa.

— Oi, tudo bem?

O garçom parece conhecê-los, pergunta como estão, o que vão beber. Ela pede um café — com gelo em um copo separado — e um café com leite para o pai.

— Pai, você quer o bolo de sempre? — ela pergunta, gritando.

Ela não disse *quieres*, mas *querés*,* em argentino profundo, algo que raramente faz. Ele faz que sim com a cabeça, com os olhos transparentes cheios de ironia ou zombaria, como se achasse algo muito engraçado. É a mesma expressão que ele tem em algumas fotos que ela me manda depois, em que o pai aparece segurando um exemplar de *Sarmiento*, um livro de Martín Caparrós (Jorge Labayru lê muito e reclama que seus colegas da casa de repouso não leem nada, que passam o dia vendo TV), ou ao lado de seu neto David: alguém divertidíssimo que acha as coisas ao seu redor um pouco ridículas.

— O bolo de chocolate, por favor — diz ela ao garçom.

Como ele é surdo, ela mantém um caderno em que escreve frases simples — "A Leila está perguntando se você se lembra das viagens que fazíamos" ou "a Leila diz que é de Junín" —, mas usa pouco. Ela tira e põe o elástico que segura o cabelo repetidas vezes, em um gesto que denota certa tensão. A franja cobre seus olhos e lhe dá um aspecto rebelde e jovem, mas um pouco tímido. Olha para o pai com o mesmo arrebatamento paciente com que olha para seus animais — Monkey, Morchella, Toitoy —, e limpa uma ferida em sua cabeça, escaras de idade.

— Vamos ver, pai, o que você tem aqui? — sussurra, passando gentilmente um guardanapo de papel sobre a ferida.

— Ela não sabia inglês antes de ir pra San Antonio, Texas — diz Jorge Labayru, olhando para mim.

Fico paralisada. Não é a voz do homem que atendeu Tigre Acosta ao telefone, nem a do pai que chegou à casa da filha em Madri carregado de medialunas, nem a do avô que brincava com

---

* "Você quer", tanto na Espanha quanto na Argentina, mas no primeiro país se utiliza a forma de tratamento *tu* para você, enquanto na Argentina se usa o *vos*. [N.T.]

Vera. É uma voz aguda, quase um grasnido, que puxa das profundezas da memória os restos do naufrágio.

— Era um lugar muito especial dos Estados Unidos — diz, erguendo o indicador. — Havia ali uma família mexicana que era tão amiga nossa que os trouxemos pra Argentina.

— Os De la Garza — diz ela, com uma doçura que utiliza pouco.

— Li nos jornais que havia um estudo sobre o livro *Santa Evita* — conta.

Há poucos dias, estreou a série *Santa Evita*, baseada no romance de Tomás Eloy Martínez, e todo mundo está falando nisso.

— Estima-se que 1 milhão de volumes tenham sido vendidos. A Evita era uma mulher, uma boa mulher.

Ela me olha e diz:

— Vai começar.

— Além disso, ajudou o Perón. Que o Perón tenha se casado com a Evita! Ele tinha que ter muita força, pra dizer o mínimo, pra ter se casado com a Evita. Era uma mulher pouco conhecida, uma atriz de radiodramaturgia.

— O senhor é peronista? — pergunto, bem alto.

— Não. Sou antiperonista. Mas mudei. Não penso mais o que pensava sobre o Perón. Foi muito inteligente. Casando-se com a Evita naquela época! Uma vez, num voo pra Espanha, levei a segunda mulher de Perón, cujo nome era Isabel.

— Você se lembra das viagens que fazia com a Silvia?

Pergunto por perguntar. Não espero obter dados de uma memória lascada. Estou satisfeita com o que trago à tona.

— A Leila está perguntando se você se lembra das viagens que costumávamos fazer juntos! — ela grita e pega o caderno, mas antes que possa escrever, Jorge Labayru diz:

— Fomos das Filipinas… pra Londres! Porque eu voava das Filipinas pro Havaí e do Havaí pra Los Angeles. Ou melhor, voltava a Madri, porque ela estava em Madri.

— Naquela época, pai, não se sabia em que momento você dormia. A Vera dizia: "O Nonno está louco, porque vive de noite e dorme de dia".

— Além disso, nunca fiquei doente! Nunca fiquei doente.

Ele fala do Uruguai como um país exemplar, da cidade natal de Eva Perón, dos escandinavos (achamos que fala de certas excursões vikings, mas não temos certeza), de sua própria mãe, da morte de sua própria mãe, de um gasoduto cuja construção está atrasada, de uma decisão recente do Congresso. Embora as ligações entre uma questão e outra — a mãe, o gasoduto, Perón — sejam arbitrárias, o que ele diz sobre cada um desses temas é, ainda que breve, bastante sólido.

— Você vê o noticiário?

— Vejo porque estou preso — diz ele, rindo. — No hospital. Um hospital que fica ao lado do Hospital Militar.

— Mas não está preso, Jorge.

— Não estou na minha casa — diz, sarcástico. — Minha mulher me expulsou de casa. Sou casado com ela e ela recebe a pensão alimentícia que me pagam. Ou seja, pago minha própria cadeia. Mas tenho que agradecer porque sou muito saudável. Nunca fiquei doente de nada!

— E da cabeça? — ela pergunta e passa a mão na testa dele.

— Não! — diz, enfaticamente.

Depois, voltando-se para mim:

— Eu não a influenciei. Ela teve sua independência política. Foi uma mulher independente, e o pai que ela tinha era um militar. Eu a levei pra Nova York nas Aerolíneas Argentinas, e de lá pra San Antonio, Texas.

— Por que fez isso?

— Porque ela estava presa na Polícia Federal e eu fui conversar com o delegado e disse que estava levando minha filha pra fora do país. E de Nova York viajou pra San Antonio, Texas. Naquela época dos militares, meus companheiros tinham muito apreço por mim. Conversei com eles pra que não a detivessem e depois a salvei. Falei com um delegado da Polícia Federal, pra tirá-la de lá.

— Você a ajudou muito.

— Era minha filha — diz ele, encolhendo os ombros, como se dissesse: "O que mais eu ia fazer?".

— Você se lembra de quando disse que se tivesse tido quatro ou cinco filhas como eu você estaria morto? Felizmente você teve apenas uma.

— Não houve outra filha por causa da mãe — diz, como se a filha não estivesse lá. — Eu teria tido outra filha, mas a mãe não.

— Papai, eu contei pra Leila que quando você chegava à minha casa em Madri, começava a lavar a pilha de louça e dizia que estava praticando mergulho. Nós deixávamos toda a louça suja por semanas porque você gostava de lavar a louça.

— Eu era muito amigo do marido dela.

— Qual deles, pai?

— O primeiro.

— Qual é o primeiro, pai?

— O Jesús.

— Esse não é o primeiro, pai. O primeiro é o Alberto Lennie, pai da Vera. Você não gostava daquele.

— Não, não, não. O outro.

— O Osvaldo Natucci.

— Sim. Esse. Encontrei-o numa milonga em Buenos Aires. Eu fui um jogador de futebol muito bom e um dançarino.

— Ia dançar com a Betty?

— Sim, sim. Linda, sim. Nos separamos por causa de um choque que ela teve, um choque tremendo.

Ela me olha e se fecha em copas, olhando para a calçada através do vidro.

— O Perón era muito inteligente! Naquela época, casar-se com a Evita! — grita. A filha ri, diz-lhe para baixar a voz. — Eu voava pra Cidade do Cabo.

— E eu não quis ir porque quando você me convidou era época do apartheid. Por razões éticas. Que tonta, hein, pai? Eu era um pouco tonta.

— Brigavam por política? — pergunto.

— Discutíamos. Não brigávamos — ela diz.

— Ela era uma montonera e eu militar. Por aí já se vê — diz.

Ela pisca para mim: "Aí está, esse é meu pai".

Na volta, caminhamos até a porta da casa de repouso. Ela toca a campainha, uma moça com uniforme médico abre, empurra a cadeira pela rampa com a habilidade de alguém treinado, embora não pareça uma carga leve. Ela dá um beijo na cabeça do pai.

— Tchau, pai, te amo muito; cuidado com as mulheres, hein?

Antes de irmos, ela diz à menina:

— Você pode dizer à Silvia que venho vê-la amanhã, que eu não esqueci, que ficou tarde?

Silvia é mãe de Hugo.

— Ela me disse que não quer entrar no elevador com meu pai porque ele passa a mão na sua bunda — ela me diz quando estamos indo embora.

Ela precisa andar um pouco, essas visitas a deixam aniquilada. Então caminhamos.

Apenas um ano e meio depois de tê-la visto pela primeira vez, sinto-me à vontade para fazer algumas piadas. Um dia diz que lhe pediram para rever materiais relacionados com a Esma. Ela faz, mas diz que ao mesmo tempo pensa: "Meu Deus, isso nunca vai acabar, é preciso escrever tanto, investigar tanto sobre a mesma coisa?". Digo a ela quem sou eu para dizer algo, já que vou escrever sobre "pelo menos um material relacionado à Esma", e sugiro que, se ela se sentir cansada, quando lhe pedirem ajuda sobre o assunto ela comece a soluçar e diga: "Não, por favor, não posso falar sobre isso, isso me deixa muito mal!".

Ela responde com um áudio que começa com uma risada cristalina: "Você me fez rir!".

Nas entrevistas, nas mensagens que me deixa, ouço-a contar, entre escandalizada e orgulhosa, a quantidade de coisas que fez em um dia: foi de carro ao Centro Cultural Kirchner, do outro lado da cidade, depois a um restaurante, depois ajudou Hugo a esboçar alguns fôlderes para um curso, antes disso, encontrou-se com uma advogada, depois ficou resolvendo problemas de um apartamento que tem em Reus. Nunca fala comigo sobre seu trabalho em revistas de engenharia (apenas uma vez ela dá um dado concreto: "Agora estou metida com engenharia médica e tomografia computadorizada, e como os engenheiros intervêm na tecnologia dos aparelhos na questão hospitalar!"). No fim de 2022, tenho a sensação de que o movimento constante a cansa e que as coisas que Hugo faz — o congresso no Brasil, as novas aulas que ele está ministrando em inglês — ganham um destaque peculiar. "Foram dias agitados de coisas de todos os tipos. Visitas, jantares, teatros, jogos de futebol, problemas, advogados. E a verdade é que já estou um pouco cansada, com vontade de parar um pouco, mas a pausa nunca chega. Bem, o que eu sempre estou te contando, mas são alguns dias sem parada. Houve alguns momentos em que tive esses ataques de sono, e dormi à tarde quatro horas seguidas, acordo totalmente embotada. E me sinto culpada quando procrastino. Tenho problemas com os apartamentos na Espanha, de qualquer maneira. Mas vai ficar tudo bem [...]. Aqui o Hugo começou a dar aulas em inglês, desta vez com um grupo na Escócia e nos Estados Unidos." Segue-se uma longa lista de atividades diversas. "Está a todo vapor. Todo vapor todo vapor."

Passo várias semanas na Cidade do México, a convite da Casa Estudio Cien Años de Soledad para fazer uma residência literária. Estou hospedada em um Airbnb em Coyoacán. É um apartamento agradável e acolhedor que fica na casa onde a revista *Vuelta*, fundada por Octavio Paz, funcionou até 1998. Suponho que muitos poderiam escrever coisas bombásticas sobre o fato de eu estar oscilando entre um lugar frequentado por Octavio Paz e a casa onde García Márquez escreveu *Cem anos de solidão*, em San Ángel, mas dedico meu tempo a um trabalho bastante mecânico — transcrever as entrevistas que fiz para este livro —, o que não deixa espaço para muitas fantasias (dá, em vez disso, muita dor no pescoço). Enquanto estou ali, recebo um e-mail do Museu da Memória convidando-me a participar, juntamente com outras jornalistas, de uma visita à exposição "Ser mulheres na Esma II". Não pergunto qual é o objetivo e, embora já a tenha visto, aceito e digo a mim mesma que, se tiver de cancelar, há tempo.

Quando chego a Buenos Aires, quase um mês depois, recebo uma mensagem dela: "Vou te ver na Esma, né? Quer ir comigo?". Estou surpresa — não sabia que havia sido convidada —, e sinto aquele tipo de alegria que resulta de descobrir que você vai encontrar alguém em um lugar onde não esperava encontrá-lo. Eu digo que sim, vamos lá.

Alguns dias mais tarde, às 13h15 — estão nos esperando às catorze horas —, vou à sua casa. Toco a campainha e ouço: "Já vou!". Desce. Assim que nos cumprimentamos — com um forte abraço —, o conforto de uma conversa ininterrupta se instala. Ela usa um camisão branco, óculos de sol redondos pendurados no decote, calças cor de terra. Está com os cabelos mais longos. Sobre o conjunto, que parece ter saído de uma vitrine, o casaco cor de gelo. Ela é uma mistura de garota Lennon e alguém que poderia administrar uma galeria de arte. O carro de Hugo está na porta. Ela já se atreve a dirigir sozinha e sem GPS. Em todo caso, quando dá a partida ou liga as setas, continua a fazê-lo com o extremo cuidado que alguém toma ao usar algo que não é seu. No caminho, ela me conta sobre uma situação delicada que surgiu com um apartamento na Espanha e com um terreno que Jesús comprou no Panamá, plantações de teca em conjunto com outros sócios.

— Eu sempre tendo a pensar que tudo pode ser resolvido fazendo algo. E às vezes, realmente, você não pode fazer nada. Mas aceitar isso é muito difícil. Estou exausta. E continua sem parar.

E vai continuar.

Quando chegamos à Esma, tentamos ingressar pela entrada da Libertador, mas nos dizem que temos de dar a volta no prédio e acessar pela lateral. Retornamos à avenida, procuramos uma rua para virar à esquerda. Um cara em um carro com a janela abaixada, que vai na direção contrária, lhe joga um beijo. Ela não vê. Este é o efeito que ela produz: loira de alto impacto, um tom de coloração extremamente chamativo. Contornamos a área, entramos por onde nos indicaram. São ruas internas pelas quais ela nunca andou.

— É como se eu estivesse em outro lugar. Será por aqui? — O local é bastante quadrado, por isso nos guiamos pela lógica, avançando lentamente entre edifícios vazios. — Como está tudo deteriorado — diz, como quem lamenta ver uma casa em que morava desabar. — Bem que podiam pintar um pouquinho.

Estacionamos no lugar de sempre, a área arborizada, a plataforma de cimento. Já são duas horas, a hora marcada, e estou prestes a sair do carro quando ela traz à tona um assunto ao qual voltou repetidas vezes nos últimos tempos: *El fin de la historia*, o romance de Liliana Heker em que, embora com um nome diferente, aparece a história de Cuqui Carazo e Antonio Pernías. No segundo semestre de 2022, Silvia fala muito sobre esse romance e seus procedimentos, que ela nunca para de questionar toda vez que há uma oportunidade (se não houver, ela a procura). "Como é que você apresenta algo como ficção, mas está falando de alguém absolutamente relacionável e diz qualquer coisa sobre essa pessoa? Põe a Cuqui mais ou menos como uma agente dos serviços." Sempre pergunta se ficção e realidade podem ser misturadas dessa forma, se é lícito, se é moral. Eu deslizo nas respostas, digo a ela que é uma discussão complexa (e é). Cuqui Carazo e Liliana Heker eram amigas próximas. Carazo contou a Heker, ao sair da Esma, tudo o que tinha acontecido. Perguntei a Carazo sobre o assunto e ela respondeu calmamente: "Eu fiquei ressentida com a Liliana porque você não quer aquela coisa de quem foi sua melhor amiga na infância, pra quem você desabafou tudo por necessidade. Mas também compreendo que é difícil entender. Julgo a Liliana relativamente, porque deve ser muito difícil entender". Essa postura está longe da raiva que a coisa toda desperta em Silvia Labayru, e sinto que poderíamos ficar falando sobre isso até o pôr do sol, mas são duas e quinze: estamos quinze minutos atrasadas.

— Está ficando tarde. É melhor irmos — eu digo.

Enquanto caminhamos em direção ao edifício, ela me pergunta:

— Bem, sobre o que você vai falar aqui?

— Eu? Sobre nada. Por quê?

— Você não vai participar de um painel em que vão falar dos relatos na literatura sobre a Esma?

Painel, literatura sobre a Esma? Em que parte do convite dizia isso? Tenho certeza de que em nenhuma.

— Não. Ninguém me disse nada.

— Achei que era isso — diz, indignada.

— Mas alguém lhe disse que ia ser *isso*?

— Não. Mas pensei que, como você veio...

— Mas não sou alguém que tenha escrito sobre a Esma. Ainda.

Quando entramos, já estão todas as jornalistas junto à nova diretora do Museu, Mayki Gorosito, nos esperando. Somos as últimas. Pedimos desculpas pelo atraso. Ela faz uma saudação geral e educada, o tipo de gesto que funciona tão bem para ela. Eu, por outro lado, insisto em cumprimentar todas as colegas e erro o nome daquela que conheço melhor. Em vez de chamá-la de Hinde — Pomeraniec, jornalista do *Infobae* —, a abraço gritando "Miriam!". Não sei por quê (ou sei, e é uma explicação assustadora: Hinde é loira e tem cabelo curto, como Miriam Lewin, a jornalista que foi detida aqui e que está na minha cabeça desde o início). Há apenas um homem, muito jovem, encarregado de guiar a visita.

— Bem, podemos começar — diz Mayki Gorosito.

Embora haja pelo menos uma ex-detida que ela conhece — Bettina Ehrenhaus —, não sai do meu lado. Nem eu do dela. Acho que sou a gaveta de fundo duplo onde ela guarda muitas das coisas que pensa sobre estar aqui e que, quando está aqui, prefere passar despercebida. Aí eu me dou conta de que, pelo menos nessa última parte, estou equivocada.

De pé em frente ao painel de entrada, que originalmente mencionava apenas "prisioneiros" e "desaparecidos", agora modificado de maneira inclusiva — "prisioneiras", "desaparecidas" —, o jovem explica o conceito da exposição, mas diz "prisioneiros" e "torturados", quando deveria dizer "prisioneiros e prisioneiras", "torturados e torturadas". As jornalistas reclamam:

— Ficaríamos gratas se...

— Por favor, justo nesta exposição...

A afirmação soa um pouco hostil. Hinde Pomeraniec se apieda:

— Tenho filhos homens, sei o que significa, estamos habituadas a completar, mas é um esforço que temos de fazer — diz, simpática.

Posso imaginá-lo reconfigurando o discurso a toda a velocidade, colocando asteriscos no final da página em palavras como "trasladados" — e "trasladadas" — "executados" — e "executadas". Curiosamente, a palavra "estupradas" só aceita, por enquanto, o feminino (algo que a passagem do tempo por certo reparará). Ele nos convida, estoico, para outra sala onde se projeta um vídeo que resume as ações da ditadura. Todos se sentam, menos ela, que fica perto da porta.

— Nunca estive aqui — sussurra, olhando para um móvel, parte de um balcão de bar, localizado em um canto.

O jovem explica em tom pedagógico o que era a Esma, como funcionava em seus primórdios.

— A Escola de Mecânica da Marinha, até o início da ditadura e durante a ditadura, significava para muitas famílias trabalhadoras, em todo o país, a possibilidade de enviar seus filhos para um lugar onde iriam receber formação técnica, onde iriam alimentá-los. A lista de espera era longa, havia provas de admissão. E durante o funcionamento do centro clandestino, a Escola continuou funcionando, entre aspas, normalmente. O entorno deste edifício foi transformado numa área restrita. Os professores continuaram morando no primeiro e no segundo andares, como se fosse uma espécie de hotel, enquanto interrogatórios, torturas e trabalho escravo eram realizados no porão do local. Quando o caso Esma começou no tribunal, este lugar era e é considerado uma prova crucial. É por isso que a única coisa que foi feita a este edifício foi o que é conhecido como "deter a deterioração", e a mostra não intervém no edifício, para que as provas permaneçam como estão.

As provas, depois de quarenta anos. Fanego, advogado de defesa de Alberto González, pediu no julgamento que Silvia Labayru fosse submetida a um exame físico para detectar os danos causados pelos estupros ocorridos em 1977 e 1978.

— Claro, se alguém tiver alguma pergunta... — diz ele, mas ninguém pergunta nada.

Ela sussurra algo engraçado e eu rio — sei porque está gravado —, mas não me lembro do comentário. Ela sempre diz coisas ácidas em momentos solenes. É estranho que a apresentação seja tão didática, já que no grupo há ex-detidas — três: Silvia Labayru, Bettina Ehrenhaus e Laura Reboratti — que conhecem a história por motivos óbvios, e jornalistas, que deveriam conhecê-la (também por motivos óbvios).

A projeção do vídeo começa com uma trilha sonora tétrica: os comunicados da Junta Militar anunciando o golpe: "Comunica-se à população que a partir de agora o país está sob o controle da Junta Militar". Ouvem-se os nomes dos membros: Videla, Massera, Agosti. "Recorda-se a vigência do estado de sítio." "Comunica-se à população." Eu era pequena quando começou a ditadura, tinha nove anos, mas os áudios me ejetam para aquele inverno sem fim, para as conversas entre adultos que nós, crianças, não podíamos ouvir, para as opressões cotidianas — você não pode ir à escola com jeans, ou com unhas pintadas, ou com o cabelo solto —, para filmes e livros censurados: as minúcias do horror. Sempre acontece comigo quando ouço "comunica-se à população": a unha lisérgica do passado penetrando no hipotálamo. Não é grave, apenas um choque, mas esta tarde há três mulheres que foram detidas e pergunto-me se, quando são convidadas a fazer parte de situações que envolvem ver e ouvir essas coisas, alguém leva em conta isto: o que acontece naquelas memórias. Talvez nada aconteça, mas alguém pensa no que poderia acontecer?

A projeção termina. O jovem anuncia que podemos continuar. Subimos pelas escadas os três andares que levam ao setor da Capucha, onde ele explica que aquele era o banheiro, que ali funcionava a Pecera [Aquário], o lugar onde os detidos eram forçados a gerar comunicados de imprensa como propaganda do regime. Ela aponta para uma das televisões.

— Olha, esse é o Martín Gras.

Vejo na tela um homem de perfil testemunhando no Julgamento das Juntas de 1985, mas rapidamente desaparece e outra pessoa surge em seu lugar. Ficamos longe do grupo, que se detém mais à frente. O jovem está dentro do espaço ocupado por uma cabine. Aponta para a disposição do mobiliário — aqui havia uns beliches, aqui uma mesinha — e anuncia que vai ler poemas de uma mulher sequestrada em 1977, Ana María Ponce, que continua desaparecida.

— "*Un verso que apriete el dolor, las palabras contra la boca.*"*

Esses poemas são frequentemente lidos em vários eventos ou em momentos como este. Não têm necessariamente grande qualidade, e sim uma forte carga simbólica. O jovem se emociona. Alguém lhe entrega um lenço.

— "*Detrás de mí está el recuerdo. La simple alegría de vivir. Detrás de mí queda un mundo que ya no me pertenece. Me miro los pies. Están atados. Me miro las manos. Están atadas.*"**

Sua voz se perde entre os testemunhos que as televisões irradiam. Se naquela época o barulho era permanente — a música para cobrir os gritos, os gritos dos militares, as correntes, os baldes, as botas dos guardas —, o de hoje parece um reflexo asséptico do ruído de ontem. Não há como imaginar a luz artificial, as janelas fechadas, o cheiro de urina, os baldes cheios de merda, entre as vozes que vêm das televisões e geram um muro de sons confusos.

— Não sei se alguma das sobreviventes quer dizer alguma coisa — diz o jovem.

Uma das ex-detidas, Laura Reboratti, dá um passo à frente.

— Mesmo naquela época, quando eu estava lá, poucas coisas tinham sido implementadas. Ganhei um colchãozinho. Estendendo a mão, podíamos tocar o companheiro que estava no colchão ao lado. Isso foi modificado mais tarde. Mas tínhamos grilhões e algemas.

---

* "Um verso que aperte a dor, as palavras contra a boca", em tradução livre. [N.T.]

** "Atrás de mim está a memória. A simples alegria de viver. Atrás de mim está um mundo que já não me pertence. Olho para os meus pés. Estão atados. Olho para as minhas mãos. Estão atadas", em tradução livre. [N.T.]

— Alguma pergunta? Não? Então vamos para o porão.

Todos refazem seus passos, mas ela caminha até o local onde ficava sua cela, olhando para o teto.

— Acho que era aqui. Os ratos passavam por aquelas vigas o tempo todo.

Retornamos pelo mesmo caminho, descemos três andares e saímos para a esplanada de concreto onde estão as outras, junto à porta do porão. O jovem explica como os detidos (e as detidas) chegaram e como eram forçados (e forçadas) a trabalhar, como eram torturados (e torturadas).

— Reconheço os pisos — diz Laura Reboratti, sorrindo. — Como estava todo o tempo entre os tapumes, de olhos vendados, eu podia ver sob a venda, e tudo o que eu podia ver eram os pisos.

Ela ri e eu acho engraçado, mas ninguém mais ri. Em seguida, o jovem diz:

— A sala de parto no terceiro andar funcionou a partir de dezembro de 1977.

Ela e eu nos olhamos, abrindo os olhos para fingir espanto — porque já tinha havido partos lá muito antes —, e eu sei o que está por vir porque conheço essa expressão: a boca sorri com afabilidade, mas os olhos azuis se tornam densos, sem conter a borrasca que se avizinha.

— Não — ela diz categoricamente, para que possa ser ouvida.

O jovem pergunta:

— Não?

— Não. Eu dei à luz em abril de 77. Aí em cima.

Todos os olhos estão voltados para ela. Essa mulher elegantérrima, encostada no batente de uma porta, que passava por ser sabe-se lá o quê: uma jornalista, pessoal do museu. Imagino as tentativas de corrigir o erro de paralaxe e fazer com que essa imagem corresponda ao que se espera de uma sobrevivente.

— No setor de grávidas — diz o jovem.

— Sim — diz ela.

— Claro — diz ele.

— Mas em abril — diz.

— Sim, a partir de 77 — insiste ele, determinado a que ninguém corrija seu erro (na verdade, o erro estende-se ao site do museu, que fala de Emiliano Hueravilo, nascido em 11 de agosto de 1977, fundador do grupo HIJOS, que reúne filhos de pessoas desaparecidas, como sendo o primeiro bebê nascido na Esma).

— Eu te entendi mal, então — diz ela, e encerra o assunto.

Mas é tarde demais. Todas olham para ela. Não sei se ela acha a situação desagradável. Uma jornalista lhe pergunta:

— Você deu à luz aqui?

— Sim. E antes de mim, houve um parto em março, o de Marta Álvarez.

— Você está dizendo que já havia partos em março? — pergunta a jornalista.

— Não tenho conhecimento de nenhum parto anterior ao da Marta Álvarez e ao meu. E, a partir daí, inaugurou-se a ideia de transformar isso numa espécie de, entre aspas, maternidade. Traziam meninas de outros campos pra parir aqui. E então roubavam as crianças e trasladavam as mães, ou as devolviam aos campos de onde vinham originalmente.

— Vou te fazer uma pergunta — diz outra jornalista. — Quem te assistiu no parto?

— Fui assistida por ninguém menos que o chefe de ginecologia do Hospital Naval, Magnacco, que agora está condenado a vinte anos de prisão — diz ela, sem parecer incomodada ao ser questionada assim, diretamente. — Isso é importante porque mostra a cumplicidade institucional que existia. Meu parto foi um parto de dez meses. Nunca fui atendida por nenhum médico.

— E eles deixaram você ficar com uma amiga ou uma companheira? — pergunta a jornalista.

Penso no trio que a acompanhou: Antonio Pernías e Cuqui Carazo, que iam se internar em um território difícil; Norma

Susana Burgos, cujo lugar ela ocuparia quando a obrigaram a se fazer passar por irmã de Astiz. Penso naquela mulher fazendo força como um animal diante da palavra "fórceps", focada em sua missão: fazer nascer sabendo que, uma vez cumprida a tarefa, não teriam obstáculos para matá-la. Tudo isso pode ser explicado em um pátio de cimento diante de pessoas desconhecidas? E se não se explica tudo isso, é possível entender alguma coisa? Mas ela sorri, quase complacente.

— Sim. A Inés Carazo estava lá, e eu pedi pra ela me acompanhar. Também a Norma Burgos. Havia um enfermeiro. E o dr. Magnacco e o oficial Antonio Pernías. Tiraram-me as algemas pra ocasião, digamos assim. Depois me deixaram com a Vera, minha filha, por uma semana, e a entregaram pra minha família.

Ela conta os fatos: isso que nunca explica nada, que nunca permite entender.

— Eu queria perguntar o que acontece quando vocês vêm a esses lugares. Faz bem vir aqui conversar? — Hinde Pomeraniec pergunta.

— Me emociono toda vez que venho — diz Laura Reboratti. — Mas, por alguma razão, me faz bem.

— Nunca é agradável vir — diz Bettina Ehrenhaus. — Mas acho que, como vítimas sobreviventes, é isso que temos de fazer. Toda vez que nos chamarem pra conversar, vamos fazer isso e vamos aonde for. A vida nos colocou aqui e é isso que temos que fazer.

Faz-se um silêncio. Ela não parece disposta a falar; porém, mais uma vez, todas a contemplam como se dissessem: "É a sua vez".

— Bem, sempre acho estranho estar aqui — diz ela, doce e tranquila. — Mas pra mim é um espaço subjetivamente muito descontextualizado. A impressão mais clara que tive da primeira vez foi: "Que lugar tão pequeno pra um inferno tão grande".

A frase já é um slogan. Imagino os títulos, parafraseando-a.

— A sensação que tenho é que tudo isso é muito pequeno, muito pequenino. Eu me lembrava do lugar como muito maior. Agora mesmo vi a cela onde fiquei, e é uma coisa muito pequena. Havia muito barulho, muita gente, muito cheiro, música incessante. Ver assim, com aqueles pisos e com as janelas abertas... Entendo que tem que ser assim, mas é difícil se situar. Então há uma sensação de familiaridade, e não. A evocação não ocorre de imediato. Provavelmente por razões defensivas. Mas acho estranho estar aqui, com vocês, fazendo essas visitas. Sim. É estranho pra mim.

— Quando vocês perceberam que era preciso adicionar algo feminino à história? — outra jornalista pergunta.

— Falo por mim — diz Bettina Ehrenhaus —, não sei as demais, mas não nos víamos como feministas. Éramos militantes, assim como nossos companheiros. Eles também nos consideravam iguais. Ser apalpada, sofrer abuso, essas coisas aconteciam porque você era mulher, mas pra mim era mais grave que atirassem meu marido no rio. Dizíamos: "Bem, isso é apenas mais uma contingência, o que temos que fazer é salvar a vida". E se acontecesse comigo na rua, a mesma coisa. Eu não arriscaria minha vida porque fui estuprada. Você sobrevive. Que me despissem era um problema menor. Agora não vejo como um problema menor, mas na época era.

Entre as jornalistas, uma moça muito jovem, que permaneceu calada o tempo todo, diz:

— Vi algo do Julgamento das Juntas e não lembro o nome dela, mas uma mulher contava que lhe davam choques elétricos especialmente nos mamilos. Mais tarde, tiraram dela o filho em cativeiro e, quando teve outro filho, não pôde amamentá-lo.

Ela não diz: "Essa mulher sou eu" (talvez porque não fosse ela). Diz:

— A mesma coisa aconteceu comigo. — E depois, resumindo o assunto e levando o tema para o território que lhe interessa: — Em relação ao que a Bettina diz sobre estupro, sim, nós mulheres que passamos por isso demoramos pra conseguir contar. Testemunhei em dois julgamentos, mas se passaram muitos anos até que declarassem o estupro e o abuso como delitos autônomos. Até então, eram declarados como tormentos. Foi preciso que o tempo passasse e que a sociedade aceitasse os depoimentos das vítimas com outros olhos. Que deixassem de nos acusar de traidoras, colaboradoras, de agentes secretas, de putas. Fui a primeira em levar adiante um julgamento por estupro do meu estuprador e do sr. Acosta. E pela primeira vez declarei que tinha sido estuprada por uma mulher, que era a esposa do meu estuprador. Esse fato, que declarei em juízo, não foi mencionado por nenhum veículo de comunicação. Então somos todas muito feministas, mas quando há julgamentos desse peso, a imprensa não noticia.

Em 15 de agosto de 2021, depois da sentença, o jornal espanhol *El País* publicou um longo artigo em que a jornalista Mar Centenera reproduzia o depoimento de Silvia Labayru:

> González não estava apenas satisfeito em me estuprar. Quis que eu fosse a escrava sexual da sua esposa também. Não só me levou para motéis por horas, mas também para sua casa, onde fui subjugada para satisfazer as fantasias sexuais do casalzinho. Essa mulher sabia que eu era uma sequestrada. A filha do casal tinha um ou dois anos e isso aconteceu cinco ou seis vezes. Eu era escrava de seus desejos e caprichos e foi tão traumático que não consegui contar para as pessoas mais próximas. Demorei muito para perceber que tinha sido estuprada por ela também.

A imprensa noticiou os dados. Mas talvez nada seja suficiente, nunca.

— Desculpem-me, que tal entrarmos? Eu estava pensando em descer para o porão, mas podemos ir direto à mostra — diz o jovem.

Ao entrarmos, uma jornalista se aproxima de Silvia Labayru e pede seu telefone.

Na sala onde estão os painéis com os depoimentos das mulheres agrupados por categoria, ela me sussurra:

— Eu não estou aqui, meu depoimento não está na parede.

— Sim, você está, vimos isso da última vez.

Procuro, encontro, mostro a ela. Começa com esta frase: "Devo metade da minha vida a Mercedes Carazo, porque graças a ela deixei de ser um número".

— Mas não estou na parte de "Crimes sexuais". Eu, que sou a única mulher que já entrou com um processo.

— Não. Você está em "Vínculos de solidariedade e irmandade", porque é uma pessoa muito boa.

— Sei — diz ela, e rimos baixinho.

Depois, ela fica muito tempo na sala contígua, assistindo ao vídeo com os depoimentos das outras mulheres, de si mesma, até que Mayki Gorosito chega e diz: "Com licença, temos que encerrar, podemos tirar uma foto?".

Naquela tarde, alguém do museu me pergunta se posso enviar um breve depoimento sobre o que senti na mostra. Recuso dizendo a verdade: são situações complexas, não posso reduzi-las a dez linhas. Além disso, quem se importa com o que aconteceu comigo? Horas depois, ainda estou pensando no que aconteceu — ou não aconteceu — com ela.

Saímos do Casino de Oficiales, vamos até a caminhonete. Pergunto a ela, para conferir, o sobrenome do rapaz que saía com ela e que está desaparecido.

— O sobrenome é Lepíscopo?

— Sim. Pablo Lepíscopo. Antes era namorado da Bettina. E, antes disso, era namorado da Alba. A história é complicada, porque eu deixei o Hugo por esse menino, que era o companheiro militante mais próximo dele. E eu era uma adolescente louquíssima. Esse cara, Pablo, e eu fomos presos juntos em 73, com aquela panfleteira que não explodiu. Ele era maior de idade e foi parar no Devoto. Foi uma história difícil pro Hugo e uma canalhice da minha parte. Porque não passou de uma aventurazinha. Ele voltou com a Alba, que era seu amor.

Se um mapa de relacionamentos fosse desenhado ligando rostos com fios vermelhos no melhor estilo "cena de crime", os rostos seriam completamente tapados pelas cruzes. Heterossexualidade a todo vapor. Ela entra na caminhonete e pressiona o botão de ignição. Não liga.

— Por que não funciona?

Tenta novamente. Nada. O painel se acende com a mensagem: "Mudar para estacionamento". Olha para o volante, olha as palavras.

— Por que não liga? Que desastre — diz sem alarme, surpresa. — Estou ficando nervosa.

— Já vai ligar.

Tenta novamente. Aperta o botão de partida com aquele gesto relutante com que pressiona o botão da cafeteira. Um alarme começa a tocar.

— Tente abrir a porta — eu digo.

— Com as portas abertas, nunca liga.

O alarme soa mais alto.

— A mensagem diz: "Mudar para estacionamento". Tem alguma coisa que você aperta toda vez que estaciona? — Pergunto.

— Não.

Aperta.

Nada.

O carro tem câmbio automático.

— Está no ponto morto? — pergunto.
— Sim. N é ponto morto. M não sei o que é. Algo está bloqueado.
— Olhe, outro sinal: "*Passenger airbag*".
— Humm. É algo do... do...
— Do airbag?

Então abre a porta, pressiona o botão e o carro liga.

— Pois bem. O que foi, não sei. Só toquei aqui. Toquei aqui e ligou, mas estou sem óculos, então não sei o que apertei. Não pretendo voltar a tocar.
— Agora você sabe que tocando tudo se ajeita.
— Pensei: "Bem, se o carro ficar pra dormir na Esma, problema dele".

Dá marcha a ré. Para inovar, seguimos por outro caminho e acabamos diante de um cacto gigante e um jardim.

— Nunca estive aqui. Vou pra trás, né?
— Sim. Cuidado com o cacto.
— É muito estranho. Mas, pra falar a verdade, não me causa o horror que deveria causar. Agora, o que a Bettina disse me matou.
— Qual parte?
— Que não temos outro caminho a não ser continuar testemunhando e que essa é nossa função na vida. Mas como isso vai ser sua função na vida?! Uma coisa é testemunhar, mas toda a sua vida ter que se dedicar a isso, como um destino, já que você sobreviveu... Meu Deus. Vou ter que virar aqui?
— Não. Você não fica mal quando pessoas que não te conhecem perguntam essas coisas? Se você pariu lá, se alguém te acompanhou.
— Se houvesse um debate, mas essas perguntas assim... E tem outra coisa, meio reverencial, que vêm te dar um beijo...
— Não vire aqui. Passe mais uma rua. Como um excesso de respeito, você diz?

— Sim, tipo: "Ah, não sei se posso te perguntar, isso te incomoda? Ai, ai". Se você está lá, deve ser capaz de responder a uma pergunta quarenta e poucos anos depois. E se você não pudesse responder, não estaria aqui. Simples.

— Alguém te avisou que iam fazer perguntas?

— Não.

— Não deveria ser algo mais delicado? Avisar: "Você se importaria de falar com dez jornalistas que vão lhe perguntar sobre seu sequestro e parto?". Como podem saber como você é ou como isso a afetaria?

Não sei por que insisto. Se já sei a resposta.

— Não. Não me disseram nada. Têm que fazer essas visitas, porque é um trabalho. E é sempre bom ter alguns macacos do zoológico. Você serve como ostentação dos eventos. O Hugo me diz: "Você vai se tornar uma militante disso. Não tem problema, mas tenha isto em mente: outra vez uma montonerinha, uma montonerinha dos direitos humanos?". Imaginei outra coisa, que haveria um debate sobre a escrita e os campos.

— Você imaginou sozinha. Mas não acha estranho que ninguém pergunte pra você, que esteve aqui: "Isso te incomodaria...?".

Por que insisto? É um absurdo.

— Não, é que o papel já está atribuído. Você vem, eles te perguntam, você fala. Isso me dá uma certa tristeza. Mas tristeza por causa de como é feito. Não é que eu não ligue de vir. Mas há muita desnaturalização em relação ao que era. Percebo que me perco nos espaços, que só visitei determinados lugares e que outras meninas tiveram uma circulação diferente. O que eu sabia era que eles faziam os churrascos lá atrás, mas nunca fui lá. Olha, essa é a minha casa. Libertador, 4776. Onde eu te deixo?

— Me deixe aonde você for, eu me viro.

— Vou buscar um cabideiro que comprei. Mas você me diz onde.

— Você vai passar na Juan B. Justo?

— Sim.
— Eu desço lá.

Viramos na avenida Juan B. Justo e temos que percorrer vários quarteirões até encontrar uma rua que dê mão.

— Amanhã a gente se vê, né?
— Sim.
— Como seu namorado te recebeu depois de tanto tempo no México?
— Muito bem.
— Viro aqui?
— Sim. E dê a volta ali.
— Vocês não têm problema com esse tempo que ficam separados e toda essa história?
— Que problema? Que podemos estar com outra pessoa?
— Sim. De paranoias. Ou vocês têm um pacto muito... muito...
— Relaxado?
— Sim.
— Não. Nenhuma das duas coisas. Viajamos muito, se fôssemos paranoicos seria impossível.
— Você não pensa nessas coisas.
— Não. Olha, encosta aqui, aí eu desço. Te vejo amanhã.
— Que horas a gente marcou?
— À uma. Está bom?
— Sim, perfeito.

"Encosta aqui": eu não falo assim — eu digo "para aqui" —, mas os modos dela grudam em mim (embora nem tanto: ela diria "encoste").

Sem dúvida, o tema do ciúme, que parecia circunscrito a Hugo, expandiu-se. Essa frase vem aparecendo há algum tempo, com variações: "Eu não tinha ciúmes antes, mas algo me despertou com esse homem". Há também aquela peça solta do quebra-cabeça que Alba apresentou: "Ela e o Jesús se controlavam". Tudo pode ser verdade. O que ela percebe. O que os outros veem. Como saber qual versão está correta? É tudo verdade, mas o que é real?

No dia seguinte nos encontraremos na casa dela, à uma da tarde. Eu toco a campainha e ela vem abrir a porta, mas pegou a chave errada, então tem que voltar. Ouço-a pela porta que separa o corredor da calçada:

— Espero conseguir voltar a entrar na minha casa.

Consegue, volta com a chave certa, abre. Conversamos sobre as qualidades do pão de centeio que fazem na padaria que fica em frente, falamos sobre um belo mural do outro lado da rua, na fachada de um casarão do qual nunca vi ninguém entrar ou sair.

— Sabe o que funciona lá?

— Não faço ideia. Mas você mora do outro lado da rua. Não sabe?

— Tenho que descobrir. Gosto de fazer essas explorações.

Mesmo já sendo primavera, faz frio. Ela usa um suéter marrom de gola alta. Tons escuros fazem seus olhos parecerem mais intensos, e o marrom combina com os cabelos loiros de uma forma que me lembra o visual das modelos de revistas de moda dos anos 1970 que minha mãe comprava. Eu admirava aquelas mulheres bonitas que pareciam quentes, perfeitamente confortáveis e com a vida solucionada apenas pelo fato de estarem envoltas em lã. O apartamento cheira a assados no forno.

— Coloquei umas empanadas. Você se importa se eu beber um vinho?

— Não, claro.

— Quer um pouquinho?

— Não, obrigada.

— É verdade: você não bebe quando trabalha, né?

É uma das poucas coisas que ela se lembra de mim. Sempre me diz: "Me interesso por você, mas você nunca me conta nada". Quando pergunta, eu conto, mas ela ouve de forma vaga, distante, como se estivesse em outro lugar (no entanto, pelas mensagens que me manda meses depois, me dou conta de que ela escutou muito, mesmo com o pouco que eu lhe disse, mesmo com o pouco que acho que ela ouviu).

— O que você quer beber?

— Água está ótimo.

Caminhamos até a varanda levando as empanadas, o vinho, a água. O jardim é uma fera gentil e saudável, embora as palmeiras estejam um pouco mirradas porque Hugo apara tudo. Menciono sua distração, em decorrência do que acabou de acontecer com a chave, e ela diz que Hugo, nesse ponto, é bem parecido.

— Veja o que aconteceu um tempo atrás, quando fomos a Córdoba. Estávamos prestes a voltar, olho pro pneu da frente e digo: "Esse pneu está completamente murcho". É um carro novo, não tem nem um ano. Olho pro outro e estava igual. Eu disse: "Não acho que dê pra andar na estrada". Ele deu de ombros, mas no final disse: "Bem, vamos a uma borracharia". Enquanto procurávamos a borracharia, o pneu estourou. Ficamos lá, veio o Automóvel Club, trocaram o pneu. Eles perceberam que o outro estava igual e nos disseram: "Vocês não podem continuar com o outro assim". Mas seguimos em frente. E, de fato, quinze minutos depois o outro estourou. O pior é que, na ida, fui a 130 por hora, tranquila porque era uma linha reta e estávamos sozinhos. Enfim, o guincho veio e tivemos que voltar de guincho. Mas ele nunca teria olhado pros pneus. Perde as chaves, deixa as luzes do carro acesas. Uma vez, no Brasil, ele deixou o iPhone no banheiro de um posto de gasolina. Saiu do ônibus, pegou carona, voltou pro posto de gasolina e milagrosamente o encontrou.

Em março de 2022, ela foi visitar Lydia Vieyra em Santa Fe. Hugo comprou a passagem, mas em vez de comprá-la para Santa Fe, comprou para Rosario, a 170 quilômetros do destino correto.

Ela viajou angustiada, não por causa do equívoco, mas porque em Buenos Aires havia perdido o telefone espanhol no último passeio que fizeram juntos. Hugo percorreu os lugares por onde tinham estado e o encontrou — juntamente com os óculos, que também havia esquecido — em um bar na Recoleta. Em 3 de maio de 2022, David se formou em Berklee e ela foi à cerimônia, mas quando chegou ao aeroporto de Ezeiza não conseguiu embarcar. Como é cidadã espanhola, ela deve preencher um formulário chamado ESTA que é exigido para quem não precisa de visto para entrar nos Estados Unidos, mas "o Hugo comprou as passagens, olhou pros requisitos como se fosse pra um argentino, e o ESTA não apareceu. Enfim. É o que dá confiar num homem. Eu delego, confio, e isso acontece comigo. É como a confirmação de que eu não devia fazer isso". Mas ela continuará confiando. Em novembro de 2022 eles estarão no Brasil, Hugo confundirá a fila de embarque do voo de Porto Alegre para Recife, eles ficarão na fila em outro voo rumo ao Rio de Janeiro, perderão o avião e ela me dirá a mesma coisa de novo: "Enfim, querida. É como uma lição: confiar, *ma non troppo*". Nessa mesma viagem, Hugo confundirá as datas da reserva do hotel em Porto Alegre: em vez de fazê-la para novembro, fará para dezembro, e eles ficarão sem hospedagem em uma cidade tomada por um congresso de médicos.

— Quer uma empanada?
— Não, obrigada.
— Não te incomoda que eu coma?
— Em nada.
— Não é a coisa mais bonita de se ver.

Mas ela come com elegância.

Há algum tempo, ela me enviou uma mensagem da casa de Enrique Seseña e Lola, em Madri, dizendo: "Não se esqueça de me lembrar que eu te conte quem foi a única pessoa em 45 anos que me perguntou pela tortura". Sinto que já conversamos sobre isso muitas vezes, uma delas naquele bar e com intensidade particular, mas mesmo assim eu lembro a ela, porque nunca se sabe.

— Ah, sim, como resultado da entrevista com você, a Lola e o Enrique me disseram: "Foi quando percebemos que você nunca havia nos contado sua história completa". Eles tinham muita curiosidade de saber, por exemplo, o que acontece na tortura, e tinham vergonha de perguntar porque achavam que iam me machucar. Eu disse a eles: "Não, muito pelo contrário, não é algo que você possa dizer sem ser questionado, mas eu não levo isso a mal". E eu disse a eles que em 45 anos só houve uma pessoa que me perguntou: "O que eles fizeram com você, quanto tempo durou, o que eles tocaram em você, o que você sentia, quanto você aguentou?". A única pessoa no mundo foi o Hugo. As pessoas não querem falar. Não querem ouvir. O mesmo acontece com o estupro. As próprias mulheres não querem falar porque pensam de acordo com a moralidade machista montonera. Elas se recusam a depor. Foram questionadas e não querem. Posso contar umas dez mulheres que foram estupradas no período em que estive lá, a começar pela...

Diz um nome.

— Ela foi estuprada?

— Sim. E não testemunhou.

Não vou escrevê-lo, mas por que ela me diz esse nome? Ela também não me avisa, como às vezes faz, "não escreva isso". Confia em meu critério, quer me converter em um veículo para vingança tardia?

— Casos como o meu, semelhantes, vários. E há julgamentos em andamento, o que essas duas meninas e eu fizemos. E a Graciela García Romero, cujo julgamento está parado.

Algumas semanas atrás, Dani Yako me propôs que participasse do lançamento de *Exilio*, que já está pronto. Aceitei e pensei que seria um lançamento típico: ele como protagonista, eu mediando uma conversa. Mas depois ele me disse que sua ideia era que vários dos retratados, que estarão em Buenos Aires — Martín Caparrós, Alba Corral, Silvia Luz Fernández, Graciela Fainstein, Silvia Labayru —, fizessem parte do diálogo. Eu lhe disse que poderia ser um pouco confuso, mas que faríamos como ele queria: "É o seu livro, você está no comando". A partir daquele momento, toda vez que nos encontramos, Silvia se mostra inquieta com o lançamento, me contando uma trama muito complicada com arestas ligadas a coisas que aconteceram décadas atrás: que se fulano vai, fulano não vai porque fulano fez tal coisa com ele nos anos 1970, que se fulana vai falar, não pode deixar de falar sicrana porque tal e tal coisa aconteceu entre elas anos atrás, que se for tal jornalista, mas não aquele, ficará como um lançamento de ideologia tendenciosa. Desligo o gravador. Ela me olha desconfiada.

— Outro dia pensei que é uma pena que eu não possa te contar coisas.

— Que coisas?

— Coisas. Coisas das minhas histórias sexuais, amorosas, da minha militância. Que não posso te contar coisas que afetam a vida de outras pessoas.

Acho que conversamos sobre muitas situações que afetam a vida de outras pessoas, mas também que, embora tenhamos conversado muito, há coisas que ela nunca vai me contar.

— Mas você tem o essencial, com certeza.

— E agora?

— E agora o quê?

— O que vem a seguir?

— Bem, acho que este julgamento é o fim de um ciclo. Espero que o ciclo se feche antes do ciclo da vida.

No fim da tarde, saímos juntas para a rua. Ela vai comprar frutas. A gente se despede e eu nem sequer vejo isto: como ela cumprimenta o quitandeiro, se pergunta os preços antes de comprar ou se compra diretamente.

Na segunda-feira, 3 de outubro de 2022, seu pai completou 93 anos. Ela foi vê-lo na casa de repouso e lhe levou uma massa folhada de doce de leite (ele levava uma igual a Madri todo aniversário). Naquele dia, Jorge Labayru falou muito de Betty, dizendo que ela havia se divorciado porque era infiel. "E você, pai?", perguntou a filha. "É verdade", disse ele. "Meu pai não é muito inteligente, mas agora vejo nele sabedoria, gratidão e, ultimamente, aceitação", escreveu-me quando me contou sobre aquela visita.

No dia seguinte, 4 de outubro, vou jantar com ela e Hugo em um restaurante na Recoleta. Ele, a princípio, fala pouco. Ela parece abatida, um pouco incomodada. Vejo um pouco dessa timidez — que muitos dos que a conhecem mencionam — quando ela está com os amigos, mas, sobretudo, quando está com Hugo. Fica em segundo plano e, quando ele fala, ela o olha o tempo todo, como se o enchesse de atenção. Depois do prato principal, Hugo faz um comentário sobre política, que leva à economia, que leva a impostos, que leva a ter que pedir uma nota fiscal ao psicanalista. Passamos algum tempo ouvindo-o falar sobre isso. Mal intervimos, olhamos uma para a outra com uma agradável cumplicidade, fazendo frente comum, falsamente escandalizadas. Quando termino, insistem em me levar para casa. Quando saio do carro, estendo a mão a Hugo e ele me dá um aperto que parece sólido, sincero.

Há dias assim, mais leves, quando falamos de gatos e acupuntura, livros, filmes (ela quase sempre recomenda coisas relacionadas às grandes guerras ou questões judaicas). Estamos na varanda. Ela toma café e eu tomo chá, olhamos para o jardim que funciona em todo o seu esplendor.

— Tenho drogado a grama. Coloco nitrogênio e outros componentes nela, porque tem aqueles buracos, sabe? — ela diz, apontando para os espaços ralos. — Já plantei outra grama mais resistente e estou esperando pra ver se ela cresce. Já coloquei adubo, plantei jasmim, vou plantar uma glicínia, plantei cravos e outras plantas, mas não sei se vão crescer, porque nunca plantei sementes antes. Olha, olha, aí vem o Vlado, o matador de pássaros.

Monkey se transformou em um gato de grande porte com um rabo eriçado, e seus instintos predatórios — de vez em quando mata um pássaro, destripa-o e o carrega como troféu, depositando uma poça de tripas e penas a seus pés, já são três ou quatro deles — a enojam, mas ela não o reprime.

— Eu contei as coisas que a Lydia Vieyra fez pra que o falecido ascenda?

— Que falecido?

— O Jesús.

Aparentemente, o espírito de Jesús vaga pela casa de Hortaleza e Lydia, que tem dons de todos os tipos, conhece técnicas muito específicas para almas errantes deixarem em paz aqueles que ainda estão no plano terreno. Coisas inofensivas como, por exemplo, colocar cascas de limão embaixo da cama. "Você me deixa, loira, a gente tem que fazer o falecido ascender."

— Mas de que maneira o falecido se manifesta?

— Eu te contei que aconteciam coisas estranhas naquela casa.

— Não.

Conta: um dia Lydia estava no apartamento quando a porta do quarto inesperadamente se fechou, a janela se abriu e Toitoy se jogou em cima dela; em outra ocasião, David entrou com a namorada e todas as luzes se apagaram. Não me parecem coisas muito paranormais. Ela reforça: meses depois, à uma da manhã, o ventilador de teto caiu na cama enquanto ela dormia.

— A hélice passou pertinho da minha cara. Fiquei atordoada. Não gritei. Essas coisas da Esma te deixam um pouco… você não reage com emoção. E aí você sofre um acidente, diz: "Eu podia ter morrido agora mesmo". E o pensamento vem à mente:

"Ter sobrevivido à Esma e morrer esmagada por um ventilador de teto".

Nesse dia a história do ventilador é narrada dentro do marco "o falecido ascende", é engraçada e a gente dá risada, mas em um encontro posterior, quando conta a mesma coisa, esquecendo-se que já me contou antes, diz: "Foi uma evocação total da escuridão, do medo. A pancada do ventilador na cabeça, a dor. E, diante disso, tranquilidade. Sentei-me na cama, vi o que tinha acontecido. Comecei a ficar assustada porque a energia acabou. Tenho um ódio furioso da eletricidade. E lá estava eu, descalça, pensando em todos aqueles aparelhos de luz, dizendo: 'Minha geladeira vai descongelar, tudo que eu tenho vai apodrecer'. Me senti desassistida. E dizia: 'Como isso pode estar acontecendo?'. No entanto, diante disso, calma". Ela ligou para Hugo, que a instruiu sobre como ligar novamente o disjuntor.

O dia vai caindo e conversamos muito, mas já não resta muito a dizer.

Em janeiro de 2023, ela me envia uma mensagem de áudio do aeroporto de Biarritz, onde está com Hugo: "Oi, minha querida, estamos no aeroporto de Biarritz, prestes a embarcar num avião pra Paris, onde passaremos a noite e amanhã pra Áustria, pra encontrar com as outras *crianças*, o David e a Claudia, a namorada dele. E começa a aventura austríaca. Tenho certeza de que vai ser bom. Pelo menos sei que o Hugo e o David vão gostar. O louco do esqui do meu filho e o Hugo, os dois querem muito esquiar, mas o Hugo já está achando que seu corpo não vai aguentar esquiar o dia todo como o rapaz pretende". Logo em seguida, indubitável e precisa, ela responde a algumas perguntas que lhe enviei, como se estar em Biarritz a caminho de Paris e encaixar isso com certos detalhes de que necessito sobre o momento em que ela entregou a filha e voltou para a Esma não envolvesse um esforço da sua parte. Referindo-se às despesas que faz durante esses dias, diz: "Não me interessa ter o melhor caixão. Apenas um epitáfio, uma pequena placa sob uma árvore que diga: 'Aqui jaz uma mulher que viveu'. E deixar aos meus filhos uma casa a cada um. Como meus pais fizeram".

O lançamento do livro de Dani Yako é na quinta-feira, 3 de novembro de 2022, às sete da noite. Silvia me pede que falemos ao telefone no dia anterior. Suponho que queira comentar suas preocupações sobre o evento e, de fato, ela começa por aí: que se um for, o outro não vai, e como a participação de fulana vai ser resolvida. Mas então, mudando completamente a entonação, ela diz: "Todos nós vamos jantar quando acabar, e, claro, você também vem". Eu resisto: é um jantar entre eles, sou a única que não pertence àquele grupo de amigos, seria uma intrusa. Ela não aceita um "não": "De jeito nenhum, sempre contamos com você", responde com grande elegância. Mas, além disso, fala como se dissesse: "Vamos ver se você entende: eu quero que você venha". Entendo, comovida, que o motivo da ligação é esse convite.

— Bem, muito obrigada, Silvia. Claro, eu vou com vocês.
— Até amanhã, linda.

Desligo, um pouco emocionada.

No dia 3 de novembro, ela chega à livraria vinte minutos antes das sete horas. Dani Yako, Alba Corral, Silvia Luz, Graciela Fainstein, Roberto Pera já estão lá. É a primeira vez que os vejo juntos e não conservo nenhuma impressão particular desse momento: amigos que se conhecem há décadas, que nunca deixaram de se ver — exceto Graciela Fainstein e Dani Yako, que não eram amigos, mas namorados — e que, quando se encontram, retomam a conversa como se nada tivesse acontecido.

Às sete horas, quando estou prestes a subir ao pequeno palco onde vou falar com Yako, vejo que ela e Hugo — que deve ter chegado há alguns minutos — se sentaram lá atrás. Os demais estão na primeira fila, onde há dois assentos vazios ao lado de Graciela Fainstein. Eu vou até ela e digo:

— Você não quer ir lá em frente?

— Não, não, vou ficar aqui com o Hugo.

— São duas cadeiras.

— Não, vou ficar aqui — diz ele.

Não insisto, mas quando subo vejo que ela mudou de lugar e se sentou na frente. Entre ela e Graciela Fainstein está Roberto Pera. Ela teve desentendimentos com a amiga nos últimos dias (o grupo é sólido e, portanto, também disfuncional), e Roberto Pera funciona como uma linha divisória: "Juntas, mas nem tanto". A livraria está cheia, Dani Yako parece muito animado, passam um vídeo com um alô de Martín Caparrós (ele não pôde vir porque, devido a uma mudança de planos, a entrega do Prêmio Clarín de Romance, do qual foi jurado, acontece neste mesmo horário no Teatro Colón). No fim, há muitos aplausos, serve-se vinho, as pessoas vêm até Yako para cumprimentá-lo. Eu a perco de vista. O jantar é em um restaurante próximo, às oito e meia. Ela e Hugo conseguiram uma mesa para quinze com dificuldade. Os restaurantes não fazem reservas para tanta gente, mas os dois são frequentadores daquela churrascaria, La Choza, a três quarteirões da casa deles. Às quinze para as nove a livraria ainda está cheia de gente e ninguém parece disposto a sair, por isso decido ir ao restaurante para não pôr em risco a reserva. Saio. Na calçada está Alba Corral. Pergunto-lhe se quer vir. Ela diz que sim. Vai fumando, em silêncio. Enquanto caminhamos, Silvia Labayru me telefona.

— Estou com o Hugo no restaurante, eles estão prestes a nos expulsar, diga pra eles virem porque vão nos pôr pra fora.

Ela parece contrariada. Desligo e digo a Alba que nos apressemos e tentemos chamar quem ainda está na livraria para fazer o mesmo. Ligamos para vários, sem sucesso, mas chegamos rápido. No restaurante, ela, Hugo e o filho de Hugo estão sentados em uma das extremidades da mesa. Logo depois, os outros chegam. Martín Caparrós aparece no final e o jantar se reanima. No decorrer da noite todo mundo se levanta, troca de cadeira, conversa entre si, mas não ela e Hugo. No dia seguinte, de madrugada, partirão para o Brasil, para o congresso lacaniano.

Dias depois, ela manda uma foto em que aparece mergulhando com um cilindro de oxigênio: "Oi, querida! Estamos neste lugar incrível chamado Maragogi desde sábado *à la nuit*. Uma hora ao sul de Porto de Galinhas. Este senhor que me acompanha me estimula a fazer essas coisas que eu desejava muito mas eram muito assustadoras (maldita claustrofobia). Bem, ao seu lado eu me atrevi e foi incrível. Que maldição que é o medo. Ah, uma obviedade como poucas. Na próxima vida, se houver, serei mergulhadora, haha. E advogada, arquiteta, escritora, pesquisadora. Quantas vidas eu preciso. Tudo que sei é que não ficaria entediada em nenhuma delas. Hoje às cinco da manhã, lendo na praia o livro da Princesa Montonera, me caiu uma ficha tremenda. É sobre isso que tenho que conversar com você. Lembre-me, por favor. Tenha um bom dia! Um grande beijo".

No dia 12 de novembro, chegam várias mensagens dela: "Ainda estou na piscina com a Princesa Montonera e a caipirinha. O livro — será a caipi? — me arranca muitas risadas". Ela menciona o comentário de Martín Kohan sobre a possibilidade de rir da conta de luz da Esma que figura na contracapa. "O comentário sobre a conta de luz me fez rir muito. Aí pensei: rir disso é como chegar ao fim da análise? [...]. Seja como for, este verão em Vilasindre tive pela primeira vez uma evocação direta e muito brutal do momento 'máquina'. Tudo por tocar num arame. Passei muito mal e não consegui falar nada. O Hugo estava perto e eu o abracei, mas não disse nada. O choque foi forte, foi a única vez em que revivi aquele 'momento' no meu corpo." Respondo (porque já se passaram três meses desde que ela esteve em Vilasindre): "Como é que não falamos sobre isso? O que aconteceu?". "Era uma cerca eletrificada pra que os animais não escapem, comum no campo. Eu não vi. Nem consegui contar pro Hugo. Viu como funciona o pudor? Também com isso [...]. É constrangedor falar em tortura. É assim. Eu não entendo muito bem, acho que não há outro momento na vida em que você se sinta mais frágil. Não falei sobre isso com ele ou com ninguém. Você tem exclusividade, haha. Me chamam pra almoçar. Abraço, querida, esse sem pudor."

Ela nunca deixa que as mensagens terminem em tom de tristeza.

No fim de 2022, durante um jantar, um amigo me pergunta o que estou escrevendo. Digo-lhe que um livro. Ele me pergunta do que se trata. Conto por alto, sem dar detalhes. Ele diz: "Finalmente, já era hora de você se envolver com os anos 70". Eu? Não estou me envolvendo com os anos 70. Tenho um grande envolvimento com a história dessa mulher.

Então o tempo passa. Nos vemos mais algumas vezes. Tudo isso já foi dito.

Isto não: em 24 de novembro de 2022, ela me manda uma mensagem de áudio no WhatsApp. Eu a recebo no aeroporto, quando estou voltando do Uruguai para Buenos Aires. Nunca a ouvi assim. A voz é um fio. Apagada, lúgubre. Ela não consegue nem falar. "Oi, querida, que bom retomar o contato com você. Entre as coisas que aconteceram nos últimos dias, ah... isso me deixa muito mal... de uma forma que eu não... que eu imaginava, mas que não imaginava... É só... o Toitoy está morrendo. Restam poucos dias pra ele. Insuficiência renal irreversível." O que sinto ali, no aeroporto de Montevidéu, enquanto as moças que organizam o processo de embarque chamam um homem pelos alto-falantes para conferir a documentação dele? Fico comovida com sua frontalidade. "O Toitoy está morrendo" é o tipo de coisa que ninguém quer ouvir se dizendo em voz alta, e também se encaixa perfeitamente no quadro geral de quem ela é, esse caráter sem rodeios, direto e decidido. A 10 mil quilômetros de distância, essa parte dela está morrendo, e há algo da dor esmagadora plasmada nessa mensagem que faz pensar em finitude. "Tempo. Tudo o que peço é tempo." É isso que todos nós pedimos. María, sua sobrinha, envia-lhe fotos de Toitoy. "Esse cachorro é muito mais que um cachorro pra mim. É um cachorro que me encheu de felicidade. Ele foi muito feliz, apesar dos altos e baixos de mudanças de casa, e não esteve sozinho nem um dia da sua vida, e nos encheu de alegria. Mas não sei. É uma coisa muito forte. Pra mim é muito mais que um cachorro. Muito mais que um cachorro. Há pouco tempo eu estava conversando com a María, e bem, uma coisinha assim, um pouco triste, pra não te dizer muito triste. Tem a ver com o fim de um ciclo de muitas coisas. Ah, essa relação que a gente tem com os animais. Com alguns animais. Mas este era algo muito especial. Nunca haverá nenhum cachorro na minha vida como este ser incrível. Incrível. Tudo foi felicidade com ele, tudo foi prazer, tudo foi fácil, não tivemos que lhe ensinar nada, enfim, algo de outro mundo, de outro mundo. E ele foi meu. Bom, querida, eu te mandei mensagem pra confirmar que sim, domingo à noite na casa do Dani. Nos vemos lá, claro, mas no sábado, se quiser, talvez à tarde, podemos conversar um pouco e organizar a próxima semana. Te mando um beijo e que você tenha voltado bem das suas corridas matinais, que me dão uma invejinha saudável. Isso me parece mais difícil que mergulhar." Na parte final da mensagem sua voz muda, se recompõe, fala sobre a foto dela mergulhando: "Fiquei surpresa porque nunca posto fotos minhas no Facebook, mas, por emoção, postei uma foto minha mergulhando e tive cerca de setenta curtidas. Coisa de louco. Curioso. Bem. Pois é isso. Tenha um bom dia".

Adeus, Toitoy. Adeus, cachorro.

Nossa última entrevista é na manhã do dia 1º de dezembro de 2022. Nos veremos mais uma vez, só para pôr um ponto-final, para nos cumprimentarmos, para partir: "Chegamos até aqui".

Levo uns mantecais de padaria. Ela abre a porta. Não vou dizer "parece", mas "está": está triste. Penso em Toitoy, em sua agonia. Talvez seja isso.

Assim que ouvi sua mensagem no aeroporto de Montevidéu, respondi. Ela me mandou outra, falando de Toitoy no pretérito: "Você pôde conhecê-lo, ver do que se tratava. É um pouco vergonhoso confessar que se ama essas criaturas — umas mais que outras — com uma ternura que às vezes, não poucas, você poupa pra muitos humanos. É o amor incondicional? É seu enorme grau de dependência de uma pessoa? É essa capacidade de ser fiel a você acima de tudo que te comove tanto? Era um ser que desconhecia hostilidade, ficava surpreso quando outro cachorro latia pra ele. Adorava a atitude, a bondade, a delicadeza com que ele se comportava apesar do tamanho. Só precisávamos olhar um pro outro. Era um bicho que olhava nos seus olhos por muito tempo. Ugh! Pareço uma maluca! Um grande beijo". Eu respondi dizendo: "Mostrar vulnerabilidade não é sua praia. Mas é preciso saber diante de quem. Você pode fazer isso comigo. Beijos". Respondeu: "Não é tanto vergonha diante de sentimentos tristes, mas diante de certos tipos de sentimentos desmedidos em relação a um ser não humano. Falar dele como se não fosse 'um cachorro'. Chorando mais do que chorar por muita gente. Saber que me lembrarei dele muito mais que de muitos humanos. É mais isso. Estou vulnerável. Muito. Tive que lutar (até comigo mesma) pelo direito de ser. Fui estigmatizada: 'Ah, você que passou por isso, blá-blá-blá, e você é tão forte, blá-blá-blá, para você isso não é nada, blá-blá-blá'. E é exatamente o contrário. Você sabe que não é forte, no máximo resistente, e você quer apagar aquele rótulo do que deveria ser, você quer se desprender daquela imagem e não é fácil. Sei que posso fazer isso com você. E não me importo se você escrever isso ou não! Haha".

— Trouxe uns mantecais. Um pouco vintage, mas era a única coisa decente na padaria.

— Eu amo. São meus favoritos.

Ela se move lentamente, ligando a cafeteira, pegando uma xícara, um pires, uma colher de chá. Esteve com Alba Corral.

— Que engraçado, ela me disse: "Eu contei à Leila como você era antes, porque acho que sua vida não tem muito interesse depois da Esma". Como se dissesse: "Não é como se você tivesse feito alguma coisa depois". Você não ganhou o Prêmio Nobel, não escreveu vinte livros.

Um sutiã azul assoma por baixo de uma roupa em um tom verde discreto com mangas três-quartos e uma gola dobrada que expõe parte dos ombros. Ela está sempre tão à vontade que as roupas parecem brotar dela, não algo colocado sobre o corpo.

— Vamos pra varanda ou ficamos aqui?
— Acho que é melhor aqui dentro. Está ventando.
— Água com gás ou sem?
— Se tiver com gás, prefiro.

Ele pega um recipiente com água, coloca em uma máquina de gaseificação, despeja a água em um copo e caminha até a varanda.

— Acho melhor aqui dentro, Silvia.
— Ah, é mesmo.

O café está pronto, ela serve, pega a bandeja com os biscoitos de mantecal, caminha com os dois até a varanda. Retrocede, desorientada.

— Ah, não, né.

Sentamo-nos à mesa.

— A Alba me disse que vocês ficaram nove anos sem se falar.

— Sim. Não me lembrava que foram nove anos.

— Ela não quis me dizer o porquê.

— Tem a ver com uma relação um pouco complicada entre a Alba e mim. Quanto aos namorados que tivemos, eu primeiro, ela depois, o contrário. Um *mélange* de homens, feridas, não soubemos lidar. No começo ela me recebeu muito bem em Madri, e em determinado momento, bam, acabou. Achei que era por causa da Esma. E então ela me disse que tinha a impressão de que eu roubava seus amores. Havia uma história com o ex-marido, de quem ela havia se separado anos antes. Eu tive um pequeno affair com esse homem. Mais do que ficar com raiva de mim, o que ela queria era me manter longe. Quero que ela se afaste porque é uma ameaça. Ela era minha melhor amiga, mas eu não tinha coragem de chegar e dizer: "Por que você não quer falar comigo?". Éramos muito íntimas. Quando íamos pro Colégio, trocávamos roupas, ensinamos como pôr os diafragmas uma à outra.

— Você consegue pensar por que o Martín Gras não quer falar de você?

— Sei lá, Leila. Entre outras coisas, porque ele sabe que eu sei muitas coisas que ele não gosta que eu saiba, e ele tem medo de que eu não guarde o correspondente silêncio revolucionário. Esse é um dos motivos, com certeza. Depois, se há outro, não sei. Eu me comportei muito bem com ele.

Nós duas sabemos, mas nenhuma de nós diz: não haverá mais entrevistas. Tenho uma lista mental muito curta de coisas que quero lhe perguntar — o distanciamento de Alba Corral, o silêncio de Martín Gras, os episódios que ela mencionou quando estava no Brasil — e, como resultado, a conversa é um pouco ziguezagueante, mas, neste momento, podemos nos dar ao luxo de ser confusas. À medida que avançamos na conversa, e não porque o conteúdo seja mais leve, a tristeza que vi quando cheguei se dissipa, talvez porque suas estratégias para se recompor já estão em ação, trabalhando a todo vapor.

— O que aconteceu com você ao ler *Diario de una princesa montonera* quando estava no Brasil?

— Ah, isso. Me remeteu a uma coisa completamente óbvia, mas que é o que poderia acontecer a uma mulher grávida, sozinha, parindo num campo de concentração, sem a menor supervisão médica. O sentimento de solidão. Essa menina, a autora, lembra o que aconteceu com a mãe, mas eu disse: "E eu? Passei exatamente por isso". Às vezes penso que a dor, o medo, a angústia, a necessidade de sobrevivência foram tais que me é difícil registrar a evocação emocional do momento.

O que parecia ser novo é algo que ela disse muitas vezes. Como é que, de vez em quando, ela descobre que quer me contar algo revelador que já me contou? Talvez por sentir que, apesar de todos esses meses, apesar de todas essas conversas, não foi capaz de transmitir plenamente qual é a verdadeira cor da dobra em que — ainda — vive o espanto.

— Quando eu falei pro Hugo, ele disse: "Por que você não para de ler o livro?". É um assunto difícil pra ele.

— O que aconteceu com o arame?

— Eu estava no campo, passei a mão pelo arame pra tocar uma cerca, o fio estava eletrificado, e foi a primeira vez que tomei um choque elétrico forte. Fui direto à evocação daquele momento. Fiquei muito afetada. Consegui me afastar do arame e abracei o Hugo. Ele percebeu que eu tinha tomado um choque, mas não se deu conta do que tinha acontecido comigo. E eu não consegui dizer a ele. Contei pra ele depois, no Brasil. Era a percepção física do que acontece com a eletricidade. E imagine que a descarga da cerca elétrica é mínima. Tudo isso voltou, que eu tinha a sensação de que ia abortar, que seu corpo arqueia, que você faz xixi, tudo isso que é uma espécie de viagem ao fim da noite... Olha, olha, a Morchella vai encher sua bolsa de pelos.

A gata passeia por cima da minha bolsa, que deixei em um móvel.

— Não se preocupe.

— Não é uma boa ideia, hein? Ela pode marcar território.

— Pode fazer xixi?

— Humm. O que você usa pra tirar pelo de gato da roupa?

— Aqueles rolos adesivos.

— E são úteis?

— Eu acho.

— Se você passar a esponja da louça um pouco molhada, também funciona. Ir arrastando a esponja.

Discutimos os benefícios da esponja molhada versus os benefícios do rolo adesivo, digo a ela que os melhores são os vendidos na H&M, na Espanha, ela diz que não os conhece. E de repente:

— Pro Toitoy só restam algumas horas. É inacreditável como ele está aguentando. A força daquele cachorro que já está nas últimas. Minha sobrinha me manda fotos todos os dias. O rim está quase sem funcionar e não tem jeito. Superou a expectativa de vida. Eles vivem oito anos e ele tem nove anos e meio. Mas, como ele era um cão tão saudável e forte, pensei que talvez, já que há alguns que vivem doze anos... Estou muito feliz que você tenha conhecido o Toitoy. Aquela presença imponente que está com você aí na mesa, sentadinho. O pensamento de nunca mais ver aquele cachorro me corrói. Não, não. É algo que não consigo entender. Está completamente fora da minha compreensão.

— Você não pensou em ir?

— Não. É que a gente vai no fim do ano, então ir agora, depois voltar...

Talvez porque sejam muitos finais juntos — Toitoy, as entrevistas —, fazemos uma guinada brusca em direção ao sexo.

Muitas de suas amigas não se interessam mais pelo assunto e isso a deixa irritada. Acima de tudo, diz ela, há muitas coisas que podem ser feitas, como tomar tibolona ou fazer um tratamento a laser na vagina.

— Eu nunca precisei, mas você fica com uma vagina de mulher de trinta anos.

— Mas isso é seguro, você não acaba toda queimada?

— Completamente seguro. As coisas que podem ser corrigidas devem ser corrigidas. O sexo é muito importante. É muito importante pra mim. Sempre foi, embora, como eu estava te dizendo, passei muito tempo irreconhecível pra mim mesma.

— O sexo te deixou em apuros também.

— Sim. Em muitos. Tudo o que eu via na minha casa, todas as coisas que minha mãe me contava sobre seu próprio sofrimento, sobre como sua vida foi destruída pelos homens, principalmente pelo meu pai, como ela se autodestruiu pelo sofrimento amoroso com meu pai, álcool, comprimidos, todas essas coisas me levaram a ter uma ideia de amor como "cuidado com o amor, se você se apaixonar, vão te despedaçar, então é melhor você ser a destruidora". Essa lógica. Então eu tinha muita dificuldade de manter um relacionamento sério. Havia uma espécie de "aqui vale tudo". Hoje eu estava apaixonada por um, amanhã eu estava apaixonada por outro. Fiz muito estrago. E levei muito tempo pra ter relacionamentos mais ou menos normais. Talvez toda essa coisa da Esma tenha sido um elemento que contribuiu, não sei. O exílio era uma encruzilhada de pessoas. Uma ia com o marido da amiga, a outra… Por que eu tinha que meter o nariz justo ali? A doença da adrenalina, viver intensamente. Além disso, quando você tem uma oferta tão interessante, e ao mesmo tempo você se sente censurada por ser vista como traidora, que certos homens se aproximem, mesmo que seja por puro interesse sexual… Que dramático isso que estou dizendo, mas pra mim era: "Alguém se aproxima de mim, alguém não me rejeita". Eu digo isso e acho patético. Eu primeiro me metia na bagunça e depois via como sair. Em poucos anos cometi todos os erros da minha vida. O resto foi ver como consertá-los. Fiz algumas cagadas. Das quais se faz a limpeza e diz: "Vamos ver, quanto lixo, quantas coisas eu podia não ter feito".

— Você sabe de cabeça?

— Sim, mais ou menos. Mas agora é a primeira vez na vida que me sinto comprometida, que amo uma pessoa. Essa forma de amar uma pessoa nunca tinha acontecido comigo antes.

— Como é esse novo modo?

— Bem, quando você tem a sensação de que não poderia deixá-lo mesmo que quisesse.

— Parece perigoso.

— É perigoso. Também muito interessante. Então não vou perder esse sentimento.

Tudo isso não foi dito em tom trágico, mas quase engraçado: tibolona, o laser vaginal, o sexo como forma de tormento e diversão, como exercício de poder, como possibilidade de desastre. Às duas da tarde tenho que ir embora — tenho uma consulta com um ortopedista: problemas em uma das pernas por causa das corridas —, então faço algumas perguntas sobre psicanálise.

— Você já pensou em tentar atender?

Ela abre os olhos e finge espanto.

— Eu, atender?! Meu Deus. Muitos colegas do Hugo lhe dizem: "E por que a Silvina não atende? Ela é uma ouvinte muito boa". E eu penso: "Com o tanto de pacientes chatos que deve haver". Uma vez o Jesús me disse que foi a algumas sessões, se virou e o cara estava dormindo.

— Isso é um clichê. Quando você estava na Espanha, já economicamente estabelecida, trabalhando com as Ortega, não achou que talvez fosse hora de tentar?

— Não. Aquilo de "essa mulher deve ser louca, ela não pode atender pacientes" durou anos. Desisti de pedir desculpas por ser quem sou. Desisti de ter que provar se poderia ser uma boa psicanalista ou não por causa do meu passado. E depois, pra ser sincera, eu não me lembro de nada. Eu teria que começar a estudar.

— Você se sente numa certa paridade com o Hugo? Pelo menos como interlocutora. Você estudou muito.

— Não! Este homem tem quarenta anos de experiência clínica e um ouvido assim, cinquenta anos estudando psicanálise. Lacan é inacessível. Quando o Hugo me explica, eu entendo e faz sentido pra mim. Mas leio alguns textos de Lacan, ou os escuto entre colegas, e digo a mim mesma: "É uma conversa de psicóticos". Porque você ouve "'e se o objeto a' não sei quê" e diz: "De que porra eles estão falando?". Mas não. Como vou competir com isso. Além do mais, não me sinto em condições de atender ninguém, nem acho que teria...

Com os olhos brilhantes, com a expressão de uma menina educada que está prestes a dizer algo fora do tom e se reprime para não dizê-lo, com os olhos azuis no fundo de um lago, puro mistério apesar da luz, ela diz:

— ... algum interesse.

São duas da tarde. Não há uma maneira perfeita de executar finais. Ela fará uma viagem para a Europa. Vou começar a escrever. Isso é tudo. Então eu digo:

— Silvia, eu tenho que ir. Se não, eu não chego à consulta médica.

— Vá, vá, senão você chega atrasada.

Desço mancando as escadas até o térreo.

E a história termina.

Quando chego ao consultório, às 15h21, recebo a seguinte mensagem: "Ah! O Toitoy se foi. Sem sofrer e sabendo que foi feliz a vida inteira. Neste momento, saber disso não me serve de nada". Pergunto se ela está sozinha, se quer que eu vá vê-la quando sair da consulta. "Obrigada. Não estou nem me sinto sozinha. Só muito triste." E imediatamente me pergunta o que o médico me disse. Eu falo para ela que ainda estou na sala de espera, que lhe conto quando eu sair. Escrevo quando chego em casa, às 17h54. Resumo o diagnóstico — sobrecarga muscular, uso excessivo, pressão muscular sobre os nervos — e pergunto como está. "Obrigada, querida. Estive com a Silvia Luz até agora. Uma tristeza profunda e doce como sempre será sua memória. Um luxo tê-lo comigo por quase dez anos. Vou dormir cedo hoje. Descanse também. Um grande abraço." Digo-lhe que, apesar de o ter visto apenas uma vez, achei que Toitoy era uma grande pessoa. Ela agradece, diz: "E obrigada pelos biscoitinhos, dei conta deles a tarde toda, adorei e quase nunca como doces. A tarde pedia e lá estavam eles". *Obrigada, biscoitinhos, adorei*. Nunca deixa que as mensagens terminem em tom de tristeza.

Alguns dias antes, na terça-feira, 25 de novembro de 2022, quando Toitoy ainda não tinha morrido e o lançamento de *Exilio* ainda não acontecera, combinamos de nos encontrar às quatro da tarde na casa de Dani Yako. Chego na hora e ela manda um recado: "Vou chegar dez minutos atrasada". Dez minutos depois, pontualmente, ela entra. Calça jeans preta, botas, camisa branca larga, uma regata azul por baixo, os olhos com sombra marrom. Cristalina como um copo d'água. As janelas estão abertas, não por causa do vírus, mas porque é quase verão. As máscaras há muito ficaram para trás e decidimos esquecer tudo como se nunca tivesse acontecido. Dani Yako lhe entrega um exemplar do livro. A capa é branca, só se lê o título: *Exilio 1976-1983*. Não há autor. Ele se orgulha dessa parcimônia, do branco austero. Ela olha as fotos.

— Como éramos pobres. Olhe esse papel de parede, que horror. O reboco das paredes caía em cima de mim.

Ela se detém na imagem em que aparece com Alberto e Vera em frente ao Renault 4, seu rosto de indígena loira, faixa na testa.

— Essa faixa, que desastre. Usei por anos. Por quê? Não faço ideia.

— A Laura está dando o livro pra todas as suas amigas e amigos — diz Yako, referindo-se à esposa.

— Uma lady — diz ela. — Suportar um livro sobre um passado em que ela não estava. O ciúme do passado, o ciúme retrospectivo. É muito ruim, mas existe. Posso garantir isso. Ciúmes de onde você não estava. Isso nunca aconteceu com vocês?

— Não — diz Dani. — Nostalgia por...?

— Ciúmes — insiste ela.

— O Hugo viu o livro? — pergunto.

— Não.

— Também não viu o PDF? — Yako pergunta.

— Não. É que tem dois parceiros meus, o Alberto e o Negro.

— Isso o incomoda também? — Yako diz, com uma entonação aguda que significa: "Não pode ser, não acredito", e eu tomo nota do *também* porque significa que há outras coisas.

— Sim, tudo volta. Se vocês soubessem quanto. Não tenho permissão pra falar — diz, debochada. — Mas, sim, o passado volta.

— Pois bem. A Silvia Luz foi minha primeira namorada. Era tudo muito monogâmico. Na FEDE, pelo menos. Não sei nos Montoneros. Você estava com alguém e isso poderia durar um mês, dois meses, mas você estava com essa pessoa, não várias.

— Era muito pior que isso — diz ela. — Na FEDE você podia ter relacionamentos, mas tinham que ser casais duradouros. Se você trocasse de namorada a cada três meses, já era considerado um *putón verbenero*.

— Um quê? — Yako pergunta.

— Um *putón verbenero*, muito promíscuo sexualmente.

— E por que o Hugo fica fazendo drama com essas coisas? — Yako pergunta.

— Porque essas pessoas têm a ver com a época em que eu o deixei. Então, esses outros são os que de alguma forma ocuparam seu lugar.

— Nunca se sabe. Naquela época, os relacionamentos duravam um mês. Você nunca sabe quem é o homem da sua vida. Ou a mulher da sua vida. Bem, o Hugo acredita, e talvez esteja certo, que você sempre foi a mulher da vida dele. É por isso que é diferente pra ele.

— Sim, não sei. Mas é ver fotos de uma época em que você não estava lá e gostaria de estar.

— E gostaria de estar. Com certeza — diz Yako.

— Ele diz, muitas vezes: "A Vera devia ter sido minha. A Vera devia ter sido minha".

Yako não diz nada. A conversa deriva para um projeto que algumas pessoas do grupo de amigos fantasiaram: morar em um condomínio adaptado apenas para pessoas com mais de cinquenta anos em que cada um tem a própria casa, com lugares comuns para ioga, ginástica, quadras de tênis.

— Estive pesquisando — diz ela. — Na Espanha existem vários lugares assim.

— Nem a pau — diz Yako.

— Por que não? É montar sua própria casa de repouso. Tenho amigos que fizeram e funciona.

— Há lugares assim? — Yako pergunta, como se lhe tivessem dito que o bar do *Star Wars* funciona na esquina.

— Cerca de cinquenta na Espanha — diz ela, confiante.

— Não contem comigo. Já é difícil conviver com uma pessoa, imagine com muitas. Eu achava que era pra quando você não pudesse mais ficar sozinho. No momento em que tudo vai bem, quem precisa disso?

— É o momento justo. Quando você já está ruim, não pode decidir ou construir nada. Você tem que deixar tudo ajeitado antes.

— E eu vou ter que trocar as fraldas de...? Não, deixe-me. Espero chegar como minha sogra, que tem 97 anos e mora sozinha, sem ajuda.

— Não sei se vou querer chegar aos 97. Minha mãe morreu antes dos oitenta. Meu pai estava bem até os oitenta, mas agora não.

Segue-se uma longa e extremamente engraçada conversa sobre aqueles carrinhos elétricos que são colocados nos corrimãos das escadas, para se sentar e subir apertando um botão, que Yako — meio de brincadeira e meio a sério — considera instalar na escada que leva ao seu terraço. É um trecho cheio de piadas ferozes, o tipo de diálogo que funciona muito bem na intimidade, mas que, despido de sua irreverência afetuosa, se torna um artefato de enorme agressividade. Silvia Labayru e eu continuamos a virar as páginas do livro.

— Esse era o apartamento da rua Colombia — diz Yako. — Não era muito grande, dois quartos, mas já era um luxo. Essa é minha irmã, Silvia. Ela era linda. A mãe da Silvia era tão bonita que uma vez a elegemos Miss Acampamento. Escolhíamos a garota mais bonita do acampamento e um ano escolhemos a Betty.

— Com os anos descobri que, bem, eu não vou te meter no balaio de gatos, Dani, mas eu sabia que vocês... que meus amigos gostavam da minha mãe, e muitos vinham até minha casa pra vê-la. Ela era muito imponente.

— Ela era sedutora. Era sexy. Uma garota sexy, e ela sabia disso e usava a seu favor. Agora isso tem um nome, meio pornô. MILF, "Mother I'd Like to Fuck", ou algo assim.

— Uma pergunta que eu nunca fiz. Você tinha a impressão de que minha mãe seduzia vocês?

— Um pouquinho, sim. Ela se vestia de maneira sexy, era algo que não estávamos acostumados a ver. As outras mães não eram assim. Era uma presença que exalava certa sensualidade. Era jovem.

— Sim. Ela parou de fumar e engordou muito. Sofria muito porque meu avô lhe dizia: "Olha só o que você se tornou, você era tão linda".

— É que ter sido bonita é um carma na velhice, quando você perde essa beleza. Quando ela morreu, estava gorda?

— Sim, é por isso que quando me deram uma caixinha bem pequena com as cinzas da minha mãe, eu disse: "Me roubaram metade da gorda" — diz, gesticulando para descrever o tamanho da caixa. — A caixa era como a caixa com as cinzas da Neska, minha cachorra. E ainda por cima, abriu na minha mala. Levei pra Madri na mala, achando que a caixa estava lacrada.

— Você não pode transportar cinzas, eu acho — digo.

— Eu pensei nisso, mas falei: "Se eu declarar que estou levando minha mãe morta, vão armar um escândalo. Bah, eu vou levá-la, e se eles me pararem, vou dizer: 'Podem provar, é minha mãe'".

— É mais parecido com cimento que cocaína — diz Yako.

— Você já provou? — ela pergunta.

— Não, quero dizer a textura.

— Ninguém me disse nada. Mas quando abri a mala, a caixa não estava lacrada e tudo tinha se espalhado. Guardei boa parte e enterrei na propriedade de Toledo. Comecei a tradição de enterrar ali. Primeiro enterrei minha mãe, depois a Neska, a cachorra. Depois o Demonio, meu gato. Depois, o pai de Jesús. Então enterramos o Jesús. Um dia fui com meu pai e disse: "Bem, pai, vamos ver que lugar você quer escolher". E meu pai me disse: "Perto da sua mãe, mas nem tanto. Melhor entre sua mãe e a cadela".

— A cadela da sua mãe — diz Yako.

— Chamamos a propriedade de "El Camposanto". Virou moda e até os amigos me dizem: "Ei, eu gosto desse lugar".

— Quem sabe se, em vez de vivermos juntos, possamos pensar em morrer juntos — diz Yako.

— Como vai ser o lançamento? — ela pergunta.

Começa, então, o capítulo "O lançamento". Yako insiste que é uma obra coletiva e, portanto, todos têm que falar, mas ela não quer participar.

— Todo mundo assume que é um livro meu? Isso não está claro pra mim. Você acha que é um livro meu?

— Sim — diz ela. — É um livro seu, Dani.

No entanto, acrescenta que gostaria que fossem tal e tal jornalista; que seria bom que saísse uma resenha no jornal X; que é preciso deixar claro que foi isso que aconteceu com eles porque eram jovens, estavam juntos, tinham um emprego para ganhar a vida, pais que os sustentavam, mas não foi o que aconteceu com todos.

— Houve gente que teve muita dificuldade no exílio. Parece que estamos dizendo como fomos felizes, como foi lindo. E havia muitos exilados, mesmo jovens, que não tinham as oportunidades que nós tivemos.

— Não acho que seja uma coisa ruim se você puder abrir um debate — diz Yako. — Além disso, no livro dizemos que isso é o que aconteceu conosco. Você não pode falar sobre isso com os outros, ver o que as meninas pensam, se elas se incomodam de não estar no palco?

— Vou perguntar — diz ela, determinada.

— Não quero que se sintam magoados, magoadas, magoades.

— Você não vai começar a falar assim, né? Eu te bato e canto "A Internacional" pra você.

A questão está resolvida: ela vai conversar com os demais para ver o que eles acham de Yako e eu falando sozinhos.

— Às vezes olho pro livro e penso como é que não tirei mais fotos de nós — diz Yako. — De coisas específicas. Por que não tirei foto da Graciela quando fomos a Londres abortar? Não sabíamos se era meu ou dos estupros.

— Bem — diz ela —, o momento não era pra tirar fotos. Eu também, quando cheguei, fui a Londres fazer um aborto. Na Espanha era proibido.

— Mas você viu que a câmera ajuda. Por trás das câmeras, é tudo impunidade. Me pergunto por que não tirei mais fotos do apartamento na rua Barbieri.

— Da mesma forma, eu poderia te dizer por que nunca falamos entre nós sobre o que aconteceu conosco. Nem você, nem a Graciela, nem eu, que somos os mais envolvidos na história repressiva. Nunca conversamos. Em 45 anos. Você diz: "Por que eu não tirei fotos?". Bem, porque estávamos presos naquela situação, entre a aventura e o que tínhamos nas costas. Uns mais que outros. Tínhamos vinte anos. O que você queria? Além disso, ser jornalista e fazer a reportagem da sua vida com nossa própria experiência no exílio?

— Sim. Deveria ter sido isso.

Um momento depois de ter lhe perguntado muito diretamente: "Por que é que não falamos entre nós sobre o que nos aconteceu?", levanta-se, como se fosse ejetada, e vai ao banheiro.

— O que estou dizendo é — diz Yako, como se ela não tivesse saído — que não há nada a ser contado entre aqueles de nós que estavam lá. Não vou contar pra ela. Menos ainda pra ela. O que aconteceu comigo foi um passeio ao lado do que ela sofreu. E se alguém não me contar, eu não pergunto. A Graciela nunca me perguntou o que aconteceu comigo lá, ela ainda acha que não aconteceu nada comigo, que não me torturaram.

Ela volta — rápido demais — e senta-se, muda.

— Eu comparo a minha com a sua história — diz Yako, olhando para ela —, e pra mim foi um passeio de fim de semana. Mas me parece que, quando você conta essas coisas, as pessoas sempre têm essas imagens. E essa não é sua vida todos os dias. Não é o que eu quero que eles vejam de mim. Não quero ser vítima. Fiz minha vida, sou feliz, fiz coisas.

Silvia Labayru olha para ele com um sorriso que pode significar "eu te entendo", ou "você está se esquivando do problema", ou "vamos passar pra outro assunto que este me cansa".

— Ninguém no *Clarín* conhecia minha história. Também é verdade que ninguém pergunta. Como é aquele trecho da *Odisseia*? "Ninguém me olha…"

— Quando Ulisses escapa da caverna do ciclope? — pergunto.

— Sim. Isso. A Royo me ensinou isso. A Royo vai vir pro lançamento.

— Vai vir — diz Silvia Labayru, com um tom cansado.

— Sim.

Então Yako explica:

— Era nossa professora de latim. Todos nós a adorávamos. Foi ela que nos ensinou a ler num sentido metafórico.

Ela os ensinou naquele lugar. No Colégio. Que foi, por sua vez, metáfora de todas as coisas.

Termina assim: uma cena em um terraço, um cântico em latim. *Ut queant laxis/ resonare fibris/ mira gestorum/ famuli tuorum/ solve polluti,/ labii reatum/ sancte Ioannes.*

E uma mulher que sai de um táxi com uma tigela vazia na qual havia salada de batata. Que caminha rápido na noite, pensando em seu cachorro que morre num lugar longínquo. Na vida que se apaga. Como todas.

La llamada © Leila Guerriero, 2024
c/o Indent Literary Agency (www.indentagency.com)

Todos os direitos desta edição reservados à Todavia.

Grafia atualizada segundo o Acordo Ortográfico da Língua Portuguesa de 1990, que entrou em vigor no Brasil em 2009.

capa
Elisa v. Randow
foto de capa
Dani Yako
preparação
Leny Cordeiro
revisão
Ana Alvares
Érika Nogueira Vieira

Dados Internacionais de Catalogação na Publicação (CIP)

Guerriero, Leila (1967-)
  A chamada : Um retrato / Leila Guerriero ; tradução Silvia Massimini Felix. — 1. ed. — São Paulo : Todavia, 2025.

  Título original: La llamada
  ISBN 978-65-5692-835-7

  1. Literatura argentina. 2. Não ficção. 3. Reportagem. 4. Perfil biográfico. 5. Ditadura argentina. I. Felix, Silvia Massimini. II. Título.

CDD 868.9932

Índice para catálogo sistemático:
1. Literatura argentina : Não ficção 868.9932

Bruna Heller — Bibliotecária — CRB 10/2348

todavia
Rua Fidalga, 826
05432.000 São Paulo SP
T. 55 11 3094 0500
www.todavialivros.com.br

fonte
Register*
papel
Pólen natural 70 g/m²
impressão
Geográfica